“十二五”职业教育国家规划教材
经全国职业教育教材审定委员会审定

中国交通教育研究会职业教育分会推荐教材
高等职业院校船舶技术类专业教学用书

船舶检修技术

（第二版）

【船舶动力工程技术专业】

谢荣 主编
何昌伟 副主编
胡强生 主审
王洪琪 副主审

CHUANBO
JIANXIU
JISHU

人民交通出版社

内 容 提 要

本书为"十二五"职业教育国家规划教材，并为高等职业教育船舶技术类船舶动力工程技术专业中国交通教育研究会职业教育分会船舶技术委员会规划教材，按照《船舶检修技术》课程标准的要求而编写。

本书共分八个项目，主要内容包括：船舶故障分析与现代维修技术、船舶部件的失效分析、船舶部件缺陷检验与故障诊断、船舶部件的修复技术、船体维修工艺、船舶设备维修工艺、柴油机主要部件的检修、船舶主要设备的检修方面的知识。

本书是针对三年制高等职业教育编写的，二年制的也可参考使用。同时，本书还适用于船舶企业职工的培训和自学以及其他形式的职业教育。

本书配套多媒体教学课件，挂在人民交通出版社股份有限公司水运图书网（www. chinasy-book. com）上供下载之用。

图书在版编目（CIP）数据

船舶检修技术/谢荣主编. —2 版. —北京：人民交通出版社，2013. 12

ISBN 978-7-114-09906-9

Ⅰ. ①船… Ⅱ. ①谢… Ⅲ. ①船舶修理—高等职业教育—教材 Ⅳ. ①U672

中国版本图书馆 CIP 数据核字（2012）第 141396 号

"十二五"职业教育国家规划教材

书　　名：船舶检修技术（第二版）
著 作 者：谢　荣　何昌伟
责任编辑：富砚博
出版发行：人民交通出版社
地　　址：（100011）北京市朝阳区安定门外外馆斜街 3 号
网　　址：http://www. chinasybok. com
销售电话：64981400，59757915
总 经 销：北京交实文化发展有限公司
印　　刷：北京鑫正大印刷有限公司
开　　本：787 × 1092　1/16
印　　张：17. 25
字　　数：410 千
版　　次：2006 年 7 月　第 1 版　2013 年 12 月　第 2 版
印　　次：2015 年 12 月　第 2 版　第 2 次印刷
书　　号：ISBN 978-7-114-09906-9
印　　数：2001 — 5000 册
定　　价：45. 00 元

高等职业院校“十二五”船舶规划教材
编审委员会名单

前言

QIANYAN

为规范高等职业教育船舶技术类专业的教学，积极推进课程改革与教材建设，提高教学质量，更好地满足我国船舶工业快速发展的需要，中国交通教育研究会职业教育分会船舶技术专业委员会组织全国开办有船舶技术类专业的职业院校及其骨干教师，编写了“十二五”高职船舶规划教材。

这些教材分别适用于船舶工程技术专业、船舶动力工程技术专业和船舶电气工程技术专业，以及船舶检验、船舶舾装、焊接技术及自动化、游艇设计与制造等船舶技术类专业。

“十二五”高职船舶规划教材大部分是在“十一五”高职船舶规划教材的基础上修订而成。本规划教材注重以就业为导向，以职业能力培养为核心，面向行业企业，充分体现职业教育的特色，满足高素质实用型、技能型船舶技术类专业高等职业人才培养的需要。

本规划教材主要是针对高等职业教育编写的，其他形式的职业教育、职工培训、专业考证训练以及相关技术人员也可参考使用。

《船舶检修技术》为“十二五”职业教育国家规划教材，按照《船舶检修技术》课程标准的要求及项目导向任务驱动的教材体例而编写的。内容包括：船舶故障分析与现代维修技术，船舶部件的失效分析，船舶部件缺陷检验与故障诊断，船舶部件的修复技术，船体维修工艺，船舶设备维修工艺，柴油机主要部件的检修，船舶主要设备的检修共八个项目。

参加本书编写工作的有：主编江苏海事职业技术学院谢荣（编写项目一～项目五）；副主编青岛远洋船员职业学院何昌伟（编写项目七、八）；参编威海职业学院谢桂芬、刘晓臣（编写项目六）。

本书由浙江交通职业技术学院胡强生担任主审，南京中船绿洲机器有限公司王洪琪担任副主审。编写过程中得到了中外运长航重工金陵船厂的大力支持，在此表示感谢！

限于编者经历和水平，书中难免有疏漏与不足之处，恳请读者批评指正，以便修订时完善。

中国交通教育研究会职业教育分会船舶技术专业委员会

2015 年 12 月

目录

MULU

项目一　船舶故障分析与现代维修技术

任务一　船舶故障分析

● 学习目标

一、船舶故障分析知识目标

1. 了解故障的机理和故障基本模式；
2. 了解故障的分类方法和故障基本征兆；
3. 熟知船舶设备一般的故障规律；
4. 了解船舶故障的影响因素。

二、船舶故障分析能力目标

1. 掌握船舶故障分类方法；
2. 能够运用一些设备的外部信息对机械设备状态进行分析和判断；
3. 能够对一些特定的船舶设备进行故障规律分析。

● 任务引入

船舶故障的概念是什么？船舶故障的基本模式有哪些？进行船舶故障分类的目的是什么？船舶发生故障时会有哪些征兆？一般船舶设备的故障发生有哪些规律？

● 任务分析

船舶故障(fault)是指船舶设备或系统在使用中出现不能符合规定性能或丧失执行预定功能的偶然事故状态。船舶故障通常是指船舶产品本身失效后的状态，但可能在失效前就存在。船舶故障不包括由于船舶预防性维护、外部资源短缺或预先计划的工作中断所造成的事故。

船舶故障是复杂多样的，不同的故障对应着状态信号中的一系列特征(通常又称为症状)，这是船舶设备状态或故障能被认识和诊断的客观基础。现代机械诊断学的重点虽然不在于研究故障本身，而是研究状态的监测、识别和诊断的方法。然而故障本身的类型与性质对诊断却是极为重要的，研究不同的故障往往需要使用不同的诊断方法。掌握船舶故障分类方法，是进行船舶检修工作的基本要求。

故障理论揭示了机械设备在使用过程中的运动规律，它包括故障统计分析(故障宏观理论)和故障物理分析(故障微观理论)。它是维修技术的基础理论，对维修技术的应用和发展有重要的影响。

● 相关知识

现代船舶维修工程是以船舶维修理论为基础的系统工程，是建立在船舶故障理论、可靠性和可维修性理论基础之上的综合性科学。现代船舶维修理论的价值就在于：通过对船舶故障的研究，寻找船舶故障机理，探求减少发生船舶故障的方法，提高船舶机械设备的可靠程度和有效利用率，获得最佳维修方案，以实现单位时间成本最低的维修优化目标。

一、船舶故障概述

船舶及其机械设备在运营过程中，无论前期的设计和制造多么完美，都会在长期的使用、保管或闲置过程中，由于受到内部因素（如设计方案、材料选用、制造质量和安装工艺等）和外部工作条件（如工作负荷、维护管理、使用环境等）的影响，使船舶、设备或零件的尺寸精度、几何形状逐渐发生变化，或者产生腐蚀损耗、磨损或裂纹损伤等破坏，出现技术状态和使用性能下降、精度降低、价值贬低、可靠性降低等现象，这种现象通常称为船舶设备老化（或劣化）。

为了在船舶设备设定的运行期间内可靠运行且无危险存在，研究人员开始综合考虑在船舶技术发展水平及合理的加工方法情况下进行船舶系统及其部件或元件的设计和加工。而且，在船舶设计阶段就已考虑到以后运行时起决定作用的各种参数和条件。研究船舶设备老化的规律，研究对船舶机械设备造成有害作用的根源和相应对策也是船舶机械维修的重要内容及理论基础。

在船舶工程应用中，一般习惯用船舶机械设备的状态来定义故障。船舶机械设备的基本状态通常有三种，即正常状态、异常状态和故障状态。可见，船舶故障也属于机械设备的一种状态。所谓船舶设备（机器或设备）正常，是指它在执行规定动作时没有缺陷，或者虽有缺陷但也是在允许的限度范围之内。船舶设备故障通常是指船舶系统、设备、机械或零部件凡不能完成其规定的功能、或其性能指标恶化至规定标准以外的一切现象。对不能修复的船舶产品则称作失效。

船舶设备“规定的功能”只能在设备运行中才能显示出来，如果设备已经丧失规定的功能而设备未开动，则故障就不能显现。有时，虽然设备尚未丧失功能，但根据某些物理状态、工作参数、仪器仪表检测等，则可以判断其即将发生故障。船舶设备异常则是指设备的缺陷开始产生或已经有一定程度的扩展，使设备的状态信号（如温度、压力、振动等）发生变化，设备的工作性能逐步劣化但仍能维持工作。因此，必须在故障发生之前进行有效的维护和修理。这种根据某些物理状态、工作参数而事先鉴别出设备即将发生的故障（也称为潜在故障），通过有效手段诊断潜在故障并及时予以排除，是现代船舶维修技术中要解决的一个重要课题。故障是可靠性与可维修性的研究对象，是维修科学研究的内容。

二、船舶故障模式

当船舶或设备出现故障时，必定表现出一定的物质状况或特征，它们会反映出一些物理、化学的异常现象，这些物质状况或特征通常称为故障模式。船舶故障模式是指妨碍船舶系统或设备完成规定任务的某种可能方式，即产品的故障或失效的表现形式。

属于机械类零部件的故障模式通常包括：磨损、腐蚀、疲劳、断裂、蠕变、变形、材质劣化等。对于不同设备，其故障发生的主要模式也不完全相同。通常，船舶设备的故障模式主要有磨损、腐蚀和疲劳断裂等；电气设备的故障模式有短路、漏电、断路等。

产品的故障模式可能是单一的，也可能是综合的。此外，产品的故障模式也不是一成不变的，它会随着工作环境、使用条件、运转时间以及产品的内在因素变化而异，并与产品的设计、材料、制造等因素密切相关。

在船舶生产和营运过程中,通过对船舶设备故障模式的调查、统计和计算分析,便可以评价与鉴定船舶产品的可靠性。在维修管理工作中,可依据船舶设备各种故障模式的发生时间来确定早期故障期和故障率的变化规律,从而可以采取预防措施,减少或防止船舶故障的发生。

三、船舶故障分类方法

船舶故障是复杂多样的,不同的故障对应着状态信号中的一系列特征(通常又称为症状),这是船舶设备状态或故障能被认识和诊断的客观基础。现代机械诊断学的重点虽然不在于研究故障本身,而是研究状态的监测、识别和诊断的方法。然而故障本身的类型与性质对诊断却是极为重要的,研究不同的故障往往需要使用不同的诊断方法。

每个部件损伤事件至少有一个原因,也可能有多个原因。船舶部件损伤原因的识别对于部件损伤的持久排除是绝对必要的。通过确定船舶部件损伤原因,就能在工艺或者操作上采取应对措施,防止类似或原因相同的部件损伤再次发生。按故障的性质、原因、时期、影响和特点等情况将其分类,有助于分析、认识和排除故障,也便于进行故障统计,为改进船舶机械的设计、制造和维修提供可靠的信息资料。

设备故障的分类方法较多,这里主要介绍以下几种:

1. 按故障的性质分类

(1)人为故障。是指由于操作人员管理不当或行为过失等人为失误情况而引起的故障。这种人为失误包括个人的、群体的和组织的失败,其主要表现在:未能完成必要的功能;实践了不应该完成的任务;对意外未作出及时的反应;未意识到危险情境;对复杂的认知反应作出了不正确的决策等。

统计资料表明,人为失误在造成海上事故的案例中占80%以上,是船舶故障的主要原因,已经引起有关船舶建造、海上航运企业及管理部门的高度重视。

(2)自然故障。是指船舶机械设备运行时,由于设备自身的原因(结构和材料缺陷,制造和安装不良等),工作环境变坏,使用条件恶劣等造成的故障。

2. 按故障的原因分类

(1)结构性故障。是指船舶设备因结构设计上的缺陷、计算上的错误或选材不合适等原因导致的故障。例如,柴油机气缸套上部凸缘根部在设计上受力不当和制造工艺不良时,容易引起凸缘根部产生裂纹,甚至导致缸套断裂。

(2)工艺性故障。是指由于制造、安装工艺的问题或者质量的控制、检测不严等引起的故障。例如,船体某些重要部位焊接后,未进行必要的应力处理,导致残余应力过大,在船舶受到较大的外部载荷时,容易出现船体断裂;由于船舶轴系的安装、校中质量不良而引起轴系振动、轴承发热和过度磨损等。

(3)磨损性故障。是指在正常工作条件下长期运转产生的故障。由于长期运转,船舶设备部件磨损使其性能参数逐渐达到极限值,设备性能变坏而发生故障。例如,由于过度磨损使活塞与气缸之间间隙过大而产生敲缸、窜气等故障。

(4)管理性故障。是指由于维护保养不良或违章操作等造成的故障。例如,由于润滑油长期不进行化验,不分离和不更换,使变质润滑油引起轴瓦合金熔化的故障。

3. 按故障对船舶影响的程度分类

(1)局部性故障。是指由于船舶设备产生局部故障导致设备的功能部分丧失,此类故障不需停航修理,可在航行中进行故障处理。例如,甲板部分装卸货设备发生故障时,船舶仍可保持计划航行任务;船舶主机某缸喷油泵发生故障时,可进行单缸停油处理。

(2)重大性故障。是指由于船舶设备的严重故障导致设备的功能完全丧失,必须停航,争取短时间内通过船员自修或采取更换备件等措施排除故障。例如,主机某缸发生严重的拉缸故障,停机检修或实施封缸措施,修理后继续航行。这种情况下的停航时间,货船不超过6h,客船不超过2h。

(3)全局性故障。是指船舶设备出现异常严重的故障导致设备的功能丧失,造成船舶丧失航行能力,不能维持可靠地航行,需要进厂进行长时间的修理。对于船舶本身,全局性故障可能是船舶搁浅、船体破损、稳性降低、火灾或主机曲轴折断、尾轴或中间轴折断、螺旋桨损坏等。对于航行水域环境,作为影响的特征,可能涉及水域和空气的污染。当一艘船舶整体损失时,即使在船舶沉没了几年之后,这两方面的影响还能导致严重的环境污染,这主要是通过逸出的危险货物介质,例如燃料油、润滑油或液体货物所造成的水污染。不仅在环境污染的范围内,而且事故发生的地理位置也会对口岸的技术防范措施产生影响。

4. 按故障的发生和发展过程的特点分类

(1)渐进性故障。是指船舶设备在长时间运转中,由于磨损、腐蚀、疲劳和材料老化等因素的作用,使设备的初始参数逐渐劣化、衰减过程逐渐发展而引起的故障。这类故障的发生一般有明显的预兆,具有一定的规律性,一般可以通过连续的早期状态监测和故障预报来预防,如能采取一定的预防措施,可以控制或延缓故障的发生。例如,船舶甲板因长期使用而出现的腐蚀现象;柴油机气缸套与活塞环的磨损和曲轴与轴承的磨损以及管路腐蚀穿孔等故障。

(2)突发性故障。是指由于各种不利因素和偶然的外界影响的共同作用超出了设备所能承受的限度而突然发生的故障。这类故障一般无明显征兆,是突然发生的,依靠事前检查或监视不能预知的故障。这类故障发生时间很短暂,但发展极快,一般带有破坏性。例如,转子叶片断裂,误操作导致的设备损毁,因电压过高、电流过大而引起元器件损坏而造成的故障等。

(3)波及性故障(或称二次故障)。是指由于船舶设备的某种故障而引发出另一种更大的、更危险的故障。例如,船舶搁浅后因处置不当而导致的船体断裂现象;船舶柴油机连杆螺栓的断裂或脱落而引起的连杆、活塞、气缸套和气缸盖甚至机体的破坏。

(4)断续性故障。是指船舶设备在某一段时间呈现故障状态,而在另一段时间又自行恢复功能的故障。例如,设备的仪表指示灯时亮时灭等故障。

5. 按故障发生的时期分类

(1)早期故障。早期故障的产生可能是由于设计、加工或材料上的缺陷,在设备投入运行初期的暴露表现。

(2)使用期故障(随机故障)。这类故障是在设备有效寿命内发生的,通常是由于载荷(外因、运行事件等)和系统特性(内因、零部件故障、结构损伤)等无法预知的偶然因素而引起的。

(3)后期故障(老化期)。故障是由于长期使用,甚至超过设备规定的使用寿命后,因零部件逐渐磨损、疲劳或老化等原因,使系统功能退化,最后导致系统发生突发性、危险性和全局性故障。

此外,按故障的是否容忍损伤程度还可以分为允许故障和不允许故障;按故障的易见性还可分为明显安全性故障和隐蔽安全性故障等。

四、船舶故障的征兆

故障征兆就是故障在发生前会以不同形式显示该故障即将发生,即故障先兆。一般来讲,船舶设备在故障发生前都会有一些征兆,它是故障的初期表现形式。除突发故障以外,任何一种故障发生前通常都会有一定先兆。船舶故障的先兆主要有下列表现:

1. 船舶性能方面

(1)功能异常。表现为船舶航速异常下降,船舶设备启动困难,功率不足,转速不稳,自动停车,剧烈振动等。

(2)温度异常。表现为油、水温度过高或过低,柴油机排烟温度过高,轴承发热等。

(3)压力异常。表现为燃油、滑油、冷却水压力失常,柴油机扫气压力、压缩压力和爆发压力不正常等。

(4)示功图异常。柴油机做功不正常,测试出的示功图图形异常,计算出的气缸功率不符合要求。

2. 船舶外观显示方面

(1)外观反常。船舶设备运转中油、水、气等有跑、冒、滴、漏等现象。排烟异常,如冒黑烟、蓝烟和白烟等。

(2)消耗反常。运转中燃油、滑油和冷却水的消耗量过多,或不但不消耗反而增加。例如,船舶淡水舱水位升高;柴油机曲柄箱油位增高等。

(3)气味反常。在机舱内嗅到橡胶、绝缘材料的“烧焦味”,变质滑油的刺激性气味等。

(4)声音异常。在机舱听到异常的敲击声。如柴油机的敲缸声、拉缸声、增压器的喘振声。此外还有螺旋桨鸣音及各种工作不正常的声音等。

● 任务实施

以可靠性为中心的维修管理(Reliability Centered Maintenance,RCM)属于第三代维修管理中具有代表性的模式。随着现代维修技术的发展,这种设备管理模式强调以设备的可靠性、设备故障后果作为制订维修策略的主要依据。故障理论揭示了机械设备在使用过程中的运动规律,对维修技术的应用和发展有重要的影响。

一、船舶故障规律分析

船舶设备及零部件自投入使用到损坏不能运转的全部使用过程中,在不同时期的故障概率也不同。使用经验与试验表明,一般船舶机械设备的故障率与时间呈“浴盆曲线”关系,即故障率规律曲线,如图1-1所示。

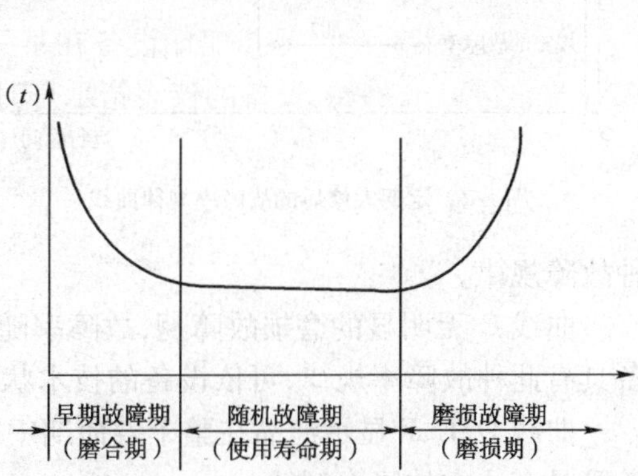

图1-1　故障率规律曲线(浴盆曲线)

图中横坐标表示时间 t,纵坐标表示故障率 $\lambda(t)$。故障率 $\lambda(t)$ 是指某完好设备在某时

刻 t 后的单位时间内发生故障的概率。故障率规律曲线按故障发生的时间分为三个阶段：

1. 早期故障期

早期故障期又称“磨合期”，是指船机投入使用的初期。这个时期的特点是故障率较高，但随着使用时间的延长而迅速下降。此段时间的长短随产品、系统的设计与制造质量而异。早期故障主要是由于设计、制造和安装上的缺陷，或者是使用环境不合适等造成的。通过调试、磨合、修理和更换有缺陷的零件等措施使故障率很快降低，运转趋于稳定。在设备进行大修或改造后，再次使用也会出现这种情况。

2. 随机故障期

随机故障期又称偶然故障期，是在早期故障期之后磨损故障期之前的一段时间，是设备的有效寿命期。其特点是：

(1)运转稳定，故障率低。

(2)出现的故障为偶然因素引起的随机故障，是难以预料的。主要是由于设计、制造中的潜在缺陷，操作不当、维护不当和环境因素等原因所引起。随机故障不能通过调试或延长磨合期来消除，也不能用定期更换零件来预防。但通过提高设计质量，改进使用管理，加强监视诊断与维护保养等工作，可使故障率降到较低水平。

(3)随机故障期较长，是船舶机械的主要使用期。

3. 磨损故障期

磨损故障期又称晚期故障期，在船舶机械寿命的后期出现。特点是故障率随时间的延长而迅速升高，它是由于设备零件的磨损、腐蚀、疲劳和老化造成的。如果在磨损故障期开始前进行修理或更换零件，则可延长随机故障期，推迟磨损故障期。图 1-2 是定期大修后的故障率规律曲线。

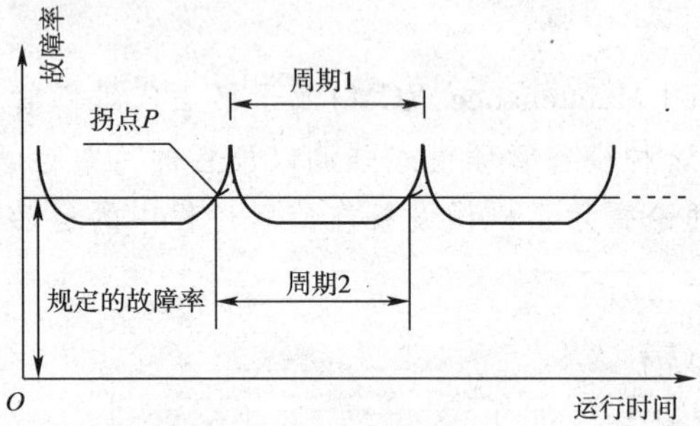

图 1-2　定期大修后的故障率规律曲线

但并非所有的机械、设备产品都具有以上三个故障期并呈现浴盆曲线规律。一些设备只有其中一个或两个，如有些无早期故障期，有些则达不到磨损故障期。统计分析表明，产品可能出现如图 1-3 所示的 6 种故障率曲线。

曲线 A、B 有明显的磨损故障期，通常显示机械设备发生磨损、疲劳和材料老化等故障，可采用定时维修方式延长使用寿命期。往复式发动机的气缸、轴承、齿轮等大量单体部件具有此种故障规律。

曲线 C 无明显的磨损故障期，故障率随时间延长而缓慢增加。飞机涡轮发动机等机械设备具有此种故障率规律，可依设备的技术状态确定检修时间。

曲线 D、E、F 显示产品在整个寿命期中故障率为常数，无需进行定时维修。复杂的电子设备等具有这类故障率规律。

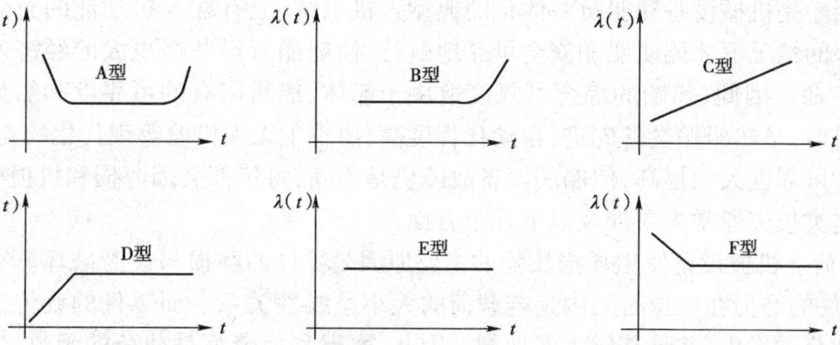

图 1-3　各种故障率曲线

二、船舶故障的影响因素

船舶设备在设计制造、使用及维修中，影响零部件参数值变化速率的因素有以下几个方面：

1. 设计条件

船舶设备设计过程中，应对设备未来的工作条件有准确估计，对可能出现的变化要有充分考虑。由于技术能力不足或科技发展水平而出现的设计方案不完善、设计图样和技术文件的审查不严是产生故障的重要原因。

2. 材料选择

在船舶设备设计、制造和维修中，都要根据零件工作的性质和特点正确选用材料。材料选用不当或材料不符合规定，或选用了不适当的代用品是产生磨损、腐蚀、变形、疲劳、破裂、老化等现象的主要原因。此外，在制造和维修过程中，很多材料要经过铸、锻、焊和热处理加工工艺，在工艺过程中材料的金相组织、力学物理性能等会发生变化，其中加热和冷却时的变化尤为明显。

3. 制造质量

制造工艺的每道工序都会存在误差，其工艺条件和材质的离散性必然使在铸、锻、焊、热处理和切削加工过程中积累了应力集中、局部和微观的金相组织缺陷、裂纹等，这些缺陷是造成机械寿命不长的重要原因。

4. 装配质量

设备零部件间有恰当的配合要求。配合间隙的极限值，包括装配后经过磨合的初始间隙过大或过小，都可造成有效寿命期缩短。装配中各零部件之间的相互位置精度也很重要，若达不到要求，会产生附加应力、偏磨等，从而加速失效。

5. 合理维修

根据工艺合理、经济合算、生产可行的原则合理进行维修，保证维修质量。这里最重要、最关键的是要合理选择和运用修复工艺，注意修复前的准备，修复过程中按规程进行操作，修复后正确处理。

6. 正确使用

在正常使用条件下，机械设备有其自身的故障规律，若使用条件发生变化，故障规律也随之变化。船舶是机械设备和船员一体化的典型人机系统，只有在人机功能的充分发挥和彼此良好的配合的情况下才能使船舶安全可靠地航行，使船舶营运获得更大的经济效益和延长船舶的使用寿命。因此，船舶的综合可靠度取决于船体、船机固有的可靠度和船员的工作可靠度。然而目前，虽然船舶设备先进，自动化程度高，出现了无人机舱等现代化的先进船舶，船舶动力装置的可靠度大大提高，但船舶设备故障仍是不断，每年都会因海损和机损事故而造成重大损失。这类损失通常主要涉及以下几个方面：

(1)载荷。机械设备发生耗损故障的主要原因是零件的磨损与疲劳破坏。在规定的使用条件下，零件的磨损在单位时间内是与载荷的大小呈线性关系。而零件的疲劳损坏只是在一定的高速载荷下发生，并随其增大而加剧。因此，磨损和疲劳都是载荷的函数，当船舶设备超负荷或超速工作时，会引起剧烈的破坏。

(2)环境。它包括气候、腐蚀介质和其他有害介质影响，以及工作对象的状况等。例如，温度升高，会造成磨损和腐蚀加剧；过高的温度和空气中的腐蚀介质存在，会造成腐蚀和腐蚀磨损；空气中含尘量过多，工作条件恶劣都会提高机械故障率，减少机械寿命。必须指出，环境是一客观因素，在一定情况下可人为地采取措施，减少环境对机械的影响。

(3)保养和操作。统计表明，在造成全损的各种原因中，由于船员素质低，不具备适任资格或操作错误等致使机械和设备维护、保养不良而发生故障，大约80%是人为因素造成的。建立合理的维护保养制度，严格执行技术保养和使用操作规程，是保证机械设备工作的可靠性和提高使用寿命的重要条件。

任务二　船舶设备可靠性分析

● 学习目标

一、船舶设备可靠性分析知识目标

1. 了解可靠性和系统可靠性的基本概念；
2. 了解可靠性研究的基本内容；
3. 熟知常用连接系统的可靠性分析方法。

二、船舶设备可靠性分析能力目标

1. 掌握船舶设备可靠性的研究内容；
2. 能够熟练掌握船舶设备可靠性分析指标；
3. 能够对一些特定的船舶系统进行可靠性分析。

● 任务引入

什么是船舶设备的可靠性？船舶设备可靠性研究主要包含哪些方面？可靠性指标有哪些？串联系统、并联系统、表决系统的可靠性特征有哪些？

● 任务分析

船舶设备的可靠性是指“船舶设备在规定条件下和规定时间内，完成规定功能的能力”。定义中的规定条件是指设备的环境条件、使用工况、使用方法以及维修条件等；规定时间是指设备的工作期限，它可用时间的累积值表示，也可用距离、次数表示；规定功能是指设备设计时赋予的工作性能，在工作参数处于规定范围内完成的给定工作。设备处于不同条件，其可靠性是不同的。设备对上述各种条件的适应性越强，则其可靠性越高。

可靠性是对产品投入使用时无故障工作能力的度量，是产品的一种时间质量指标，不可靠的机械不可能有效地工作和充分发挥潜在能力，在船舶机械化程度越来越高的现代船舶生产管理过程中，主要船舶机械的不可靠性造成停机停航而带来的损失将是巨大的。

● **相关知识**

进入21世纪后，提高产品的可靠性和系统可靠性，已成为保障船舶系统安全性和产品质量的有效途径，同时系统可靠性理论已经在航空航天、船舶机械、电子信息等领域得到了广泛应用。

一、可靠性理论概念

一种产品（包括机械、部件、元器件等）质量的好坏，一般都应有三个标准：一是技术性能指标，即功能符合预期的要求；二是设备的可靠性，即设备出故障率尽量少；三是设备的维修性，即设备出故障后容易修复。对于一个使用中的产品而言，可靠性和维修性是研究产品故障情况的两个很重要的概念。从根本上讲，可靠性是主要的；从广义上讲，可靠性中包含有维修性。

可靠性是评价系统和机械设备好坏的主要指标之一。它是研究系统和机械设备的质量指标随时间变化的一门科学。

可靠性是对产品投入使用时无故障工作能力的度量，是产品的一种时间质量指标，可靠性不佳的设备不可能有效地工作和充分发挥潜在能力，在船舶机械化程度越来越高的现代船舶生产管理过程中，主要船舶机械的不可靠造成停机停航而带来的损失将是巨大的。

1. 可靠性概念

可靠性理论是研究设备故障规律，提高设备可靠性的科学，是现代维修科学的重要基础理论。可靠性理论指导设备的设计，使设备不易发生或较少发生故障。机械设备的可靠寿命为确定维修中的最佳间隔期、备件数量等提供了可靠的依据。

可靠性是反映船舶设备或系统耐用和可靠程度的一种性能。船舶设备的可靠性，又分为固有可靠性、使用可靠性和环境可靠性三方面。固有可靠性指船舶设备在设计、制造后所具有的可靠性。使用可靠性是船舶设备在使用和维修过程中表现出来的可靠性。环境可靠性是船舶设备在周围环境的影响下所具有的可靠性。固有可靠性是机械设备所能达到的可靠性的最高水平。由于各种因素的影响，船舶设备的使用可靠性与其固有可靠性会有很大的差别。可靠性是船舶设备或系统固有的特性之一，是设备的功能随时间的延长保持稳定的程度。

2. 可靠性研究的内容

可靠性问题的研究涉及面很广、内容也很多，包括了科研、设计、制造、储存、包装、运输、使用、维护的整个过程，涉及数学、基础自然科学、环境科学、环境工程、系统工程、机械工程、故障物理学、计划管理、质量管理等多学科的基础理论和研究成果。船舶设备可靠性内容主要归纳在以下三个方面：

(1)在可靠性理论方面：利用数学、物理、化学等基础理论对船舶故障现象和故障率进行分析、控制、测量、预测和综合，主要研究可靠性指标定量化、可靠性分析法、可靠性准则及提高可靠性的方法等。

(2)在可靠性技术方面:包括船舶可靠性设计、可靠性制造与工艺、可靠性试验、可靠性评估和可靠性标准等。主要研究发生故障的机理、形式及危害性分析、寿命的确定与试验方法等。

(3)在可靠性管理方面:包括制定有关可靠性的计划、制度、规范及情报资料、数据搜集与处理等。

3. 可靠性研究的意义

船舶可靠性研究不仅能减少船舶设备故障和维修工作量,延长设备的使用寿命,而且可以很好地解决对设备可靠性要求高与现代化复杂设备的可靠性下降之间的矛盾。任何机械、设备越先进,其结构越复杂,所需的组成零部件也越多,这就必然会导致机械、设备的可靠性下降。为了确保机械设备的可靠性,就要求提高组成零部件的可靠性。通过研究可靠性可以使人们很好地掌握故障机理和故障规律,全寿命地提高设备的可靠性和经济效益,解决好设备的可靠性和经济性之间的矛盾。研究可靠性对于船舶的意义尤其重要,因为船舶营运的特点和海洋运输的条件决定船舶可靠性越高,越能保证船舶安全可靠地营运。

二、可靠性指标

可靠性指标是通过对设备各个方面的特征进行定量计算,以反映设备的可靠程度,预测设备出现故障可能性的大小。衡量设备可靠性的指标主要有:可靠度、不可靠度、故障密度、故障率、平均寿命等。任何一个量度指标只能表示可靠性的某一个特征方面,对不同的机械设备要使用不同的量度指标,它同时也标志可靠性理论已进入了工程实用阶段。

1. 可靠度和不可靠度

(1)可靠度:可靠性用概率表示时称为可靠度。由于船舶设备或零件的各种性能都要随时间发生变化,所以可靠度是一个随时间变化的函数,用 $R(t)$ 表示。可靠度最大值为 1,则表示 100% 地可靠;最小值为 0,则完全不可靠。即 $0 \leqslant R(t) \leqslant 1$。

设备的可靠度总是随时间的增加而降低。可靠度也可理解为设备在规定条件下和规定时间内,不发生任何故障的概率。

(2)不可靠度(累积故障率):设备在规定条件下,使用到某一时刻 t 时发生故障的累积概率。它直接反映故障的情况和故障与时间的关系,用 $F(t)$ 表示。

显然,可靠度与不可靠度构成一个完整事件组,即

$$R(t) + F(t) = 1$$

或

$$R(t) = 1 - F(t)$$

2. 故障密度和故障率

(1)故障密度:设备在工作期间某时刻故障的变化速率。

(2)故障率:工作到某时刻尚未发生故障的产品,在该时刻后单位时间内发生故障的概率。故障率是时间的函数,用 $\lambda(t)$ 表示。

3. 平均寿命

设备的寿命通常是指其使用寿命,即从设备投入使用时的完好状态开始,一直使用至发生故障或失效为止所使用的时间。平均寿命是指设备工作到发生故障的时间的平均值。对于可

以修复的设备或整机的平均寿命是指相邻两次故障之间的平均运转时间，用 MTBF（Mean Time Between Failure）表示。对于不可修复的设备（如电子元件等）的平均寿命是指从开始工作到发生故障的平均工作时间，用 MTTF（Mean Time To Failure）表示。船舶设备大多数都是可维修的，其平均寿命也称平均无故障工作时间。

● **任务实施**

我们把由各种不同性质的若干个独立部件为完成某种功能结合起来而构成的一个整体称为系统。系统是一个能够完成规定功能的综合体，它是由若干独立的单元组成，每个独立单元不仅要完成各自的规定功能，而且还要在系统中与其他单元发生联系。系统可靠性是建立在系统中各个单元间的作用关系和这些单元所具有的可靠性基础之上的。

根据单元在系统中的连接方式不同，可分为串联、并联、混联组合三类。下面就几种常用的连接系统的可靠性进行分析。

一、串联系统可靠性分析

若组成系统的各个单元中，只要有一个发生故障，系统就不能完成规定的功能，这种系统称串联系统。也就是说，系统中没有专门为提高可靠性而多设置部件。当这样串联系统的某一个部件发生故障时，会影响到整个系统功能的正常发挥。图 1-4 给出了串联系统可靠性方框图。

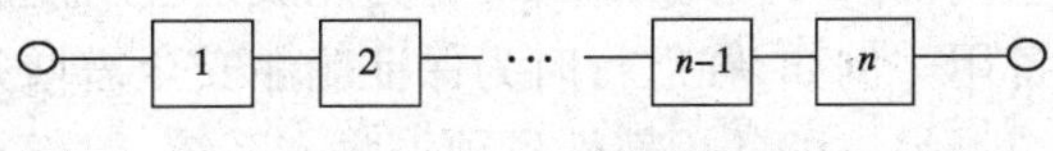

图 1-4　串联系统

值得注意的是可靠性方框图和系统的原理结构图不同，前者是从可靠性角度描述部件之间可靠性逻辑关系图。同一个动力系统，它的结构原理图是不随使用条件变化而变化的，而它的可靠性方框图却是随条件变化有可能不同的。

例如，船舶舵机失灵或船舶主机故障停机后都将导致船舶无法正常航行。

大多数机械的传动系统均是串联系统。当串联系统由 n 个单元组成，它们的可靠度分别为 R_1、R_2、R_3、…、R_n 时，其系统可靠度 R_s 为：

$$R_s = R_1 \cdot R_2 \cdot R_3 \cdot \cdots \cdot R_n$$

二、并联系统可靠性分析

若组成系统的各个单元中，只要其中还有一个单元在起作用，就能维持整个系统继续工作，称为并联系统，又称冗余系统。

若 n 个单元同时投入运转，有一个出现故障，其他单元还能维持的称工作储备并联系统，如图 1-5a）所示。

如果 n 个单元中只有一个投入运转，当该单元损坏之后，可换成另一个单元运转，系统不受影响，叫作非工作储备并联系统，如图 1-5b）所示。例如船舶上的压载水泵出现故障后可以用船舶通用水泵或船舶消防泵替代。

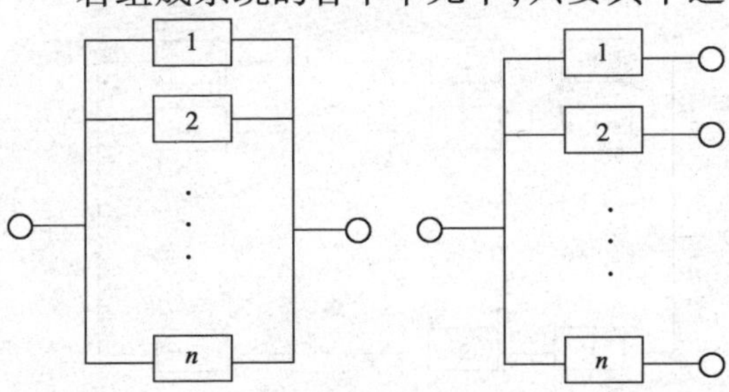

a)　　b)

图 1-5　并联系统

a）工作储备并联系统；b）非工作储备并联系统

在并联系统中，系统的不可靠度是组成系统全部部件同时发生故障的概率。

并联系统的可靠度 R_s 为：

$$R_s = 1 - F_s = 1 - F_1 F_2 F_3 \cdots F_n = 1 - (1 - R_1)(1 - R_2)(1 - R_3)\cdots(1 - R_n)$$

式中：R_s——并联系统的可靠度；

F_s——并联系统的不可靠度；

F_i——并联系统中各部件单独工作时不可靠度；

R_i——并联系统中各部件单独工作时可靠度。

由上式可知，并联系统的不可靠度小于系统中任一并联部件的不可靠度，也就是采用并联系统可使系统的可靠度提高。但由于 F_i 是时间的递增函数，R_i 是时间的递减函数，时间越短，F_i 值越小，R_i 值越大，并联部件对系统可靠性提高不大，时间越长，仅靠并联系统部件来提高可靠性可能得不偿失。而且并联部件数量越多，每一并联部件对系统可靠性提高所起作用越小，所以一般采用两个或三个部件并联较好。

并联连接备用部件通常采用下面几种方式：

一种是备用部件和基本部件都预先联入系统，也不分哪个是备用部件，哪个是基本部件，它们都同时投入工作，一起为完成系统功能服务。这种方式称为固定式连接热态（在负荷下）备用。例如，在航行时为保证船舶安全需增开一部发电机就是采用了这种方式。

另一种备用部件虽预先联入系统，但仅在基本部件出现故障时才投入使用，这种方式称为固定式连接冷态（在无负荷下）备用。例如，主机水泵出现故障后备用水泵能自动起动投入运行。冷态备用时，部件的运行时间短，可进一步提高系统可靠性，但转换环节要求可靠耐用。

如果在基本部件发生故障后才将备用部件联入系统，这种方式称为不固定式备用。

三、表决系统和混联系统可靠性分析

表决系统实质上也是一种并联系统，其定义是在由 n 个部件组成的并联冗余系统中，若有 r 个部件同时工作时，就认为系统为正常工作。这样的系统称为表决系统。也就是说这 r 个部件能使表决系统可靠的作用，所以也称为"n 个部件中取 r"表决系统。

表决系统中备用部件数与工作部件数之比称备用比，备用比越大，可靠性越高。

混联系统是由串联子系统和并联子系统组合而成。它分两种，一种是串并联系统，见图 1-6；另一种是并串联系统，见图 1-7。

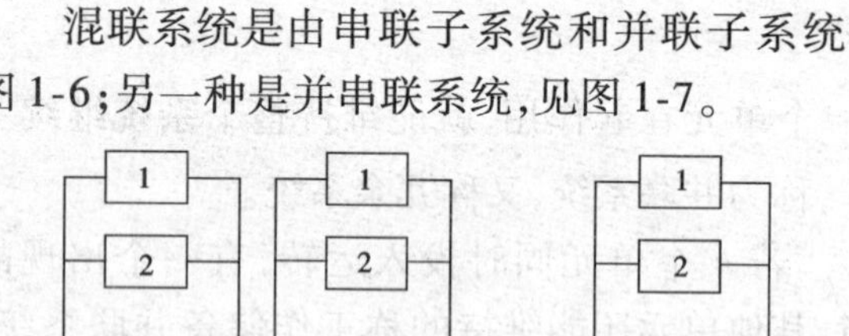

图 1-6　串并联系统

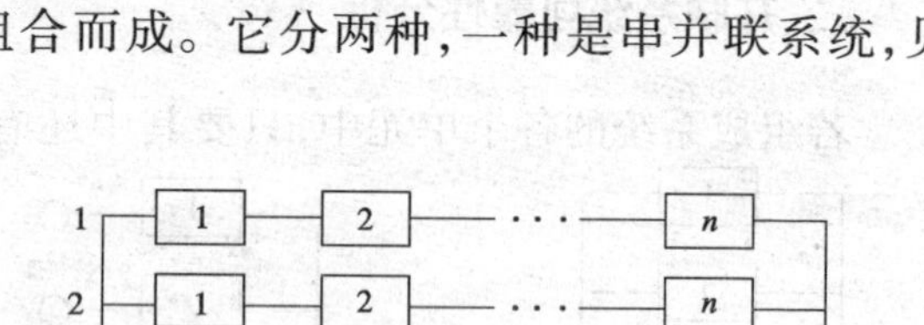

图 1-7　并串联系统

混联系统可靠性的计算没有一成不变的公式，需具体情况具体分析。通常，串并联系统的可靠度计算是先将并联单元系统转化成一个等效的系统,然后再按串联系统计算。并串联系统的可靠度则先分别计算串联系统的可靠度,然后再按并联系统计算。

例如:假设某船的中央冷却系统中设有三台循环冷却水泵,若航行在热带时必须同时运行才能满足冷却的要求,从可靠性角度看,这三台水泵就是串联系统。而在寒带时,只需一台水泵工作就可以满足冷却需要,则这三台水泵的可靠性方框图就成了并联关系。当航行在温带时若只需要两台工作就可以满足冷却要求,此时从可靠性角度看就成了表决系统。

通过以上系统可靠性分析可知,要提高系统的可靠性,除选用优质价廉的部件外,还要使系统所有部件种类和数量尽量少,部件之间的相互关系尽量简单。对可靠度低的部件要采用"储备"来提高其可靠性,但这种方法也有一定的缺陷,除提高设备造价外,在产品尺寸、重量等需要严格限制的场合,如果将储备件勉强装入某一个固定容积空间中,与原单个产品相比,可能会使散热面积减小,而导致温度大幅度上升,亦可能会使可靠性反而下降,再加上振动、冲击等周围环境因素同时作用于具有"储备的部分",使其失去故障独立性,有可能会诱发出现新的故障。

任务三　船舶设备维修性分析

● 学习目标

一、船舶设备维修性分析知识目标

1. 了解现代维修性的基本概念;
2. 了解研究船舶设备维修性的意义;
3. 了解现代船舶维修的主要方式;
4. 掌握现代船舶维修的发展趋势。

二、船舶设备维修性分析能力目标

1. 能够结合不同船舶设备特点采用合适的维修措施;
2. 能够根据设备状态确定不同的视情维修类型;
3. 能够按船舶故障性质选择合适的维修方式。

● 任务引入

船舶维修的含义是什么?研究船舶设备维修性具有哪些意义?评定设备维修性的指标有哪些?什么是"以可靠性为中心"的维修思想?现代船舶维修方式主要包括哪几种?如何选择船舶设备维修方式?

● 任务分析

船舶设备维修性是指已发生故障的机械和设备,在规定的条件下,在规定的时间内,按规定的程序和方法进行维修时,保持或恢复到规定的使用条件下完成规定功能的能力。维修性是船舶设备的一种固有特性,是由设计、制造等因素决定的。

定义中规定的条件,是指选定了合理的维修方式,准备了维修用的测试仪器、装备和相应的备件、标准、技术资料,由一定技术水平和技能的维修人员进行操作。

定义中规定的时间,是指限定的维修时间,即从寻找、识别机械设备故障开始,直至检查、拆卸、清洗、修理或更换、安装、调试、验收,最后达到完全恢复正常功能为止的全部时间。

定义中规定功能,是指船舶设备原有的技术性能。

● 相关知识

船舶维修是对船舶机械和设备维护与修理的统称。船舶维护也称为技术保养,是为了保持船舶机械设备的技术性能正常发挥所采取的技术措施;船舶修理或称修船,是当船舶机械和设备受到内部因素如设计、材料、制造和安装工艺等或外部环境的影响,使其技术性能下降、状态不良或发生故障而失效时,为了保持或恢复其原有的技术性能所采取的技术措施。所以,船舶维修是船舶正常航行重要的技术保障工作。

一、维修科学

维修科学始于20世纪40年代,经过初期的创建和发展,直到70年代才形成一套完整的学科体系。长期以来,船舶维修一直从属于船舶制造业,是一个相对落后的行业。传统的维修工作理念一直停留在只有当船舶设备使用阶段发生损坏才进行修补,采用制造—使用—维修—再使用—再维修,直到淘汰的对策。船舶上的维修只是对船舶机械设备的日常维护、定期检修和排除故障的自修,船厂修理乃是对那些危及安全航行的机械设备或船舶检验机构要求的项目。

随着科学技术的发展,船舶机械设备日趋先进、复杂,船舶电气化、自动化程度日益提高,对维修技术和维修质量要求也相应提高。落后的维修思想和修修补补的维修方式已不适应现代船舶的维修要求,需要用新的、科学的现代维修理论以及先进的维修思想和维修方式来满足现代的船舶维修。

维修科学是以现代科学技术为基础,由多门学科综合而成的维修理论,适用于各行业机械设备维修的通用科学。现代维修是对机械设备或零部件进行全寿命维修。机械设备和零件的全寿命包括:论证、设计、制造、使用和淘汰五个阶段。现代维修贯穿于全寿命的各个阶段。所以,现代维修是由维修论证、可靠性与可维修性设计、可维修性检验、维护与修理、淘汰处理等部分组成的。

维修与故障是矛盾的两个方面。故障使船舶丧失功能,而维修使船舶保持或恢复功能,对于故障与维修的研究形成了维修科学。可靠性理论和维修性理论是维修科学的重要理论基础。可靠性理论是研究故障规律的理论;维修性理论是研究如何易于发现和排除故障的理论。这两种理论分别从不同的侧面研究维修。

做好设备维修工作需要三个条件,又称为维修三要素,即:机械设备的维修性;维修人员的素质和技术;维修的保障系统,包括人力、技术、测试装置、工具、各种材料供应等。

所以维修科学是一门独立的综合性的通用科学,它具有独立性、综合性和通用性。维修科学应用于船舶维修,并结合船舶机械和设备的专业知识和维修特征而形成了船舶维修科学。

二、维修性的概念

1. 维修性概念

维修性理论是研究维修的宏观和微观规律,为设计出容易维修保养的机械和设备提供科学依据,是现代维修科学的重要理论基础。

维修与维修性是两个不同的概念。维修是指维护或修理进行的一切活动,包括保养、修理、改装、翻修、检查等。而维修性是指机械设备在维修方面具有的特性或能力，反映发生故障后进行维修的难易程度；是维修需要付出的工作量大小、人员多少、费用高低以及维修设施先进或落后的综合体现；是设计、制造等因素决定的一种固有属性，直接关系到机械设备的可靠性、经济性、安全性和有效性，它和使用性一样重要。

良好的维修性可使船舶机械和设备便于维修、容易维修，对维修工艺和维修人员的技术水平要求不高，且所需的维修时间短，维修费用低。

船舶机械和设备的维修性在日常检修和维护保养工作中便可判断。例如，损坏的零件是否容易拆卸和更换；是否便于检测和调整；日常的维护保养工作是否容易进行等。所以，良好的维修性可以获得高的维修质量和维修效果。否则，不仅会增加维修时间和维修费用，而且还会影响船舶机械和设备的使用寿命。

2. 研究维修性的意义

船舶维修的目的是迅速而又经济地保持和恢复船舶机械和设备的可靠性。也就是说在机械设备发生故障之后，要求以最佳的维修质量、最低的维修费用和最短的维修时间来恢复其规定的功能。

研究船舶维修性还具有以下的意义：

(1)船舶机械设备具有良好的维修性是船舶海上安全航行的重要保障。在海上设备发生故障后，船员能够及时修复，保证船舶继续航行。

(2)船舶维修性还是船舶可靠性的必要补充。随着船舶设备科技水平的提高，其可靠性也有所提高，但机械和设备的可靠性的提高是有限的，况且随着机械和设备更加复杂，其可靠性有下降的趋势，在航行中使设备发生故障后能及时有效地修复，将大大地弥补设备可靠性的不足。

(3)船舶机械设备具有较高的维修性是实现工业化修船的必要条件。由于修船通常是单件、小批量生产，造成生产率低、修船周期长、成本高和维修质量差等缺点。工业化修船实现机械化和自动化，取消单件、小批量生产和手工操作。船舶设备的定型化、标准化、通用化和可维修性设计，是实现维修生产工业化的条件。

3. 船舶维修性要求

船舶机械设备具有良好的维修性，通常可由下列几点进行衡量：

(1)所需维修的机械设备数量少，维修的次数少；

(2)因维修造成的船舶停航时间少；

(3)机械设备的保养、维修时间间隔长，即维修周期长；

(4)保养和维修工时少；

(5)对维修人员和船员的维修技能要求不高；

(6)维修工具简单和通用化程度高；

(7)需准备的备件数量少；

(8)部件便于检查、调整和拆换。

4. 维修性指标

衡量船舶维修性的定量指标有：维修度、修复率、平均修复时间和有效度等。

(1)维修度 $M(t)$。它是定量地评定维修性的尺度。可修复设备在规定条件下进行维修，在规定的时间内完成维修工作使设备保持或恢复能完成规定功能的概率称为维修度，用$M(t)$表示。维修度与不可靠度形态相似，是随时间的增加而增加的。

由于维修时间有很大的随机性，它是随故障发生的原因、部位和程度的不同而有所不同的，因此维修的定量化只能用概率表示。

(2)修复率$\mu(t)$。当修理时间已到达某时刻但尚未修复的设备，在该时刻后的单位时间内完成修理工作的概率，用$\mu(t)$表示。由于修复率是具有前提条件，所以修复率是一个条件概率。

(3)延续时间指标。该指标主要包括：

①平均事后维修时间：故障发生后，整个修理过程所需要的时间，即事后维修时间。平均事后维修时间则是多次事后维修时间的平均值，用MTTR(Mean Time To Repair)表示。

②平均预防维修时间：完成预防维修项目所用的平均时间，即预防维修总时间与预防维修次数的比值。

③平均维修时间：包括事后维修和预防维修所需要的平均延续时间，即维修总时间与维修次数的比值。

④后勤保障延误时间：因等待备件、材料、运输等所延误的时间。

⑤行政管理延误时间：由于行政管理性质的原因使维修工作不能按时进行而延误的时间。

⑥维修停机时间：发生故障所需要的停机修复时间，包括平均维修时间、后勤保障延误时间和行政管理延误时间。

(4)有效度$A(t)$。设备在规定使用条件下和规定时间内保持正常使用状态的概率称有效度。可靠性是要求设备不发生或少发生故障，维修性是要求设备发生故障后迅速修复。对于可修复的设备的可靠性和维修性的评价是用设备在全部使用过程中能有效工作的程度来衡量，即有效性用概率表示为有效度或称利用率。

$$有效度=\frac{正常工作的时间}{正常工作的时间+维修停机时间}$$

从上式可知，设备尽管可靠性很高、故障十分稀少，但是维修性不好，其有效度还是不高。要缩短停机维修时间，必须重视设备的可靠性、维修性设计。同时还要采取各种提高维修性的措施，如利用状态监测装置，设置检查点定期检测，收集维修信息，研究维修方案，编制维修技术资料，健全维修服务系统，加强维修人员的培训，搞好备件管理等，以提高有效度。

● 任务实施

从维修的发展过程来看，维修方式经历了从事后维修逐步发展到定时维修的预防性维修，再从定时的预防性维修发展到有计划的定期检查以及按检查发现问题而安排近期的预防性维修计划。最近的发展趋势是随着状态监测技术的发展，在设备的状态基础上进行维修，即按状态维修。但是，即使是最新的维修方式或是最先进的方式，在各种不同的情况下并不总是最经济、最高效的。只有结合自身的情况，选择最适用的方式才能达到最经济和效益最高的效果。

一、现代维修思想

维修思想是指导维修实践的理论，又称维修理论、维修原理、维修观念、维修哲学等。维修思想是人们对维修的客观规律的正确反映，是对维修工作总体认识，其正确与否直接影响维修工作的全局。维修思想的确立取决于当时的生产水平、维修对象、维修人员的素质、维修手段和条件等客观基础。

维修思想的建立是维修管理的首要问题。有了正确的维修思想指导，才能确立正确的维修方针、政策和进行维修的方法，以及建立高效率的维修体制和维修保障体系。在20世纪30年代之前，对设备维修没有明确的维修指导思想，采取的是坏了就修、不坏不修、听其自然的态度。维修工作缺乏科学预见，往往导致严重的停机事故，不仅影响使用，还危及安全和造成较大的经济损失。为了防患于未然，产生了“定期预防维修”的指导思想并建立了一整套预防维修制度。近年来由于对可靠性和可维修性理论的深入研究，又形成了“以可靠性为中心”的现代预防维修思想。

1.“事后维修为主”的维修思想

事后维修属于非计划性维修，它以机械设备出现功能性故障为基础，有了故障才去维修，往往处于被动地位，准备工作不可能充分，难以取得完美的维修效果。产业革命初期维修都是以此为指导思想。

2.“以预防为主”的维修思想

这是一种以定期全面检修为主的维修思想。从20世纪30年代开始人们注意到设备的安全使用，设备经过一段时间的使用后就会有磨耗，而耗损到一定程度就会发生故障或事故，危及安全生产。于是产生了预防维修的思想，提出了预防为主的方针。它是以机件的磨损规律为基础，以磨损曲线中的第三阶段起点作为维修的时间界限，其实质是根据量变到质变的发展规律，在设备耗损到出现故障之前对设备进行预防性维修。由于当时缺乏先进的检测手段，又认为设备的耗损只是时间的函数，就规定按期限进行拆卸检修，从而形成了所谓“定期预防维修”的方式。在这种维修思想下，定期维修成为预防维修的基本方式，拆卸分解成为预防性维修的主要方法。

船舶采用定期预防维修的特点是：

(1)按船舶的实际航行情况，有计划地、定期对船舶及设备进行轮流修理、检查。

(2)每次进行计划修理的项目应保证设备工作到下一个计划修理期。

(3)根据各类统一安排的修理间隔期，在间隔期内又安排各种维护保养工作作为预防性维护措施。

因此，定期预防维修对防止设备事故、恢复设备功能、保证设备安全运转等方面有积极的促进作用。

定期预防维修的出发点是：认为故障只是时间的函数，故障的发生和发展均与时间有关，而任何故障的发生又都可能直接影响安全使用。于是通过定期检修来预防故障，以确保安全使用。显然，这种维修思想对于与时间因素有关的故障是行之有效的。如船体、管系的腐蚀，机械磨损，电缆老化等。

事实上，影响设备故障的因素很多，有许多随机因素，而且许多故障并不是时间所造成的。并且船舶设备复杂，很难统一在一个规定的间隔期内来进行维修。因此，按规定的时间统一进行维修，不仅浪费人力、备件和一部分设备使用寿命，而且在修理中的拆解、测量和安装又会给设备增加人为耗损和误差，增加了设备的早期故障，甚至缩短了设备寿命。

3.“以可靠性为中心”的维修(RCM)思想

RCM策略是建立在“以预防为主”的实践基础上，但又改变了传统的维修思想观念。它通过故障的严重程度(即故障后果)和维修的可行性,在定期维修、状态预防维修、事后维修和定期报废等方式中进行抉择。选择设备维修策略的一般原则是:①通过维修,恢复设备规定的功能,提高设备的可靠性或者消除设备修前存在的缺陷,并充分利用零、部件的有效寿命;②力求维修费用与设备停修对生产的经济损失两者之和为最小。

以可靠性为中心进行维修就是从设备的实际可靠情况出发,以可靠性和维修性理论做指导,研究和解决维修中的各种问题。也就是在进行维修决策和开展维修工作时必须以设备的实际可靠性状况作为出发点。

由可靠性的研究知道,耗损性故障是与时间因素有关的,而随机故障则与时间因素无关。因此,并不是所有设备的可靠性都能用定期预防维修的时间来限定,复杂设备和电子设备出现故障的时间是不固定的,从实际维修看,早期故障、随机故障以及一些具有隐蔽特征的机件故障,凭借定期预防维修也不能完全排除。

综上所述,既然故障的产生并不与时间因素有必然的联系,设备的故障大多是偶然的,有些故障又不能通过定期预防维修完全消除,因此定期维修就不是最恰当的唯一维修方式。只有采用状态监控的手段来预防故障的发生,用视情维修作为预防性维修方式则可克服定期预防维修的缺欠。所以,以可靠性为中心的维修思想仍然是"预防为主",但要将定期预防改为"有针对性"的预防。整个维修过程以设备的可靠性分析为基础,以维持设备固有可靠性为目标,按设备的实际可靠性指标来控制维修时机,通过逻辑分析来控制维修内容,选择视情维修方式以控制设备的使用可靠性。

上述维修思想的主要区别决定了采取何种维修方式。对于船舶维修而言,预防为主仍然是维修的指导思想。一方面,由于船舶的经常性损耗占有相当比例(如船舶设备腐蚀和磨损等),因此定期维修方式仍然普遍使用。另一方面,视情维修是一种较为科学的维修方式,它应当结合维修理论的研究进行设备可靠性和可维修性的论证、设计、控制和分析,逐步变定期维修为视情维修,使船舶维修采取定期维修和视情维修相结合。

二、现代维修方式

现代船舶维修基本都是以预防性维修为主。预防性维修是指为了防止机械设备发生故障,在故障发生前有计划地进行一系列维修,确保设备正常运行。故障维修则是在故障发生后进行的维修。

结合船舶营运特点和航行安全的要求,现代船舶维修方式有以下几种方式:

1. 定时维修方式

定时维修又称定期维修。其形式较多,但各种形式基本上都是以使用时间为维修期限,只要达到预先规定的使用时间,不管技术状态如何,都要按照规定的时限(或期限)对机械、设备进行拆卸、检验和维修,以防止故障的发生。这是一种带有强制性的预防维修方式,它通常以磨损作为维修的依据,取平均的管理水平,从大部分机件能坚持工作而不发生故障为出发点,将意外损坏的概率限制在一个较小的范围内。以时间为衡量标准的定时维修,掌握维修时机较明确,便于组织和计划管理。但针对性和准确性不高,维修工作量大、费用高。这是由于预先规定的检修时间不一定符合设备的实际情况,在机械设备运转尚良好,距离出现耗损故障期甚远时进行定时维修,有可能破坏了设备的良好技术状态,有时还会因为检修过失而导致设备的精度及可靠性反而低于检修前的情况。

定时维修方式主要适用于:①故障机制带有明显的时间相关性,故障特征随时间变化,主要故障模式是磨损且有一定规律;②在使用期内,机件出现预期耗损故障,根据磨损规律,能测出即将发生故障时间;③对一些重要的机件很难检查和判断其技术状况时,定期维修是有效的方式。

定时维修的优点是:能够在使用运转时间的基础上方便地建立起一套预防性修理系统,达到以预防为主的目的,防止和减少紧急故障产生,使生产和修理工作均能有计划地进行,有较好的预防故障作用,简便易行,可进行长周期的计划安排。

定时维修的缺点是:一方面对磨损以外的其他故障模式,如疲劳、锈蚀未能考虑在内。同时为了达到预防的目的,尽量避免故障的发生,保险系数取值趋于偏大,修理频率高,间隔短,机械设备的利用率低,经济效益不好。另一方面,由于维修时间间隔是对同种机械设备而言的,而每台机械设备的具体情况是不相同的,其修理内容、工作量、间隔周期也应有区别,这种维修方式不能针对实际情况进行维修。此外,修理时都是采用大拆大卸方法,使拆卸次数增多,不利于充分发挥机件的固有可靠性,甚至导致故障的增加。

强制维修实质上也是定时维修方式的一种。对一些关键性的零部件,由于其损坏会造成巨大的停机停航损失,或由于某些零部件所处的位置难以拆卸,只能在其他部件分解后才能拆卸,如单独进行这类零件的更换也将带来巨大的停航损失。在这种情况下,宜采用强制性的维修方式。利用生产中的间隙或计划的停航期,强制性地修理或更换这些零件,以使停产损失降到最低。这样虽然维修费用多一些,但这多一点的费用与专门停航修理所造成的损失相比只占很小比例。这种方式对一些营运效率很高,航行中难以拿出时间停航检修的船舶设备较为有效。

2. 视情维修方式

视情维修又称状态维修,它是指不确定机械、设备的维修期,而通过不断地监控设备的运转状况和定量分析其状态,按照实际情况来确定维修时间,从而避免故障的发生。视情维修克服了定期维修的维修过剩与维修不足的弊端,调整了维修间隔期,可使维修工作量和维修费用大幅度的降低。

采用视情维修应具备的条件是:必须进行视情设计,为开展视情维修提供先决条件;有能够反映设备技术状态的参数、标准图谱、临界参数、检查孔等;以现代监控手段,配置各种先进的无损检测仪器及与电子计算机相连的终端显示装置等,以进行保护和预警,防止故障发生。

视情维修对设备不确定维修期,而根据实际情况确定最佳维修时间,因此,维修工作的针对性强。这种维修方式由于在设备功能性故障发生前采取措施,因而可有效地预防故障和充分地利用设备的工作寿命。此外,维修工作量和费用均少。所以视情维修是理想的预防维修方式。

视情维修是以机械设备的实际技术状态为基础的,通常有三种类型:

(1)定期检测,视情维修。按照预定的时间,通过检查来了解机械当前的状态,发现存在的缺陷和隐患。据此有针对性地安排修理计划,以排除这些缺陷和隐患,减少修理费用。这种方式的关键在于检测。

定期有计划地进行检测并按检测所安排的修理计划进行修复,这时的检测与按需维修是相互配合的一个整体。没有修理安排,检测就没有实际意义。没有检测的信息,修理计划就没有了编制的依据。

这种修理方式和定时维修方式相比，其共同点都是预防性的，不同点是：计划维修是根据磨损、概率或其他的经验，按一定的模式有规则地进行的，由于计划准确性及机械实际状况的差异等因素的影响，可能造成维修过度或维修不足；而定期检测视情维修是根据摩擦学原理及周期检查的结果来诊断机械的实际状况而进行接近机械实际需要的修理。所以相比来看，定期检测视情维修效率较高、费用少。但这种维修方式不能安排长期修理计划，因而不能早期进行资源平衡，给维修工作带来一定困难。另外，受检查手段和维修人员经验的制约，可能使检测及计划不准确，造成维修不足。

(2)状态监测，视情维修。按机械设备的状态进行维修，是人们期望和努力实现的一种较理想的维修方式。这种维修方式目前国内尚有不同的翻译名词，如“状态监测维修”、“视情维修”、“项修”和外国文字直译过来的“预知维修”等。

以往各种维修方式的不足之处均在于，虽然希望维修工作在最合适的时间，即在机械将要发生故障前及时进行，但由于不能掌握机械的实际状况而总是不能及时得到维修而造成事后维修，或因预防性措施过多产生过剩维修。实行定期检测就是要通过有计划的检测达到这一目的，但由于检测手段的技术水平及检测频度的合理程度等所限亦不能完全掌握机械设备的实际状态。

状态监测视情维修不是根据故障特征而是由机械设备定期检测或在线监测和诊断装置预报的实际情况来确定维修时机和内容。检测包括状态检查、状态校核、趋向监测等项目，一般以在线监测的方式进行。

状态监测视情维修适用于：①属于耗损故障的机件，且有如磨损那样缓慢发展的特点，能估计出量变到质变的时间；②难以依靠人的感官和经验去发现故障，又不允许对机械设备任意解体检查；③对那些机件故障直接危及安全，且有极限参数可监测；④除本身有测试装置外，必须有适当的监控或诊断手段，能评价机件的技术状态，指出是否正常，以便决定是否立刻维修。

这种状态监测视情维修的方式是按机械设备的实际状况和需要，及时地进行修理的方式。采用这种方式必须有如下重要的先决条件：

①机械故障的发生不具有非常明确的规律性；

②有准确且有效的检测方法和技术，可以测试到缺陷及故障的存在；

③从发现故障的征兆开始到故障出现之间的故障潜在时间有足够的长度，使修理和排除故障的措施能够实现；

④对被监测的机械能够进行分解，有排除故障的可能性；

⑤机械设备在生产中的地位，使其有可能在故障被发现时采取措施排除故障。

状态监测视情维修的优点是可以充分发挥机件的潜力，提高机件预防维修的有效性，减少维修工作量及人为差错。而缺点则是费用高。要求有一定的诊断条件。

(3)冗余设计，视情维修。对于大型、贵重、关键机械的某些随机性的突发故障，在故障发生之前对征兆无法预报时，采用冗余设计，使故障发生时不会带来不良后果，可以在故障发生后对相应部件进行修理。

3. 事后维修方式

事后维修又称故障维修或损坏维修，它不控制维修时期，只是在设备发生故障或损坏后才进行的维修，以恢复原来的功能为目的。某些复杂设备虽有故障，但其许多零部件仍保持良好的基本功能以致无法预测故障的发生；某些复杂设备缺乏适用的检测手段、参数和临界参数；某些设备不具备实施检测的条件，所以只能在故障发生后再进行维修。

这种维修方式的缺点主要有：停机时间长；停机造成的损失大；需充分准备人力、工具备件等维修资源；修理无计划，修理内容、时间长短及安排等问题都带有很大的随机性。但是修理费用较低；对修理管理的要求也低；可缩小维修组织。

事后维修也绝非等待故障的发生，而是在设备故障发生前后均连续不断地进行状态监控。事后维修是一种非预防性的维修方式，但仍进行经常性的检查和保养工作。

事后维修适用于故障不直接危害使用安全且仍保持基本功能的设备，或采用预防维修不经济的耗损性设备。在现代管理设备要求下，事后维修仅用于对生产影响极小的非重点设备、有冗余配置的设备或采用其他检修方式不经济的设备。

4. 定期报废

定期报废意味着按固定的时间间隔用新产品或部件更换旧产品或部件，恢复产品或部件的可靠性。要求产品在规定的工龄极限内或在此之前报废产品或部件，而不管其当时的状况。定期报废的频率由产品或部件的故障条件概率增加时的工龄来确定，因为 RCM 特别注意安全性影响。在处理定期报废工作时，RCM 认可两种不同类型的寿命极限。第一种适用于避免具有安全性后果的故障，称为安全寿命极限，如图 1-8 所示。

第二种用于预防没有安全性后果的故障，称为经济寿命极限，如图 1-9 所示。

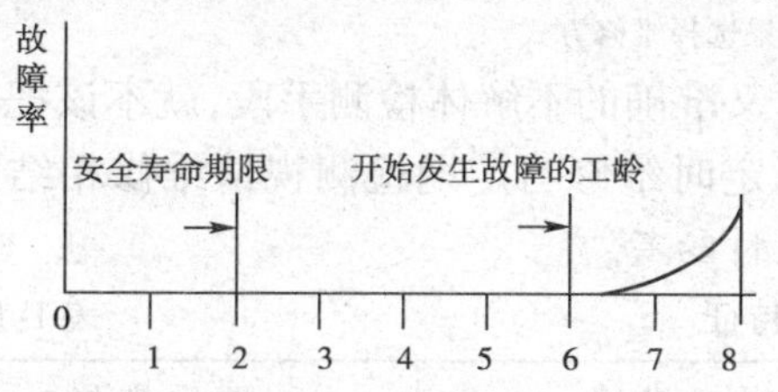

图 1-8　安全寿命极限

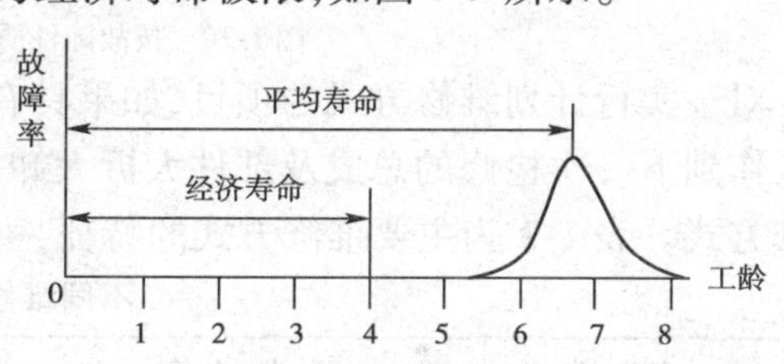

图 1-9　经济寿命极限

在实际应用中，可按需要选择其中一种，或者选取两者的最佳结合点，兼顾安全性和经济性。

对船舶中的重要机械和设备一般应选用视情维修或定时维修方式，对故障不危及使用安全的设备或只发生偶然性故障的设备采用事后维修方式。对于一些经过精确计算有规定使用寿命的零部件或设备仍采用定时维修方式，而大多数设备和零部件逐步采用视情维修和定时维修相结合的方式来预防故障。一个复杂设备中的不同项目，可依具体情况分别选用不同的维修方式；同一项目也可以采用一种或多种维修方式。

三、维修方式的选择

维修的目的在于保证机械设备运转的可靠性，即保证使用价值的可靠性；另外，要使维修费用最省。因此维修决策的基本要求是：

①可靠度不得低于允许的最小值；

②维修费用为最少或不得大于某个预定的维修费限额。

维修方式的选择应从故障发生后的安全性、经济性考虑。由于机械设备一般都是断续运行，安全性不突出，所以选定维修方式一般侧重于经济性。

上述五种维修方式各有一定的适用范围。然而应用是否恰当，则有优劣之分。

维修方式的发展趋势是从维修方式本身的技术经济效果来分析的，而没有考虑到机械本身在生产中的地位及其对维修方式产生的影响等因素。各国不同的维修体系或维修制度都是根据本国的特点，在总的发展趋势下选择了某一种方式或将几种方式进行组合，或配合其他的管理方法而形成。因此要从维修方式的一般趋势来研究和分析各种不同维修方式的具体内容、特点、由来，以及各种不同维修方式的优缺点、适用范围，结合自己的实际情况和生产需要，来找出优化的维修方式，取得较好的经济效益。

选择维修方式一定要结合具体情况对不同的机械选用不同的维修方式，求得综合效率最好，防止盲目性和单纯地追求不切合实际的先进性，如根据故障性质和故障后果选择维修方式如图 1-10 所示。

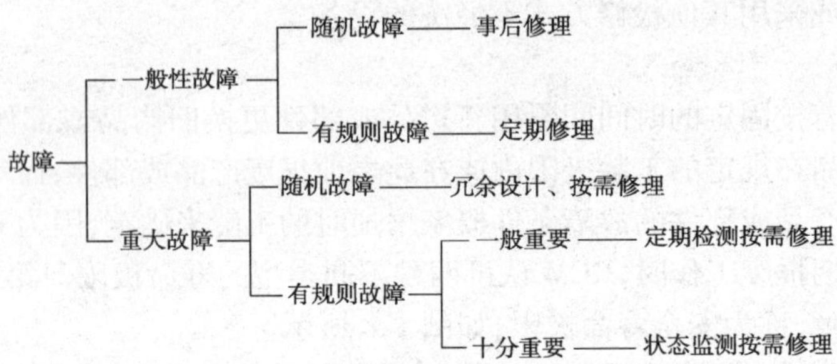

图 1-10　按故障性质和故障后果选择维修方式

对于实行计划维修方式的项目，如果具有方便而又准确的不解体检测手段，就不该把有把握工作到下一次检修的总成及部件大拆大卸，应实行定时维修与定期检测视情维修相结合的维修方式。表 1-1 为主要维修方式的特征，可供选用时参考。

不同维修方式的特征　　表 1-1

序号	特　征	定 时 维 修	视 情 维 修	事 后 维 修
1	维修性质	预防性	预防性	非预防性
2	维修对象	一个项目	一个项目	一个或几个项目
3	维修判据	定期进行全面分解，检修或更换，有可能对不该检修的也进行维修	事先不断监控项目的状态，按状态更换或维修	事后不断监控项目的状态变化，按结果采取相应措施
4	基本条件	数据或经验	视情设计、资料、控制手段、检测参数、参数标准	数据或经验
5	检查方法	分解	不分解	分解
6	适用范围	影响严重、对安全有危害、且发展迅速、无条件视情的耗损故障	影响严重、对安全有危害、且发展缓慢并有条件视情的耗损故障	对安全无直接危害的偶然故障、规律不清楚的故障、故障损失小于预防维修费用的耗损故障
7	维修费用	接近事后维修费用，备件量过多	需要高的投资和经常性费用	有充分准备的维修资源，需要一定费用

四、现代维修的发展趋势

现代化船舶机械设备的大量使用,使生产率成倍增长,但其复杂的结构、昂贵的价格、自动化程度的逐步提高,要求加强机械的维修与检测,尽量避免因机械故障的出现打乱航运计划,减少因停航带来的经济损失。不断研究新的维修技术以最少的资源与能源的消耗获得最大的经济效益,是现代船舶维修发展的需要和追求。将现代船舶机械维修工作与系统工程、可靠性工程及现代化科学技术的其他学科联系起来,是科学技术发展的必然趋势。

机械设备维修科学近30年发展较快,并在某些方面有着较大的发展。其中在维修方式、维修技术及维修管理三方面的发展趋势是:

1. 确立以状态监测和故障诊断为主的发展方向

随着状态检测及故障诊断技术的发展,按机械设备状态进行视情维修的方式已经被公认为维修方式中最新的、效率最高的一种。这种维修方式目前仍是初步的,距实际要求的按状态进行维修尚有一定的距离,需要进一步研究、分析和积累经验,才能趋向成熟。

随着科学技术的发展,特别是微电子、计算机信息技术的迅速发展,光电机械一体化技术在船舶工程机械上的应用将日益广泛。实践表明,船舶越先进,结构就越复杂,其维修活动就越依赖于状态监测和故障诊断的技术。事后维修、预防维修、以可靠性为中心维修的理念,各有长短,都有一定的适用范围,机械地规定某个维修单位或某种机型只能采用某一种维修方式,即不符合实际又难以奏效。当前,发达国家的船舶工程机械维修主要是以状态监测为基础,可靠性维修为中心,以多种维修方式相结合,针对不同情况采取不同方式的视情维修。今后,随着状态监测和故障诊断技术的广泛应用,先进的船舶工程机械装备机电一体化的在线自动监测和故障诊断等仪器设备,以可靠性为中心的维修理念将成为船舶工程机械维修管理的主导理念。但在发展这种维修方式的同时,进行计划维修对于某些重要大型船舶机械设备也是必要的。

2. 发展现代维修技术及复合修复工艺

传统的恢复性修理,只能使有故障的船舶机械通过维修后其使用性能接近原有的性能,没有包含技术进步的因素。而现代改善性修理是采用新装置、新材料和新技术修理旧设备,能使修复后的旧设备接近新机性能。今后,随着电刷镀技术、热喷涂技术、维修焊接技术、纳米技术及其他的材料工程技术在船舶工程机械上的广泛应用,具有集成化、智能化的新型船舶工程机械的更新周期将进一步缩短,恢复性修理将更多地被改善性修理所取代。另外,采用两种或两种以上的修复工艺来修复船舶零件或设备的复合修理方法,如:焊接+胶粘、多种表面修复技术等。它们可使修复后零件的寿命有较大的延长、性能有较大的提高、经济性更好,具有最佳的经济效益,将成为修理工艺重点研究和发展的方向。同时,一些新技术又解决了一些机械设备的翻新问题,使其可以经过修复恢复其原有的性能。

这些新技术的发展主要是从零件修复开始的,由于它有着独特的优点,即经济性好,某些主要性能上可以优于母材。因而,这些技术很快会被应用于一些零件,包括基础件在内的磨损预防上,即采取这些技术对一些零件或基础件的易磨损部位实行预防性的保护或强化措施,来延长零件的寿命。这又是一种新的预防性维修措施。在这个基础上,今后将会出现某些维修技术推动制造技术发展的趋势,即逐步地把某些零件修复技术应用到制造上去,以提高产品的可靠性。

3. 建立智能网络维修服务系统

建立智能网络维修服务系统将成为21世纪船舶工程机械维修业的重点发展方向。运用网络技术,还可以超越国家、地区和时空界限,将船舶工程机械的科研机构、技术咨询、生产厂、维修厂、配件站和使用单位联系起来,实现远程、快速、优质和全方位的服务。生产厂以此作为售后服务的主要手段,通过与船舶工程机械配套的数据采集系统、运输管理系统、维修服务系统,直接或间接地从施工现场获得信息,按最佳效率时采取措施完成售后服务。

在维修管理方法上,运用现代化的管理方法来建立和完善合理的人工管理系统,尤其是应用计算机的管理系统将普遍实现。应用计算机可对整个维修系统进行管理,包括机械设备状态的输入、修理工作命令的建立及下达、完成任务的反馈、备件、资料的查询及发放等。

今后在管理上的发展趋势将是把状态检测技术、按机械设备的状态进行维修的方式和计算机管理系统结合在一起,建立现代监测采样系统,建立相应专家库,构成一套完整而先进的计算机管理体系。

4. 采用适合于经济发展状况的维修体系

在船舶维修体系上,采用适合于经济发展状况的维修体系。例如我国目前普遍采用的船舶维修保养体系CWBT,它是以我国传统的船舶维修管理方式为基础,吸收国外先进的管理经验,并与国际上插卡式船舶设备管理相结合,形成集计划、管理、指导于一体的一种新颖、科学、实用的现代化船舶设备维修管理模式。此外,船舶机械有计划保养体系PMS(Planned Maintenance System),它也是通过制定科学的设备维修保养内容和要求使船舶机械保持良好技术状态的管理制度。

思考与练习 SIKAOYULIANXI

一、简答题

1. 船舶故障的概念是什么?
2. 船舶部件的主要故障模式有哪些?
3. 按照故障的发生和发展过程的特点对故障进行合理分类。
4. 什么是船舶设备的早期故障期?
5. 船舶故障发生时的主要征兆有哪些?
6. 简述船舶设备故障的一般性故障规律和各个故障期的特点。
7. 影响船舶设备的故障因素主要有哪些方面?
8. 什么是船舶设备的可靠性?
9. 什么是设备的系统可靠性?什么是串联系统、并联系统、表决系统?
10. 要做好设备维修工作的三个基本条件是什么?
11. 什么是设备的维修性?如何衡量设备具有良好的维修性?
12. 什么是定时维修方式、视情维修方式和事后维修方式?

13. 如何根据故障性质正确选择维修方式？

14. 一般船舶设备的故障率与时间呈什么样的关系？

15. 研究船舶设备维修性的意义是什么？

16. 如何理解“以可靠性为中心”的维修思想？

二、选择题

1. 船舶机械或零部件规定功能的丧失称为______。

A. 损坏　　B. 故障率　　C. 故障　　D. 失效

2. 柴油机连杆伸腿是属于______性故障。

A. 磨损　　B. 波及　　C. 连续　　D. 结构

3. 具有浴盆曲线的机械和设备适于采用______维修方式。

A. 定时　　B. 视情　　C. 预防　　D. 事后

4. 对机械、设备不确定维修周期，而是通过不断地监控设备的运转状况和定量分析其状态资料进行的维修称为______维修。

A. 定时　　B. 视情　　C. 事后　　D. 预防

5. 可靠性是反映产品耐用和可靠程度的一种性能，是产品______特性之一。

A. 原有的　　B. 应有的　　C. 固有的　　D. 设计的

6. 船舶机械、设备和系统的实际可靠性(或使用可靠性)是由______决定的。

A. 材料和制造　　B. 使用和维修　　C. 设计和制造　　D. 制造、使用和维修

7. 船舶机械发生渐进性故障，其特点是______。

A. 渐进的，不突然　　B. 出现故障的时间在零件有效寿命的后期

C. 与运转时间无关　　D. 无法预防

8. 船舶机械突发性故障的特点是______。

A. 大多数是由磨损、腐蚀引起的　　B. 有故障先兆

C. 无故障先兆　　D. 可预测

9. 处于随机故障期的船舶机械，其故障的特点是______。

A. 与机械新旧有关　　B. 与使用时间有关

C. 不能通过调试来消除　　D. 可以预测

10. 船舶管系输送各种气体或液体，管路经常发生腐蚀，这是一种______故障。

A. 结构性　　B. 工艺性　　C. 渐进性　　D. 偶然性

11. 船机运转中常出现油、水、气等的跑、冒、滴、漏现象，这种故障征兆是属于______。

A. 功能异常　　B. 消耗反常　　C. 外观反常　　D. 压力异常

12. 属于工艺性故障的原因是由______引起的。

A. 材料老化　　B. 磨损　　C. 计算错误　　D. 间隙过小

13. 船机早期故障期的特点是______。

A. 故障率高　　B. 故障率随时间延长而迅速增加

C. 故障率低　　D. 时间短

14. 船舶机械的使用期的长短一般取决于______。

A. 早期故障期　　B. 随机故障期　　C. 磨损故障期　　D. 晚期故障期

15. 某些不重要的设备缺乏适用的检测手段、临界参数或不具备实施检测的条件，所以只能采用______。

A. 事后维修　B. 视情维修　C. 定期维修　D. 定时维修

16. 维修的目的是迅速而又经济地保持或恢复船舶机械和设备的______。

A. 使用性能　B. 原有功能　C. 特性　D. 能力

17. 为保持或恢复机械设备、系统或零部件规定的使用功能而采取的技术措施称为______。

A. 维修　B. 维修科学　C. 可靠性　D. 可维修性

18. 产品的全寿命周期包括______五个阶段。

A. 论证、设计、制造、使用、淘汰　B. 设计、制造、使用、维修、淘汰

C. 论证、设计、安装、使用、维修　D. 设计、制造、安装、使用、淘汰

19. 船厂对修理质量保证的时间是______。

A. 固定件3个月，运动件3个月　B. 固定件6个月，运动件3个月

C. 固定件6个月，运动件6个月　D. 固定件3个月，运动件6个月

20. "PMS"作为轮机证书附的加标志之一，其含义是______。

A. 船舶机械有计划保养系统　B. 船舶维修保养体系

C. 船舶机械预防维修系统　D. 船舶安全管理规则

项目二　船舶部件的失效分析

任务一　船舶部件的摩擦与磨损

● 学习目标

一、船舶部件的摩擦与磨损知识目标

1. 了解金属表面的几何特征和金属零件表面层的结构；
2. 了解金属表面边界膜的形式和金属表面接触特性；
3. 了解摩擦的基本类型、机理以及摩擦的实质；
4. 了解磨损的概念以及船舶部件的磨损规律；
5. 了解柴油机主要部件的磨损形式。

二、船舶部件的摩擦与磨损能力目标

1. 能正确利用测量数据，分析金属零件的表面形貌；
2. 能够针对不同的金属，分析其表面层的基本结构；
3. 能够正确分析滑动轴承建立液体动压的过程；
4. 能分析一般船舶部件的磨损规律；
5. 能正确对柴油机主要部件的磨损情况进行分析，并掌握减少磨损的措施。

● 任务引入

金属部件表面层结构是由哪些部分组成？船舶部件摩擦的类型有哪些？影响摩擦的因素有哪些？液体润滑是如何实现的？什么是船舶部件的磨损规律？船舶部件磨损的类型有哪些？如何减少船舶运动部件的磨损？

● 任务分析

船舶设备运转过程中，相对运动的摩擦表面的物质逐渐损耗，使部件尺寸、形状、位置精度及表面质量发生变化的现象称为磨损。

材料磨损包括两个方面：一是材料组织结构及性能的损坏；二是尺寸、形状及表面质量(粗糙度)的变化。为了准确地描述部件磨损后其尺寸、形状和位置精度发生的变化情况，通常又可用磨损指标(磨损量、磨损率)、几何形状指标(圆度误差、圆柱度误差、平面度误差)等进行定量的测量、分析，并与机器说明书或相关标准、规范的数值比较，以判断零件的磨损程度。

如果部件的磨损超过了某一限度，就会丧失其规定的功能，引起机械性能下降或不能正常工作，这种情形即称为磨损失效。据统计，机械设备故障约有1/3是由零件磨损失效引起的。

● 相关知识

船舶设备中各种部件都具有一定的功能，如传递运动、力或能量，实现规定的动作，保持一定的几何形状等。当部件在载荷(包括机械载荷、热载荷、腐蚀及综合载荷等)作用下丧失最初规定的功能时,即称为失效。一般机械部件的失效形式是按失效件的外部形态特征来分类的。大体包括:磨损失效、断裂失效、变形失效和腐蚀与气蚀失效。在船舶设备中,最危险的失效形式是瞬间出现裂纹和破断,统称为断裂失效。而最主要的失效形式是部件工作表面的磨损失效。

摩擦学是研究材料(部件)的摩擦、磨损与润滑及其应用的一门科学。机器运转时,机器中具有相对运动的运动副发生配合表面的摩擦是一种不可避免的自然现象,磨损是摩擦的必然结果,润滑则是改善摩擦、减缓磨损的有效方法。

因摩擦引起的磨损是材料主要失效形式之一,它造成的损失是巨大的。根据统计,大约有80%的零件都是因磨损而报废的。它也是影响船舶设备正常运转和船舶安全航行的主要因素。同时,机械零件之间的相互摩擦也消耗着能源,造成巨大的能源损失。根据资料,世界能源的1/3~1/2是以不同的形式消耗在克服机械零件表面相互作用的摩擦上。所以,研究船舶机械摩擦磨损失效的规律,寻求减少磨损的措施,达到节省能源,提高船舶使用寿命的目的,是一项非常有意义的工作。

一、金属表面特征

摩擦是一种表面效应,两个物体相对运动时所遇到的摩擦阻力主要取决于该表面的状态,即表面的几何特性和物理化学特性。

1. 金属零件表面的几何特性

任何固体的表面都不是绝对光滑的,它是由形成表面的最后加工方法、刀痕、切屑分裂时的变形、刀具与表面之间的摩擦、加工系统的振动等原因造成的。零件表面的这种凸凹不平的几何形状,称为表面形貌。表面上凸起处称为波峰,凹下处称为波谷。相邻的波峰与波谷间的距离称为波幅 H,相邻波峰或相邻波谷间的距离称为波距(或波长)L,如图 2-1 所示。

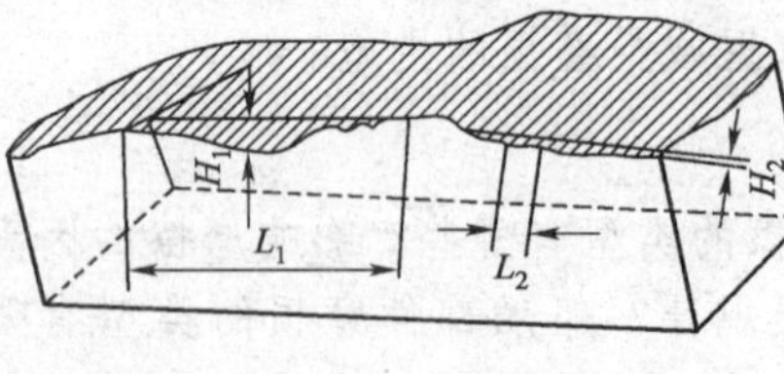

图 2-1 金属零件的表面形貌

任何加工表面不论其加工方法如何,在加工过程中机床—刀具—工件系统的振动,切屑分离时的塑性变形以及加工刀痕,都会使实际表面与理想光滑表面之间存在偏差。根据表面的波距与波幅之比(L/H)将它们分为宏观、中间及微观偏差三种。

(1)宏观偏差(或称形状误差)。它是不重复的或不规则的宏观变化,如凸度、凹度、锥度等。它是由于工艺设备不完善,加工方法有缺陷等而引起的。一般认为宏观偏差的$L/H>1000$。

(2)中间偏差(或称波纹度)。它是呈周期性变化的偏差。一般认为 L/H 在 50~1000 范围内。表面的波纹度是由于加工时机具性能的缺陷(如机床、刀具的低频振动等)及不均匀进刀、不均匀的切削力等引起的,其特点是周期性出现波峰和波谷。

(3)微观偏差(或称粗糙度)。它是表面波纹上的微观几何偏差,$L/H<50$。微观偏差的每一个单独的峰叫作微凸体。粗糙度是切削工具与金属表面作用引起的。粗糙度的大小与使用的刀具和切削规范等有关。表面粗糙度直接影响零件摩擦表面的实际接触面积的大小和实

际压强的大小。两个表面接触时,实际接触面积远远小于名义接触面积。

表征粗糙度的特性参数比较多,根据国际标准化组织 ISO/R 469—1982 建议案,以"轮廓的平均算术偏差 R_a"、"微观不平度十点高度 R_z"、"轮廓最大高度 R_y"作为考察表面粗糙度的特征参数。

上述金属零件表面的偏差,往往会同时出现。由于加工过程的影响因素不同,出现的表面偏差也不一样。有的是以某一种偏差为主,有的是以某两种为主。零件表面的偏差对机械的效率、耐磨性、经济性等有很大的影响,因此,希望表面偏差要小。对于形状误差及波纹度应尽量减小。对粗糙度要根据零件的用途提出不同的要求,如对精密零件要求粗糙度要小。

2. 金属零件表面层的结构

金属加工零件的表面层是由不同物质的薄层构成的,其性质与金属零件材料的基体不同。完全洁净的金属表面在大气环境中是不存在的。一旦洁净新鲜的表面出现,就会立刻自然地吸附、污染形成覆盖膜。为了描述金属表层结构,把经过机械加工的表面自表向里分成外表层和内表层。外表层包括:污染层、吸附层、氧化层;内表层即加工硬化层与没有受到影响的金属基体相连,同时各层的厚度也不一样,如图 2-2 所示。

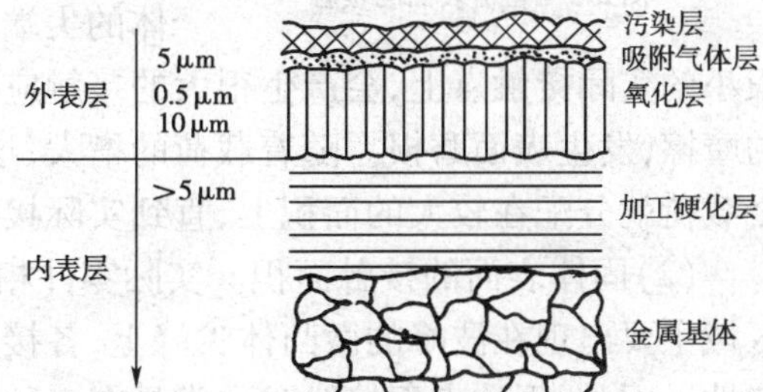

图 2-2　金属表面层结构示意图

正是由于零件金属表面层在结构上与其基体的不同,使得金属表面的性能与基体也不同。如表面层具有自由能,具有润滑性、吸附作用、化学作用(与空气和润滑剂中的氧作用),及表面层金属在机械加工时会产生塑性变形等。

对于给定条件下的表面,其实际组成及各层的厚度,与表面加工过程、环境(介质)以及材料本身的性质有关。因此实际表面的结构及性质是很复杂的。

3. 金属表面的边界膜

实际的固体表面会含有各种各样的吸附物质或化学反应产物,只要把固体表面放在一定的环境之中,固体表面就会与环境(如各种润滑剂)发生相互作用而形成不同的表面膜。这些表面膜可分成:物理吸附膜、化学吸附膜、化学反应膜和氧化膜四种形式。

各种具体结构形式的边界膜的特点及性质如下:

(1)物理吸附膜是由分子吸引力使极性分子定向排列,吸附在金属的表面。吸附膜在高温下会脱附。主要适用于常温、低速、轻载的场合。

(2)化学吸附膜是由极性分子的有价电子与基体表面的电子发生交换而产生的化学结合力,使极性分子定向排列,吸附在金属表面上。在高温时吸附性能可能会发生变化。主要适用在中等温度、速度、载荷。

(3)化学反应膜是由硫、磷、氯等元素与金属表面进行化学反应,生成金属膜。这种金属膜的熔点高、剪切强度低。因它是在高温条件下生成的,所以较适用于重载、高温、高速的场合。

(4)氧化膜是金属表面由于结晶点阵原子处于不平衡状态,化学活性比较大,与氧反应形成氧化膜。由于它是在室温下无油纯净金属表面氧化而成,所以只能起到瞬时润滑的作用。

4. 金属表面的接触特性

（1）表面接触的概念。机械零件在机械加工过程中，零件表面上形成了微观凹凸不平的形貌。当两个物体表面相接触时，接触点不是连成一片的（图 2-3）实际上只有个别区域承受载荷，这些离散的承载点构成了两个接触物体的实际接触面积。

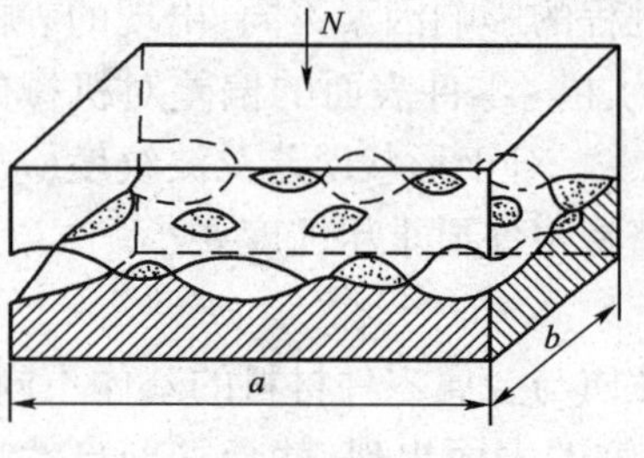

图 2-3　粗糙表面的接触

在相同条件下，实际接触面积越大，则摩擦力越大。当两个物体在载荷作用下相互靠近、相互接触时，最先接触的是两表面上对应的微凸体高度的最大部位。载荷的增加，其他微凸体也相继对应地进入接触，开始是弹性变形，随着两表面靠得更近，微凸体将发生塑性变形。而靠近基体的材料仍处于弹性变形状态，这样在表面层内就形成弹性变形。两接触的物体所承受的载荷就由这些相互接触的微凸体的尖端处承担，尽管作用在两接触面上的载荷不大，但在很小的实际接触点上，会产生很大的接触应力。也正是这些小的实际接触点上承受固体之间的摩擦，发生表面磨损。随着载荷的增大，这些微凸体的尖端被压平，又有新的尖峰相接触，随之载荷就分配在较大的面积上，直到实际接触面积上的总压力与外载相平衡为止。

（2）固体表面的接触面积。实际零件相接触时，由于表面存在波纹度和粗糙度，实际接触区域主要出现在波峰的微凸体尖峰上，各接触区内实际物体的接触区域具有不连续性和不均匀性。因此，固体表面接触时通常具有三种不同的接触面积。

①名义接触面积（A_n）。物体的宏观面积 $A_n = a \times b$，被定义为名义接触面积，即在平面接触下，具有理想光滑的物体的接触面积（图 2-3）。

②轮廓接触面积（A_c）。两物体在外载荷作用下相互挤压时，接触表面上波纹度的波峰因承载而被压扁的区域（接触斑点，图 2-3 中的小黑圈）所形成的面积总和叫作轮廓接触面积，以 A_c 表示。

③实际接触面积（A_r）。它指的是物体接触时各微凸体发生变形而产生的微接触面积的总和。粗糙表面的接触十分离散，实际接触面积仅占名义接触面积的极小一部分，$A_r = (0.001 \sim 0.01) A_n$。实际接触面积决定着粗糙表面分子间相互作用力的范围。

（3）固体接触表面的温度。固体表面相互摩擦时，动能转变为热能，使物体表面温度升高。摩擦表面的温度随载荷及速度增加而升高，并与导热系数大小成反比。

二、摩擦

1. 摩擦的定义

两个物体相互接触，在外力的作用下，发生相对运动或具有相对运动趋势时，接触面之间就会产生切向的运动阻力和阻力矩，这种现象叫作摩擦。这种阻止两物体相对运动或相对运动趋势的作用力和力矩分别称为摩擦力和摩擦力矩。摩擦消耗大量的有用功，产生大量的热使物体温度升高并产生磨损。

摩擦力的方向与物体的运动的方向相反，而出现或发生摩擦现象的三个充分和必要条件是：有两个物体或物体的两个部分；要相互接触即相互作用又相互约束；有相对运动或运动的趋势。一方面，由于摩擦的存在，使配合表面产生磨损，配合间隙过大，影响机械的正常工作，摩擦热会引起配合零件膨胀,发生咬死而使机械不能正常运转,这是摩擦有害的一面;另一方面,机械在运转条件下要实现各种不同的功能,如变速、传递动力及停车等,就需要有各种各样的传动和制动装置,如摩擦传动、制动和锁紧机构就是利用了摩擦有益的一面。

2. 摩擦类型

摩擦可根据摩擦副的运动状态、运动形式和表面润滑状态进行分类。

(1)按摩擦副的运动状态分为静摩擦和动摩擦。

(2)按摩擦副的运动形式分为滚动摩擦和滑动摩擦。

(3)按摩擦副的表面润滑状态分为干摩擦、边界摩擦、液体摩擦和混合摩擦。

干摩擦是摩擦表面间没有任何润滑剂时的摩擦,摩擦系数较大,为0.1~0.5或更高。

边界摩擦是在边界润滑条件下,摩擦表面间有一层极薄的润滑油膜时的摩擦。边界油膜的厚度仅为0.1μm,摩擦系数为0.05~0.5。

液体摩擦是摩擦表面间有一层边界膜和流体膜的润滑剂时,摩擦表面不能直接接触,摩擦发生在润滑剂分子之间的摩擦。摩擦系数最小,仅为0.001~0.01。

混合摩擦是摩擦表面间同时存在边界摩擦和干摩擦的半干摩擦或同时存在边界摩擦和流体摩擦的半液体摩擦,均称为混合摩擦。

3. 摩擦的实质

在机械中互相接触并有相对运动的两个构件表面直接接触时,由于各自表面实际上只有凸峰相互接触,实际接触面积很小。当在正压力作用下作相对切向运动时,将出现下列情况:

(1)在正压力作用下,各凸峰的接触点处产生很大的接触应力,对塑性材料来说即引起塑性变形,造成表面膜破坏。同时,在塑性变形后的再结晶中有可能由两表面的金属共同形成新生晶格。在此情况下,这些接触点处便产生黏着结合,当它们做相对运动时,将这些黏着撕脱或剪断,这时所需要的作用力即是摩擦力。

(2)当两物体的材料硬度相差很大时,硬质材料的凸峰就会嵌入到较软的材料中。它们在做相对运动时,硬的凸峰就会在软的材料上切削沟槽,因而摩擦力以切削阻力的形式出现。

(3)两物体的实际接触表面由于紧密相连接,会产生分子引力。相对运动时还必须克服此分子的作用。

(4)产生发光、辐射、振动、噪声及化学反应等能量消耗现象。

对不同的摩擦副,由于固体表面的状态和性质不同,以及摩擦表面的工作条件不同,因此产生摩擦力的四因素各自所起的作用大小也不相同。

上述四种因素构成了摩擦力产生的基础,是干摩擦现象的本质。

4. 摩擦的机理

1)干摩擦机理

运动副零件在相对运动时,两个摩擦表面不可能形成面接触,只在少数微凸起的峰处形成点接触,其实际接触面积很小,仅为名义接触面积的千分之几至万分之几,但要承受摩擦面上的全部载荷,因此,接触点上的应力很大,产生弹性变形。随着载荷增加,当接触点上的应力达到材料的屈服极限 σ_s 时,接触点处产生塑性变形,如图2-4a)所示。接触点的塑性变形又使实际接触面积增大,并将接触点上的氧化膜压碎,接触点处两种金属分子之间因吸引力和相互扩散而溶合在一起,即在接触点处两种金属黏着,称为冷焊或固相焊合。在未接触部分摩擦表面的峰谷则形成犬牙交错，相互嵌入的状况。

当配合件继续相互运动时，即在切向力作用下滑动时，冷焊点被剪断，犬牙交错的微突体被剪断。随后又在新的接触点黏着，产生的新的冷焊点又被剪断，直至实际接触面增大到足以承受所加载荷为止，形成类似于单个微凸体全面接触，如图 2-4b）所示。摩擦的过程就是黏着与滑动交替的过程，其结果是造成配合件表面的磨损。

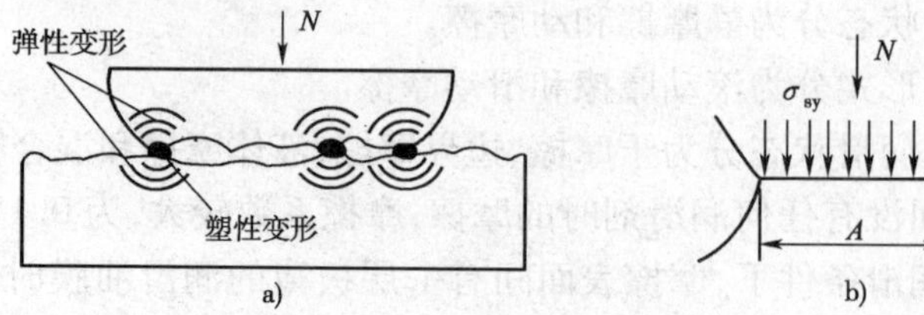

图 2-4　干摩擦表面的接触情况

a）实际接触情况；b）单个微凸体接触情况

干摩擦发生后，摩擦表面的金属性质发生很大变化。首先由于摩擦表面的塑性变形引起表面层加工硬化和释放出的热量使表面温度升高，甚至超过基体温度。当温度升高超过金属的再结晶温度时，表面的加工硬化消失且发生再结晶；当温度继续升高时，表面金属能被软化发生黏结和相变；当摩擦表面继续运动时，接触部分脱开，相变的组织因冷却而被淬火，摩擦表面强度和硬度进一步提高。最后，由于摩擦过程中摩擦表面与周围介质的作用，又会造成表面更大的磨损。例如，空气中的氧会使氧化膜破碎后的裸露金属表面氧化；空气中的水、润滑油中的酸、硫分会使表面腐蚀等。

2）边界摩擦（边界润滑）机理

当摩擦表面间只有少量的润滑剂时，依靠润滑剂和加入到润滑剂中添加剂的物理、化学性能，在摩擦表面上形成牢固的边界膜，以隔开摩擦表面，减少摩擦。

矿物润滑剂中常含有一些极性物质，其分子的一端是带有强电荷的极性团，与金属表面亲和力强，具有吸附的特性，能在金属表面上形成单层分子或多层分子的吸附膜。

由于分子间的引力作用，当单层极性分子吸附膜达到饱和，极性分子紧密排列并与金属表面吸附得更紧，分子间的内聚力使吸附膜具有足够的强度而具有一定的承载能力，摩擦发生在远离金属表面的极性分子的非极性端，从而有效地防止摩擦表面的直接接触，减少了磨损。如图 2-5 所示为边界润滑模型。

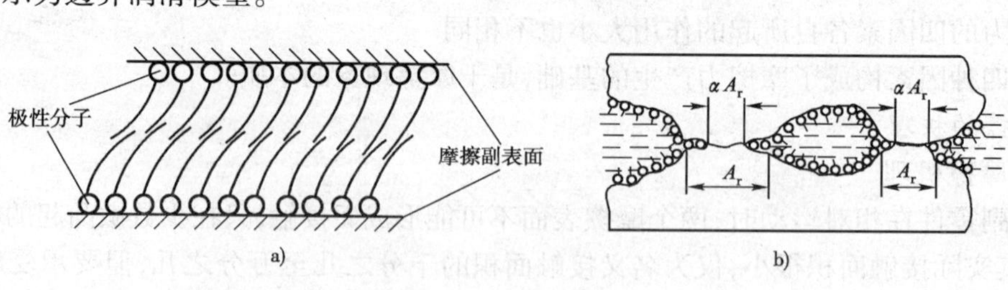

图 2-5　边界润滑模型

a）摩擦发生在边界膜内；b）边界润滑中的黏结点

当摩擦表面相对运动时，摩擦表面间的边界油膜的极性分子定向排列在金属表面上，摩擦发生在极性分子的非极性端之间，因而取代了摩擦表面的直接接触，起到了润滑作用，降低了摩擦系数，如图2-5a）所示。而当表面粗糙不平时，较大微凸体的凸峰刺破边界膜使金属表面直接接触，接触点的局部压力很大，温度很高而发生黏着。此时要使摩擦副运动就必须克服金属黏着点处的剪切力和边界膜中极性分子间的剪切力。因此，当表面接触面积内没有金属直接接触，表面间充满润滑剂时，边界膜润滑作用好，摩擦系数小；而当摩擦表面黏结点多，边界油膜润滑效果差，摩擦系数大，如图2-5b）所示。

3）液体摩擦（液体润滑）机理

液体摩擦是在摩擦表面间形成足够厚度和强度的润滑油膜，这层润滑膜将摩擦表面凹凸不平的峰谷完全淹没，相对运动的摩擦表面被完全分隔开来，使原来两摩擦表面之间的"外摩擦"转变为润滑膜内部液体分子之间的"内摩擦"，而完全改变了摩擦的性质，这种润滑被称为液体润滑。这样的润滑油膜厚度一般在工程上是1.5μm～1mm。

从理论上讲，液体润滑时没有磨损，是理想的润滑状态。但在设备起动、制动以及在载荷和速度变化等情况下，润滑条件会遭到破坏，仍然存在着磨损。实现液体润滑的方法主要有两类：一类称液体动压润滑；另一类称液体静压润滑。

（1）液体动压润滑。液体动压润滑是利用摩擦表面的有利几何形状和表面间的相对运动使润滑剂流体产生楔形油膜或挤压油膜，来承受外部载荷并隔开摩擦表面，这种润滑称为流体动压润滑。为此，相对运动零件或者在结构上自然形成楔形油膜，如轴与轴承、推力块与推力环等均能在运转时形成楔形油膜，或者在零件表面上设计成一定的形状，以便运转时产生楔形效应，建立楔形油膜。

如图2-6所示为径向滑动轴承摩擦副建立流体动压润滑的过程。图［2-6a）］所示为轴承静止状态时轴与轴承的接触状况。在轴的下部正中轴与轴承接触，轴的两侧形成楔形间隙。起动开始时，轴滚向一侧［图2-6b）］，具有一定黏度的润滑油黏附在轴颈表面，随着轴的转动，油被带入楔形间隙。油在楔形间隙中，只能沿轴向溢出，但轴颈有一定长度，而油的黏度使其沿轴向溢出受阻而流动不畅。这样，油就聚集在楔形间隙的尖端互相挤压而使油压升高。随着轴的转速升高，楔中油压也升高，形成一个压力油楔逐渐把轴抬起［图2-6c）］。但此时轴尚处于不稳定状态，轴心位置随着轴被抬起的过程而逐渐向轴承中心的另一侧移动，当达到一定转速后，轴就趋于稳定状态［图2-6d）］。此时，油楔作用于轴上的压力总和与轴的负载相平衡，轴与轴承表面完全被一层油膜隔开，便把轴在轴承中"浮起"，两个摩擦物体的固体表面在液体摩擦时不再接触，实现了液体润滑。

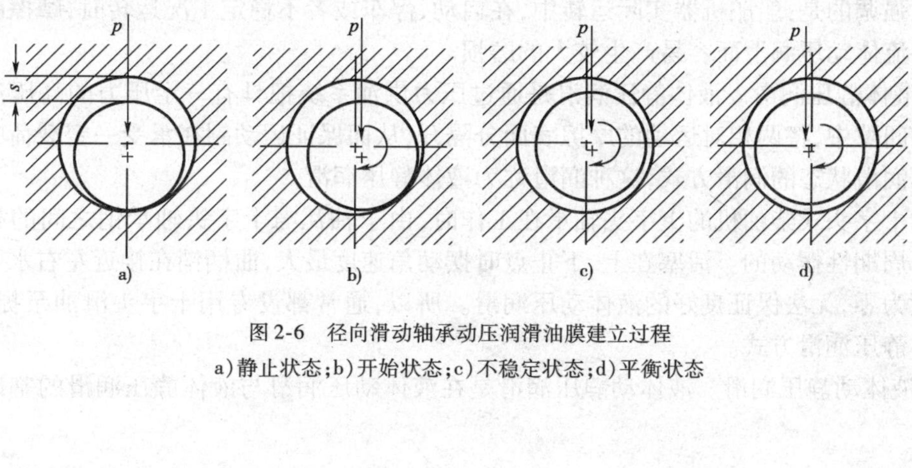

图2-6　径向滑动轴承动压润滑油膜建立过程

a）静止状态；b）开始状态；c）不稳定状态；d）平衡状态

如图2-7滑动轴承摩擦模型曲线所示，滑动轴承随着轴转速的变化，摩擦力会经历以下过程：

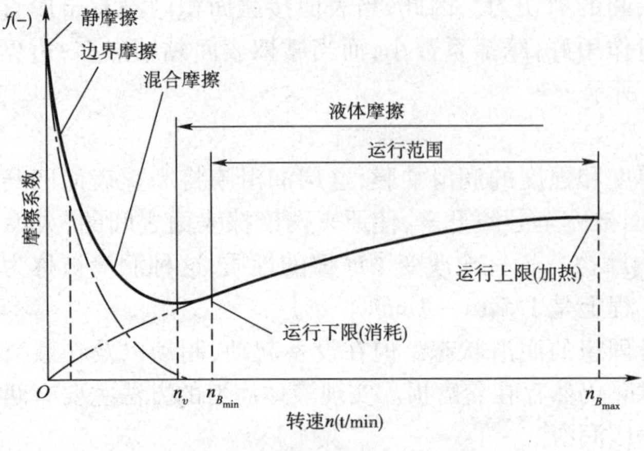

图2-7 滑动轴承摩擦模型曲线

在启动状态下轴须克服最大的摩擦力，轴表面和轴承金属相互接触。随着转速增加，摩擦力不断减小，摩擦副从固体摩擦范围向混合摩擦范围过渡。随着转速继续增加，进入两表面之间的润滑剂不断增多，轴“上浮”。当表面的黏着点不再相互接触时，两构件彼此完全分离并且摩擦副向液体摩擦范围过渡（n_v）。在这一转速下，摩擦力达到了最低值。随着转速继续增加，由于润滑剂的内部阻力，致使要克服的摩擦力不断增大。为使摩擦副在运行期间保持在液体摩擦的无磨损范围内，选择的最小运行转速（n_{Bmin}）必须远远大于过渡转速（n_v）。只有在启动和停车运行时摩擦副才经历混合摩擦和固体摩擦的密集磨损阶段。这也是船舶柴油机等许多机械设备不宜频繁起停的一个主要原因。

轴与轴承摩擦面间的油层厚度是由轴上所承受的载荷和油层的内摩擦力的大小决定的。油层内摩擦力的大小取决于润滑油的黏度和轴与轴承的相对运动速度。

实现液体动压润滑的条件是：

①摩擦表面应具有较高的加工精度和表面粗糙度等级。

②摩擦表面间具有一定的配合间隙，并沿着运动方向上有一个倾角，即能形成收敛的“楔形”间隙；

③保证连续而又充分地供给一定温度下黏度合适的润滑油。

④相对运动的零件必须具有足够高的相对滑动速度，其运动方向必须从楔形间隙较大的一端向着较小的一端。

⑤外载荷必须小于油膜所能承受的负荷极限值，动压油膜必须将两摩擦表面可靠地分隔开。

必须强调的是：船舶机器实际运转中，在启动、停车或者不稳定工况运转时，摩擦副难以实现或保持流体动压润滑而容易产生较大的磨损。

(2)液体静压润滑。液体静压润滑是通过压力供油系统把具有一定压力的高压油供到摩擦表面的间隙中，将两相对运动的摩擦表面分隔开，从而保证运动副在承受一定载荷的情况下处于液体润滑状态的润滑方式，这种润滑称为液体静压润滑。

船舶十字头式柴油机的十字头轴承在工作时，由于轴瓦与十字头轴承销之间的相对运动规律是呈周期性摆动的。活塞在上、下止点时摆动角速度最大，曲柄销在接近左右水平位置时摆角速度为零，无法保证良好的液体动压润滑。所以，通常都设专用十字头滑油泵提高油压，采用液体静压润滑方式。

(3)液体动静压润滑。液体动静压润滑是在液体动压润滑与液体静压润滑的基础上发展起来的,兼有两者的作用。

液体动静压润滑系统的理论基础大致和动压与静压系统相同。根据工作原理分为三种基本类型,即:静压浮起、动压工作;动静压混合作用;静压工作为主,动压作用为辅。

(4)弹性流体动压润滑。对于齿轮、蜗轮、凸轮、滚动轴承等点或线接触的摩擦副,接触区单位面积上的压力很高,材料的弹性变形又很大,润滑油在此区内压力也很高而使黏度剧增。在综合考虑流体动压效应、弹性体接触变形和润滑油压黏特性三者基础上而确立的压力润滑油膜,将摩擦表面分离开来的润滑状态称为弹性流体动压润滑,简称弹流润滑。

4)半液体摩擦和半干摩擦(半液体润滑和半干润滑)机理

液体润滑的油膜部分遭到破坏时,油膜破坏的部位就会出现摩擦表面的直接接触,处于干摩擦或边界润滑状态。如果这时液体润滑仍占主要地位,则称为半液体润滑;如果油膜大部分遭到破坏,则称为半干润滑。

半液体润滑和半干润滑时,液体润滑的油膜是不连续的,摩擦表面之间可能同时存在液体润滑、边界润滑和干摩擦三种情况,其摩擦系数和磨损的大小在很大范围内变化。摩擦系数和磨损的大小取决于液体润滑油膜遭到破坏的程度、液体润滑油膜遭到破坏的部位是处于边界的润滑状态还是处于干摩擦状态,以及遭到破坏的油膜恢复的能力等。

5.影响摩擦的因素

摩擦系数是表示摩擦材料特性的主要参数之一。研究摩擦的影响因素,实际上是研究摩擦系数的影响因素,它对船舶机械维修工作有着重要意义。

影响摩擦系数的因素十分复杂,主要有以下方面。

(1)润滑条件。现代工程机械设备具有大型、高速、连续、自动化的特点。润滑系统被称为机械的血脉。润滑不仅影响到机械设备的寿命,而且关系到机械设备的安全连续运转。为了实现有效的润滑,就必须根据摩擦副的工作条件,正确地选用润滑材料、润滑方式和润滑装置。

润滑是利用润滑剂使摩擦副的接触面隔开,以减少相对运动物体摩擦表面的摩擦力、磨损或其他形式的破坏。在不同的润滑条件下,摩擦系数差异很大,如洁净无润滑表面摩擦系数为0.1~0.5;而在液体动压润滑的表面上摩擦系数为0.001~0.01。

润滑的作用一般可归结为:控制摩擦、减少磨损、降温冷却、防止锈蚀,还具有清洗、密封、减振作用等。

润滑的主要任务就是减少摩擦和磨损。良好的润滑能够保证:

①维持机械设备的正常运转,防止事故的发生,降低维修费用,节省资源;

②降低摩擦阻力,改善摩擦条件,提高传动效率,节约能源;

③减少机件的磨损,延长机械设备的使用寿命;

④减少腐蚀、减轻振动、降低温度、防止拉伤和咬合、提高可靠性。

合理润滑的基本要求是:

①根据摩擦副的工作条件和作用性质,选用适当的润滑剂;

②确定正确的润滑方式和润滑方法,设计合理的润滑装置和系统;

③严格保持润滑剂和润滑部位的清洁;

④保证供给适量的润滑剂,防止缺油和漏油;

⑤适时清洗换油,既保证润滑又要节省润滑剂。

(2)表面氧化膜。具有表面氧化膜的摩擦副,其摩擦主要发生在膜层内。在一般情况下,由于表面氧化膜的塑性和机械强度比金属材料差,在摩擦过程中,膜先被破坏,金属表面不易发生黏着,使摩擦系数降低,磨损减少。纯净金属材料的摩擦副因不存在表面氧化膜,摩擦系数都较高。在摩擦表面上涂覆铟、镉、铅等软金属,能有效地降低摩擦系数。

(3)材料性质。金属摩擦副的摩擦系数,随配对材料的性质不同而变化。相同金属或互溶性较大的金属摩擦副易发生黏着,摩擦系数增高;不同金属的摩擦副,由于互溶性差,不易发生黏着,摩擦系数一般较低。

(4)载荷。在弹性接触的情况下,由于实际接触面积与载荷有关,摩擦系数将随载荷的增加而越过一极大值。当载荷足够大时,真实接触面积变化很小,因而使摩擦系数趋于稳定。在弹塑性接触情况下,材料的摩擦系数随载荷的增大而越过一极大值,然后随载荷的增加而逐渐减小。

(5)滑动速度。滑动速度对摩擦系数的影响很大,有的结论甚至互相矛盾。在一般情况下,摩擦系数随滑动速度的增加而升高,越过一极大值后,又随滑动速度的增加而降低。有时摩擦系数随滑动速度的减小而增大,并不是由于速度的直接影响,而是速度减小时摩擦表面粗糙凸峰相互作用的时间长了,使它们发生塑性变形和实际接触面积增大。

(6)静止接触的持续时间。物体表面间相对静止的接触持续时间越长,摩擦系数越大,这是由于表面间接触点的变形使实际接触面积和表面分子吸引力增大的结果。

(7)温度。摩擦副相互滑动时,温度的变化使表面材料的性质发生改变,从而影响摩擦系数,并随摩擦副工作条件的不同而变化。

(8)表面粗糙度。在塑性接触的情况下,由于表面粗糙度对实际接触面积的影响不大,可认为摩擦系数不受影响,保持为一定值。对弹性或弹塑性接触的干摩擦,当表面粗糙度使表面分子吸引力有效地发挥作用时,机械啮合理论不能适用,表面粗糙度越小,实际接积越大,摩擦系数也越大。

6. *摩擦时表面上发生的现象*

(1)表面化学效应。在摩擦过程中,表面层的化学组成会发生显著的变化,虽然这个薄层很薄,甚至只有几纳米(nm)的数量级,但它对材料摩擦起十分重要的作用。

(2)金属的转移。金属表面摩擦时材料会由一个表面转移到另一表面上,这是正常磨损的一种情况,是金属表面摩擦机理不可分割的部分。

(3)温度作用。金属物体在相对滑动时,由于弹塑性变形将消耗很大能量,这部分能量有90%以热的形式散发出来,在整个物体里形成温度梯度,产生热应力。摩擦表面的温度对它的摩擦学性能有很大影响:

①改变表面的摩擦状态;

②硬度随温度升高而降低,表面易破坏,磨损要加剧;

③使金属的互溶性随温度升高而变化;

④引起金属的相变,改变材料结构。

(4)产生振动。摩擦有助于产生振动,而振动又影响摩擦。摩擦与振动有着密切的联系。

(5)预位移。两摩擦物体在做宏观相对滑动之前,表面间会出现微观滑动,这种移动称为预位移。机械中的过盈配合连接是在预位移状态下工作的，配合件间是不允许出现塑性位移。精密机械的许多接合面处，由于存在预位移，会降低它的精度。

● **任务实施**

磨损涉及固体力学、流体力学、表面物理、表面化学、冶金学、材料学、机械学等学科，而影响因素则包括载荷、速度、温度、润滑剂类型及特性、环境介质、结构设计、接触面粗糙度、所用材料类型、组织结构及性能等。

一、船舶部件磨损规律

部件磨损的外在表现形态是表层材料的磨耗。在一般情况下，总是用磨损量来度量磨损程度。不论摩擦系统有多复杂，部件摩擦表面的磨损量总是随摩擦时间延续而逐渐增长。不同的船舶部件由于磨损类型和工作条件不同，磨损情况也不一样，磨损规律也各不尽相同。图 2-8 为正常运转的运动副的运转时间与其磨损量的关系曲线，即磨损曲线。

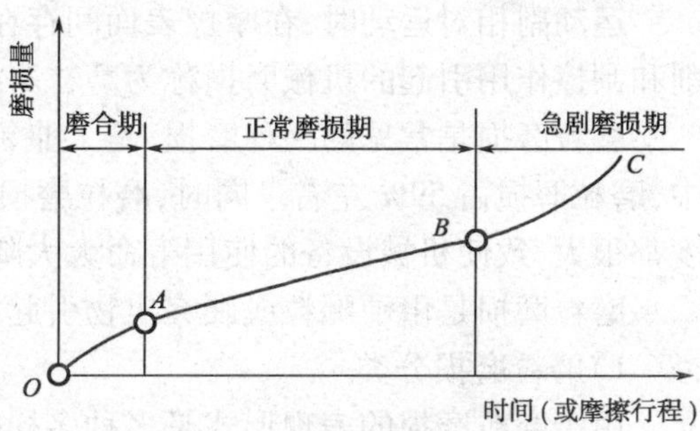

图 2-8　磨损曲线

图中，纵坐标表示零件的磨损量，横坐标表示运动副的运转时间。其磨损过程可以用三个不同的工作阶段来表示。

1. 磨合期

磨合期又称跑合期，即曲线 OA 所对应的工作时间，是机器或运动副初次投入运行时，最初改变摩擦表面几何形状和表面层理化性能的阶段。由于新造零件工作表面的初始粗糙度使运动副配合表面的实际接触面积小、应力大，工作表面将很快磨损。同时由于运转初期摩擦表面间的油膜难于建立，即使形成油膜，也往往会被表面上的凸峰和摩擦热所破坏。所以磨合期的特点是时间短而磨损量较大，可使表面粗糙度减小 65% ~70%。磨合期使摩擦表面的形貌和性质从初始状态过渡到正常使用状态，这个过程称为磨合或跑合。磨合期越短，机器或运动副越早进入正常运转期。所以磨合是机器或运动副能否进入正常运转阶段的前提。

达到良好磨合的要求是：

(1) 消除摩擦表面的初始粗糙度，使接触面积大增，可达到 80% 以上；

(2) 运动副工作表面形成彼此适应、服帖的形貌；

(3) 建立工作条件下耐久的润滑油膜，使运动副获得稳定、有效的润滑。

2. 正常磨损期

正常磨损期是曲线 AB 所对应的工作时间，是机器或运动副磨合后进入正常运转的阶段。由于磨合期使摩擦表面形成适应运转工况的形貌，冷硬层也已形成，表面硬度提高，磨损显著下降，所以该阶段的特点是磨损速度降低，磨损量小而稳定。由图可知，AB 线段的斜率越小，磨损也越缓慢，正常运转期将越长。

3. 急剧磨损期

曲线上 B 点以后的线段所对应的工作时间为急剧磨损期。运动副长期运转后，部件的磨损量和几何形状误差均较大，运动副的配合间隙也增大，配合性质变坏，导致运转中产生振动、冲击，温度升高，磨损加剧等，运动副进入急剧磨损期。此时，应立即停机检修，否则将可能导致事故发生。

二、船舶部件磨损类型

摩擦的后果是造成运动副工作表面的磨损，在摩擦过程中，摩擦时的环境因素，如温度、介质、应力、润滑条件等也是影响摩擦表面磨损的重要因素。根据磨损的机理和特征，磨损可分为磨粒磨损、黏着磨损、腐蚀磨损、疲劳磨损、微动磨损等。

1. 磨粒磨损

运动副相对运动时，在摩擦表面间存在固体磨粒或硬的凸起物，它对摩擦表面产生的微切削和刮擦作用引起的机械磨损称为磨粒磨损。

磨粒磨损是常见的一种磨损，是工业领域中最主要的磨损形式。据估计，在各类机械磨损中，磨粒磨损占59%左右。同时，磨粒磨损又是危害最严重的一类磨损，其磨损速率或磨损强度都很大，致使机械设备的使用寿命大大降低，能源和材料耗费巨大。

磨粒磨损是由硬颗粒或硬突出物引起材料破坏，分离出磨屑的磨损。

1)磨粒磨损分类

由于磨粒磨损的表现形式是多种多样的，因而分类方法也很多。

按力的作用特点、受磨损表面、相对硬度、相对运动进行分类的情况。常用的是按摩擦表面所受的应力和冲击力的大小分为凿削式磨料磨损、高应力碾碎式磨粒磨损和低应力擦伤式磨粒磨损。

(1)凿削式磨粒磨损。其特征是磨料以很大冲击力作用切入摩擦件金属表面，由于受到很高应力，造成摩擦件表面宏观变形，并可从金属表面切削分离出金属屑，使摩擦件表面产生较深的沟槽和压痕。这类磨损在运行的船用机械中较少出现，工程中道路挖掘机的斗齿、碎石破碎机锤头等表面受到的是这类磨粒磨损。

(2)高应力碾碎式磨粒磨损。其特征是磨料与摩擦件表面作用应力高，超过磨料本身的压碎强度。磨料夹在两摩擦表面之间，产生很高的接触应力，磨料不断被碾碎，并划伤金属表面，在摩擦表面产生沟槽和凹坑。

(3)低应力擦伤式磨粒磨损。其特征是磨料对摩擦面作用的应力低，不超过磨料自身的压碎强度，磨料对摩擦表面擦伤，形成细而浅的拉痕。

其中，高应力碾碎式磨粒磨损和低应力擦伤式磨粒磨损是船机设备中常出现的磨粒磨损形式。

2)磨粒磨损的机理

(1)金属材料的磨粒磨损机理。该主要有：以微量切削为主的假说；以疲劳破坏为主的假说；以压痕破坏为主的假说和断裂起主要作用的假说四种。

前三种假说主要是针对韧性材料的，其机理是塑性变形起主要作用。第四种假说主要是针对脆性材料的，其机理是具有有限塑性变形的断裂起主要作用。

①微切削机理。该机理认为磨粒磨损主要是由于磨料在金属表面产生微观切削作用而造成的。塑性金属同磨料摩擦时，在金属表面层内发生两个过程：塑性挤压，形成擦痕；切削金

属,形成磨屑。在摩擦过程中,大部分磨料在金属表面上只留下两侧凸起的擦痕(即形成塑性挤压擦痕的磨料),小部分磨料(棱面在有利位置)将切削金属,形成磨屑,如图2-9所示。

②疲劳破坏机理。该机理提出金属同磨粒摩擦时,主要的磨损原因并不是由于磨料切下切屑,而是金属的同一显微体积的多次重复变形发生金属疲劳破坏导致小颗粒从表层上脱落下来。也就是说,磨料对摩擦表面的法向力和切向力,使金属表面承受交变接触应力造成材料的疲劳破坏。与此同时,也有微切削过程。

③压痕破坏机理。显微镜观察磨料磨损过程发现,当抛光的塑性材料金属表面紧贴在砂纸上时,个别磨料压入表面。移动试件时,压入试件的磨料就犁耕金属表面,使金属表面受到严重变形产生压痕,压痕两侧的金属,其他磨料很容易使其脱落。

④断裂破坏机理。当磨料压入和擦划金属表面时,压痕处的金属要产生变形。当磨料压入深度达到临界深度时,伴随压入而产生的拉伸应力足以产生裂纹。在擦划过程中产生的裂纹可出现两种类型,垂直于表面的中间裂纹和从压痕的底部向表面扩展的横向裂纹。当横向裂纹相交或扩展到表面时,材料微粒便发生脱落,形成磨屑。

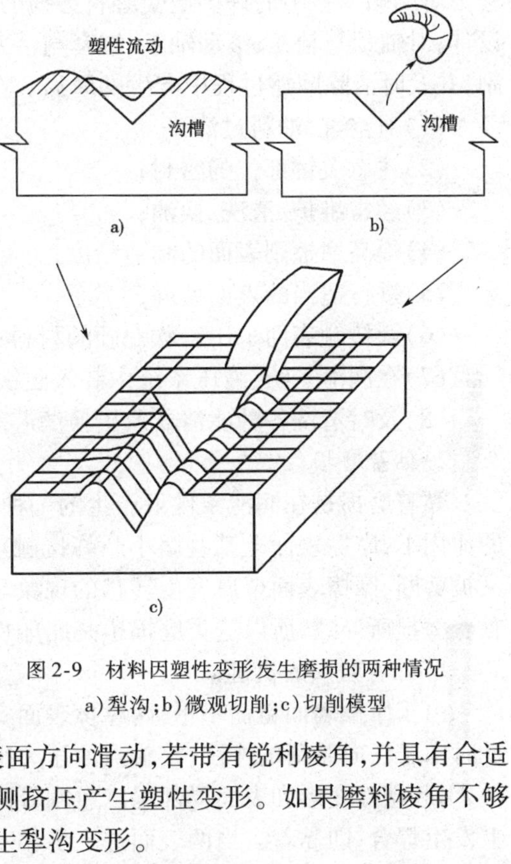

图2-9　材料因塑性变形发生磨损的两种情况
a)犁沟;b)微观切削;c)切削模型

(2)材料和磨料的相互作用。从零件表层材料与磨料的相互作用来讲,磨料颗粒作用在材料表面,颗粒上承受的载荷可分解成法向分力和切向分力。在法向分力作用下,磨料的棱角刺入材料表面;在切向分力作用下,磨料沿平行表面方向滑动,若带有锐利棱角,并具有合适迎角的磨料能切削材料而成切削,使切槽底部及两侧挤压产生塑性变形。如果磨料棱角不够锐利或刺入表面角度不适合切削,会使材料表面产生犁沟变形。

(3)磨料本身的磨损机理。磨料的硬度与磨损有很大关系,磨料硬度小,将会被压碎,磨料硬度高,磨损率会很大。

磨粒磨损的显著特点是:磨损表面具有与相对运动方向平行的细小沟槽;磨损产物中有螺旋状、环状或弯曲状细小切屑及部分粉末。

3)磨料磨损的影响因素分析

磨料磨损的机理是属于磨料磨粒的机械作用。它在很大程度上与磨粒的硬度、形状、大小、固定程度以及载荷作用下磨粒与被磨材料表面的力学性能有关。

(1)金属摩擦面材料的性质。一般情况下,金属材料的硬度越高,耐磨性越好。

材料的硬度反映抵抗磨料压入的能力,断裂韧性反映抵抗裂纹产生和扩散的能力。材料的硬度和断裂韧性发挥最佳的配合作用,耐磨性才最佳。

若表面材料能以弹性变形的方式去适应磨料,允许磨料通过而不发生塑性变形或切削作用，则表面材料的破坏可减轻或避免。

(2)磨料性质。磨料的硬度越大，磨损率越高。几何形状呈棱角状的磨料其挤切磨损能力比呈圆滑状磨料强。

(3)其他因素。影响磨料磨损还有许多其他因素，例如摩擦表面相对运动的方式，磨损过程的工况条件等。

4)减少磨料磨损的措施

对船舶设备中的许多遭受磨料磨损的零件，主要是选择合适的耐磨材料，优化结构与参数设计；对轴颈与轴瓦、滚动轴承、缸套与活塞、机械传动装置等，应设法阻止外界磨料进入摩擦副，并及时清除摩擦过程中产生的磨屑。在实践中通常采用以下具体措施：

(1)对空气、油料过滤；

(2)注意关键部位的密封；

(3)经常维护、清洗、换油；

(4)提高摩擦副表面的制造精度；

(5)进行适当的表面处理；

(6)两接触表面采用一软一硬的材料；

(7)在润滑系统、液压系统中装入磁铁、集屑房和滤清器堵塞报警装置；

(8)及时清洗各种滤清器及更换滤芯等。

2. 黏着磨损

黏着磨损是在润滑条件下产生的一种常见磨损。它是摩擦副在相对运动时，在法向载荷的作用下，摩擦表面上某些微小凸峰接触点的金属直接接触形成黏着点（冷焊点），而后黏着又被剪断，摩擦表面金属发生转移的现象。因船舶柴油机运行中出现的“拉缸现象”主要是由黏着磨损所导致，所以这类磨损也是船舶检修中重点研究的一类磨损现象。

1)黏着磨损的机理

由于摩擦表面粗糙不平，两摩擦表面实际上只是在一些微观点上接触。在重载或润滑不良时由于法向载荷的作用，接触点的压力很大，使金属表面膜破裂，两表面的裸露金属直接接触，引起塑性变形和表面局部温度急剧升高，接触表面金属因此熔化且又迅速冷却，在接触点上发生焊合，即黏着。当两表面进一步相对滑动时，黏着点便发生剪切及材料转移现象。在邻近区域，凸出的材料又可能发生新的黏着。直至最后在表面上脱落下来，形成磨屑。这一过程可用图2-10表示。

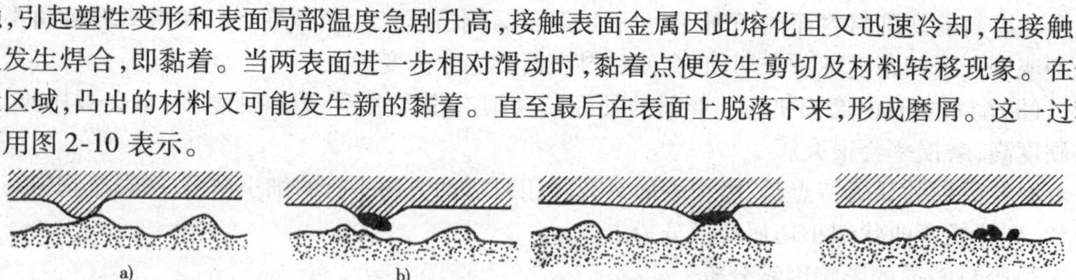

图2-10　黏着磨损过程

a)微凸体黏着；b)黏着点剪断材料转移；c)再次黏着；d)再次剪断，材料脱落

黏着磨损的过程可描述为：摩擦表面相对滑动时，黏着点被剪切，随后再黏着、再剪切，最后使摩擦表面破坏并形成磨屑。黏着磨损的大小与黏着点的剪切位置有关。

2)黏着磨损的类别

根据黏着点与摩擦副材料强度、载荷工况及摩擦表面的破坏的程度，黏着磨损可分为轻微磨损、涂抹、擦伤、撕脱和咬死等类型。

(1)轻微磨损。剪切发生在黏着结合面上,摩擦表面金属有轻微转移。此时,黏着点的结合强度低于摩擦副的两种基体金属的强度。这种磨损是机器中允许的。

(2)涂抹。剪切发生在距黏着面不远的较软金属表面浅层处,金属被剪切脱落并涂抹黏附在较硬金属表面上。此时,黏着点的强度高于较软金属基体。

(3)擦伤。剪切发生在较软金属的近表层处,在较软金属表面上产生沿运动方向的细小拉痕(拉毛)或较重拉痕(划痕),这是转移到硬金属表面的金属黏着物对软金属表面的犁削作用。黏着点的强度高于两种基体金属。

(4)撕脱。或称黏焊,其剪切发生在运动副一方或双方表面的较深处,黏着点的强度高于两种基体。是一种比擦伤更严重的黏着磨损。肉眼可以观察到金属表面的撕裂、粗糙和明显的塑性变形。

(5)咬死。运动副工作表面黏着面积大,而且黏结强度很高,致使运动副相对运动受阻而咬死。

黏着磨损存在三条规律:材料的磨损量与法向载荷成正比;与滑动距离成正比;与较软材料的屈服点或硬度成反比。

3)影响黏着磨损的因素

影响黏着磨损的因素有很多,主要因素如下:

(1)摩擦表面的状态。摩擦表面越洁净,摩擦接触区分子引力的作用增强,越可能发生表面的黏着。因此,应尽可能使摩擦表面有吸附物、氧化层和润滑剂。

(2)摩擦表面的成分和金相组织。一般规律是互溶性越好,黏着倾向越大。同种材料互溶性好,异种材料互溶性差,故同种材料间的磨损比异种材料的磨损大得多。具有密排六方晶格的金属黏着倾向小,而具有体心和面心立方晶格的金属黏着倾向大。材料的硬度增加时,黏着的倾向减少。

(3)载荷与速度的影响。当载荷较轻时,金属表面有氧化膜保护,不会发生黏着。当载荷或速度增大,微观接触点上的温度升高,氧化膜遭到破坏,就会发生严重黏着磨损现象。然而,当载荷较大或速度极高、摩擦表面温度很高时,磨损率反而显著下降,因为裸露出的金属会在高温下迅速生成新的保护膜。

4)减少黏着磨损的措施

(1)合理润滑。合理选用润滑剂,保证摩擦面间形成液体润滑状态,隔离互相摩擦的金属表面是最有效、最经济的措施。

(2)选择互溶性小的材料配对。铅、锡、银、铟等在铁中的溶解度小,用这些金属的合金(如巴氏合金、铝青铜、高锡铝合金等)做轴瓦材料,抗黏着性能极好,钢与铸铁配对抗粘性能也不错。多相金属的黏着倾向小,脆性材料比塑性材料的抗黏着性能好。

(3)金属与非金属配对。钢与石墨、塑料等非金属摩擦时,黏着倾向小,用优质工程塑料作耐磨层是很有效的。

(4)适当的表面处理。表面淬火、表面化学处理、磷化处理、硫化处理、渗氮处理、Fe_3O_4处理以及适当的喷涂处理、提高零件表面的储油性,都能提高金属抗黏着磨损的能力。

(5)控制摩擦副零件的工作条件。如使柴油机在正常的水温和油温下工作,避免长时间超负荷、超转速、低工作温度运转。

3. 疲劳磨损

两个接触表面相对滚动或滑动时，在接触区形成的循环交变应力超过材料的疲劳强度，使接触表面产生塑性变形和微裂纹，进而扩展、剥落，这种由于材料表面疲劳而产生的物质损失的现象，称为疲劳磨损。

疲劳裂纹一般在固体有缺陷的地方出现，这些缺陷可能是机械加工时造成的，也可能是材料在冶金过程中造成的，还可能在金属相之间和晶界之间形成。在摩擦磨损过程中，表面层发生塑性变形和发热，润滑油的作用等条件对疲劳磨损都会产生重要影响。

疲劳磨损主要发生在齿轮副、凸轮副、摩擦轮传动副及滚动轴承的滚动体与内外座圈之间。其表现为摩擦表面出现大小、深浅不同的麻点状、痘斑状凹坑。结果是使零件在工作中噪声增加、振动增大、温度升高、磨损加剧，严重时失去工作能力。

1）疲劳磨损的机理与类型

近年来，人们对疲劳机理的研究形成了一种新的、比较深入的理论，认为疲劳磨损主要是由于接触区循环切应力造成的。接触区循环切应力的分布如图 2-11 所示。

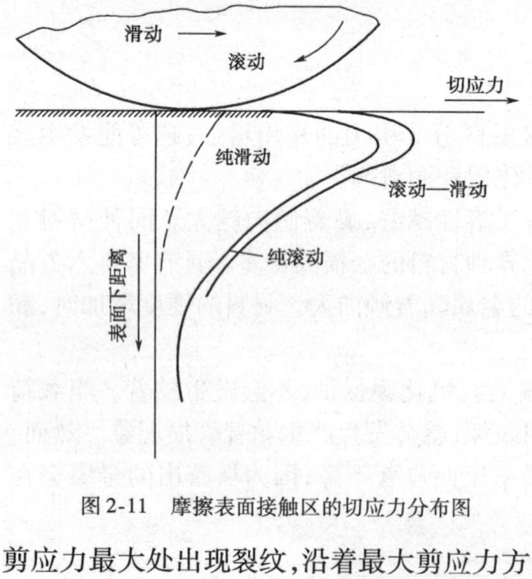

图 2-11 摩擦表面接触区的切应力分布图

（1）疲劳磨损形成的原因。按裂纹产生的位置有三种解释：

①裂纹在表面产生。在滑动接触过程中，材料表层受到周期性载荷作用引起塑性变形，表面硬化，最后在表面出现初始裂纹，并沿与滑动方向呈小于45°的倾角方向由表向里扩展。润滑油进入微裂纹、受挤压后产生楔裂作用加速裂纹的扩展。在载荷继续作用下，形成痘斑状的凹坑。

②裂纹从接触表层下产生。在纯滚或既滚又滑的接触过程中，根据弹性力学，两接触物体在距表面下剪应力最大处（纯滚时为 0.786b 处，b 为赫芝接触区宽度之半）塑性变形最剧烈，在周期载荷作用下的反复变形使材料局部弱化、并在剪应力最大处出现裂纹，沿着最大剪应力方向扩展到表面，形成疲劳磨损。

③表面压碎剥落。这种破坏方式主要发生在表面经过强化处理的零件上，如渗碳、表面淬火等。其接触疲劳裂纹不是起源于最大切应力处，而是产生于表面硬化层与心部交界的过渡段。表层破坏的特征是由小的麻点坑发展成大块的麻斑，并使表层分布有错综的压碎裂纹，破坏深度可达 0.6mm。

（2）疲劳磨损过程。根据摩擦表层发生的现象，可以认为疲劳磨损过程是由三个发展阶段：表面的相互作用；在摩擦力影响下，接触材料表层性质的变化；表面的破坏和磨损微粒的脱离组成。图 2-12 为点蚀形成过程的框图，具体过程如图 2-13 所示。

由图 2-13 可知，当一个表面在另一个表面作纯滚动或滚动加滑动时，最大切应力发生在亚表层。在它的作用下，亚表层的材料将产生错位运动，错位在非金属夹杂物及晶界等障碍处形成堆积。由于错位的相互切割产生空穴，空穴集中形成空洞，进而变成原始裂纹。裂纹在载荷作用下逐步扩展,最后折向表面。由于裂纹在扩展过程中互相交错,加上润滑油在接触点处被压入裂纹产生楔裂作用,使表层产生点蚀或剥落。当原始裂纹较浅时,表面为点蚀(麻点状),若原始裂纹在表层以下大于200μm时,表层材料呈片状剥落(麻坑状)。

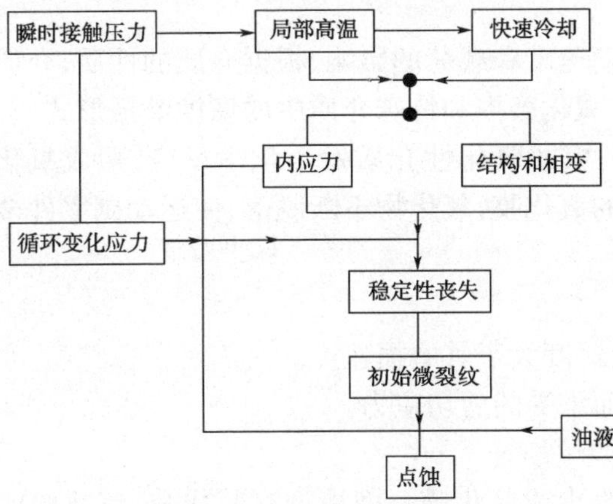

图2-12　点蚀形成过程的框图

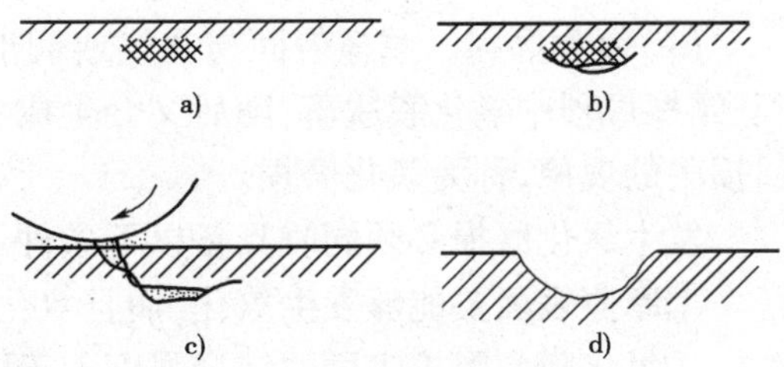

图2-13　疲劳磨损过程示意图

2)提高抗疲劳磨损的途径

能防止疲劳裂纹形成与扩展的措施都能减少疲劳磨损。具体可以考虑以下几条主要途径:

(1)减少材料中的脆性夹杂物。脆性夹杂物边缘极易产生微裂纹,降低材料的疲劳寿命。硅酸盐类夹杂物对疲劳寿命危害最大。

(2)适当的硬度。在一定的硬度范围内,材料抗疲劳磨损的性能随硬度升高而增大,对于轴承钢,抗疲劳的最佳峰值硬度为HRC62左右,钢制齿轮的最佳表面硬度为HRC58～HRC62。此外,摩擦副适当的硬度匹配也是减少疲劳磨损的正确途径。

(3)提高表面加工质量。降低摩擦表面粗糙度和形状误差,可以减少凸体,均衡接触应力,提高抗疲劳磨损的能力。接触应力越大,对加工质量的要求也越高。

(4)表面处理。对表面进行渗碳、淬火、表面喷丸、滚压处理等,可使表层产生残余压应力,提高接触疲劳抗力。

(5)润滑。润滑油可使接触区压应力的集中载荷分散。润滑油黏度越高,接触区压应力越接近平均分布。润滑油黏度过低,则容易渗入裂纹,产生楔裂作用,加速裂纹的扩展和材料的剥落。在润滑油中加入适量的固体润滑剂(如二硫化钼)能提高抗疲劳磨损的性能。

(6)装配质量。对齿轮和滚动轴承的装配应有严格的要求,保证装配精度,避免局部压力过大或变形。

(7)清洁。要防止灰尘进入摩擦表面之间。对磨损磨粒要及时清除,避免硬磨粒对摩擦表面的磨损和局部应力过大产生压痕。

4. 腐蚀磨损

摩擦副相对运动时,由于摩擦表面金属与周围介质发生化学、电化学反应,生成腐蚀物,在随后的机械摩擦作用下使摩擦表面腐蚀物磨损掉,以此不断腐蚀、磨损,使金属摩擦表面损失的现象,称为腐蚀磨损。

腐蚀磨损是腐蚀现象与磨损相互促进共同作用的结果。其重要特点是磨损过程中兼有腐蚀和磨损,并且其中以腐蚀为主导。在腐蚀磨损过程中,摩擦表面金属与周围介质发生化学、电化学作用,产生腐蚀产物,摩擦时腐蚀产物的脱落又形成磨粒,构成二次磨粒磨损,新表面又会继续和介质作用而被腐蚀。不断地腐蚀、磨损致使运动副工作表面受到破坏。

1)腐蚀磨损的类型

腐蚀磨损受到环境、温度、介质、润滑条件、滑动速度和载荷的影响,根据介质的性质、介质与表面的作用及运动副材料性能等的不同,主要有氧化磨损和特殊介质中的腐蚀磨损形式。

(1)氧化磨损。摩擦表面与空气或润滑油中的氧或氧化性介质发生化学反应,形成氧化膜,摩擦过程中氧化膜脱落,随后又会生成一层新的氧化膜,氧化物不断脱落,使运动副零件金属损失的现象,称为氧化磨损。

发生氧化磨损必须同时具备以下条件:

①摩擦表面要能够发生氧化,而且氧化膜生成速度大于其磨损速度。

②氧化膜与摩擦表面的结合强度大于摩擦表面承受的剪切应力。

③氧化膜厚度大于摩擦表面破坏的深度。

除金、铂等极少数金属外,大多数金属表面均能生成氧化膜。摩擦副材料成分、氧化膜的结构、性质及与基体的结合强度等决定氧化磨损的程度。氧化膜韧性好、结构致密且与基体结合牢固,不仅不易脱落,还对摩擦表面起保护作用。

(2)特殊介质中的腐蚀磨损。摩擦表面与周围的酸、碱、盐等特殊介质作用生成各种腐蚀产物,并在摩擦过程中脱落构成的腐蚀磨损,称为特殊介质的腐蚀磨损。

特殊介质下的腐蚀磨损类似于氧化磨损,但比氧化磨损速度快,且与介质的腐蚀性质、作用温度、相互摩擦的两金属形成电化学腐蚀的电位差等有关。介质腐蚀性越强、作用温度越高,腐蚀磨损速率越大。假如摩擦表面受腐蚀时能生成一层结构致密且与金属基体结合牢固、阻碍腐蚀继续发生或使腐蚀减缓速度的保护膜,则腐蚀磨损速率将减小。此外,机械零件或构件受到重复应力作用时,所产生的腐蚀速率比不受应力时快得多。

腐蚀介质来源有:工作介质;工作过程中产生的腐蚀性介质作用;极压齿轮油中的极压添加剂(在一定温度和压力下,油中的添加剂能放出活性元素硫、氯、磷等,它们与金属表面作用生成化学反应膜,防止金属表面产生黏着磨损,而代之以缓慢的腐蚀磨损);润滑油在工作中受氧化形成有机酸等。

特殊介质作用下的腐蚀磨损,可通过控制腐蚀介质的形成条件,以及选择合适的材料等来提高抗腐蚀磨损的能力,降低腐蚀磨损过程的速率。

2)防止腐蚀磨损的方法和途径

防止氧化磨损可通过以下几条主要途径:

(1)当接触载荷一定时,应控制其滑动速度,反之则就应控制接触载荷;

(2)合理匹配氧化膜硬度和基本金属硬度、保证氧化膜不受破坏;

(3)合理选用润滑油黏度,并适量加入中性极压添加剂。

防止特殊介质中的腐蚀磨损可通过以下几条主要途径:

(1)利用某些特殊元素与特殊介质作用,形成化学结合力较高、结构致密的钝化膜;

(2)合理选用摩擦润滑剂;

(3)正确选择摩擦副材料。

5. 微动磨损

微动磨损是在两个紧密接触的表面之间，发生小振幅的相对振动所引起的机械化学磨损。微动磨损主要发生在宏观相对静止的零件结合面上，例如紧配合的轴与齿轮、键连接表面、过盈或过渡配合表面、机体上用螺栓连接的表面等。

微动磨损的主要危害是使配合精度下降，紧配合的零件变松，更严重的是引起应力集中，导致零件疲劳断裂。如图2-14所示为车轴与轮毂的紧配合情况。图2-14a)表示接触区的应力分布，在边缘处应力最大。图2-14b)表示在运行过程中，由于负荷作用，轴发生弯曲，在两端出现微动。微动磨损会成为疲劳裂纹的核心，并可能引起接合件断裂。

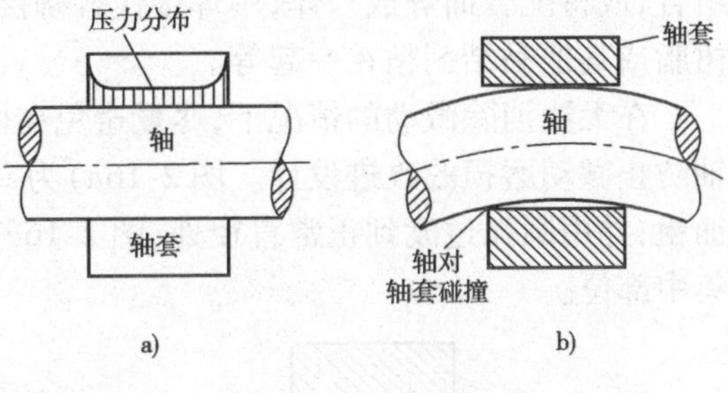

图2-14　压配合的压力分布和负荷引起的微动

1)微动磨损的过程

当两接触表面具有一定压力并产生小振幅相对振动(振幅一般为2～20μm，最大不超过100μm)时，接触面上的微凸体在振动冲击力作用下产生强烈的塑性变形和高温，发生相互黏着现象。在以后的振动中，黏着点又会被剪断，黏着物在冲击力作用下脱落，脱落的黏着物与被剪断的表面因露出纯洁表面会迅速氧化。这一过程如图2-15a)所示。对钢铁零件，氧化物以 Fe_2O_3 为主，磨屑呈红褐色。

由于两接触表面之间没有宏观相对运动，配合较紧，故磨屑不易排出，留在接合面上起磨料的作用，磨料磨损取代了黏着磨损。这一过程如图2-15b)所示。

随着表面进一步磨损和磨料的氧化，磨屑体积膨胀，磨损区间扩大，磨屑向微凸体四周溢出，如图2-15c)所示。

随着振动过程的持续，邻近区域也发生微凸体转化成麻点坑的过程，使麻点坑连成一片，形成大而深的麻坑，如图2-15d)所示。

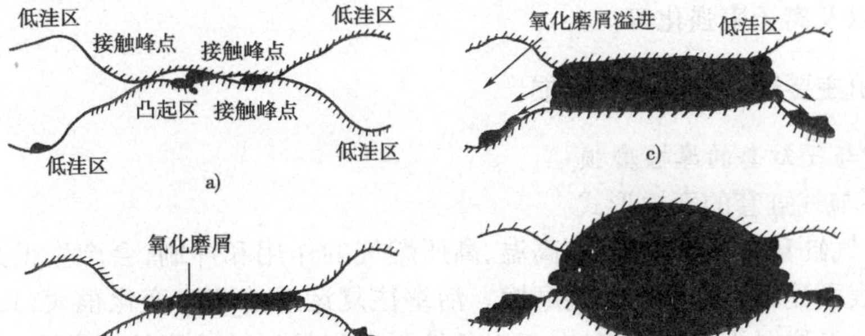

图2-15　微动磨损的过程

a)凸起区黏着氧化；b)氧化物成为磨料；c)磨损物转移；d)形成磨坑

微动磨损实质上是一种疲劳磨损、黏着磨损、磨料磨损与腐蚀磨损兼而有之的综合型的磨损。影响微动磨损的因素很多，并且各种因素不是简单的叠加，而是相互影响。这是微动磨损比其他磨损形式更为复杂和难以认识的主要原因。

2）减小微动磨损的措施

完全消除微动磨损是不现实的，但将其控制在一定限度内则是完全可能的。减小微动磨损的方法主要是：

(1)改进设计。避免微动的根本办法是尽可能减少接触面，如用单一元件代替多元件的组合，或将配合面焊成一体，用焊接代替铆接。对于相对静止而不经常拆卸的配合面可用环氧树脂或其他黏结剂粘在一起等。

在无法消除微动的情况下，尽量避免在微动界面上的应力集中。如图2-16所示为压配合轴防止微动磨损的改进设计。图2-16a）为一般性设计方式；图2-16b）表示可在配合面上将轴加粗，并用圆弧过渡到正常直径处；图2-16c）表示可在配合面边沿附近加一弧形槽改变压力集中部位。

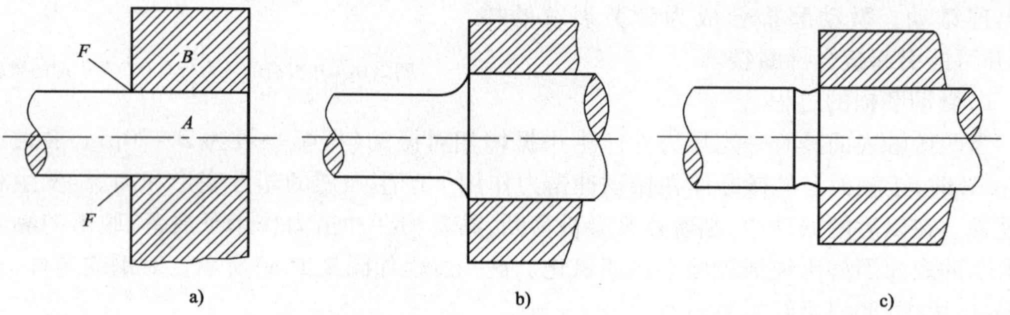

图2-16　在配合轴防微动磨损的改进设计

(2)材料的选择。微动磨损常常从黏着磨损开始，因此凡是能抵抗黏着磨损的材料，都对防止微动磨损有利。由同一种金属或晶格类型、电化学性能和化学组成相近的金属及合金组成的摩擦副，易发生黏着。选择材料时，应尽量避免使用性质相同或相近的材料。

(3)采用表面强化工艺。采用各种表面强化工艺，可不改变设计和材料，经济易行。表面强化工艺种类繁多，防微动磨损比较有效的有：喷丸及滚压强化、渗硫、磷化、渗金属、电镀和化学镀、热喷涂以及离子束强化等。

三、柴油机主要部件的摩擦和磨损

1. 活塞环与气缸套的摩擦磨损

1）活塞环与气缸套的摩擦形式

活塞环与气缸套在工作中，受到高温、高压燃气的作用和冲刷，会产生很大的机械应力和热应力；工作表面受到腐蚀和严重的摩擦。活塞往复运动的速度变化很大，其中，在行程中点附近最大，在止点位置为零。所以，在工作条件恶劣和低运转速度的情况下，难于形成理想的液体动压润滑。一般情况下，活塞只有在行程中部其工作表面才易于实现液体动压润滑，而在上、下止点附近工作表面则形成极薄的边界油膜，实现边界润滑。

2）气缸套的正常磨损

在正常工作条件下，气缸套的磨损是不可避免的。只要气缸套的磨损量在允许范围之内（最大允许磨损量为0.4% ~0.8%缸套内径），就认为柴油机气缸套处于正常工作状态。

气缸套正常运转工况下，正常磨损的特征是最大磨损部位在气缸套上部，即活塞位于上止点时第1、2道活塞环对应的缸壁处，并沿缸壁向下磨损量逐渐减小，使得气缸内孔呈喇叭状，且气缸套左右舷方向的磨损大于首尾方向的磨损。如图2-17a）所示。

气缸套正常磨损的原因有：

（1）过薄的油膜被工作表面个别凸峰刺破，或是由于温度高、速度低等原因，使油膜不能形成或油膜被破坏，造成边界润滑部位的局部金属直接接触，引起黏着磨损。

（2）进入气缸的新鲜空气携带进的灰尘，燃油、滑油燃烧生成的各种氧化物、炭粒和灰分，润滑油中的机械杂质及摩擦副的摩擦产物等，均会引起磨粒磨损。这种原因造成的磨损，以气缸上部最为严重。

（3）燃油中硫分的燃烧产物对气缸壁的硫酸腐蚀。其中因气缸上部燃气温度与压力对硫酸露点的影响，使上部凝结较多的酸，造成缸套上部严重的腐蚀磨损。

3）气缸套的异常磨损状况分析

图2-17b）~图2-17g）为缸套异常磨损后纵截面形状和磨损量的示意图。

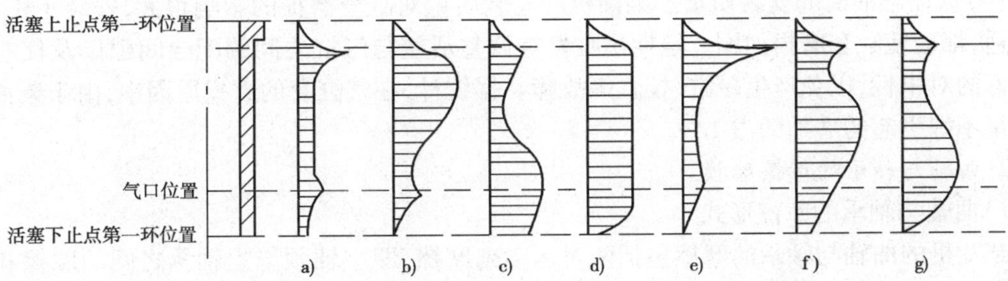

图2-17　气缸套磨损后纵截面形状及磨损量示意图

图2-17b）、图2-17c）为典型的异常磨粒磨损，所不同的是磨粒进入气缸套的方向不同，因此磨损最大区的位置不同。其中图2-17b）为缸套上部因新鲜空气携带大量尘埃进入气缸和燃烧不良产生大量积炭引起的磨粒磨损；图2-17c）为润滑油中机械杂质过多，对筒形活塞式柴油机来说，缸套润滑是由下而上布油，故其下部杂质较多，又由于重力的作用，杂质不易上行，造成下部严重磨损；图2-17d）为上述两种因素并存时造成的严重磨损。

图2-17e）为气缸异常黏着磨损。其特点是活塞位于上止点时第一道活塞环对应的缸壁磨损异常增大，甚至出现大面积拉伤的拉缸现象。

图2-17f）、图2-17g）是典型的腐蚀磨损。图2-17f）是燃油含硫量高或柴油机经常低温起动，使活塞位于第一道活塞环处所对应的缸套磨损严重，磨损量为正常磨损的1~2倍。腐蚀产物脱落引发二次磨粒磨损，又使缸套中部磨损严重，磨损量为正常磨损的4~6倍。图2-17g）为冷却水温过低，在缸套下部形成低温腐蚀，造成严重的腐蚀磨损。

以上所列各种情况很典型，原因很单一，然而实际上，活塞环与缸套的磨损情况是综合而复杂的，原因也是多方面的。因此，在分析异常磨损原因时应全面考虑，具体分析。在实际的管理工作中，应该着重加强对燃油和燃烧的质量、冷却水的温度以及滑油质量的管理，防止和减少气缸套的异常磨损。

4）减少气缸套磨损的措施

在柴油机运转期间，减少气缸套磨损的重要措施就是加强对柴油机的运转管理。主要可以从以下几方面进行：

(1)加强燃油和燃烧质量的管理。燃油质量和燃烧质量对气缸套磨损的影响很大。如果燃油中含硫量高，容易引起腐蚀磨损，但必须相应地使用总碱值(TBN)高的气缸油来中和所产生的酸；如果燃油中灰分含量高，燃烧后生成金属氧化物或金属盐，它们在气缸中造成磨粒磨损。加强燃油品质的选择和净化处理，可有效地防止和减少腐蚀磨损和磨粒磨损。目前，船用柴油机广泛使用低质燃料油，应针对其黏度高、杂质多和硫分大的特点，采取相应的措施，尽量减少低质燃料油引起的各种磨损。保证燃油完全燃烧，以防止和减少由于燃烧不良引起的缸套磨损。

(2)保证良好的气缸润滑条件。加强气缸润滑的日常管理，对气缸润滑油品质的选择、润滑油的净化处理、定时定量供给及对供油设备的维护等，均应认真按规定处理。

(3)注意气缸冷却水的温度。气缸冷却水的温度过高或过低(引起低温腐蚀)均会加剧缸套的磨损。加强冷却水的管理并定期进行水处理，保持水温在要求的范围内。

(4)保证柴油机的安装质量。柴油机的安装质量对缸套磨损的影响很大，安装不正，间隙不合适，都会使缸套磨损加剧。定期吊缸检查调整活塞与气缸之间的配合间隙以及使它们具有良好的对中性，以免产生敲缸、拉缸等故障。据统计，在气缸套的磨损原因中，由于柴油机安装质量不好引起的磨损约占1/3。

2. 曲轴与轴承的摩擦磨损

1)曲轴与轴承的摩擦形式

柴油机的曲轴与轴承的摩擦包括两对运动副摩擦，即主轴颈与主轴承之间的摩擦和曲柄销颈与连杆大端轴承之间的摩擦。

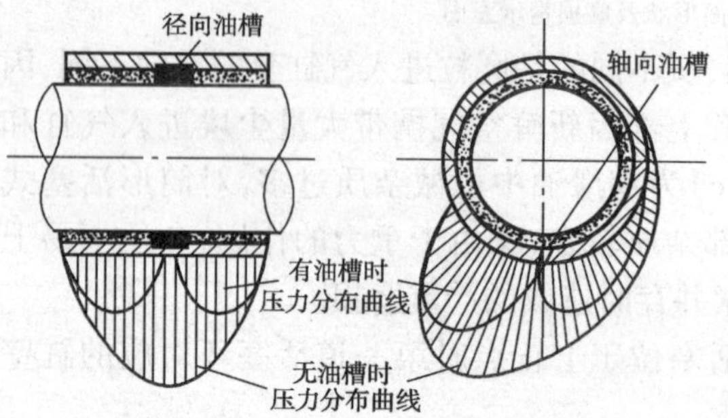

图2-18 主轴承油膜承载力的分布图

曲轴主轴颈与主轴承之间可以形成楔形油膜，实现流体动压润滑，运动副处于流体摩擦状态，如图2-18所示。柴油机在正常运转状态(工作转速)时，楔形间隙内油膜压力的合力与外载荷平衡，轴颈在某一偏心平衡位置运转。轴颈的平衡位置会随工况而变化，油膜厚度也将随之变化。在最小油膜厚度区域内，局部压力很高，甚至是轴承平均比压的6~10倍，过高的负荷使油膜遭到破坏，轴与轴瓦发生金属直接接触而造成磨损。

一般曲轴转速越高，就越容易形成楔形油膜，但转速过高摩擦功也越大，轴承温度升高使润滑油黏度下降，油膜受损；而转速太低则油膜难以形成。在柴油机起动时，运动副处于半干摩擦状态，如果频繁起动、停车将使主轴承磨损加快。轴瓦上的油孔和油槽的部位、油槽的深度与宽度比、油孔和油槽上的过度圆角等，均对供油和油膜承载力分布有很大影响。如果在轴瓦上油膜对应部位开有油槽，则其承载能力下降。所以，一般不在主轴承下瓦、连杆大端轴承上瓦开油槽。

连杆大端轴承随曲柄销做回转运动，同时曲柄销相对于连杆大端轴承转动。在大端轴承中,由于连杆孔径大于曲柄销轴颈,当大端轴承上瓦压在曲柄销上时,在曲柄销下方将出现月牙状间隙。随着曲轴转动,黏附于曲柄销上的润滑油被带入月牙间隙中形成楔形油膜,实现流体动压润滑。

2)曲轴与轴承的磨损

柴油机正常运转时,曲轴主轴颈与主轴承、曲柄销颈与连杆大端轴承虽然处于流体动压润滑的条件下,但是由于柴油机工况等诸多变化和偶然因素的影响,使得运动副实际处于混合摩擦状态,产生不可避免的磨损。轴颈磨损后失圆,横截面出现圆度误差,纵截面出现圆柱度误差。轴承磨损后使轴承间隙增大。在正常磨损情况下,轴颈的磨损较小,轴瓦的磨损较大。

曲轴轴颈磨损的特点:

①同一台柴油机曲轴的各主轴颈和曲柄销颈的磨损量不同。一般直列式柴油机的连杆轴承负荷较主轴承负荷大,所以曲柄销颈磨损较主轴颈磨损量大。因而V型柴油机的主轴颈磨损量就大一些。

②曲轴轴颈在轴向和周向的磨损不均匀。

曲轴轴颈在轴向上的不均匀磨损产生圆柱度误差,一般以曲柄销颈最为严重。轴颈的轴向不均匀磨损可能是由于连杆安装不正、连杆或曲轴存在弯曲变形等原因,致使轴颈在轴向上受力不均造成的。

曲轴轴颈在周向上的不均匀磨损产生圆度误差,是由于柴油机运转时,曲轴回转一周在轴颈上作用力的大小和方向均是变化的,轴颈受力大的部位也是理论磨损大的部位,但是还与实际的润滑、间隙等因素有关。

柴油机曲轴轴承的磨损情况是:主轴承下瓦和连杆大端轴承上瓦会发生较大磨损。引起曲轴轴承过度磨损的原因很多,但主要还是对轴承的维护管理不良所致。

任务二　船舶部件的腐蚀分析

● 学习目标

一、船舶部件的腐蚀分析知识目标

1. 了解船舶部件的化学腐蚀和电化学腐蚀;
2. 了解船舶部件的穴蚀现象;
3. 了解防止船舶部件腐蚀的措施。

二、船舶部件的腐蚀分析能力目标

1. 掌握船舶部件发生化学腐蚀的机理及预防措施;
2. 掌握船舶部件发生电化学腐蚀的机理及预防措施;
3. 了解船舶部件发生穴蚀的机理及预防措施。

● 任务引入

什么是船舶部件的化学腐蚀?什么是船舶部件的电化学腐蚀?柴油机部件高温腐蚀和低温腐蚀现象是如何发生的?哪些船舶部件会发生穴蚀现象?如何预防船舶部件的腐蚀?

● 任务分析

船舶及其设备部件在某些特定的环境中,会与周围所接触的介质发生化学反应、电化学反应或物理溶解，造成表面材料损耗，内部晶体结构损伤，最终导致部件失效。这种失效形式称为腐蚀失效。

腐蚀是现代工业中一个极为有害的破坏因素，它可使一个零件、一台机器、一艘轮船腐蚀破坏乃至报废。此外，即便是其他形式的损坏，如磨损、裂纹和断裂等也往往包含着腐蚀破坏的因素。腐蚀破坏大大地缩短了机器的使用寿命，有时还会造成严重的事故，危及人身安全。据统计资料显示，全世界每年因腐蚀报废的钢铁大约相当于当年钢铁产量的30%。而由于腐蚀造成的船舶修理费用和停止营运所带来的损失就更大了。金属遭受腐蚀以后，会使组织变脆，容易断裂，在船舶运输、化工、航天等工业设备设施及工程机械上，一旦发生腐蚀断裂事故，往往会造成灾难性后果。

● **相关知识**

金属腐蚀是在外部介质的作用下发生在金属与介质的相邻界面上的破坏。因此，金属腐蚀破坏总是从零件表面开始，然后向零件内部扩展或同时向四周蔓延，出现不规则形状的凹洞、斑点等破坏区域。破坏的金属变为氧化物或氢氧化物，形成腐蚀产物并部分地附着在表面上。金属腐蚀按其机理可分为化学腐蚀和电化学腐蚀两种。

一、化学腐蚀

金属零件表面材料与周围介质（非电解质）直接发生化学作用，形成腐蚀层，这种腐蚀称为化学腐蚀。

化学腐蚀分为两种形式，一种是气体腐蚀，另一种是有机介质腐蚀。

气体腐蚀是指在干燥气体或高温气体中的腐蚀。如金属在干燥气体中与 O_2、H_2S、SO_2 等发生的腐蚀。金属与介质中的氧化剂直接作用，在金属的表面生成一层氧化物薄膜，这就是腐蚀产物。金属能否继续被氧化，取决于氧化物薄膜的结构和与基体的结合强度。

金属在有机介质中的腐蚀是指金属在不导电的非电解质介质中发生的破坏，例如，金属在有机液体（酒精、石油等）中的腐蚀。

但实际生产中，纯化学腐蚀的现象较少，大多数的介质中因含有少量水分而使有机介质不纯，使化学腐蚀变为电化学腐蚀。油船的油舱内壁遭受石油的腐蚀就属于这一种。

化学腐蚀的特点是金属在腐蚀过程中没有电流产生，腐蚀产物直接在金属表面生成。腐蚀产物的结构和性质决定了金属在不同介质中的耐化学腐蚀的能力。如果腐蚀产物是一种致密而完整的稳定膜，虽然最初因为膜太薄，不能起到隔离介质与金属的作用，但是，金属原子和介质还可通过膜相互扩散而继续发生腐蚀，生成腐蚀产物使膜加厚，以致使原子不能扩散而使腐蚀停止，起到保护金属的作用。不同的金属所形成的膜的保护作用不同；同一种金属所形成的膜的保护作用也不完全一样。膜的保护作用完全取决于膜的结构和性质。当腐蚀产物不能以完整而致密的稳定膜形式留在金属表面时，介质就可与金属表面接触，发生作用而使金属腐蚀。例如，碳钢零件在 560℃ 以下被氧化，生成具有结构致密、与基体接合牢固的 Fe_2O_3 或 Fe_3O_4 的稳定膜，可阻止原子的进一步扩散，从而保护金属不再继续被氧化。而在 560℃ 以上时，氧化生成产物是结构疏松、与基体结合不牢的 FeO 膜，原子容易穿过膜使金属继续被氧化，达到一定的厚度后则脱落。

二、电化学腐蚀

金属表面与离子导电的电解质溶液发生电化学作用产生的破坏称为电化学腐蚀。它与化学腐蚀不同之点在于腐蚀过程中有电流产生。金属在电解质溶液中，如海水、酸、碱、盐的溶液中，以及在大气、土壤中均能发生电化学腐蚀。金属发生电化学腐蚀需要几个基本条件：

①有电解质溶液存在；

②腐蚀区有电位差；

③腐蚀区电荷可以自由流动。

电池作用原理可以充分说明金属在电解质溶液中的腐蚀过程。如图2-19所示，将铁板和铜板分别作为阳极和阴极，一同装于有电解质溶液（稀硫酸溶液）的容器中，并用导线连接，此时导线中有电流通过。电池中所发生的反应是：

阳极：反应结果是铁被溶解。$Fe \rightarrow Fe^{2+} + 2e$

阴极：反应结果是释放出氢气。$2H^{+} + 2e \rightarrow H_2 \uparrow$

电池作用使阳极发生氧化反应。阳极的铁板不断遭到腐蚀；阴极发生还原反应。氢离子不断从阴极获得电子而还原成氢气。

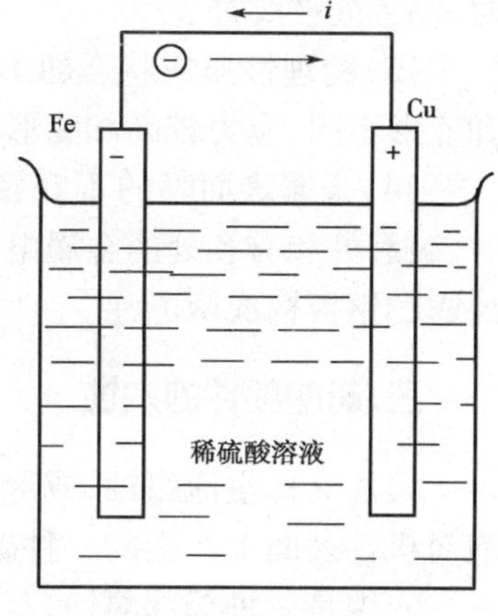

图2-19　Fe—Cu电池示意图

在电化学腐蚀中，腐蚀电池起着重要作用。根据构成腐蚀电池的电极大小，可将腐蚀电池分为宏观腐蚀电池和微观腐蚀电池两种。

1. 宏观腐蚀电池

宏观腐蚀电池是肉眼能看见电极构成的宏观大电池，它引起金属零件或构件的局部宏观腐蚀破坏。

（1）异金属接触电池。两种具有不同电位的金属或合金相互接触（直接接触或用导线连接），并处于同一电解质溶液中时，便会使电位较低的金属不断遭到腐蚀，这种电池称为异金属接触电池或腐蚀电偶，引起电偶腐蚀。两种金属的电极电位差越大，电偶腐蚀越严重。如：螺旋桨与尾轴构成异金属接触电池。

（2）浓差电池。同一金属的不同部位与浓度（含氧量或含盐量）或温度不同的介质接触，构成腐蚀电池。最常见的有氧浓差电池、盐浓差电池和温差电池等。

金属与含氧量不同的介质接触，在氧浓度较低处金属的电位较低，氧浓度较高处金属的电位较高，从而构成氧浓差电池。金属的电极电位较低为阳极，阳极区的金属遭到腐蚀。例如：铁棒埋在土壤里，因土壤深度不同而使含氧量不同，在铁棒埋得最深的部位，金属腐蚀最严重。

一根长铜棒的两端分别插入稀、浓硫酸铜溶液中，稀硫酸铜溶液中的棒端电极电位低，为阳极；浓硫酸铜溶液中的棒端电极电位高，为阴极，构成盐浓差电池，阳极棒端遭到腐蚀。

浸于电解质溶液中的金属，其不同部位处于不同温度时，构成的电池被称为温差电池。高温端为阳极区，会受到腐蚀。例如换热器的高温端比低温端腐蚀严重。

2. 微观电池

微观电池是指零件金属表面由于电化学不均匀性构成许多微小电极的电池，又称为微电池。零件金属表面电化学不均匀是由于金属的微观不均匀性引起的，主要有：

(1)化学成分的不均匀性。工业上使用的金属材料存在不同程度的杂质、非金属夹杂物或存在偏析，造成金属化学成分不均匀。金属、杂质、非金属夹杂物的电极电位不同，当与电解质溶液接触时，就构成许多微小电池。

(2)金属组织的不均匀性。同一金属或合金中，存在不同的组织结构和晶体缺陷，如：位错、空位、畸变等，因而形成不同的电极电位。晶粒内部与晶界处的电位不同，在有电解溶液时，晶界处被腐蚀。

(3)物理性质或状态的不均匀性。金属材料进行冷、热加工后，使金属材料各部分的受力和变形不同，应力较高和变形较大的部位电位较低，成为阳极容易被腐蚀。

(4)金属表面膜的不完整性。金属表面都有一层氧化膜，当表面膜破裂、有孔而不完整时，破裂处和有孔处的金属电位较低成为阳极，容易被腐蚀。如船体钢板上的铁锈与锈脱落后裸露的钢板构成微电池。

三、船舶部件的穴蚀

穴蚀又称空泡腐蚀，或称气蚀，是水力机械或机件与液体作相对高速运动时，液流中的气泡对机件表面上产生的一种破坏现象。

穴蚀是一种局部腐蚀，其特征是机件金属表面在局部区域出现麻点或小孔群，呈蜂窝状或呈分散状的孔穴分布。孔穴表面清洁，没有腐蚀产物沉积，孔穴直径一般在1~5mm，最大可达30mm，孔深可达2~3mm，随着机器运转时间的延长，这些孔洞逐渐扩大、变深，甚至穿透金属壁面。

关于气蚀产生的机理，还没有公认的科学解释，需进一步深入研究。机件发生穴蚀的先决条件是机件浸于某种液态介质中，一般认为机件与液体之间有某种形式的相对运动，或者机件在液体中受到某种能量的传递作用时，会形成液体中的局部瞬时高压或瞬时高真空，在瞬时高真空区，该局部区域内的液体就会汽化，形成气泡，或溶于水中的空气以空泡形式从液体中分离出来；而在瞬时高压状态时，气泡、空泡被压缩，泡内的气体迅速被液化而使气泡破灭，这时，气泡周围的液体迅速冲向溃灭处，产生极强的冲击波(最大压力可达数百个兆帕)，作用在机件金属表面上，使之受到损伤。由于冲击波的频繁作用，结果使机件表面金属逐渐剥落。与此同时，机件金属表面还会产生微观电化学腐蚀，这样多种腐蚀交替进行，共同作用，致使机件腐蚀破坏。因此，气泡被压溃瞬时产生的局部高压和微射流冲击金属是发生气蚀的力学原因和根本原因，液体的化学或电化学腐蚀作用将加剧这种破坏过程。

● 任务实施

一、柴油机零件的化学腐蚀分析

1.柴油机高温"钒"腐蚀

柴油机运转时，燃烧室中高温高压的燃气直接与燃烧室的零件如气缸盖、气缸套、活塞组件和各种阀件接触，燃油中的钒、钠燃烧后生成低熔点的化合物熔化后会附着在零件表面上并在高温下与金属发生化学作用，使零件表面受到破坏的化学腐蚀，这种现象称为高温腐蚀或"钒"腐蚀。

船用柴油机普遍使用劣质重油，重油中的钒、钠、硫的化合物含量较多，燃烧后生成这些元素的氧化物或硫酸盐，如：V_2O_4、V_2O_5、Na_2O 和 Na_2SO_4 等以及低熔点的混合物，它们的熔点见表2-1。

灰分中一些物质的熔点或软化点　　表2-1

物质	熔点或软化点(℃)	物质	熔点或软化点(℃)
$CaSO_4$	1450	$Na_2O \cdot V_2O_5$	640
Fe_2O_3	1565	$Na_2O \cdot V_2O_4 \cdot V_2O_5$	625
NiO	2090	$2Na_2O \cdot V_2O_5$	600
SiO_2	1720	$V_2O_5 \cdot Na_2SO_4$	550～580
Na_2SO_4	880	$5Na_2O \cdot V_2O_4 \cdot 11V_2O_5$	535
V_2O_4	1970	$60\% Na_2SO_4 + 40\% V_2O_5$	330
V_2O_5	675	$Na_2O \cdot V_2O_4$	630

当气缸壁和排气阀表面的温度过高，超过它们的熔点时，这些固体粒子就会熔化并附着在金属表面上，由于 V_2O_5 是酸性氧化物，会使金属表面氧化膜溶解，并使裸露的基体金属不断被氧化而形成腐蚀麻点或凹坑。如：排气阀盘面烧成孔洞。金属零件温度越高，腐蚀速度越快，后果越严重。所以一般将排气阀表面的温度控制在550℃以下（对应的柴油机排气温度大约是385℃以下）。

柴油机燃用重油会产生高温腐蚀，发生高温腐蚀还必须具备以下条件：

(1)零件温度在550℃以上，使钒、钠的化合物处于熔化状态并附着于零件的表面。

(2)灰分成分影响腐蚀的速度。当灰分中的 V_2O_5/Na_2O 约为3时，软化温度由600℃下降到400℃，灰分非常容易熔化，所以腐蚀速度急剧增加；当 V_2O_5/Na_2O 约为1时，腐蚀速度最小，因为软化温度高，而零件温度低，不会发生高温腐蚀。

2. 柴油机低温“硫”腐蚀

含硫的燃油在燃烧时，燃油中所含的硫分将生成二氧化硫，燃油中的氢燃烧后生成水蒸气。此外，燃油中存在的钒、铁、钠、镍等微量元素也各自生成自己的氧化物。五氧化二钒和氧化铁是二氧化硫再氧化成三氧化硫的活泼的催化剂。根据实验，在废气中有1%～15%的二氧化硫经进一步氧化变成三氧化硫。二氧化硫、三氧化硫和水蒸气在温度降到各自的露点（在缸内条件下露点为160～180℃）以下，就会分别凝结成亚硫酸和硫酸。硫酸比亚硫酸对铁和铁合金腐蚀性强，危害性大。因此，在柴油机工作中，由于燃油中的硫所产生的酸性燃烧产物的凝结，会使气缸套严重腐蚀，这便造成腐蚀磨损。使缸壁上布满疏松的细小孔穴，这是腐蚀磨损的显著特征。缸壁的腐蚀磨损在缸套上部最严重，这是因为缸套上部的油膜较薄，隔离和中和硫酸的能力低。虽然直接在此处凝结的酸少，但活塞上行时把下部生成的硫酸刮到了上部。

由硫酸引起的腐蚀称为低温“硫”腐蚀或“冷”腐蚀。

在气缸套中除由硫酸引起的腐蚀外，当进入气缸中的燃油、空气和气缸润滑油中含有海水或盐时，会使气缸套遭到盐酸腐蚀。

腐蚀磨损和所用燃油的硫分含量有很大关系。近些年来，由于含硫量较大的燃油（有时达5%）的使用，低航速航行（此时柴油机的负荷低，气缸套表面温度也低），节约能源措施的实施等,使腐蚀磨损问题变得更为突出。

3. 防止化学腐蚀的措施

根据化学腐蚀的机理,可以在零件表面上覆盖一层保护膜,来防止零件被腐蚀。常用的方法有在零件表面覆盖金属保护层、非金属保护层等。如镀锡、镀锌、镀铬以及涂油漆、涂树脂等。

采用化学处理方法,在被保护零件的表面上生成一种致密的薄膜,以防止腐蚀,如铜、铁零件的氧化处理,即发蓝处理。

防止排气阀等的高温腐蚀,可选用钒、钠含量少的燃油,控制其成分;加强排气阀等零件的冷却,使零件温度控制在550℃以下等。

防止气缸套的低温腐蚀,可适当提高缸套的冷却水温度,采用适当碱度和数量的气缸润滑油,将气缸润滑油孔设在气缸套的较高位置,使气缸润滑油注入气缸时能沿气缸套内表面圆周均匀分布,这些措施都能使腐蚀磨损减轻。

此外,还应注意零件材料的选择,对在腐蚀环境下工作的零件,应选用耐腐蚀性能强的材料。

二、船舶常见的电化学腐蚀

船舶电化学腐蚀是指浸在电解质海水中的船体金属或接触电解质溶液的船舶部件由于电极电位的不同,形成同时进行阳极反应和阴极反应的腐蚀过程。船舶上的电化学腐蚀一般为局部腐蚀。

1. 船舶常见的电化学腐蚀

(1)电偶腐蚀。船上零件只要能构成异金属接触电池,就会发生电偶腐蚀。这种腐蚀较为普遍。例如离心泵的叶轮与泵轴、冷凝器的碳钢壳体与黄铜管子等构成的腐蚀。

(2)氧浓差腐蚀。金属零件与含氧量不同的溶液接触,就会形成氧浓差电池。溶液含氧浓度越高,电极的电位就越高成为阴极,与含氧浓度低的溶液接触的电极成为阳极,阳极被腐蚀。例如柴油机气缸套与气缸体下部密封圈处的缝隙,因冷却水停滞而使氧浓度降低,此处的金属成为阳极与附近氧浓度高的金属(作为阴极),形成氧浓差电池,发生氧浓差腐蚀。

(3)选择性腐蚀。黄铜制件的脱锌,灰口铸铁零件表面的石墨化腐蚀(铁素体被腐蚀,仅剩下石墨),都是选择性腐蚀。

(4)应力腐蚀。金属零件在一定的拉应力和特定的腐蚀介质的共同作用下所引起的破裂称为应力腐蚀。气缸套和气缸体连接的肩部,以及那些应力集中的部位,如加强筋的圆角等处,往往会发生应力腐蚀,应力腐蚀的同时还伴随着裂纹产生。

(5)海水腐蚀。海水中含有较高浓度的盐分,是一种容易导电的电解质溶液,是腐蚀性最强的天然腐蚀剂之一。船舶常年航行在海上,船体外板、螺旋桨和尾轴均与海水接触,受到严重的腐蚀。此外,柴油机的空冷器、冷却器、空气压缩机的机体、各种海水管等都要与海水接触,均会受海水的腐蚀。

海水由于含盐量高而成为腐蚀性介质。海水中的盐类主要是氯化物($NaCl$、$MgCl_2$),其次是硫酸盐($MgSO_4$、$CaSO_4$)。由于海水能离解盐类,所以它是一种导电性很强的电解质溶液,海水中大量的氯离子,能使零件金属表面的氧化膜遭到破坏,因此,海水对大多数金属都有很强的腐蚀作用。在腐蚀过程中,可能是宏观电池起作用,也可能是微观电池起作用。钢铁在海水中的腐蚀速度为0.13mm/年。如果海水流速增加、温度升高会加快海水腐蚀。

此外,海水中的含氧量、pH值、海洋生物等物理、化学因素都会影响海水腐蚀的速度。

2. 防止船舶电化学腐蚀的措施

根据电化学腐蚀的原理可知,只要破坏产生电化学腐蚀的条件之一,就能有效地阻止电化学腐蚀的发生,这是防止电化学腐蚀的基本原则。生产中防止电化学腐蚀的措施主要有以下几种。

(1)正确选材。在设计时应根据零件使用的条件和周围介质情况,选择合适的耐蚀材料。如尽量选用相同的材料或电位相同的材料,以避免电偶腐蚀。

(2)阴极保护。根据电化学腐蚀的原理,将被保护的金属施以外加阴极,以减小或防止金属腐蚀的方法叫阴极保护法。一种方法是:将被保护金属与外加直流电源的负极相连,用外加阴极电流使阴极电位向负的方向变化,从而阻碍阴极和阳极反应的进行,达到减小腐蚀的目的,这种方法也叫外加阴极电流保护法。另一种方法是牺牲阳极保护法,即在被保护的金属零件上安装电位更低的金属,使之成为阳极,被保护的零件成为阴极而不被腐蚀。如在船体钢板上、冷却器端盖上安装锌块等都是使阳极变为阴极而得到保护。

(3)介质处理。除去介质中促进腐蚀的有害成分。例如锅炉给水的除氧;调节介质的pH值和改变介质的湿度;在介质中添加少量能阻止或减缓腐蚀的物质,如在柴油机冷却水中添加铬酸盐、亚硝酸盐等无机缓蚀剂,使零件金属表面上形成钝化膜,抑制腐蚀。

(4)表面覆盖保护膜。在零件表面覆盖耐蚀性较强的金属或非金属保护膜,使零件与腐蚀性介质隔开以防止腐蚀。如采用电镀、喷镀、喷涂或磷化、氧化(发蓝)处理等工艺,在零件表面上形成金属或非金属保护膜。

(5)加强日常维护管理。对船上容易发生腐蚀的零部件加强维护管理,以防止或减少腐蚀。如船舶动力装置中与海水、淡水和湿空气接触的零件、构件和管系均有发生电化学腐蚀的可能,应加强管理。具体措施为:

①定期进行柴油机冷却水、锅炉水等介质的处理。

②适当提高气缸冷却水温度及采用高碱值气缸油,以减少气缸套的低温腐蚀。

③加强润滑油的检验,控制酸值以防止轴承特别是铜铅合金轴承的腐蚀。

④选用低硫燃油,若燃用含硫高的燃油时,采用与之匹配的碱性气缸油。

⑤适时更换船体或者板上和缸套冷却侧上的防腐锌板。

三、船舶设备穴蚀与防护

1. 螺旋桨桨叶的穴蚀

船舶螺旋桨桨叶的穴蚀破坏是一种较为严重的损坏形式。穴蚀的部位主要在螺旋桨桨叶的叶背边缘处,桨叶的$0.9R$至叶尖位置较为严重。穴蚀呈蜂窝状孔穴,成片分布,严重时会使桨叶形成穿孔。

螺旋桨桨叶穴蚀亦是空泡作用的结果。当螺旋桨在水中旋转时,水流从叶背流过,水流速度增大而压力下降,叶面的水流速度减小而压力增大。螺旋桨转速越高,叶背处的水流速度越快,压力下降越多。当压力降低到该处水温所对应的气化压力时,水气化生成气泡。随后,气泡移至高压区就会破裂。气泡破裂时水压冲击叶背,使桨叶边缘遭到破坏。

通常在螺旋桨桨叶上涂环氧树脂对防止穴蚀效果较好。但环氧树脂涂层在螺旋桨高速运转时容易脱落。此外,改进桨叶叶型、降低螺旋桨的设计转速等方法,也可以减轻或防止螺旋桨桨叶的穴蚀破坏。

2. 气缸套的穴蚀

船用中速和高速筒形活塞式柴油机,特别是高速、轻型大功率柴油机,不论是开式或闭式冷却,气缸套都有不同程度的穴蚀。有的柴油机投入运转不久,在气缸套外圆表面就会出现穴蚀小孔,甚至柴油机运转不足千小时,就因缸套穴蚀穿孔而报废,此时缸套内表面尚未磨损。而二冲程十字头式低速柴油机气缸套基本不发生穴蚀破坏。

(1)气缸套穴蚀的部位。柴油机缸套穴蚀发生在湿式气缸套外圆表面上,一般集中在柴油机左右侧方向,特别是承受侧推力最大一侧的偏上方;冷却水进口、水流转向处和水腔狭窄处对应的缸壁上;缸套下部密封圈附近缸壁。

缸套冷却水腔除了发生缸套穴蚀外,气缸套和气缸体材料的差异及材料内部的各种电化学不均匀性导致宏观和微观电化学腐蚀。这两种腐蚀同时存在交替作用均会加重缸套腐蚀。此外,冷却水(海水或淡水)的水质、含气量、流速等均对穴蚀有影响。

(2)气缸套穴蚀的机理。柴油机气缸套外圆表面与气缸体(或机体)构成冷却水空间,在狭小的环形通道中流动着海水或淡水。柴油机运转时,由于缸套产生高频振动和缸壁的弹性变形使冷却水空间的容积交替地增大和减小,冷却水相应地交替膨胀和压缩,从而使缸套外壁局部水域产生瞬时高压和高真空。瞬时高真空时产生空泡,瞬时高压时空泡溃灭使缸套外壁表面频繁地受到冲击和微观电化学腐蚀而破坏。

(3)影响缸套穴蚀的因素。实践中并非所有的筒形活塞式柴油机缸套都会发生穴蚀,即使发生穴蚀也有轻重之分。气缸套穴蚀与柴油机的机型、结构、爆发压力、冷却水腔和冷却介质、柴油机的工况参数等有关。

缸套发生穴蚀的根本原因是柴油机运转中缸套的高频振动,而影响缸套振动的主要因素是缸套与活塞之间的配合间隙、缸套的刚度及侧推力等。此外,冷却水腔结构及冷却水的温度与压力等也是影响穴蚀的因素。实验证明,钢铁和铝等金属材料,在冷却水温为50~60℃时穴蚀最严重,随着水温升高,穴蚀破坏减轻。从发挥柴油机的效能和降低腐蚀和穴蚀出发,冷却水腔淡水的温度在80~90℃为好。

(4)防止缸套穴蚀的措施。目前,主要从降低缸套振动和提高缸套抗穴蚀能力两方面着手。通常可以采用以下措施:

①选用抗穴蚀能力强的缸套材料。如球墨铸铁的抗穴蚀能力优于普通铸铁等。

②在缸套的外圆表面覆盖保护层或强化层。如采用镀铬、渗氮、喷陶瓷、涂环氧树脂或涂尼龙等工艺,均可使金属表面与冷却水隔开,或使缸套外圆表面得到强化,可有效防止电化学腐蚀和穴蚀。

③缸套外表面的粗糙度对穴蚀的发生也有重要影响。缸套外表面越粗糙,越有利于空泡的形成,越容易发生气蚀。

④在冷却水中加入缓蚀剂,如乳化油缓蚀剂,使在缸套外表面上形成一层较薄的连续保护膜,不仅可以防止电化学腐蚀,而且可以减弱空泡破裂时的冲击波对缸套表面的冲击作用,达

到减轻穴蚀的目的。

3. 燃油系统零件的穴蚀

柴油机燃油系统的高压油泵柱塞、出油阀、喷油器针阀和高压油管均有穴蚀破坏发生。燃油系统中因喷油会产生瞬时高压和瞬时低压。喷油终了时，系统中的油压骤然降低，当该压力低于该处温度所对应的燃油蒸发压力时，燃油蒸发形成气泡，由于周围燃油压力高或遇到下一个高的燃油压力波时，气泡迅速破裂产生巨大的冲击波，从而使系统中的零件受到破坏。此外，随着柴油机强化程度的不断提高，燃油系统的喷射压力和喷油率也相应提高，高的喷射压力容易引起二次喷射，使柴油机性能下降，并造成系统穴蚀。柴油机系统中的穴蚀可分为以下两类：

(1)波动穴蚀。燃油系统中有高压燃油流动时，会产生并传播压力波，特别是在喷射终了时会使某些部位的压力发生很大变化，甚至产生负压而导致气泡产生，高压力时，气泡破裂发生穴蚀。这种穴蚀称为波动穴蚀。波动穴蚀主要发生在燃油系统的高压油管上，并且柴油机低负荷运转时，波动穴蚀较为严重。

(2)流动穴蚀。流动穴蚀主要发生在高压油泵柱塞螺旋槽附近和喷油器针阀截面变化处。在燃油系统中，高压燃油流经通道截面变化处，会产生强烈的节流作用，导致压力下降并形成气泡，随后的压力升高又使气泡破裂而发生穴蚀。这种穴蚀称为流动穴蚀。当柴油机高负荷运转时，节流作用的增大使穴蚀更加严重。

燃油系统中不适当的压力波动是引起穴蚀的原因。而压力波动主要是由于卸载不当而引起的。因此，减小波动常采用缓冲型出油阀、等压出油阀、双锥形针阀、控制节流和采用阶梯形螺旋槽柱塞等方法。此外，对容易发生穴蚀的部位还可采用保护性措施。

4. 轴瓦的穴蚀

高速大功率柴油机的铜铅合金薄壁轴瓦上，穴蚀破坏频繁出现，主要发生在主轴瓦和曲柄销轴瓦的油槽和油孔周围，呈条状或树叶状的小孔群状。

轴瓦穴蚀的原因是由于在特定条件下流动的润滑油产生气泡和气泡破裂所致。

在液体动压润滑条件下，轴颈在轴承中不断运转，在转过了轴颈与轴承的最接近点之后，轴颈与轴承两个表面逐渐分离，油膜中的压力下降且可能低于大气压力。此时，溶解在滑油中的空气就会逸出，形成气泡。在正常稳定负荷下，这些气泡会夹带在油膜里进入高压区而重新溶解到润滑油中。但是，当轴承承受交变负荷，特别是冲击负荷时，气泡将被吸引到金属表面上并迅速破裂造成冲击，使轴瓦表面产生穴蚀破坏。

防止轴瓦穴蚀的措施主要是从轴瓦材料的选择、轴瓦上油槽和油孔的位置及保证润滑油品质等方面着手。

5. 离心泵叶轮的穴蚀

离心泵叶轮的穴蚀是叶轮严重的破坏形式，穴蚀发生的部位通常在叶轮出口处叶片和前后盖板上。呈麻点和蜂窝状孔穴，严重时，导致离心泵叶轮烂穿而完全损坏。

离心泵叶轮的穴蚀也是空泡作用的结果。当液体从泵吸入口进入叶轮进口端时，发生急剧的加速和转向致使压力下降。当压力低于该温度下水的饱和压力时，水就会气化，产生气泡，同时，溶解在水中的空气也会逸出，产生空泡，气泡、空泡随液体流过叶轮流道至叶轮外周高压区时破裂，从而使叶轮外周出口处遭到破坏。

要防止叶轮的穴蚀,可采用的措施有:开足吸入管管路上的阀门;及时清洗滤器;减少吸入高度或增大流注高度;控制液体温度等。此外,采用强度和硬度高、韧性和化学稳定性好的抗穴蚀材料来制造叶轮,以及提高通流部分表面粗糙度,也是提高离心泵抗穴蚀性能的有效措施。

任务三　船舶部件的断裂分析

● 学习目标

一、船舶部件的断裂分析知识目标

1. 了解船舶部件断裂的分类方法;
2. 了解船舶部件断裂的过程;
3. 了解船舶部件疲劳断裂的特征;
4. 了解防止船舶部件疲劳破坏的措施。

二、船舶部件的断裂分析能力目标

1. 能够掌握船舶部件疲劳破坏的机理;
2. 能够分析船舶主要部件疲劳破坏发生的原因;
3. 掌握防止船舶部件疲劳破坏的有效措施。

● 任务引入

船舶部件出现断裂现象有哪些特征?什么是船舶部件的过载断裂?什么是船舶部件的疲劳断裂?受热部件为什么会出现热疲劳现象?通过哪些措施可以防止船舶部件的疲劳破坏?

● 任务分析

断裂是指物体在机械力、热、磁、声响、腐蚀等因素单独作用或联合作用下,其本身连续性遭到破坏,发生局部开裂或分裂成几部分的现象。前者称为局部断裂,后者叫作完全断裂。

零件的断裂在船上是屡见不鲜的,如船体因装载不当出现断裂,柴油机的气缸盖、气缸套和活塞组件上的裂纹,曲轴的裂纹和折断等。船机零件产生裂纹和断裂,不仅危及船舶的正常营运,还可能会造成重大的机械事故产生严重的后果,具有更大的危险性。因此,对零件的这种破坏形式,应予以特别重视。

● 相关知识

一、断裂的分类

通常在分析船舶部件发生断裂的原因时,按研究断口的具体需要,对断裂有不同的分类方法。

1. 按零件断裂后断口的宏观形态特征分类

(1)韧性断裂。韧性断裂也叫延性断裂,是金属材料在断裂前产生明显塑性变形,并且经常有缩颈现象的断裂。在发生塑性变形过程中,首先使某些晶体局部破断,裂缝割断晶粒而穿过,最终导致金属的完全破断。韧性断裂一般是在切应力作用下发生,故又称切变断裂。它的断口其宏观状态呈杯锥体,或鹅毛绒状、暗灰色,边缘有剪切唇,断口附近有明显的塑性变形。

(2)脆性断裂。金属材料在断裂前无明显的塑性变形(变形量小于5%),多沿着晶界扩展而突然发生的一类断裂叫作脆性断裂,也称晶界断裂。它的断口呈结晶状,常有人字纹或放射花样,平滑而光亮,且与正应力垂直(这种断口面称为解理面),故又称这种断裂为解理断裂。由于这种断裂通常在没有预示信号的情况下以极快速度发展且会突然发生,因此是金属件的一种危害性很大的断裂失效模式。

2. 按断口微观形态分类

在显微镜下观察断口微观组织,可将断裂分为穿晶断裂和晶间断裂,见图2-20。裂纹穿过晶粒内部而发生的断裂为穿晶断裂,多数穿晶断裂为延性断裂,但也可以是脆性断裂。当裂纹沿结晶平面扩散,断面上的晶粒大多保持完整的,则称为晶间断裂(或解理断裂)。大多晶间断裂时,塑性变形量很小,故称为脆性断裂,韧性的晶界断裂只有在高温蠕变中才能发生。

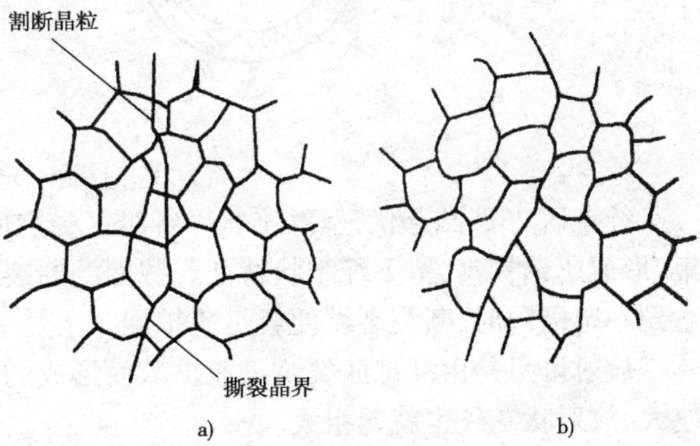

图2-20　穿晶断裂与晶界断裂示意图

a)穿晶断裂;b)晶界断裂

3. 按断裂的原因分类

按零件断裂的原因分类是常用的分类方法。它将断裂分为过载断裂、疲劳断裂、氢脆断裂、腐蚀断裂、低应力脆性断裂、蠕变断裂等。

(1)过载断裂。过载断裂是指零件在一次静拉伸、静压缩、静扭转、静弯曲、静剪切或一次冲击能量作用下的断裂,也称一次加载断裂。一次加载的概念不是第一次加载。一般断裂发生在应力循环周次 $N_f < 10^3$ 均认为其是一次加载。

(2)疲劳断裂。经历反复多次的应力作用或能量负荷循环后才发生断裂的现象叫做疲劳断裂。疲劳断裂占整个断裂的80% ~90%,它的类型很多,包括拉压疲劳、弯曲疲劳、接触疲劳、扭转疲劳、振动疲劳等。疲劳又根据循环次数的多少分高周疲劳(应力循环周次 $N_f > 10^4 \sim 10^5$)和低周疲劳($N_f < 10^4 \sim 10^5$)。广义的疲劳断裂还包括腐蚀疲劳、热疲劳等。

(3)其他断裂。腐蚀断裂是在腐蚀介质环境中,零件材料承受拉压力时发生的断裂;低应力脆性断裂是零件在制造过程中工艺不正确或使用环境温度低时材料变脆、在低应力下发生的断裂;由于氢的作用,零件在低于材料屈服强度时发生的断裂是氢脆断裂;零件在高于一定的温度下,缓慢发生塑性变形最后导致零件发生的断裂是蠕变断裂。

二、过载断裂

当零件外加载荷超过其危险截面所能承受的极限应力时,零件将发生断裂,这种断裂称为过载断裂。

零件强度设计不合理,结构上应力过度集中,操作失误,机械设备超负荷运行,使某些零件承受过大载荷,都可能导致过载断裂。

1. 过载断裂的主要特征

过载断裂的断口宏观特征与材料拉伸断口形貌雷同。当材料塑性较好的,宏观断口显示出较大的塑性变形，而材料较脆时，零件断口显示出脆性。

过载断裂的断口通常分为三个区域。当断口处无应力集中时，三个区域的分布如图2-21所示，分别称为纤维区 F、放射区 R 和剪切唇区 S。

图2-21　过载断口示意图（杯锥状）

纤维区 F 凹凸起伏，呈纤维状。纤维区受三向应力作用出现微小空穴，空穴不断扩大、聚集，形成所谓韧窝，留下纤维状特征。截面的断裂首先从纤维区中心开始，当纤维断裂区面积达到一定极限时，断裂裂纹便会迅速扩展。

放射区只是由纤维区裂纹迅速扩散而形成的区域，主要特征是有放射状花纹。材料塑性越大，放射状花纹也就越粗大。

剪切唇区 S 是由断裂最后阶段而形成的区域。这一区域的表面比较光滑，且与拉伸应力成45°交角，是由最大切应力形成的切断型断裂。

2. 特殊情况下过载断裂特征

（1）带应力集中槽的过载断裂。当裂口出现在应力集中槽部位时，则 F、R、S 三区完全颠倒，如图2-22所示。纤维区 S 分布在周围，即周围首先破断，然后裂纹向中央扩展，产生收敛形放射花纹区 R，最后在中央部位出现终断区 S。值得指出的是，如果零件的切槽为光滑圆弧，则断口形貌仍如图2-21所示。

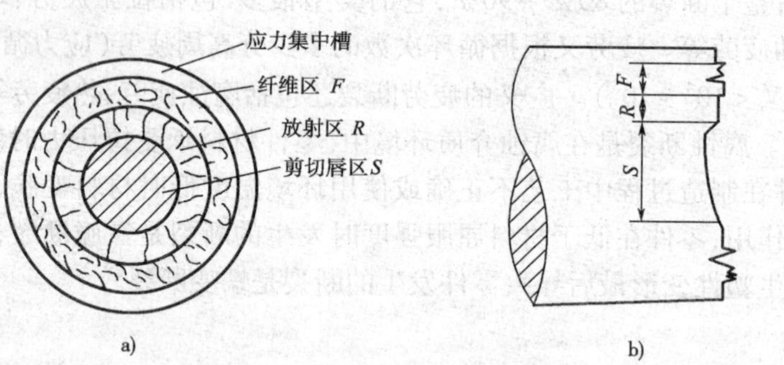

图2-22　带有尖锐应力集中槽的过渡断口

（2）纯塑性金属断裂。纯塑性金属过载断裂时，也可能出现一种全纤维状断口，没有放射区与剪切区，两对偶的断面均为内凹的杯状，即双杯状断口。

（3）在冲击弯曲载荷作用下的断裂。这种过载断裂断口的显著特点是剪切唇不完整、宏观的塑性变形（缩颈）减小。

（4）在扭转载荷作用下的过载断裂。扭转载荷过程断口分两种情况：当断口与扭转角成

45°方向时,为拉断,断口形貌类似于图 2-21 所示;当断口与扭转轴线垂直时,为剪断,周向剪应力较大,形成扭转状纤维区 F,中心部位为最后破断区,故其形貌类似于图 2-22 所示。

3. 过载断裂的过程

金属零件过载断裂的过程,其实质是裂纹的产生和发展的过程。金属零件的裂纹是指金属材料内部出现金属的原子与原子之间原有原子结合键被破坏而导致原子与原子彼此分离的现象。裂纹通常按其长度大致分为裂纹核、微观裂纹和宏观裂纹。过载断裂从裂纹的产生和成长过程来讲,它明显地分为三个阶段。

(1)裂纹核的产生阶段。当对金属零件施加大于其材料的屈服极限的外载后,金属零件便会在材料中有缺陷、应力集中、孔洞、有夹杂物等地方首先发生位错的滑移而产生塑性变形。当滑移面上有障碍物(如晶界、杂质及第二相等)就会阻止位错运动。这样位错就会在这些障碍物前堆积而产生应力集中区,作用于障碍物上的力可达到外加应力的数倍。当位错堆积所形成的应变足以破坏原子结合键时,便产生了裂纹核。

(2)微观裂纹的形成阶段。当第一个裂纹核产生后,致使晶体的一部分相对另一部分的滑移更加迅速,大量的位错就会在裂纹核周围产生运动和增殖,并且金属零件出现外应力不变而应变迅速增加的蠕变现象。由于金属材料蠕变部分的塑性变形较大,因此,这部分金属材料内部会产生许多的裂纹核。在外加载荷继续增加的情况下,这些裂纹核会逐渐长大,并产生相互间的连接和贯通,进而形成微观裂纹。

(3)瞬时断裂阶段。瞬时断裂过程中在断裂力学中又称为裂纹的临界扩展过程。工程断裂力学认为各微观裂纹尖端的应力强度因子超过了金属材料的断裂韧性时,微观裂纹便会迅速扩展,致使零件出现瞬时断裂的过程称为裂纹的临界扩展过程。

在一个微观裂纹形成后,金属的蠕变现象更加严重,大量的微观裂纹更不断产生,同时微观裂纹迅速地向材料的纵深方向发展,使许多裂纹迅速沟通,当局部破断(裂纹)发展到临界裂纹尺寸时,剩余载面承受的载荷超过其强度极限而导致完全破断。

三、疲劳断裂

疲劳破坏是指零件材料在交变载荷的长时间作用下产生裂纹和断裂的现象。大小和方向随时间发生周期性变化的载荷称为交变载荷,所引起的应力称为交变应力。由疲劳而引起的裂纹和断裂是工程结构和船舶机械零件普遍而严重的失效形式,在实际失效件中,它占了较大的比重。据数据统计,疲劳断裂的零件占断裂零件总数的 80% ~90% 以上。

1. 疲劳破坏的机理

疲劳断裂是材料经过长时间反复作用后,在零件表面有应力集中(缺陷)处产生裂纹,裂纹逐渐扩展而最终断裂。断裂的宏观形貌分为三个区域:疲劳源、裂纹扩展区、最后断裂区域。即疲劳断裂有一个裂纹形成、扩展直至断裂的过程。

1)疲劳裂纹的形成

疲劳源就是疲劳裂纹的开始点,通常疲劳源位于零件表面的应力最大处(有应力集中的部位)或零件近表面处。只有当金属内部有较严重的冶金缺陷时,疲劳源才产生于零件内部或表层下。

零件表面上的裂纹源多是由于零件表面上有油孔、过渡圆角、台阶、粗大的加工痕迹等应力集中的缺口，或是由于零件材料表面晶粒容易发生滑移和容易受到腐蚀的。

零件近表面的材料内部产生的微裂纹，是由以下几方面形成的：

(1)零件缺陷产生裂纹。零件材料在冶炼、冷热加工过程中产生的气孔、夹杂物、缩孔等冶金缺陷，导致缺陷与基体之间沿界面分离或缺陷本身开裂形成疲劳微裂纹。

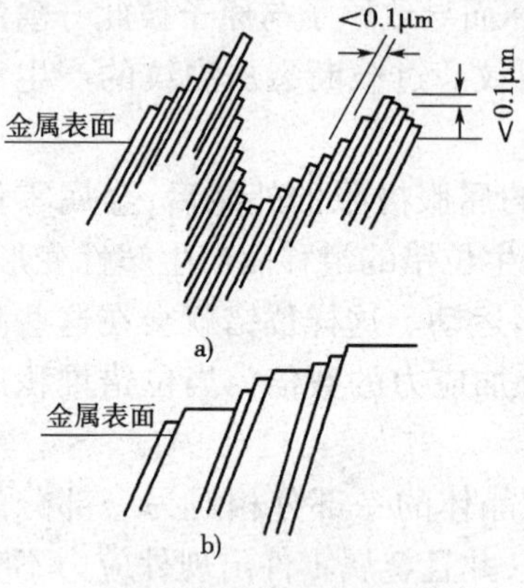

图 2-23　金属表面滑移

a)疲劳负荷作用；b)静负荷作用

(2)晶体滑移产生裂纹。在交变应力作用下金属表面滑移不均匀，滑移局部集中，在金属表面形成“挤出”和“挤入”，此处有应力集中，经过交变应力的多次作用后在该处形成疲劳裂纹。图 2-23 所示为受疲劳应力作用和静应力作用，金属表面发生的滑移图。

(3)相界面处产生裂纹。在切向应力作用下，材料内粗大的夹杂物与基体的界面处位错堆积达到一定程度后，界面强度降低，形成分离，从而产生裂纹。

(4)晶界面处产生裂纹。当滑移带穿过晶界或位错运动遇到晶界时，均会产生微裂纹。

2)疲劳裂纹的扩展

零件表面或近表面一旦发生疲劳微裂纹，就会在交变应力作用下进一步扩展。疲劳裂纹的扩展可分为两个阶段，如图 2-24 所示。

(1)第一阶段：是疲劳微裂纹沿与正应力成大约 45°角的最大切向应力的方向向金属内部扩展。扩展的深度较浅，大约只有零点几毫米厚，扩展的速率也很小。

(2)第二阶段：疲劳裂纹在经过第一阶段(在零件内部扩展至一定距离)后，将改变方向，改沿与正应力成直角的方向扩展。此时正应力对裂纹的扩展起着重要作用，它使裂纹扩展的深度与速率均远远超过第一阶段。

在交变正应力的作用下，裂纹时而扩展，时而停滞。零件裂开处的两个面时而闭合，时而分开，以致在断口的两个断面上形成“贝纹”。在裂纹源附近，因裂纹扩展慢，两个断裂面长时间相互摩擦与研磨，使断面光滑并有稀疏的贝纹；较远处，裂纹扩展较快，两个断面相互摩擦、研磨的时间短，使断裂面粗糙、贝纹细密。当零件材料具有足够的断裂韧性时，能较好地阻止裂纹的迅速扩展，使贝纹区域较大。

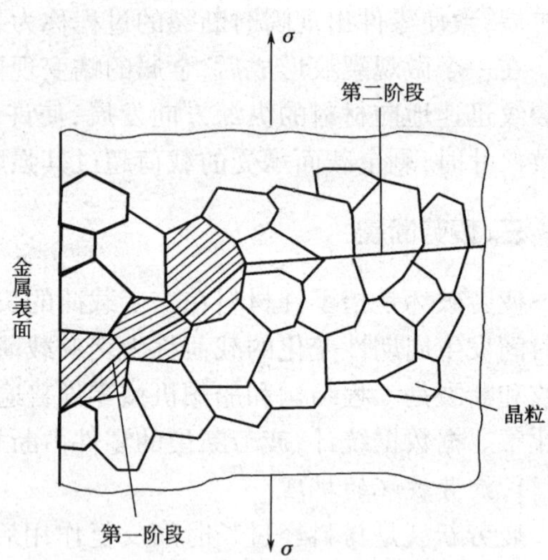

图 2-24　疲劳裂纹的扩展

3)疲劳断裂

疲劳裂纹迅速扩展后，实际承载面积减小，以致剩余截面承受不了所受载荷的作用而发生突然断裂，在断面上就出现最后断裂区。最后断裂区的大小和位置可以定性地说明零件所受的载荷情况，一般说来，最后断裂区面积越大，越接近断面中心，表明零件过载越严重；最后断裂区面积越小，位置越靠近断面边缘，则表示过载越少。

船机零件断裂破坏反映在断口上,共有三个组成部分,如图2-25所示。

(1)疲劳源大多分布在零件表面或近表面处,一般有1～2个。

(2)疲劳裂纹扩展区有光滑状和贝纹状两种,光滑状是由于两个断面长期研磨的结果,而贝壳状是一道道疲劳条纹;

(3)最后断裂区又称脆断区,零件瞬间突然断裂,断口金属颗粒比较粗大,有时断面的脆断区呈银白色。

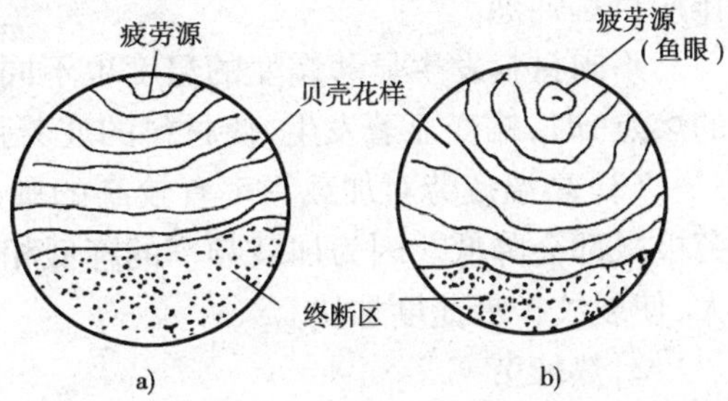

图2-25　疲劳断裂宏观断口

a)疲劳源在表面;b)疲劳源在表面下

2. 疲劳断裂的特征

零件发生疲劳断裂时具有以下特征:

(1)零件是在交变载荷作用下,经过较长时间的使用。

(2)断裂应力小于材料的抗拉强度 σ_b,甚至小于屈服强度 σ_s。

(3)断裂是突然的,无任何先兆。

(4)断口形貌特殊,断口上有明显不同的区域。

(5)零件的几何形状、尺寸、表面质量和表面受力状态等均直接影响零件的疲劳断裂。

3. 疲劳断裂的种类

1)按零件所受应力大小和循环周数分类

(1)高周疲劳:为低应力、高寿命的疲劳破坏。应力较低,小于屈服极限 σ_s,应力循环周数高,一般超过 10^6～10^7,是常见的一种疲劳损坏。如曲轴、弹簧等零件的断裂。

(2)低周疲劳:为高应力、低寿命的疲劳破坏。应力接近或等于屈服极限 σ_s,应力循环周数小于 10^4～10^5。如压力容器、高压管道等零件的裂纹和断裂。

2)按零件工作环境和接触情况分类

分为热疲劳、腐蚀疲劳、接触疲劳等。

(1)热疲劳。由于零件受热温度变化引起热应力的反复作用造成的疲劳破坏,称为热疲劳。如气缸盖、气缸套等受热面的裂纹。

(2)腐蚀疲劳。零件或材料在腐蚀性介质中受到腐蚀,并在交变载荷作用下产生的疲劳破坏称为腐蚀疲劳。

(3)接触疲劳。接触疲劳是指零件接触表面在接触应力反复作用下产生麻点和金属剥落或表层压碎而剥落使零件失效。例如,轴承、齿轮等零件的表面破坏。

3)按应力状态分类

分为弯曲疲劳、扭转疲劳、轴向拉压疲劳和复合疲劳等。

4. 高温疲劳和热疲劳

1)高温疲劳

高温疲劳是指零件在高于材料的 $0.5T_m$(用绝对温度表示的熔点)或高于材料的再结晶温度时受到循环交变应力作用所引起的疲劳破坏。而高于常温、低于 $0.5T_m$ 的疲劳破坏称为中温疲劳。高温疲劳具有以下特点:

(1)高温下材料的疲劳极限随交变应力作用的循环周次的增加而不断降低。因此,其疲劳极限是用规定循环周次下的疲劳极限来表示的，一般取 5×10^7 或 10^8 次。

(2)高温疲劳总伴随发生蠕变，并且温度越高，蠕变所占的比例越大，疲劳和蠕变的交互作用也越强烈。

不同材料发生显著蠕变的温度也不同。一般当材料的温度高于 $0.3T_m$（用绝对温度表示的熔点）时，蠕变显著发生，使材料的疲劳强度急剧降低。

(3)高温疲劳对加载频率有较高的敏感性。随着加载频率的降低，材料的疲劳寿命和疲劳极限都会降低。因为加载频率的降低相当于延长了载荷作用的时间，有利于蠕变损伤的扩大，使裂纹扩展速度加快。

2)热疲劳

(1)热应力。零件各部分受热温度不同，产生的变形不同。受热后，材料内部一部分金属对另一部分金属变形的约束或牵制而产生由温差引起的应力，即热应力。因此，零件内外表面的温度不同，就会产生热应力。例如柴油机气缸盖底面，即触火面的温度高达 400～500℃，而冷却面温度仅为 60～80℃，触火面的金属膨胀，并受到低温冷却面金属的约束，不能自由膨胀而产生压应力；低温面金属受高温面金属的牵制而产生拉应力。温差越大，高温面的压应力越大，气缸盖内外表面的热应力也越大。同样，零件的同一截面上的温度不均，也将产生热应力。如气缸盖触火面的中心与边缘，中心部分的温度高，产生压应力，边缘部分温度低，产生拉应力。

根据热应力随时间的变化关系，可分为定常热应力和不定常热应力。定常热应力是指热应力不随时间而变化。如柴油机处于稳定运转时，燃烧室组成零件上的温度可视为不变，处于热稳定状态，燃烧室零件上产生的热应力为定常热应力。不定常热应力是指热应力随时间而变化。根据热应力变化的频率，不定常热应力又分为高频热应力和低频热应力两种。柴油机运转时，周期变化的高温燃气作用引起燃烧室零件触火面高温也是周期变化，频率较高，故产生高频热应力。柴油机起动、停车或变工况运转时，燃烧室零部件产生不定常热应力，其变化周期与起动、停车或变工况的周期相同，频率较低，故为低频热应力。

(2)热疲劳。热疲劳是指零件在循环热应力反复作用下产生的疲劳破坏。循环热应力是零件受到循环变化的温度作用而引起的热应力。因此，产生热疲劳必须满足两个条件：一是温度循环变化；二是零件的热变形受到约束。

热疲劳是由于热循环温度差 ΔT 引起的。如果该变形完全被约束，就会引起热应力，当热应力超过材料在高温下的屈服极限时，产生局部塑性变形，经过一定循环次数或当 ΔT 较大时经过较少的循环次数就会产生疲劳裂纹。所以，热疲劳破坏实际上是由塑性应变引起的，并且是塑性应变损伤累积的结果，是一种高温高应变疲劳。

在热疲劳过程中，由于高温引起材料内部的组织结构变化，降低了材料的热疲劳抗力；高温也促使表面和裂纹尖端氧化，甚至局部熔化，加速热疲劳破坏；零件截面上存在温度梯度，特别是厚壁零件，其温度梯度更大，在温度梯度最大处造成塑性应变集中，促进热疲劳破坏的发生。

热疲劳裂纹是在受热表面的热应变最大区域形成，一般有几个疲劳裂纹源，裂纹沿垂直受热表面方向扩展，并向表面内纵深方向发展。所以零件的热疲劳是以受热表面上产生特有的龟裂裂纹为特征。热疲劳裂纹与循环温差、零件表面缺口状态和材料有关。循环温差越大，表面缺口越尖锐，就越容易发生热疲劳。

金属材料对热疲劳的抗力不但与材料的导热性、比热等热力学性质有关，而且与弹性模量、屈服极限等力学性能有关。所以导热性差的脆性材料，如灰口铸铁，容易发生热疲劳破坏。

提高材料热疲劳的途径主要有：

①尽可能地减少，甚至消除零件上的应力集中和应变集中。

②提高材料的高温强度。

③提高材料的塑性。

④降低材料的热膨胀系数。

四、脆性断裂

金属零件因制造工艺不正确，或因使用过程中遭有害介质的侵蚀，或因环境温度不适，都可能使材料变脆，从而使金属零件发生突然断裂。这种性质的断裂一般称为脆性断裂，也有称为环境断裂的。

引起金属脆化的原因很多，例如氢或氢化物渗入金属材料内部可导致"氢脆"；氯离子渗入奥氏体不锈钢中可导致"氯脆"；硝酸根离子渗入钢材可出现"硝脆"；与碱性接触的钢材可能出现"碱脆"；与氨接触的铜质零件可发生"氨脆"。此外，在 10～15℃ 以下的环境温度下，中低强度的碳钢易发生"冷脆"（钢中含磷所致）。含铝的合金，如果在热处理时温度控制不严，很容易因温度稍高而过烧，出现严重脆性。

● 任务实施

一、船体断裂原因分析

船体断裂或破损通常发生在舯部附近，这是由于船体长度方向尺度较大，相当于一根细长梁，而最大弯矩作用于舯部的原因。为了保证船体不断裂，在船舶设计和建造时，根据强度理论，用足够的船体总纵强度加以保证。

图 2-26　船舶打捞出水后的船体断裂处

图 2-26 是某江海直达货船船体装载过程中出现的船体断裂，事故系该船装货过程中，未按规定进行平舱作业，货物主要集中在船舶舯部，导致船舶严重的中垂，船舯部位上甲板受挤压，船底受拉伸，超出船舶钢板的应力承受范围，出现船体过载断裂。

二、柴油机主要部件疲劳断裂分析

1. 气缸盖的疲劳裂纹

1）气缸盖底面裂纹

柴油机运转过程中，气缸盖底面在其工作条件下可能产生高温疲劳、蠕变和热疲劳，严重时发生疲劳破坏。

气缸盖底面即触火面承受着高温、高压燃气的周期性重复作用。高压燃气在高温下作用使底面发生弯曲变形，产生机械压应力，并随柴油机工作循环周期重复变化。一般情况下，气缸盖底面温度达 400～500℃。当气缸盖冷却不良时，甚至可能超过 $0.5T_m$（灰口铸铁的熔点），从而引起高温疲劳破坏。当底面温度超过 $0.3T_m$ 时，底面产生显著蠕变，从而使底面压应力大大降低。

气缸盖底面和冷却面的温差可达 300～400℃，在底面和冷却面分别产生压、拉热应力，在柴油机停车或负荷突然降低时，会使气缸盖底面压应力进一步降低、消失，甚至产生残余拉应力。另外，柴油机运转过程中，零件长期受到高温作用，使材料的疲劳极限下降，所以当低频热应力超过材料的疲劳极限时，就会在气缸盖底面产生裂纹。

因此，当气缸盖底面产生裂纹时，不能简单地视为热疲劳裂纹。底面裂纹可能是热疲劳裂纹，也可能是高温疲劳裂纹或蠕变裂纹，或者是三者共同作用产生的裂纹。但是，当发现龟裂裂纹时，则可判定为热疲劳裂纹。

2）气缸盖冷却面裂纹

气缸盖冷却面分布着环形或其他形状的冷却水通道，在通道筋的根部产生机械疲劳裂纹，并向触火面扩展。裂纹是气缸内最大爆发压力引起的周期性脉动应力作用的结果。

柴油机气缸内最大爆发压力作用在气缸底面，使底面产生弯曲变形，触火面受压，冷却面受拉。柴油机每工作循环一次，这种应力就循环作用一次，因此，变化频率很高。当冷却水通道筋的根部过渡圆角过小或者存在铸造缺陷时，在这些应力集中的部位就会产生裂纹或使铸造缺陷裂纹扩展，最终使气缸盖裂穿。

此外，冷却面局部区域的冷却水往往处于沸腾状态，产生的 SO_4^{2-} 和 Cl^- 等酸根离子会与冷却面金属发生电化学腐蚀。同时因水中溶解有一定数量的氧，会使金属氧化，水温越高，氧化腐蚀越严重。高频交变应力和腐蚀同时作用，将使金属材料的疲劳强度显著下降，造成腐蚀疲劳破坏。

综上所述，气缸中的燃气温度和压力对气缸盖裂纹的产生有很大的影响。因此，在柴油机的日常管理工作中，应尽力避免气缸盖等零件在热态时急冷和冷态下急剧加热或使其过热等产生过大热应力的情况发生。例如，柴油机启动前不暖机或暖机不充分，启动后又立即增速、增负荷；停车时过早中断冷却水循环，使机件散热不良或局部过热；长期超负荷运转；气缸盖冷却水腔结垢严重，影响散热，使局部过热等。

2. 曲轴的疲劳断裂

曲轴在回转过程中，受到各缸交变的气体力、往复惯性力、离心力以及由它们引起的弯矩、转矩的作用。这些力不仅随曲柄转角变化，也随负荷变化。因此曲轴在这些力的作用下发生弯曲和扭转变形，产生复杂的交变应力并引起曲轴的弯曲振动和扭转振动。同时，主轴承的磨损又会引起很大的附加弯曲应力。在这些应力的作用下，再加上曲轴本身形状复杂，刚性很差，存在严重的应力集中等，使曲轴容易产生疲劳破坏。

曲轴裂纹和断裂是属于高周低应力疲劳破坏。其断裂应力甚至仅为 1/3 的屈服极限，但循环周次高于 10^6～10^7。曲轴的疲劳裂纹主要有以下三种。

1）弯曲疲劳裂纹

曲轴的弯曲疲劳裂纹一般发生在主轴颈（或曲柄销）与曲柄臂连接的过渡圆角处，并逐渐发展成横断曲柄臂的裂纹，如图 2-27 所示。疲劳试验还表明，曲轴弯曲疲劳裂纹发生在曲轴中间曲柄或两端的曲柄上的情况较多。这是因为曲轴沿长度方向的应力分布在中间曲柄和端部曲柄上的弯曲应力有较大的峰值。

柴油机长时间运转后，各道主轴承磨损不均匀，会使曲轴轴线弯曲变形，曲轴回转时产生过大的附加交变弯曲应力，因而曲轴的弯曲疲劳破坏通常是发生在柴油机经过较长时间运转之后。此外，曲轴的曲柄臂，曲轴箱或轴承支座（机座）等刚性不足，柴油机短时间运转后，曲轴也会产生弯曲疲劳破坏。

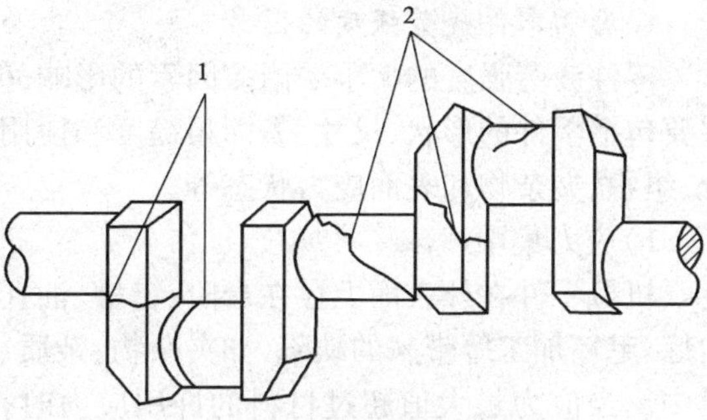

图 2-27　曲轴的疲劳断裂

1-弯曲疲劳断裂；2-扭转疲劳断裂

2）扭转疲劳裂纹

曲轴在扭转力矩作用下产生交变的扭转应力，存在扭转振动时还会产生附加交变扭转应力，严重时就会产生扭转疲劳裂纹和断裂。

扭转疲劳裂纹发生的部位一般在曲轴上应力集中严重的油孔或过渡圆角处，并在轴颈上沿着与轴线成 45°角的两个方向扩展，这是因为轴颈的抗扭截面模数较曲柄臂的小，所以扭转疲劳裂纹多自过渡圆角向轴颈扩展，而很少向曲柄臂发展。但如果扭转应力与较强的弯曲应力同时存在，则裂纹也可自圆角向曲柄臂发展，造成曲柄臂弯曲断裂。

扭转疲劳裂纹通常发生在曲轴扭振节点附近的曲柄上。发生扭转疲劳裂纹的时间一般是在柴油机的运转初期和曲轴的临界转速位于工作转速范围内时。

3）弯曲—扭转疲劳裂纹

曲轴的疲劳破坏也可能是由于弯曲与扭转应力共同作用造成的。这是因为主轴承通常的不均匀磨损会造成曲轴出现附加弯曲应力，继而产生弯曲疲劳裂纹，弯曲疲劳裂纹在弯曲与扭转的共同作用下扩展、断裂，最后断裂面与轴线成 45°角。断面上自疲劳源起，大约 2/3 的断面为“贝纹”区，呈暗褐色；剩余的1/3面积为最后断裂区，其上凹凸不平、晶粒明亮。圆形波纹状纹理是由弯曲疲劳造成的，放射状纹理是由扭转疲劳造成的，两种纹理交织成蜘蛛网状，如图 2-28 所示。在弯曲—扭转疲劳裂纹中有时会有主、次之分，具体情况应根据端面上的纹理、裂纹方向和最后断裂区进行分析判断。

图 2-28　弯曲—扭转疲劳断裂

1-裂纹源；2-裂纹扩展区；3-最后断裂区

在生产中，曲轴的弯曲疲劳破坏还是远远多于扭转疲劳破坏，或者说弯曲应力是弯曲—扭转中的主要因素。这是由于扭转应力通常可通过转矩、扭矩振动计算准确获得，并采取有效的措施予以平衡。如柴油机在运转时，应避免在临界转速范围内运转和扭转过载。而曲轴的弯曲应力则难以精确计算和控制，由它引起的曲轴弯曲变形和产生的附加弯曲应力也就难以控制。

三、防止疲劳破坏的有效途径

1. 影响零件疲劳强度的因素

零件疲劳强度的大小受诸多因素的影响，但主要的因素可分为两大类，其一是外部因素，主要包括零件的形状、尺寸、表面粗糙度和使用条件等。其二是内部因素，主要包括材料的成分、组织、夹杂物和表面应力状态等。

1）应力集中

机械零件在外表面上存在台阶、键槽、油孔或螺纹等截面变化部分；在零件的内部存在着冶炼、毛坯加工等带来的缺陷，如夹杂物、杂质、微小裂纹、气孔等，这些缺陷部位都会引起应力集中。当应力最大值超过材料的许用应力时，就会形成疲劳破坏的发源地，最终导致疲劳破坏。应力集中是引起疲劳破坏的首位因素。试验表明，零件上缺口引起的应力集中使疲劳强度降低，缺口越尖锐，降低得越厉害。

2）表面状态和尺寸因素

表面状态是指零件加工表面的粗糙度、表面成分和性能、表面残余应力等。

零件加工表面粗糙度等级越低、表面越粗糙，疲劳强度越低。相同的材料，机械加工的方法不同，表面的粗糙度也不同，其疲劳强度也不一样。如钢、铝合金粗加工后的疲劳强度比抛光后低10%～20%。

表面强化处理能使零件表面的化学成分和组织发生变化，从而使表面的机械性能变化。如渗碳、氧化等表面化学热处理，不仅提高表面硬度和耐磨性，而且提高疲劳强度。

表面变形强化处理使表面塑性变形抗力增加，在表面层内形成残余压应力，有效地提高疲劳强度。如滚压、喷丸等工艺广泛用来提高零件的疲劳强度。

材料的疲劳强度随尺寸增大而降低，材料强度越高，疲劳强度下降越快。这种现象称为疲劳强度的尺寸效应。疲劳破坏源自零件表面，随着零件尺寸的增加，零件的表面积增加，也相应地增大了表面疲劳破坏的概率。

3）使用条件

（1）控制载荷防止超载。载荷对断裂有直接影响，过载将造成过载损伤，降低材料的疲劳强度。

（2）防止过高的工作温度。工作温度升高，材料的疲劳强度降低。因为材料温度升高后其变形抗力下降，容易产生疲劳裂纹。

（3）注意环境介质影响。零件在腐蚀介质中工作时，零件表面被腐蚀形成缺口，产生应力集中而使零件材料的疲劳强度下降。如酸溶液、海水、潮湿的空气等都对零件有腐蚀作用。

4）零件材料的成分、组织和夹杂物

材料的成分变化可使其疲劳强度提高。如钢中的含碳量增加，疲劳强度也随之增加。热处理工艺不同，同一种材料的金相组织不同，疲劳强度有很大的不同。钢中的非金属夹杂物是产生疲劳裂纹的发源地。钢中夹杂物越少，其疲劳强度越高。

2. 防止疲劳破坏的有效措施

影响疲劳破坏的因素很多，防止或减少船机零件的疲劳破坏，从根本上就要消除或降低零件上的应力集中和附加应力，即消除或减少疲劳裂纹源和降低交变应力。因此，要从零件的结构设计和制造方面着手，对于船员来说则要从使用管理方面来减少船机零件的疲劳破坏。

1）结构设计方面

（1）减少局部应力集中。大多数零件都有孔、键槽、螺纹、过渡圆角等截面突变处，应注意截面的变化不能突变，孔的边缘、过渡圆角处应圆滑，断面的过渡圆角要大，以减少应力集中。

（2）改进不合理的设计，以减少因设计引起的附加应力。如62VT2BF型柴油机气缸套，因结构设计不合理，安装后缸套外表面上部凸缘根部产生裂纹，改进设计后就不再出现裂纹。其改进方案如图2-29所示。

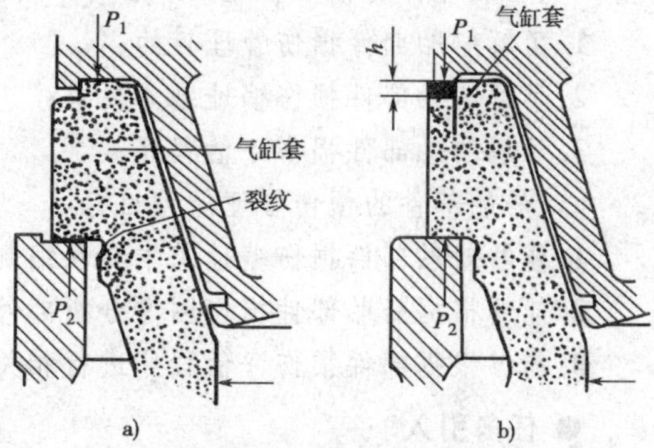

图2-29　柴油机气缸套外部凸缘根部裂纹

a）原设计结构；b）改进后设计结构

P_1-紧固力；P_2-支反力；h-垫片厚度

2）制造方面

（1）提高毛坯质量。毛坯制造中一般都存在着缺陷，如铸件、锻件、焊接件中的气孔、缩孔、夹渣、微裂纹等，这些缺陷将引起应力集中，尤其是当缺陷位于零件截面的变化处则更危险，容易形成裂纹源。因此要对重要的零件进行认真检查验收。

（2）提高零件的表面粗糙度等级。零件加工表面的粗糙度等级越低，表面加工越粗糙，应力集中越严重，零件越容易产生裂纹。

（3）提高零件表面的强度。在零件的工作表面层内形成压应力状态，可有效地提高零件表面的疲劳强度。实验表明，在室温条件下，零件表面层具有残余压应力时，将会使零件所受的拉应力减少或全部抵消，从而阻止疲劳裂纹的产生和扩展。

采用渗碳、渗氮、碳氮共渗等表面化学热处理方法，可有效地提高零件表面的疲劳强度，如球墨铸铁曲轴渗氮处理，可使曲轴的弯曲疲劳强度提高20%～29%。

采用喷丸、滚压等表面强化工艺也可显著提高零件表面的疲劳强度。喷丸、滚压等工艺，使零件表面塑性变形产生冷加工硬化，从而产生很大的压应力。喷丸强化就是将金属球高速喷到零件表面上。比如，零件表面粗糙度为$R_a12.5\mu m \sim R_a3.2\mu m$，经滚压后可提高为$R_a0.4\mu m \sim R_a0.2\mu m$，大大提高了疲劳强度。曲轴过渡圆角处经滚压后，可使钢曲轴的弯曲疲劳强度提高20%～70%，球墨铸铁曲轴可提高50%～90%。

3）管理方面

强化对柴油机的管理。加强曲轴的维护保养，对减少曲轴的疲劳破坏、延长其使用寿命十分重要。具体做法有：

（1）加强润滑，注意检查曲轴主轴颈与轴瓦的配合间隙，防止间隙过大产生过大的附加应力。

（2）定期检测曲轴臂距差，及时掌握曲轴轴线状态，监控主轴承下轴瓦的磨损情况，防止曲轴的弯曲疲劳破坏。

(3)柴油机运转时,避免在转速禁区内持续运转。

(4)加强扭振减振器的维护管理,保证其在运转中处于良好的工作状态。

任务四　船舶部件的损伤管理

● 学习目标

一、船舶部件的损伤管理知识目标

1. 了解船舶部件损伤管理目的;
2. 了解船舶部件损伤编址基本要求;
3. 了解船舶部件损伤评估程序。

二、船舶部件的损伤管理能力目标

1. 能够船舶部件损伤编址基本要求编制编码;
2. 能够根据船舶部件损伤图像分析部件损伤原因;
3. 能够根据部件损伤评估程序进行相关评估。

● 任务引入

船舶部件损伤的含义是什么？如何编制船舶部件损伤编码？船舶部件损伤图像有什么作用？在船舶操作实践中广泛应用的部件损伤评估方法有哪些？

● 任务分析

船舶部件损伤是指船舶设备运行时,由于非正常的工作磨损或其他原因造成了设备部件性能出现了变化,导致设备的预定功能发生了明显的恶化甚至完全丧失。

为了确保船舶在设定期间内运行可靠且无危险存在,人们在现有技术发展水平及合理的加工方法情况下,在设计阶段就已考虑到以后运行时起决定作用的各种参数和条件。设计和加工的一部分工作是进行相应的测试和试验,这些测试和试验有的是伴随加工过程的,有的是作为交货先决条件进行的。

但是,即使考虑了上述设计和加工条件,也不能完全避免部件的失效。一个部件、一个元件或整个系统的失效,对操作人员可能导致致命的后续损害和健康伤害。并且,失效可能涉及一些始料未及的情况,还会引起维修费用的增加。

对于海船而言,某一重要系统如主驱动装置的失效,不仅危及自身船舶和船员,而且还威胁到其他航海搭乘人员和环境安全。一旦这类事件发生后,损失的经济后果将很可能超过船舶价值。

对于一个确定的船舶结构,通过查明部件损伤原因,在可靠性的基础上防止部件损伤的重复发生,并在必要时提供一些指示,以说明设计或加工对部件损伤的影响。并且,部件损伤分析的结果还可以对材料选择、技术规范或者规定(例如,船舶分级规范)产生影响,更有助于避免由于经验缺失而出现重复出错现象。

在部件损伤分析中,材料可视为非常重要的信息库,因为它们几乎完整地保存着与制造和加工有关的以及与操作运行有关的所有信息和变化。

● 相关知识

一、船舶部件损伤的概念描述

1. 船舶部件损伤

以船舶部件的磨损损伤为例，船舶部件能达到的工作寿命即部件正常磨损，通常在相应的设备部件使用手册中称为特性参数（如：气缸套磨损率××mm/1000 运行小时）或最大极限值。一个船舶部件如果明显缩短了工作寿命将被评价为非正常磨损，非正常磨损通常被认定为一个部件损伤事件。

部件损伤事件还可以区分为一次部件损伤、后续部件损伤及预部件损伤。一次部件损伤是首先出现的事件和可能的后续部件损伤（二次部件损伤）的原因。预部件损伤是最新监测的一次部件损伤事件之前业已存在的事件，并未直接造成当前监测到的部件损伤，但这次部件损伤或许与其他一些之前事件发生内在联系。特别在一些高度复杂系统例如船舶柴油机中，往往很难把原始成因和可能已出现的后续部件损伤加以区分。

2. 船舶部件损伤编址

近年来，随着计算机的普及规模变得越来越大，船舶部件损伤的管理更是随着各种应用信息系统的实施，变得越来越重要。通常要求对船舶上所有待采集的监测单元进行唯一性的编排（编码），这就必须按分层的分类方式进行结构化。只有在这一前提下才能把数据融到船舶部件损伤数据库中，并对数据进行明确无误的分析评价。

对于船舶部件损伤分析而言，可以把所有的监测单元都在一个分层建立的结构中进行表示。为了采用电子数据原理对部件损伤数据进行系统的采集和分析评估，这一分层结构是先决条件。例如，按照德国 DIN31051/2003 工业标准的规定，部件损伤的地址都是监测单元，即可能涉及损坏或磨损的部件、元件、分系统、功能单元或系统。图 2-30 所示是按照德国劳氏船级社部件损伤数据库编制的部件损伤编码。

图 2-31 所示是按照部件损伤编码编制的船舶驱动装置编码实例，这个实例中主要包括：系统（二冲程柴油发动机）→分系统（驱动机构）→元件（十字头）→部件（十字头销等）。

用于采集监测单元所必需的水平层面的个数，取决于部件损伤数据库用户所需的监测深度，必须在制定数据库方案之前就针对设备和船队的特点加以确定。在分层构建的结构内部，各种监测单元的编排是通过从上级系统直到单一元件自上而下的排列实现的，排列时必须给出每个水平面的名称。这样就保证了每个元件或部件都得到准确且明白无误的描述，从而排除重复命名的问题。

二、船舶部件损伤分析

1. 船舶部件损伤图像

所谓船舶部件损伤图像，可理解为对受部件损伤监测单元的外部状态进行的一种非常简洁的描述。与监测相一致的部件损伤图像不能与示意图、摄影图像或具体的部件损伤分析相混淆。典型的船舶部件损伤图像列示于表 2-2 中。由于仅限于确定的、始终重复的部件损伤特征概念，这就确保了分析评估的明确和唯一性。

图 2-30　德国劳氏船级社部件损伤数据库的部件损伤编码

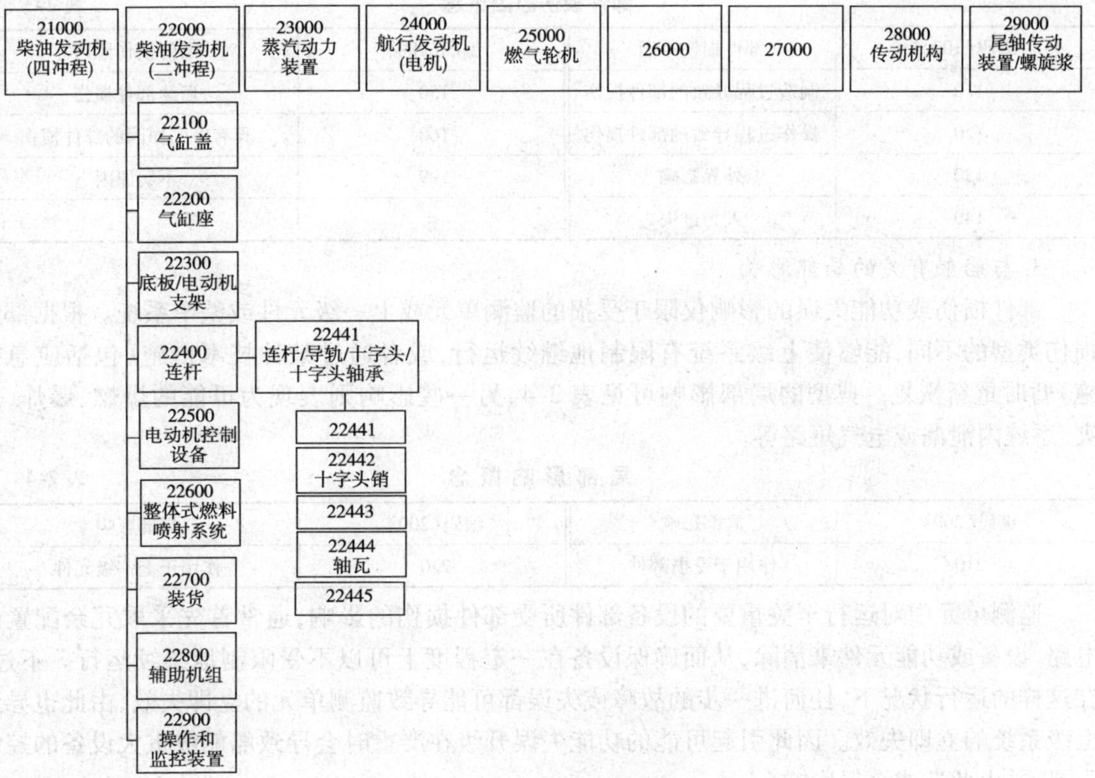

图 2-31　柴油机驱动装置编码实例

部件损伤图像概念　　表 2-2

编码(00)	船舶部件损伤图像	编码(00)	船舶部件损伤图像
10	磨损现象	50	腐蚀
20	形变	60	沉积
30	裂纹	70	其他
40	断裂	80	热影响现象

选择相应的部件损伤图像概念时,必须在普遍适用性和针对某特定专业领域或某些特定功能的独有适用性之间加以权衡。进行损伤图像概念选择时的各种概念的相应权重,对有待确定的部件损伤概念的个数、与实际情况的近似程度以及概念的说服力都具有重大的影响。

2. 船舶部件损伤原因

每个部件损伤事件至少有一个原因,也可能有多个原因。部件损伤原因的识别对于部件损伤的持久排除是绝对必要的,因此成为管理的一个重要方面。通过成功确定部件损伤原因,就能在工艺和操作上采取应对措施,防止类似相同的部件损伤再次发生。关于部件损伤原因的认知对于损失索赔(成本分配)同样意义重大。

为使分析评估能获得唯一和明确的结果,采用部件损伤数据库时必须有约束力地定义部件损伤原因的概念。

表 2-3 列举了关于部件损伤原因的确切概念。

部件损伤原因概念

表 2-3

编码(100)	部件损伤原因	编码(100)	部件损伤原因
110	制造过程导致的部件损伤	150	后续部件损伤
120	操作过程导致的部件损伤	160	具有电气原因的部件损伤
130	外界影响	199	不明原因
140	人为过失		

3. 与船舶有关的局部影响

部件损伤或功能失误的影响仅限于受损的监测单元或上一级元件或整个系统。根据部件损伤类型的不同,能够使上级系统有限制地继续运行,或者通过某种技术措施(包括应急措施)暂时重新恢复。典型的局部影响可见表 2-4,另一些影响则表现为可能的爆燃、爆炸、火灾、系统内泄漏或电气短路等。

局部影响概念

表 2-4

编码(200)	局部影响	编码(200)	局部影响
210	作用于受损部件	220	作用于上一级元件

监测单元中对运行至关重要的设备部件所受部件损伤的影响,通常首先采取冗余配置的电路、设备或功能元件来消除,从而确保设备在一定程度上可以不受限制地继续运行。不过,在这样的运行状况下,任何进一步的故障或失误都可能导致监测单元的立即失效,由此也导致上级系统的立即失效。因此引起可能的功能失误升级在严重时会导致船舶或重大设备的控制失灵,并由此造成全局影响。

● 任务实施

一、部件损伤评估程序

1. 基本特征和方法

部件损伤评估时首先确定所有可能的原因和影响,并提出一个部件损伤假设。这一假设又成为一种标准来指导进行一些必要的试验、测量和检查工作,通过这些检测工作基本上能够区分出初始和后续部件损伤。部件损伤假设的提出主要表达了个人经验的特点,通常在各公司质量管理体系及 ISM 国际安全管理规则也对部件损伤分析的基本原理、概念、定义和过程进行了一般信息描述和说明。目前,在船舶操作实践中广泛应用的部件损伤评估方法是故障排除方法,如图 2-32 所示。

根据故障排除法能够将结果划分为“明确排除”和“未明确排除”两类。对于后一类结果,必须进行后续的测量、拆检和分析。将获得的结果可以再次划分为“较高概率”和“低概率”两类。对于第一类,为了进一步界定可能的部件损伤原因,必须实施详细的测量、拆检、分析、材料检验或有限元计算,进一步论证与结果的相关性。对“低概率”分类中的部件损伤影响进行研究也可能是有益的。部件损伤分析的一个重要组成部分就是,利用相应的制造商技术资料和标准值或利用对照试验的结果进行理论值—测量值比较。

在上述评估程序完成后,一般仅剩下 1 ~ 2 个部件损伤原因作为评估的结果。这些未排除的部件损伤原因可作为输入信息来确定适当的维修方法,并确保不再因同样的原因发生元件失效的情形。从可靠性的角度来避免将来再发生类似部件损伤,并制定相关的预防措施。

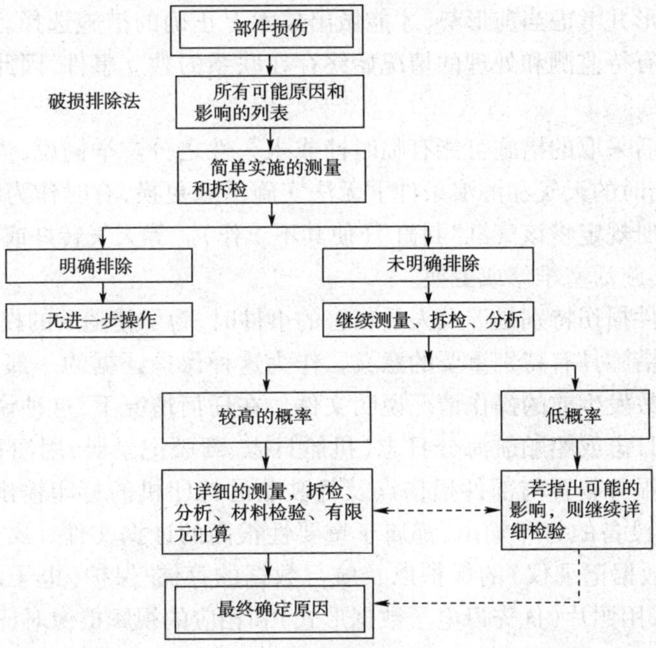

图 2-32　部件损伤排除方法

2. *船舶相关评估*

营运中的船舶通常是定期采集并记录船舶损伤事故数据,再按分析评估的要求编制文件。这一过程一般是以标准化的数据输入方式输入船载计算机。再将标准化的数据用电子手段直接(经由卫星)传送到航运公司的检验处。目前一些设备制造商也会按照他们的产品提供相应的专家系统,这样的系统也能用于部件损伤分析。

3. *航运公司相关评估*

为了能满足 ISM 规则中对于岸上操作(航运公司、检验部门)和船舶操纵规定的要求,在航运公司内部或委托船舶管理公司,既在岸上操作(技术检查部门)中也对各艘船舶实现了模块化结构的 IT(信息技术)手段,除了传统的部件损伤资料汇编,这种技术手段还拥有一系列其他的功能。凭借这类 IT 系统,能够实现包括所有任务领域的整个船舶技术操纵,例如船舶航海日志功能、带有趋势分析功能的运行数据记录、保养和维修、配件及耗材储备管理、燃料及润滑油舱储量和消耗量管理以及其他功能。

采用现代数据传输技术(例如,经互联网/宽带或经卫星),甚至能够迅速而又经济地向全世界传送庞大的成套数据记录。通过采用这样的数据传输技术,航运公司的岸上机构就能够根据转发的船上数据,部分或完全地为部件损伤评估进行标准化数据处理。

二、部件损伤中的应对措施

发生事故时,拯救人的生命具有高于任何其他要求的绝对优先级,尽管这样做可能扩大破损的范围。当船舶的驾驶性能恶化时,恢复全部驾驶性能具有与拯救人的生命相同的优先级,因为两个要求之间可能直接相互影响。保护环境(防止大气和海洋污染)具有类似的优先权。

从经济观点着手采取相应的措施，应把损失范围限制在最小。任何时候都必须针对各个具体的部件损伤情形并考虑当前形势，才能做出技术上正确的措施选择。因为每一次部件损伤都表现为一个与有待监测和处理的情况始终存在联系的独立事件，因此无法制定标准化的预案。

部件损伤出现后采取的措施可能有临时性或永久性之分。举例说，当某船舶柴油机活塞发生部件损伤，而当时的天气和海浪条件下无法实施活塞更换，有时作为临时措施，可遵照制造商的操作使用手册规定将该气缸“封缸”（使其不工作）。等天气转好或抵达避风港之后，作为永久性措施，可实施活塞维修或更换。

当发生重大部件损伤特别是涉及人员伤害的事件时，为了使随后的权利要求成为合法，采取某种保护证据的措施具有特别重要的意义。作为这种保护证据的一部分，需制定一份准确又具有说服力的事故发生前的操作情况说明文件。在任何情况下，这种说明文件的组成部分都包含有船舶航行日志或船舶航海分日志（机舱日志、驾驶记录册、用油日志等）中的手动或自动登记的摘录。报警装置与部件损伤点及驾驶舱的打印机的打印输出、NAVTEX 接收机、回声探测仪及其他设备的打印输出，都属于重要性很高的证据文件。属于证据的还有，自动 VDR 记录仪（声音数据记录仪）的保护以及航行数据的存储/保护（电子海图、GPS 数据等）。在可能情况下，应采用照片（优先以电子数据形式）和相应的视频摄像对证据文件加以补充。

针对采用机械加工或热加工工艺修理而定级的设备或设备部件的维护保养措施，必须在施工开始之前就得到船级社的批准。例如，对于具有德国劳氏船级社等级的船舶，所选择的维修方法或焊接加工时的焊接工艺，都必须向汉堡船级社总部主管部门的“事故管理中心”递交批准申请。在焊接加工的情况下，施工企业必须被许可作为焊接企业作业，而任用的焊工必须拥有有效的焊工许可证。在任何情况下，维修措施都必须在当地的验船师的监督下，依据所批准的维修工艺实施。

思考与练习 SIKAOYULIANXI

一、简答题

1. 什么是金属表面的形貌？
2. 金属零件表面层的结构通常是由哪些表面层所构成？
3. 金属表面的边界膜通常有哪几种形式？
4. 摩擦的实质是什么？如何对摩擦进行相应分类？
5. 简述干摩擦的机理。影响摩擦的因素有哪些？
6. 润滑的作用有哪些？实现液体动压润滑的条件是什么？
7. 什么是液体静压润滑？通常液体动压润滑使用在什么场合？
8. 常见的润滑油润滑方式有哪些？
9. 磨损的概念是什么？分析船机零件的磨损规律？

10. 磨损主要有哪几种形式？其基本机理如何？

11. 什么是黏着磨损？影响黏着磨损的因素有哪些？

12. 防止腐蚀磨损的方法和途径有哪些？

13. 根据柴油机气缸套磨损后的截面形状，分析缸套磨损的原因。

14. 什么是化学腐蚀和电化学腐蚀？

15. 分析柴油机气缸套穴蚀的部件以及机理。

16. 什么是疲劳断裂？疲劳断裂是如何形成的？

17. 零件发生疲劳断裂有哪些具体特征？

18. 试分析柴油机气缸盖触火面和冷却水面裂纹产生的原因。

19. 试分析曲轴疲劳裂纹产生的原因。

20. 防止零件疲劳破坏的措施有哪些？

21. 什么是船舶部件损伤？

22. 船舶部件损伤损伤评估包括哪些方面内容？

二、选择题

1. 零件表面的几何形态称为表面______。

A. 形状　　B. 形态　　C. 形貌　　D. 形式

2. 零件表面的粗糙度对其表面的耐磨性、耐蚀性和______有直接影响。

A. 强度　　B. 硬度　　C. 刚度　　D. 疲劳强度

3. 相互运动的物体接触表面之间的相互作用称为______。

A. 滑动　　B. 刮擦　　C. 摩擦　　D. 磨损

4. 在各种摩擦中______的摩擦系数最小。

A. 干摩擦　　B. 液体摩擦　　C. 边界摩擦　　D. 混合摩擦

5. 按摩擦副的运动状态分为______摩擦和______摩擦。

A. 动/静　　B. 滑动/滚动　　C. 干/液体　　D. 边界/液体

6. 相对运动的配合件，两个摩擦表面上实际接触面积很小，只有少数微凸起处接触，而在未接触部分的摩擦表面可能形成______的状况。

A. 相互平行　　B. 相互嵌入　　C. 相交　　D. 相互倾斜

7. 靠分子吸引力使极性分子定向排列吸附于金属表面上，称为______。

A. 物理吸附　　B. 化学吸附　　C. 边界吸附　　D. 分子吸附

8. 由于物理吸附膜的分子与摩擦表面的结合力较弱，所以此膜______。

A. 结合强度低　　B. 不牢固　　C. 受热脱落　　D. 受力脱吸

9. 在流体润滑中，广泛利用摩擦表面的相对运动产生楔形油膜或挤压油膜来承受外部载荷并隔开摩擦表面，这种润滑称为______。

A. 流体动压润滑　　B. 流体静压润滑　　C. 强力润滑　　D. 流体润滑

10. 冲程柴油机十字头轴承为______摩擦，采用______润滑。

A. 边界/流体动　　B. 边界/流体静压　　C. 液体/流体动　　D. 液体/流体静压

11. 摩擦表面的实际接触面积一般仅是名义接触面积的______。

A. 1% ~10%　　B. 0.1% ~1%　　C. 0.01% ~0.1%　　D. 10% ~20%

12. 按摩擦副的运动状态,摩擦可分为______。

A. 滑动摩擦与滚动摩擦 B. 干摩擦与液体摩擦

C. 边界摩擦与干摩擦 D. 静摩擦与动摩擦

13. 机器在运转过程中,相对运动的摩擦表面的物质逐渐损耗,使零件尺寸、形状和位置精度以及表面质量发生变化的现象,称为______。

A. 摩擦 B. 干摩擦 C. 磨损 D. 微动磨损

14. 属于摩擦副表面的内表层的是______。

A. 污染层 B. 气体吸附层 C. 氧化层 D. 加工硬化层

15. 在润滑条件下,运动副相对运动时产生轻微磨损、涂抹、擦伤等形式的表面破坏是属于______磨损。

A. 微动 B. 黏着 C. 磨粒 D. 疲劳

16. 船机零件的磨损遵循的一般规律是______。

A. 正常磨损期、磨合期和急剧磨损期 B. 正常磨损期和急剧磨损期

C. 磨合期、正常磨损期和急剧磨损期 D. 磨合期和急剧磨损期

17. 摩擦副相对运动时,由于摩擦表面金属与周围介质发生化学、电化学和机械作用而使摩擦表面金属损失的现象,称为______。

A. 磨粒磨损 B. 黏着磨损 C. 腐蚀磨损 D. 表面疲劳磨损

18. 影响船机零件发生表面疲劳磨损的主要因素是______。

A. 材料强度 B. 表面粗糙度

C. 润滑状况 D. 长期受到交变应力作用

19. 磨合良好的要求之一是使运动副工作表面形成______的形貌。

A. 稳定动转 B. 保证配合间隙 C. 彼此适应 D. 吻合

20. 船舶柴油机在经过修理后,如果更换了气缸套或活塞环、或更换了轴瓦,当投入正常运转之前的磨合过程______。

A. 可以省略 B. 绝对不可省略 C. 根据情况而定 D. 随意

21. 金属与______发生化学、电化学作用或物理溶解而产生的变质与破坏称为腐蚀。

A. 周围空气 B. 周围介质 C. 各种介质 D. 酸碱盐

22. 金属腐蚀若发生在零件的个别部位,则称为______。

A. 局部腐蚀 B. 全面腐蚀 C. 宏观腐蚀 D. 微观腐蚀

23. 气缸套内表面发生的酸腐蚀称为______。

A. 微观电化学腐蚀 B. 电偶腐蚀 C. 化学腐蚀 D. 高温腐蚀

24. 在船体钢板上和气缸套外表面安装锌块是使船体钢板和气缸套成为______而不被腐蚀。

A. 阳极 B. 阴极 C. 与介质隔开 D. 电位降低

25. 穴蚀的特征是在机件表面上聚集着呈______状或______状的小孔群,孔穴表面清洁。

A. 氮/片 B. 蜂窝/片 C. 点/分散 D. 蜂窝/分散

26. 波动穴蚀是发生在柴油机燃油系统的______上的穴蚀。

A. 高压油管 B. 高压油泵内 C. 出油阀上 D. 柱塞螺旋槽附近

27. 零件或材料在交变载荷的长时间作用下产生裂纹和断裂的现象称为______。
A. 破坏 B. 疲劳 C. 疲劳破坏 D. 疲劳断裂
28. 疲劳源发生在零件的______。
A. 表面或近表面 B. 表面 C. 内部 D. 近表面
29. 零件发生疲劳断裂具有______的特点。
A. 突发性 B. 渐进性 C. 断续性 D. 波及性
30. 在零件疲劳断裂过程中,首先出现______。
A. 疲劳源 B. 裂纹 C. 变形 D. 脆断
31. 机械疲劳破坏是交变的______的结果。
A. 机械应力长期作用 B. 热应力长期作用
C. 机械负荷作用 D. 热负荷作用
32. 曲轴发生扭转疲劳破坏的时间一般是在发动机运转______和曲轴工作在临界转速时。
A. 初期 B. 一段时间 C. 较短时间 D. 较长时间
33. 曲轴弯曲疲劳破坏一般发生在柴油机______。
A. 超负荷运转后 B. 运转初期 C. 运转一段时间后 D. 机动操纵后
34. 当发现曲轴疲劳断裂的断面与轴线相交45°角时则可断定为______疲劳破坏。
A. 机械 B. 弯曲 C. 弯扭 D. 扭转

项目三　船舶部件缺陷检验与故障诊断

任务一　船舶部件的缺陷检验

● 学习目标

一、船舶部件的缺陷检验知识目标

1. 能够了解船舶部件缺陷的一般检验方法；
2. 了解船舶部件的无损探伤原理；
3. 了解各种探伤方法的适用范围；
4. 能够描述各种探伤方法的操作要领。

二、船舶部件的缺陷检验能力目标

1. 掌握一般检验方法并进行船舶部件检验；
2. 能够利用渗透探伤法对船舶部件进行相关检验；
3. 能正确使用磁粉探伤设备进行周向和纵向磁粉探伤。

● 任务引入

什么是船舶部件的缺陷？船舶部件缺陷的一般检验方法有哪几种？渗透探伤是采用什么探伤原理？如何利用磁粉进行金属探伤？射线探伤和超声波探伤主要针对哪些船舶部件进行探伤？

● 任务分析

船舶部件的缺陷是指部件在制造和使用过程中所产生的缺陷或损伤。例如船舶部件在制造过程中会在冶炼、铸造、锻造、焊接、热处理和机械加工等工艺中产生气孔、缩孔、疏松、夹渣、微裂纹等缺陷，这些缺陷属于在制造过程中部件材料表面和内部的缺陷，而在使用过程中也会因磨损、腐蚀、疲劳损伤等原因产生表面损伤。船舶部件表面和内部的这些缺陷和损伤是导致部件失效和引起事故的根源。

为了保证船舶动力装置的运转可靠性和船舶航行的安全性，船舶设备在制造和安装过程中均要进行严格的检验。如对于新建造的船舶，为了取得船级证书，在建造过程中必须经过验船师的严格检验；已经取得船级证书正在海上营运的船舶，为了保持船级，还要进行各种定期检验，以保证船舶有良好的技术状态。此外，船舶管理人员平时也要进行大量的检查测量，以便及早发现问题，保证船舶的安全航行和正常营运。

● 相关知识

通常，在船舶航行条件下，船舶管理人员对缺陷部件只进行一般的检验。在船舶进厂修理时，对一些重要的部件采用无损探伤方法，来检验部件上更细小的表面裂纹和内部缺陷。

一、船舶部件缺陷的一般检验方法

船舶部件缺陷的一般检验是指采用一般的、传统简易的方法检验船舶部件的缺陷。船舶上常用的探伤方法是一些传统简易的方法，如观察法、听响法等。这些方法操作简单，又具有一定的检验精度，故一直被船舶上广泛采用。

1. 观察法

观察法是指直接用眼睛或借助低倍放大镜等辅助工具来观察和判断零件表面有无裂纹和其他缺陷的方法。这是一种最直观简便的缺陷检验方法，只适用于检查零件表面上的一些细微缺陷。检测的准确度取决于检查人员的细心程度和工作经验。

2. 听响法

听响法是根据敲击零件时发出的声音来判断零件的内部和表面上有无缺陷的方法。通常，如果敲击时发出的声音清脆，则表明零件完好或零件表面上的覆盖层与金属基体结合良好，无脱壳现象；如果声音沙哑，则表明零件内部或表面可能有缺陷，或零件表面上的覆盖层与金属基体结合不良、局部脱壳等。例如：船体结构出现隐性的应力裂纹；柴油机轴瓦的瓦壳与瓦衬（耐磨合金层）相脱壳时，就可通过这种方法进行检验。

这种探伤方法在很大程度上需要依靠经验，只能定性地判断部件有无缺陷，并不能定量地确定缺陷的种类、大小和部位，只适用于小零件。但是此法具有简便、灵活、迅速的特点，能随时进行探伤检验，所以在工程机械的很多场合都一直在沿用。

3. 测量法

测量法是指利用普通或专用量具来测量磨损零件的尺寸和配合件的间隙，以判定零件磨损及腐蚀的情况。一般使用的普通量具有：内、外径千分尺、百分表、内径百分表、塞尺等；一般使用的专用量具有样板、专用千分尺、长塞尺和桥规等。

测量法的检测精度较高，使用方便灵活。测量精度主要取决于测量工具的精度和测量人员的检测水平。

4. 液压试验法

有些具有较高的密封性能的船舶部件，为保证不漏汽（气）、水或油等。通常对这样的船舶部件进行液压或气压试验。

液压试验前，要预先将待检零件上所有的孔、洞全部堵塞，注满液体或气体后用专用夹具进行密封，然后按规定的要求用加压装置加压至试验压力并保持一段时间，观察零件外表面上有无渗漏液体或气体现象，从而判定零件的使用性能。

试验时通常采用液体（油或水），也可以用气体，具体情况依有关要求而定。试验的压力根据零件的工作条件或规范来定。如图 3-1 所示为筒形活塞式柴油机气缸套冷却水腔的液压试验示意图。其试验压力为 0.7MPa，保持 5min，检查气缸套外表面有无渗漏现象。

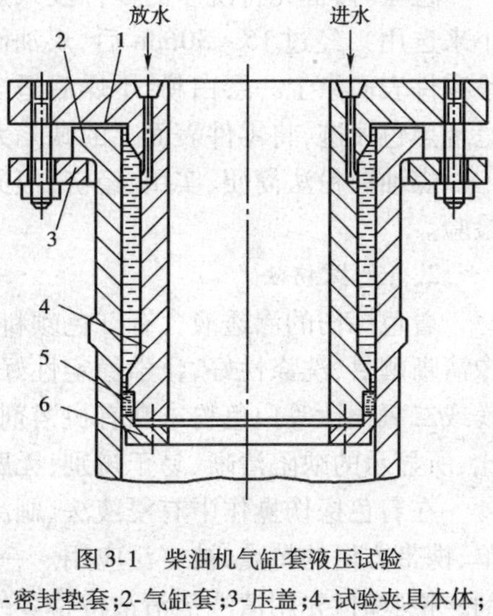

图 3-1　柴油机气缸套液压试验

1-密封垫套；2-气缸套；3-压盖；4-试验夹具本体；5-密封套；6-压板

液压试验法实际上是模拟部件的使用条件进行检测，检测结果准确可靠，适用于有密封要求的零件。通常设备的使用维修说明书中均对各种部件的试验压力有明确规定，检验时必须严格参照。

二、船舶部件的无损探伤

无损探伤法是在不破坏或基本不破坏零件的形状、尺寸精度、表面质量和使用性能等前提下，借助于物质的各种效应（如电磁、电压效应等），检测出部件表面或内部的缺陷（如裂纹、夹渣和气孔等）位置、形状、大小和性质等的方法。

船舶建造过程中广泛采用无损探伤法，对船舶生产过程中的产品质量进行监控和管理，对船舶产品进行验收检验。船舶修理时采用此法进行修理检验等。如对船体钢板、船体焊缝、压力零件焊缝及船机零件缺陷的探伤。船舶修造中常用的探伤方法主要有渗透探伤、磁粉探伤、涡流探伤、超声波探伤、射线探伤等。

● 任务实施

一、渗透探伤技术

液体渗透探伤是一种使用较早的检验零件表面缺陷的方法。渗透探伤的原理是利用具有良好的流动性和渗透性的液体，再借助毛细管作用来显示零件表面上的开口性缺陷。

渗透探伤的原理简单，操作方便、灵活，适应性强，可用于检查各种材料和各种形状、尺寸的零件，对表面裂纹有很高的检测灵敏度。缺点是不能检测零件表面的非开口性缺陷和内部缺陷。

根据所使用的渗透剂的不同，渗透探伤可分为以下几种：

1. 煤油白粉法

煤油白粉法是一种老式但很简便的渗透探伤方法。煤油白粉法探伤是以煤油为渗透剂，以石灰粉或白垩粉为显像剂。

检验时，首先将洗净的零件浸入煤油中或把煤油涂于待检零件的表面（依零件的尺寸大小来选用），经过15~30min后，煤油已经充分渗入零件表面的缺陷中，取出并擦干零件，在待检零件表面涂上一层白粉，干燥后适当敲击零件，使渗入缺陷中的煤油复渗于白粉上，白粉便呈现黑色痕迹，将零件表面上的缺陷大小、部位或覆盖层脱壳情况显示出来。

煤油白粉法简便、实用、经济，但灵敏度差，较细小的裂纹不易显现出来，只能做较粗略的检验。

2. 着色探伤法

着色探伤的渗透液含有红色颜料、溶剂和渗透剂等成分。具有渗透力强，渗透速度快，显像清晰醒目，洗涤性好，化学稳定性好和无腐蚀、无毒或低毒等特点。显像剂常由氧化锌、氧化镁或二氧化钛等白色粉末和有机溶剂组成。显像剂具有悬浮力好，与渗透液有明显的衬度对比，所显示的缺陷清晰，易于辨别，无腐蚀性等特点。

在着色探伤操作中有浸液法、刷涂法和喷涂法三种。其中，由于内压式喷罐法具有操作简单、携带方便的特点，被广泛应用。一组内压式喷罐的各罐中，分别装有清洗剂、渗透剂和显像剂。检验时，先用清洗剂清洁待检零件的表面，然后向零件表面喷涂一层渗透剂。依零件材料的不同，需要不同的渗透时间。如常温下铝、镁合金铸件的渗透时间约为15min，锻件和钢铸件不少于30min，钢锻件和焊缝有的达60min，塑料、玻璃、陶瓷等非金属材料在5～30min。渗透剂的渗透时间对检验灵敏度影响很大。如果渗透时间短，则小缺陷难以显现，大缺陷显示不全；如果渗透时间长，则难以清洗和检验效率低。必须确保渗透时间在零件材料要求的渗透时间范围内。在清洗掉零件表面渗透剂后再喷涂显像剂，最后就可在白色衬底上显示出红色的缺陷痕迹。

3. 荧光探伤

荧光探伤是利用紫外线照射残留在零件缺陷内的荧光渗透液，并使荧光渗透液发出荧光来显示零件的缺陷。

荧光渗透液主要由荧光物质、溶剂和渗透剂组成。荧光探伤具有荧光亮度高、渗透性好、检测灵敏度高、化学稳定性好、易于清洗和无毒、无味、无腐蚀性等特点。荧光物质是在紫外线的照射下，能够通过分子能级跃迁而产生荧光的物质。通常采用在紫外线照射下能发出黄绿色荧光的渗透液，这种颜色在暗处衬度高，人的视觉对其最敏锐。

显像剂常采用经过干燥处理的白色氧化镁粉，它具有高灵敏度和高显示亮度。

在荧光探伤操作中，渗透方法主要是浸液法，渗透时间一般为15～20min。零件经过渗透后，取出并擦净，再涂上显像剂，显像剂能将渗入缺陷里的荧光液吸附出来。此时将零件放在紫外线下照射，便能使吸附出来的荧光物质发光，缺陷就能被发现。常用的紫外线灯又称黑光灯，是一种高压水银灯，能产生紫外光和可见光。图3-2所示为荧光探伤法示意图。

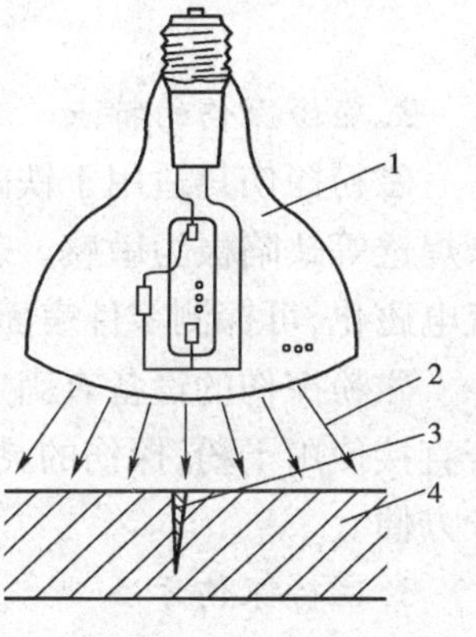

图3-2　荧光探伤和黑光灯结构示意图

1-黑光灯；2-紫外线；3-缺陷；4-零件

荧光探伤具有灵敏度高（超过磁粉探伤）、简便灵活的优点。但需要在暗室中观察，并且长期受到紫外线照射，会影响人体的健康。

4. 渗透检漏探伤

渗透检漏探伤主要用于探测容器或焊缝上有无穿透性缺陷，可用来检验金属或非金属容器。最常见和最简单的是煤油渗透检漏。

采用煤油渗透检漏时，在焊缝易于观察的一面，涂上白垩粉液，干燥后在另一面涂上煤油，观察白垩粉上有无煤油的痕迹。若采用着色渗透检漏和荧光渗透检漏，则具有更高的灵敏度。

二、磁粉探伤技术

1. 磁粉探伤的原理

磁粉探伤又称磁力探伤，是基于铁磁性材料磁导率高的特性来检验缺陷的。因为铁磁性材料（如铁、碳素钢和某些合金钢）的磁导率比其他材料的磁导率大，如果铁磁材料的零件存有裂纹、气孔和夹渣等缺陷，当零件被磁化后，由于缺陷处的磁导率小即磁阻大，会使磁力线产生弯曲和密集现象。当缺陷在零件表面或近表面时，则磁力线不但会在零件中发生弯曲，而且一部分磁力线还会绕过缺陷暴露在空气中，产生漏磁现象。这种漏磁就在零件表面上形成一对N、S极的局部磁场，如图3-3所示。如果撒上磁铁粉或浇上磁悬液，局部磁场便吸附磁铁粉而显示出缺陷的形状、大小和位置。

零件内缺陷的大小和方位影响磁力线的弯曲程度和漏磁场的强度。当表面缺陷较大并与磁力线垂直时,漏磁场最强,最易探伤。随着缺陷与磁力线的夹角变小,最终与磁力线平行时,漏磁场强度也由最强变为零。当缺陷与磁力线的夹角大于45°时,仍保持一定的漏磁场强度和检验灵敏度。若缺陷在零件内部,距表面较远,甚至不能形成漏磁场,则不能显示零件的缺陷。

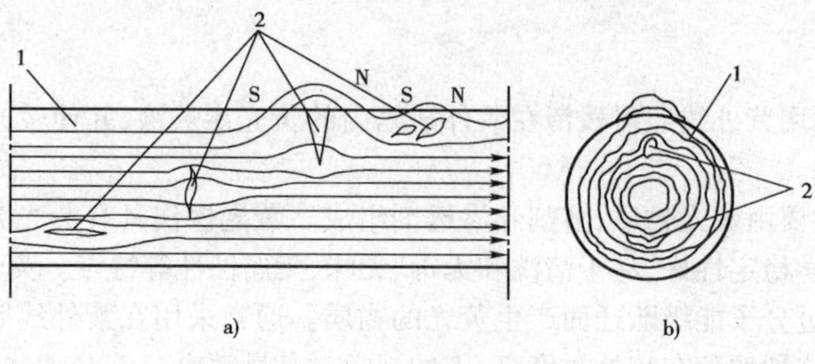

图 3-3　磁粉探伤原理
1-零件;2-缺陷

2. 磁粉探伤的特点

磁粉探伤只适用于铁磁性金属零件表面或近表面的缺陷检查,对裂纹、发纹、折叠、夹层和未焊透等缺陷极为敏感。若采用交流电磁化,可探测零件表面下 2mm 以内的缺陷;若采用直流电磁化,可探测零件表面下 6mm 以内的缺陷。

磁粉探伤的设备有固定式、移动式和手提式三种,显示介质为较细的纯铁磁粉(Fe_3O_4)。若直接使用干粉,探伤的灵敏度虽然高,但操作不方便;若把磁粉和煤油混合成湿粉,使用起来较方便。

3. 磁粉探伤方法

磁粉探伤方法按分类方法的不同有:按磁化电流的性质,分为交流电磁化法和直流电磁化法;按磁场方向分为纵向磁化、周向磁化和复合磁化;按显示介质的状态和性质分为干粉法、湿粉法和荧光磁粉法等;按磁化方法分为直接通电法、局部磁化支杆法、心轴法、线圈法和铁轭法等。

下面介绍按磁场方向分类的磁化方法:

(1)纵向磁化。纵向磁化是指零件磁化后所产生的磁力线方向与零件轴线方向平行的磁化方法。纵向磁化法适用于检查与零件轴线垂直或成一定角度的零件缺陷。采用直流电或交流电通过线圈或铁轭方式来实现,如图 3-4 所示。

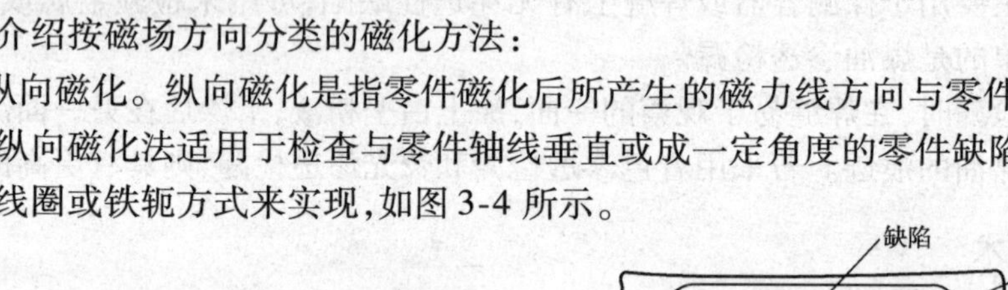

图 3-4　纵向磁化
a)线圈法;b)铁轭法

(2)周向磁化。周向磁化与纵向磁化相反,它是指零件磁化后的磁力线方向是周向的,即垂直于零件轴线方向的磁化方法。周向磁化适用于检查平行或近似平行零件轴线的缺陷,如图3-5所示。常采用零件直接通电或使穿过零件的心轴通电。

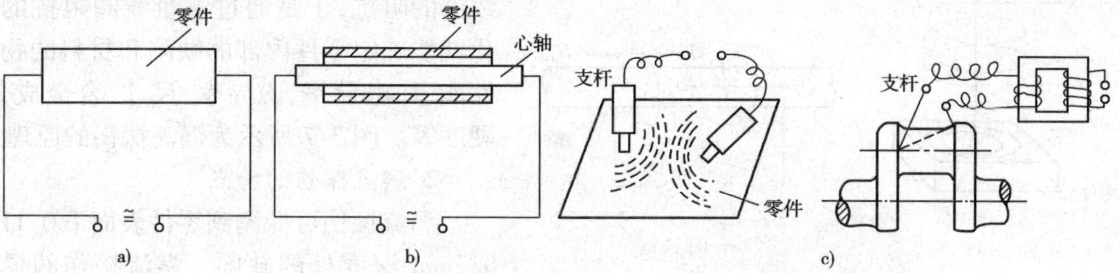

图3-5　周向磁化

a)直接通电法;b)心轴法;c)支杆法和曲轴探伤

(3)复合磁化。如果在零件上同时产生纵向和周向磁力线,可以探测零件上任意方向上的缺陷,如图3-6所示。复合磁化效率高,适用于大批量检测零件的缺陷。

4.磁化电流

磁粉探伤中使用的磁化电流有交流电和直流电两种。为了获得强力的磁场和确保安全,应采用低压大电流。一般电压在12V以下,电流则根据零件的大小按经验公式求得。

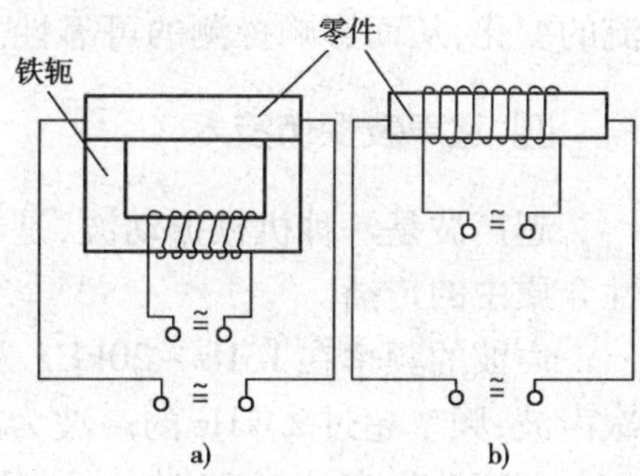

图3-6　复合磁化

交流电应用较广,因为交流电电源的获得很方便,设备很简单。但它有集肤效应,所产生的磁力线都集中在零件的表面,不易查出零件表面下较深处的缺陷。一般可探测到零件表面以下2mm深度的缺陷,且探测灵敏度高,易于退磁。

直流电磁化产生的磁场强度大,磁力线在零件的截面上分布均匀,不仅可以探测到零件的表面缺陷,而且还可探测到零件表面以下6mm深度的缺陷。但缺点是直流电电源复杂、使用不便,且退磁困难。现在在实际工作中已较少使用。

5.退磁

磁粉探伤后在零件上有剩磁,剩磁会使回转零件吸附铁屑而加剧磨损,使仪表工作不正常。因此必须进行退磁处理。若探伤后还要经700℃以上的热处理,则可不退磁。

零件退磁后可用袖珍式磁强计测定剩磁。一般要求剩磁不超过规定值。也可以观察零件能否吸附铁磁粉来加以判断。

三、涡流探伤技术

涡流探伤是利用电磁感应原理进行探伤的,常用来检验管材、棒材和线材等铁磁性和非铁磁性材料的缺陷(如裂缝、气孔、疏松和非金属夹杂物)、物理性能和结构尺寸等。

1.涡流探伤原理

涡流探伤时,把零件接近或置于线圈内,在线圈交变磁场 H_a 的作用下,零件表面感应出涡流并产生次级磁场 H_s，它与原磁场 H_a 相互作用致使原磁场发生变化，改变了线圈内的磁通，从而使线圈阻抗变化。零件内部存在的缺陷、物理性能等所有的变化，都会改变涡流的密度和分布，即改变磁场 H_s 和 H_a，从而改变线圈的阻抗，于是通过测量线圈阻抗的变化就能确定零件内部的缺陷和材料的物理性能，如电导率、磁导率、尺寸、合金成分、硬度等。图 3-7 所示为涡流探伤的原理。

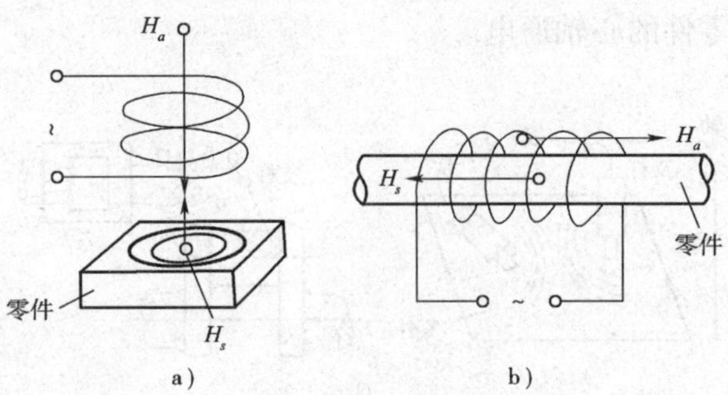

图 3-7 涡流探伤原理

a）零件靠近线圈；b）零件穿过线圈

2. 涡流探伤的特点

涡流探伤可探测到零件表面下 0.11 ~ 0.2mm 深度处的缺陷。涡流探伤的灵敏度较高，检测速度快，探测时可不与缺陷零件接触而进行间接探测，易于实现高速、自动化检测，并能实现对零件的缺陷、物理性能、尺寸等多项目检测，是一种多用途检测方法。

但是，涡流探伤仅适用于导电材料，对缺陷的显示也不直观。同时零件的物理性能影响涡流的变化，从而影响探测的可靠性。

四、超声波探伤技术

超声波是一种机械振动波，是超声振动在介质中的传播，实质是机械振动以波的形式在弹性介质中的传播。

声波的频率在 16Hz ~ 20kHz 为人的听觉所能感受的频率范围。频率小于 16Hz 的声波为次声波；频率超过 20kHz 的声波为超声波。

超声波具有频率高、波长短、传播能量大、穿透力强、指向性好等特点。超声波在均匀介质中沿直线传播，一旦遇到界面时，会发生反射和折射，并且可在任何弹性介质（固体、液体和气体）中传播。在工业超声波探伤中，传播介质主要是固体，液体（如机油）仅作为耦合剂，以减少能量损失，气体则常常包含在缺陷中（如气孔、缩孔、裂纹等）。

1. 超声波探伤的原理

超声波探伤的原理是利用超声波通过两种介质的接触界面时，发生折射和反射的现象来发现零件内部的缺陷。超声波探伤的分类方法有两种，一种方法是按波的传播方式来分类，可分为脉冲反射波法和透射波法；另一种方法是按耦合方式来分类，可分为接触法和水浸法。

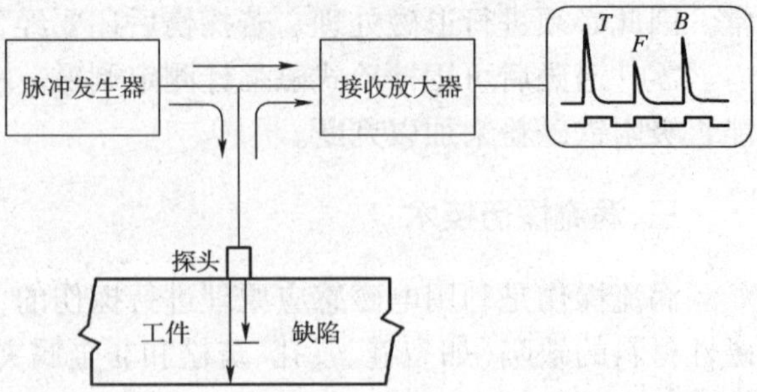

图 3-8 超声波脉冲反射法探伤原理

脉冲反射法是由脉冲发生器发出的电脉冲激励探头晶体，产生超声脉冲波。超声脉冲波以一定的速度向零件的内部传播，当遇到缺陷时，一部分波反射，其余的继续传播至零件底面后反射，发射波、缺陷反射波、底波由探头接收放大后显示在屏幕上。如果没有缺陷，则只有发射波和底波，而没有缺陷反射波。图 3-8 所示为超声波脉冲反射法探伤原理图。超声波探头也称换能器，主要由压电晶片构成，是产生和接收超声波的装置。

2. 超声波探伤的特点

超声波探伤速度快、穿透能力强、灵敏度高、效果好。超声波能探测到 5 ~ 3000mm 厚的构件，可以立即判断出缺陷的深度、位置、范围和性质，并能进行零件的物理性能检测，如测零件厚度、硬度、淬硬层深度、残余应力等。超声波探伤具有设备轻巧、操作方便、成本低、对人体无害等优点。

为了使超声波尽可能地传入零件内部，超声波探伤对零件表面的粗糙度有一定要求。一般要求零件的粗糙度在 $Ra6.3\mu m$ 以上，且零件表面清洁光滑，以确保零件表面与探头接触良好。

在临近探伤表面的一段距离内如果有缺陷，则反射波和缺陷波无法分辨出来，因而，缺陷难以探测出来，故此距离被称为盲区。盲区大小是由探伤仪器的设计参数决定的。

五、射线探伤技术

射线探伤是利用 X 射线、γ 射线和中子射线易于穿透物体及穿透物体时被吸收和散射而衰减的程度不同的特点，使胶片感光程度不同来探测物体内部的缺陷。

X 射线和 γ 射线都是电磁波，两者都具有波长短、频率高、穿透能力强；都能产生光化学作用，使胶片感光；都能产生生物效应，对生命细胞有杀伤作用。

目前，生产中常用射线照相法来探测零件内部的缺陷。当射线穿过密度大的物质，如金属或非金属材料时，射线被吸收得多，自身衰减的程度大，使底片感光轻。当射线穿过密度小的缺陷（空气）时，则被吸收得少，衰减小，底片感光重。即利用射线衰减的程度不同，使胶片感光不同，因而可判断零件的缺陷。图 3-9 所示为射线探伤原理图。

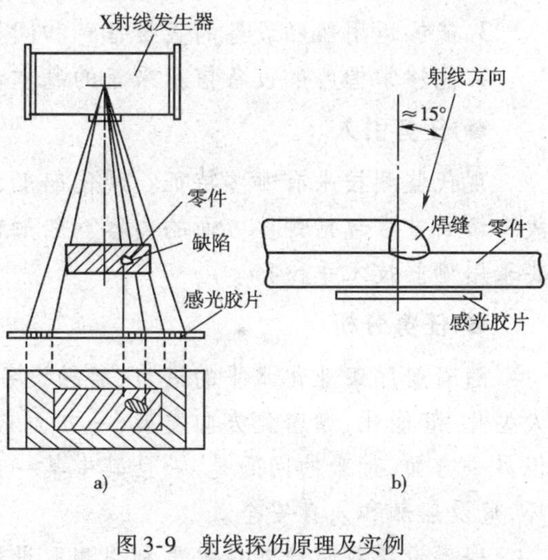

图 3-9　射线探伤原理及实例
a）原理示意图；b）搭接焊缝探伤

射线探伤能够直接观察零件内部缺陷的影像，便于对缺陷定性、定量和定位，且适用于检查金属和非金属等所有材料；探测厚度范围广，从钢片到 500mm 厚的钢板均能探测，但探测的零件的厚度不能超过 500mm，并且对薄片的表面缺陷（如疲劳裂纹、分层缺陷）较难探测；所使用的设备昂贵，且射线对人体健康有害而需加防护。

六、综合探伤

综合探伤是在充分了解各种无损探伤方法的前提下，根据零件的检测部位、检测质量的要求和检测的经济性进行全面分析，合理地选择探伤方法，达到相互配合、准确、可靠和经济地对零件质量进行全面的检查。通常采用磁粉或萤光探伤等方法，来检测零件的表面缺陷；用超声波探伤，对零件做内部质量的普查，判断出需要进一步检查的部位，最后用射线探伤对疑点进行透视检查，作出定性分析判断。

任务二　船舶设备的故障诊断技术

● 学习目标

一、船舶部件的故障诊断技术知识目标

1. 能够了解设备状态监测与故障诊断技术的实质；
2. 能够描述状态监测、分析诊断和治理预防的基本环节；
3. 能了解设备状态监测与故障诊断的区别与联系；
4. 能了解故障诊断方法的分类；
5. 能够了解目前常用船舶设备故障诊断技术；
6. 理解船机信息采集、信息分析处理和状态识别、判断和故障预测的过程。

二、船舶部件的故障诊断技术能力目标

1. 掌握设备状态监测与故障诊断的基本过程；
2. 能够运用一些船舶设备外部信息，对船舶设备进行故障诊断；
3. 能够运用船舶设备的直接信息和间接信息进行故障诊断；
4. 能够掌握船舶设备信息采集的基本步骤。

● 任务引入

现代监测技术有哪些特征？现代船舶设备状态监测主要采用哪些方法？设备状态监测与故障诊断技术包括哪些方面的内容？船舶设备中大型往复式和旋转式机械的故障诊断技术主要采用哪些技术手段？

● 任务分析

随着船舶工业化水平的进步，船舶设备工作性能不断改善，自动化程度越来越高，并朝着大型化、智能化、精密化方向发展，一方面它将大大提高船舶营运效率，降低运行成本和能耗；但另一方面，带来的问题是，一旦其中某一部分或某一环节发生故障，往往会造成关键设备损坏，危及船舶和人身安全。

船舶设备故障诊断技术是利用测取设备在运行中或相对静止条件下的状态信息，通过对所测信号的分析和处理，并结合诊断对象的历史状况，来定量识别机械设备及其部件的实时技术状态，并预测异常故障的未来技术状态，从而确定必要对策的一种技术。由于船舶动力机械设备结构的复杂化，影响因素和环节也越来越多，表现出来的行为也随之复杂多变，这给正确提取故障特征、精确故障定位带来很大困难。如何从带故障船舶动力设备的复杂状态行为中提取故障特征，及时准确地找出故障源，避免重大事故的发生，是一个亟待解决的问题，也是船舶设备故障诊断技术继续深入发展所面临的重大课题之一。以测试技术、信号处理、小波分析、模糊聚类、粗糙集理论、人工神经网络等为基础，开展智能化故障诊断技术研究，建立故障诊断专家系统，对提高我国船舶设备的故障诊断水平，缩小和国外同类技术的差距，具有十分重要的意义。

开展船舶设备故障诊断技术研究，不仅能够帮助我们发现故障，防止事故发生。同时能够带来潜在的巨大的经济效益和社会效益。具体表现在：

(1)可以保障船舶生产的安全性,减少或避免因事故而造成的重大经济损失和人身伤害。特别是对于诸如船舶大型装置、发电机组等高速、重载运行设备,机组运行时的能量很大,一旦发生故障就可能造成严重破坏,甚至危及整条船舶。

(2)能够帮助维修人员早期发现设备的异常症状,以便尽快查明故障原因,预测故障的影响,从而实现有计划、有针对性的按状态维修,即视情维修。这样可以在全局上延长检修周期,缩短检修时间,从而有效提高设备的运行率。

(3)在有计划、有针对性和视情维修的基础上,由于有时间在维修前做好充分的准备,包括准备好维修用的资料、工具、零部件以及检测仪表等,可以有效地提高维修质量,减少平时的备件储备,还可以将过去制定的不尽合理的年度或季度维修次数减至最少,避免过剩维修,并可安排在对生产最有利的时间进行,从而从总体上降低维修费用。

(4)推动设备故障诊断技术的发展。船舶机械设备和其他机械设备相比,既有旋转运动,又有往复运动;设备振源有转动件的不平衡惯性运动力,有往复运动件的惯性运动力。因而振动源多、运动部件多、工作复杂,通过对船舶机械设备故障诊断技术的研究,可以对故障诊断技术的发展起到极大的推动作用。

● **相关知识**

随着船舶建造技术的不断发展和日益进步,现代化船舶营运管理的形式和方式趋于多样性,对船舶设备质量和可靠性的要求也越来越高,这就导致常规的监测参数、检测手段、检测仪表难以满足现代船舶生产的需求。从一般的单参数测量到相关多参数的综合自动检测,从一般的参数的量值测量到参数的状态估计,从确定性的测量到模糊的判断等,已成为当前船舶设备监测领域中的发展趋势,正受到越来越广泛的关注,从而形成了各种新的检测技术和新的检测方法,这些技术和方法统称为现代监测技术。

一、现代监测技术的含义和特征

所谓监测技术就是利用敏感元件或其他信息获取手段得到被测量的信息。监测是人类认识自然界、改造自然界的重要途径。

现代监测技术是指采用先进的传感技术、信息处理技术、建模与推理等技术实现用常规仪表、方法和手段无法直接获取的对待测参数的监视和检测。

现代监测技术的特征可归纳如下。

(1)从待测参数的性质看,现代监测技术主要用于非常见参数的测量,对于这些参数的测量目前还没有合适的传感器所对应,难以实现常规意义的“对应”的测量;另一种情况是待测参数虽然已有传感器,但测量误差比较大,受各种因素的影响较大,不能满足测量要求。

(2)从应用的领域(对象)看,现代监测技术主要用于复杂设备(对象)、复杂过程的影响性能质量等方面的综合性参数,如船舶柴油机设备及重要部件的故障分析、多相流系统中的流动参数的测量、油品质量的检测等。对于这样的被测对象或测量要求,很难用单一传感器来完成。

(3)从使用的技术或方法看,现代监测技术主要利用了新型的传感技术或传感器。更多地利用一些软技术,如通过对传感器输出的信号进行处理得到特征量;通过建立传感器的输出与待测量之间的模型;通过应用专家系统、数据库、规则等进行推理,根据被测量的信息获取待测量等方法。

二、现代监测技术中常用的方法

1. 先进传感技术

传感技术是关于传感器原理、结构、材料、设计、制造及应用的综合技术。传感器处于监测过程的第一个环节,它直接感受被测参数,并将被测参数的变化转换成一种易于传输的物理量,通过传感器获得的信息正确与否直接关系到整个测量或控制系统的精度。

传感器的工作原理是建立在各种物理效应、化学效应和生物效应基础之上的。近几年,由于新材料、新效应、新工艺的不断研究和开发,大大促进了传感技术的发展。例如,基于声表面波(SAW)的谐振器可用来制成各种传感器,包括SAW温度传感器、SAW应变传感器、SAW加速度传感器、SAW气体传感器、SAW湿度传感器等。

在材料方面,采用纳米技术制备的纳米半导体陶瓷材料,可以利用其特有的尺寸效应和表面效应来改善传感器的性能。利用纳米技术制成的纳米传感器,可深入材料内部产生各种生化反应,得到理化信息和电化学信息,可对故障机理进行研究,深化对传统的船舶损伤现象的理解。

在制造工艺方面,以集成电路制造技术为基础的微机械加工技术可使加工出来的敏感元件尺寸达到光的波长级,并可大批量生产,从而制造出超小型并且价格便宜的传感器。利用半导体加工,可以将多个敏感元件集成在一个芯片上,实现参数的自动补偿或多参数的同时测量。

2. 现代信息处理技术

现代信号处理方法就是对传感器输出的信号进行处理或变换,获取信号的某些特征值,并通过这些特征值与待测参数的关系来得到待测参数的信息。常见的现代信号处理方法主要如下。

(1)幅域分析方法:以信号的幅值大小为分析的依据,主要有信号的均值、均方根值、幅值的概率密度计算等。

(2)时域分析方法:以信号的时间系列为分析依据,主要有自相关函数、互相关函数的分析等。

(3)频域分析方法:以信号的频率特性为分析依据,主要有傅立叶变换、小波变换、Hilbert变换等。

3. 软测量技术

软测量技术自20世纪80年代中后期作为一个概括性的科学术语被提出以来,研究异常活跃,发展十分迅速,应用日趋广泛,几乎渗透到了工业领域的各个方面,已成为过程检测与仪表技术的主要研究方向之一。

软测量技术的基本原理是:利用一些较容易测量的辅助变量(或称为二次变量),依据这些辅助变量与难以直接测量的待测变量(称为主导变量)之间的数学关系(称为软测量模型),通过各种数学计算和估计方法以实现对主导变量的测量。所以软测量实际上是以现有传感器为基础,以各种计算机软件为核心的一种硬件与软件相结合的新测量方法。软测量技术发展的重要意义如下。

(1)能够测量难以用传统的仪表直接检测或目前由于技术或经济原因无法完成而又十分重要的过程参数。

(2)能够综合运用多个可测信息对被测对象做出状态估计、诊断和趋势分析,以适应现代工业发展对被测对象特性日益提高的测量要求。

(3)能够在线获得被测对象微观的二维/三维时空分布信息,以满足许多复杂工业过程中场参数测量的需要。

(4)能够对测量系统进行误差补偿处理和故障诊断,从而提高测量精度和可靠性。

(5)能够为测量系统动态校准和动态性能改善提供一种有效手段。

4.数据融合技术

基于多传感器数据融合技术的检测系统是由若干个传感器和具有数据综合和决策功能的计算机系统组成,以完成通常单个传感器无法实现的测量。多传感器融合就像人的大脑综合处理信息一样,它充分利用多传感器资源,把多传感器在空间或时间上的冗余或互补信息依据某种准则进行组合,以获得被测对象的一致性解释或描述。多传感器数据融合技术具有很多优点,如可以增加检测的可信度,降低不确定性,改善信噪比,增加对待测量的时间和空间覆盖程度等。

多传感器数据融合技术在军事和非军事领域都有较重要的应用。在军事领域方面,主要用于目标自动识别、自动导航、战场监视、遥感遥测、无人侦察、卫星侦察及威胁评估系统等。在非军事领域方面,主要的应用包括工业过程监测和维护、机器人行动、医疗诊断、环境监测等。

5.基于专家系统的监测技术

专家系统是一个计算机软件系统,它综合集成了某个或几个特殊领域的专家的知识和经验,能像人类专家那样运用这些知识,通过推理,模拟人类专家做出决定的过程,来解决人类专家才能解决的复杂问题。从结构组成的角度来看,专家系统是由一个存放专门领域知识的知识库和一个能选择和运用知识的机构组成的计算机系统。

基于专家知识和人工智能技术的智能化诊断方法,对于复杂大系统的诊断尤为有效,它可充分利用人类专家的经验知识,实现快速、准确的诊断。专家系统是一个信息处理系统,它处理现实世界中提出的需要由专家来进行分析和判断的复杂问题,并采用由计算机模型实现的专家推理方法来解决问题。如果这个系统所要解决的问题和专家解决的问题可相互比较,能够得出和专家相近的结论,就说这个系统具有专家分析和解决问题的能力,即该系统可称为专家系统。专家系统技术就是研究如何运用人类专家进行问题知识求解的技术。专家系统的建造者(即知识工程师)预先把关于某个领域的人类专家的知识总结和提炼出来,运用知识基的程序设计方法把这些知识以适当形式存入计算机,建立起知识库和推理机构,求解问题时再把问题的原始数据送入计算机,系统能依据原始数据和知识库进行自动推理,做出分析判断和决策,从而得到专家水平的结论,并同时给出结论的可信度,以供用户选择采用。

专家系统技术在故障诊断领域中的作用主要有:

(1)通过对维修专家的故障诊断知识的形式化描述,可以有效地存储、积累和利用维修专家的宝贵知识,这是实现故障诊断自动化的一种十分有效的途径。

(2)专家系统技术可以使维修专家的知识产品化,从而便于推广和使用,有利于解决维修专家供不应求的矛盾。

(3)专家系统技术可以使多个维修专家的知识进入知识库,从而实现多类型、多名维修专家知识的综合运用。

(4)故障诊断专家系统的工作,可以在某些恶劣环境中提供高质量的服务,完成一些人类专家无法直接胜任的工作,例如船舶运行状态下的柴油机内部故障监测和诊断系统。

专家系统最适于解决那些主要依赖拥有丰富经验知识进行处理的复杂诊断和分类问题,而常规的单项诊断技术往往仅考虑某一种信息,以及简单的二值逻辑推理,所得到的诊断结论难免具有明显的片面性,这对复杂设备的诊断是非常不利的。专家系统能够模拟、再现、保存和复制知识,在某些方面还能超过人类专家,它是目前人工智能领域中最活跃、最实用的一个分支。由于它能在各学科、各行业中逐步代替大部分非重复性脑力劳动,从而获得巨大的经济效益与社会效益,所以引起各个国家的高度重视,发展非常迅猛。在故障诊断领域,专家系统已初显身手,可望能高效率地解决以往任何方法也难以解决的疑难问题。

专家系统现已广泛应用于医学、地质、生物化学、故障诊断、工程军事等领域。在船舶监测方面,目前较多地用于重要船舶设备的运行诊断、检测系统的数据分析等。

三、设备状态监测与故障诊断技术

设备状态监测与故障诊断技术的实质是了解和掌握设备在运行过程中的状态,评价、预测设备的可靠性,早期发现故障,并对其原因、部位、危险程度等进行识别,预报故障的发展趋势,针对具体情况作出决策。

由此可见,设备状态监测与故障诊断技术包括识别设备状态和预测发展趋势两方面的内容。具体过程分为状态监测、分析诊断和治理预防三个基本环节,如图3-10所示。

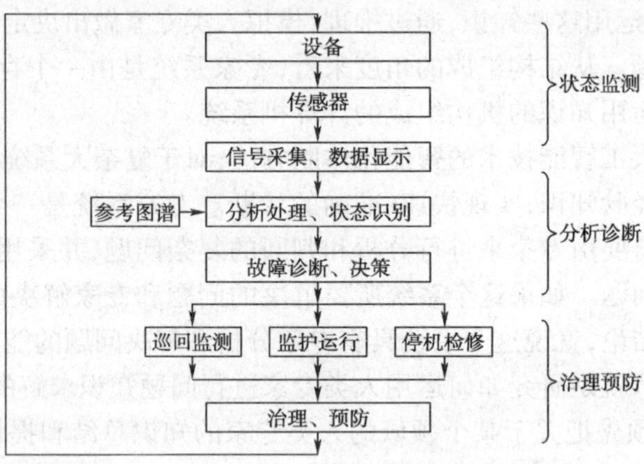

图3-10　状态监测与故障故障诊断的三个阶段

实际生产中,有时把对设备状态的初步识别也包括在"状态监测"中,只将识别异常后的精密诊断作为"分析诊断"的内容。

1. 状态监测

状态监测是在设备运行中,对特定的特征信号进行检测、变换、记录、分析处理并显示、记录,是对设备进行故障诊断的基础工作。检测的信号主要是机组或零部件在运行中各种信息

(振动、噪声、转速、温度、压力、流量等),通过传感器把这些信息转换为电信号或其他物理量信号,送入信号处理系统中进行处理,以便得到能反映设备运行状态的特征参数,从而实现对设备运行状态的监测和下一步诊断工作。

由传感器或人的感官所获取的信息需要记录下来,供分析和日后对比、查阅,这就需要进行数据采集和简单的处理、显示。大多数传感器输出的信号属于模拟信号,在磁带记录仪上记录时不需要进行数字转换。而输入计算机或进行分析处理时,还需要转换为数字信号(即进行 A/D)转换,这些是数据采集的主要工作。

在这些信息和信号中。有些是有用的,能反映设备故障部位的症状,这种信息称为征兆或故障征兆;有些并不是诊断所需要的信号,因此,需要处理和排除。为了提取征兆信号,需要做一些特征信号的提取工作,这是由信号处理系统来完成的。

2. 分析诊断

分析诊断实际上包括两方面的内容:信号分析处理、故障诊断。

由传感器或人的感官所获取的信息往往特征不直观、不明显,很难直接进行故障诊断。信号分析处理的目的是把获得的信息通过一定的方法进行变换处理,从不同的角度提取最直观、最敏感、最有用的特征信息。分析处理可用专门的分析仪器或计算机进行,一般情况下要从多重分析域、多个角度来分析观察这些信息。分析处理方法的选择、处理过程的准确性以及表达的直观性都会对诊断结果产生较大影响。

故障诊断是在状态监测与信号分析处理的基础上进行的。进行故障诊断需要根据状态监测与信号分析处理所提供的能反映设备运行状态的征兆或特征参数的变化情况,有时还需要进一步与某些故障特征参数(模式)进行比较,以识别设备是运转正常还是存在故障。如果存在故障,要诊断故障的性质和程度、产生原因或发生部位,并预测设备的性能和故障发展趋势。这是设备诊断的第二阶段。

3. 治理预防

治理预防措施是在分析诊断出设备存在异常状态,即存在故障时,就其原因、部位和危险程度进行研究并采取治理措施和预防的办法。通常包括调整、更换、检修、改善等方面的工作。如果经过分析认为设备在短时间内尚可继续维持运行时,就要对故障的发展加强监测,以保证设备运行的可靠性。

根据设备故障情况,治理预防措施有巡回监测、监护运行、立即停机检修三种。

发现故障、诊断故障并不是状态监测与故障诊断工作的全部目的,确定故障原因、采取合理的治理措施,在确保安全的前提下,将不采用状态监测与故障诊断技术时的立即停机检修转化为采用状态监测与故障诊断技术后的维持运行,避免不必要的停机,延长设备运行周期,才是状态监测与故障诊断的真正目的,也是这项技术能够迅速发展、推广的根本原因。

四、设备状态监测与故障诊断的区别与联系

设备状态监测与故障诊断既有区别又有联系,有时为了方便起见统称为设备故障诊断。它是识别机械设备(机器或机组)运行状态的一门综合性的应用科学。主要研究机械设备运行状态的变化在诊断信息中的反映。其主要内容包括对机械设备运行状态的监测、识别和预测三个方面。实际上,没有监测就没有诊断。诊断是目的,监测是手段;监测是诊断的基础和

前提，诊断是监测的最终结果。

状态监测有时也称为简易诊断，一般是通过测定设备的某些较为单一的特征参数（如振动、温度、压力等）来检查设备状态，并根据特征参数值与允许值之间的关系来决定设备是否处于正常、异常还是故障状态。例如，当特征参数小于允许值时便认为是正常，否则为异常。还可以用超过允许值的多少来表示故障严重程度，当它达到某一设定值（极限值）时就应停机检修。这个过程的前半部分就是状态监测。

有些情况下，监测结果不需要作更进一步的处理和分析，仅以有限的几个指标就可以确定设备的状态，这就是以监测为主的简易诊断，也属于诊断的范围。通常情况下，当简易诊断发现设备或部件发生异常时，应转入精密诊断。此时应该对异常状态进行多方面的分析，这种分析包括收集设备运行的历史资料、对简易诊断的结果进行审核，同时进一步合理选择测量仪器对设备的各种参数进行监测，对监测得到的特征信号在时域、频域、幅值域以至倒频域等各个方面进行全面分析，以便从特征信号中提取各种征兆，对设备做出综合判断。

通常所称的"故障诊断"不是简易诊断，而是指比较复杂的精密诊断。

故障诊断则不仅要掌握设备的状态正常与否，同时还必须对故障的原因、部件以及严重程度进行深入的分析和判断，故通常被称为精密诊断。通俗地说，故障诊断技术是一种给机械设备"看病"的技术。在诊断过程中，必须利用被诊断对象所表现出来的各种有用信息，经过适当的处理和分析从而获得最能识别设备状态的特征参考，以便做出正确的诊断结论。从这一角度来看，故障诊断技术与状态监测系统又有比较大的区别。有着十分不同的专业倾向。

设备状态监测和故障诊断本身并不是一门基础科学，它是一门综合了多种基础和应用学科的交叉工程性应用学科，其学科基础主要包括：传感器、测试技术、电子学、工程信号处理、计算机技术、人工智能以及机械零件、转子动力学、摩擦学等。在某种意义上，它是一门由表及里，由局部估计整体，由现在预测未来的学科。同时它也是一门正在完善和发展的学科。

五、故障诊断方法的分类

由于机械设备千差万别，运行状态及其工作条件又各不相同，因此，用于对设备进行故障诊断的方法有很多种，可以被划分为不同类型。并且，分类方法也比较多。最主要的分类方法及故障诊断方法有如下几种：

1. 按诊断对象的类别来分类

（1）旋转机械故障诊断方法。其对象为转子、轴系、叶轮、泵、风机、电机及汽轮发电机组、水轮发动机组等。

（2）往复机械故障诊断方法。其对象为柴油机、往复式压缩机、活塞曲柄和连杆机构等。

（3）工程结构诊断方法。其对象为金属结构、框架、桥梁、容器构架等。

（4）工艺流程诊断方法。其对象为生产流水线、挤压成形以及传送装置等。

（5）机械零件诊断方法。其对象为转轴、轴承、齿轮、连接件等。

（6）运载器和装置诊断方法。其对象为船舶、飞机、火箭、航天器、火车、汽车等。

2. 按状态信号的物理特征来分类

（1）振动诊断方法。以平稳振动、瞬态振动、机械导纳及模态参数等为检测目标。

（2）声学诊断方法。以机械噪声、声阻、超声、声波、声发射为检测目标。

(3)温度诊断方法。以温度、温差、温度场、热象为检测目标。

(4)强度诊断方法。以力、扭矩、应力、应变为检测目标。

(5)污染物诊断方法。以泄漏、残留物、气、液、固体的成分变化为检测目标。

(6)压力诊断方法。以压差、压力及压力脉动为检测目标。

(7)电参数诊断方法。以功率、电信号及磁特性等为检测目标。

(8)光学诊断方法。以亮度、光谱和各种射线效应为检测目标。

(9)表面形貌诊断方法。以裂纹、变形、斑点、凹坑、色泽等为检测目标。

(10)性能趋向诊断方法。以设备各种主要性能指标为检测目标。

3. 按诊断的目的和要求不同来分类

(1)功能诊断和运行诊断。功能诊断主要是针对新安装或刚维修后的机器或机组,需要检查它们的运行工况和功能是否正常,并且在必要时还要按检查的结果对机器或机组进行调整。而运行诊断则是针对正在工作(运转)中的机器或机组,需要监视其运行状态,故障的发生和发展。

(2)定期诊断和连续监控。定期诊断是每隔一定时间。例如每星期、每月或数月对正在运转中的机器进行常规检查,而连续监控则是利用仪表或专用计算机信息处理系统对机器的状态随时进行监视或控制。这两种诊断方式的采用,取决于设备的类型、设备的关键程度、设备事故影响的严重程度,运行过程中性能下降的快慢程度以及设备故障发生和发展的可预测性,如表 3-1 所示。

选用定期诊断和连续监控的条件 表 3-1

性能下降速度	故障可以预测	故障不可预测	关键设备	故障影响严重的设备
快	定期诊断	定期诊断	定期到连续	定期到连续
慢	定期诊断	连续监控	连续监控	连续监控

(3)直接诊断和间接诊断。直接诊断是直接确定关键部件的状态,如主轴承间隙、齿轮齿面磨损、燃气轮机叶片的裂纹以及在腐蚀环境下管道的壁厚等。直接诊断往往受到机械设备结构和工作条件的限制而无法实现,此时,不得不采用间接诊断。间接诊断是通过二次诊断信息来间接判断机器中关键部件的状态变化。多数二次诊断信息属于综合信息,例如用润滑油温升来反映轴承的运行状态。因此,在间接诊断中出现伪报警和漏检的可能性增大。

(4)常规工况下诊断和特殊工况下诊断。多数诊断在机器正常运转条件下就能进行,只有在个别情况下才需要创造特殊的条件来拾取信息。例如,发电机组的启动和停机过程,需要跨过转子转转、弯曲的几个临界转速,利用起动和停机过程的振动信号作出转速谱阵图等,常常包含着许多在常规诊断中所得不到的诊断信息。

(5)在线诊断和离线诊断。所谓在线诊断一般是指对现场正在运行的设备进行自动实时诊断。离线诊断是通过磁带记录仪或数据采集器将现场的状态信号记录下来,带回实验室结合机组状态的历史档案做进一步的分析诊断。

4. 按诊断方法的完善程度来分类

(1)简易诊断方法。使用各种便携诊断仪器和工况监视仪表(例如,振动计、工业听诊器等),仅仅根据一些简单参数对设备有无故障及故障严重程度作出判断和区别。

(2)精密诊断方法。精密诊断方法是故障诊断技术发展的必然趋势,它不同于简易诊断

之处表现在:除了应用新手段外,它还具备完整科学的工作步骤和程序,又可进一步划分为:

①人工诊断方法。人工诊断方法使用比较复杂的分析仪器及具有一定诊断功能的设备,除了能够对机械设备有无故障及故障的严重程度作出判断及区分之外,在有经验的专家及工程技术人员的参与下,还能够对某些特殊类型的典型故障的性质、类别、部位、原因做出合理的判断和估计。

②系统诊断方法。这是一种建立在计算机辅助诊断基础上的多功能综合性自动化诊断技术,通常由各种有关的软、硬件及分析设备构成一整套系统。在这类系统之中,一般都配有自动诊断分析的软件,能实现状态信号采集、特征提取、状态识别的自动化,能够输出多种形式的分析结果,当发现设备发生故障后能发出报警,并通过计算机自动进行故障性质、类别、部位、原因及趋势的诊断和预报,同时还能够通过数据库将大量的运行资料储存起来,为设备的运行维护和管理提供准确的依据。

③专家诊断方法。这是诊断技术的一种高级形式,又称为知识库咨询系统,是一个拥有人工智能的计算机系统。专家系统用于诊断时,不仅包含有从信号检测到状态识别,而且还包括从决策形成到干预的整个过程。专家系统不但具有系统诊断方法的全部功能,而且还将专家的宝贵经验、智慧与思想同计算机的巨大存储、运算与分析功能相结合。它事先将有关专家的知识加以总结分类,形成规则存入计算机,然后根据自动采集或外部输入的原始数据,即能模拟专家的推理、判断与思维过程,解决故障档案建立状态识别及自动决策中的各种复杂问题,以便作出正确的操作指导、问题咨询和处理对策。这种系统还具备有学习功能,可以方便地增加、修改和删除知识库中的知识,同时还能高度仿算各个专家辩证施治的思维方法,促使诊断水平能够不断提高,从而对机械设备而言,具有十分有效的诊断与干预能力。

● **任务实施**

对船舶设备进行状态监测和故障诊断,是实现船舶现代预防维修的最佳方式——视情维修的先决条件,是现代船舶管理的重要内容。

一、船舶故障诊断技术

对船舶设备而言,其故障的诊断是在应用一般机械诊断技术的同时,针对船舶设备的特点,研制专门用于船上的故障诊断装置或监控系统。因此,船舶故障诊断技术就是在船舶机械运转状态下,利用其显示出的一切外部信息来判断、识别零件的内部技术状态。例如船舶柴油机运转状态下的性能参数,如温度、压力、转速、零件尺寸变化、振动和噪声,润滑油中的磨损产物等均是故障诊断监测和监控的外部信息。对这些外部信息进行分析和处理,就可获得用于识别柴油机运行状态的特征参数,进而对故障的部位、原因和后果等作出正确的诊断。

1. 船舶状态信息

船舶故障的外部状态信息主要包括以下几个方面:

(1)机械信息。由于船舶机械状态恶化产生的运转状态变化的信息,其中直接与功能有关的信息有:力、压力、扭矩、转速、电压、电流等;与其他运转状态有关的信息有:振动、噪声、温度等。

(2)电磁信息。电磁信息主要包括电流、电压、电磁感应密度、导磁等信息。

(3)化学信息。化学信息是指船舶机械状态恶化而产生的气、液、固体等信息。如排烟、磨损产物、润滑油变质等信息。

2. 故障诊断的过程

对于营运中的船舶，其设备故障诊断的过程主要包括以下三个阶段：

(1)信息采集。对显示出的船舶设备外部信息进行采集。首先是选择信息，即对易测和能准确反映船机故障的信息进行采集。其次是选择采集信息所用的仪器，通常选用传感器来采集信息。依据测量信息参数的不同有不同的传感器，如温度、压力或振动传感器。采集故障信息的方式也可选用连续监控方式或定期(定时)停机检测的方式。检测时可直接测定，也可间接测定。

(2)信息分析处理(数据处理)。信息的分析处理也称特征提取，即把采集到的原始、杂乱的船舶设备信息进行处理，获取反映故障最敏感的性能参数。在现代故障诊断技术中，大多采用专门的电子仪器或电子计算机对所采集到的信息进行分析处理，获取能反映状态又易于识别的特征信息。

(3)状态识别、判断和预测。根据特征参数，参照相应规范，运用各种知识和经验，对机器状态进行识别，对早期故障进行诊断，对故障的部位、原因和程度作出判断，对其发展趋势进行预测，为确定维修决策提供技术依据。识别的方法主要有对比、分类、聚类、辨识和推理等。

综上所述，船机故障诊断不仅对故障的部位、原因和程度进行精确的判断，而且所采用的诊断工具也是较精密的电子仪器和专门仪器，对人员的素质要求较高，所以船舶设备故障诊断是一种精密诊断。该技术现在仍处于发展之中。

二、常用船舶故障诊断方法

船舶故障诊断技术在船舶各类机械的故障诊断中已越来越广泛地得到应用。它尤其适用于船舶重大关键设备、不能直接检查和不能解体的重要设备、维修困难和维修费用高的设备、无备件或价格昂贵的设备等。目前，船舶设备中大型往复式和旋转式机械的故障诊断技术，主要采用性能监控、油液检测和振动分析等。

1. 性能参数分析法

性能参数分析法又称性能监控，是船舶设备故障诊断的核心技术。它是利用传感器或仪器、仪表测定船舶设备的各项性能参数(如温度、压力、转速等)，经数据处理、比较和分析后判断船舶设备的运转状态和趋势。

性能参数分析法诊断故障，早在船舶蒸汽机时代就已经作为发现故障的监测手段。船舶机械管理人员采用“听、摸、看、嗅”等方法了解主、辅机的运转情况，并通过人的感官和人脑的快速思维来分析和判断机器的运转状况和可能产生各种问题的趋势。现在，这种方法仍然被用在现代船舶柴油机的运转管理中。例如，管理人员用手触摸柴油机的高压油管，根据手所感觉到的高压油管的脉动情况，来判断高压油泵的工作状况。

用性能参数分析法，进行监控的范围广，可监控船上的零件、部件、设备、系统等。根据监控手段和数据处理的方法不同，有以下三种分析方法。

1)图示法

此方法是利用简单的测量工具或柴油机上的仪表，人工定时、定位测取性能参数，并且要求每次测取的数据都是在相同的工况条件下进行，以便进行对比分析。将所测数据绘制成图，再依图进行机器运转趋向的分析和判断。通常，测取3～4个参数并绘制在同一坐标图中，这种图的图形清晰,便于分析和判断。而如果测取的参数太多,图形将复杂、混乱而不易发现机器运转中的问题。

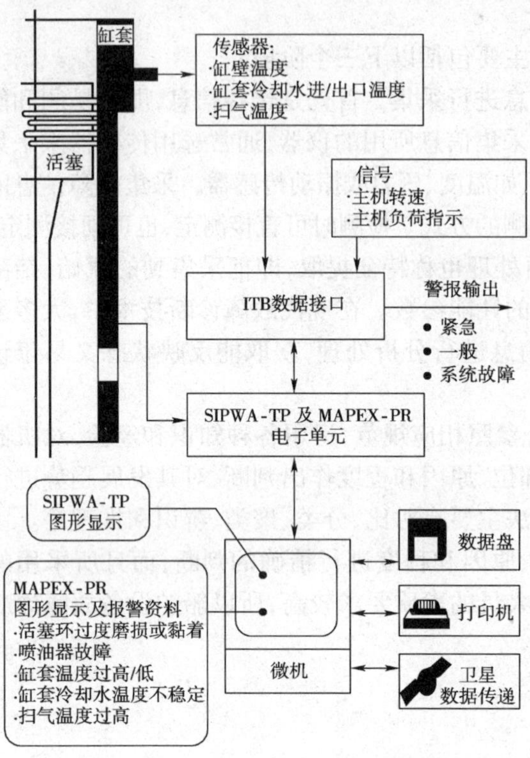

图 3-11　MAPEX-PR 系统及 SIPWA-TA 系统框图

例如,柴油机气缸内的燃烧状态,可通过测取燃油消耗量、扫气压力和排烟温度等性能参数,作图显示气缸内各性能参数的变化情况,分析并诊断燃烧存在的问题及预测发展趋势。

用图示法进行性能监控,可以有效地诊断故障及预测故障发展的趋势,对减少维修费用,延长零部件及机器的使用寿命和提高轮机管理人员的技术素质十分有益。但是,这种方法是根据人工采集的参数并加以分析、比较,来诊断故障,因此工作繁重、麻烦,而且需要管理人员有一定的技术水平。

2)运行参数分析法

利用安装在机器上不同部位的传感器,扫描各监测点的性能参数(例如温度、压力、速度等),通过计算机的记录、处理和显示,进而可以分析判断故障或机器的运转趋势。

图 3-11 所示为 New Sulzer 公司研制的活塞环磨损监测装置 SIPWA-TP(Sulzer Integrated Piston-ring Wear-detecting Arrangement with Trend Processing),是利用安装在气缸扫气口处的传感器,检测特制的顶环(第一道活塞环)外圆面上镶嵌的一圈非磁性材料的楔形环带的宽度变化,来实现活塞环磨损监测的。该监测系统可在主机运行状态下,连续监测主机活塞环的运行工况,当顶环通过扫气口时,传感器测量楔形环带的宽度变化,并将测得的数据储存在电子单元里,可以在显示器屏幕上显示出活塞环的磨损模型,并能以曲线或图表的方式给出活塞环的磨损趋势,给检修主机提供了科学的依据。

近年来,New Sulzer 公司在 SIPWA-TP 监测及趋势分析系统的基础上,开发出一种能连续监测大缸径二冲程柴油机活塞环的运行工况监测系统 MAPEX-PR(Monitoring and maintenance performance enhancement with expert knowledge piston-running reliability indicator),它是利用安装在气缸套上部的温度传感器,连续监测主机缸壁温度、缸套冷却水进、出口温度和扫气温度信号,监测活塞环的运行工况,通过微机可以随时显示 MAPEX-PR 系统的缸壁温度画面及有关警报资料,显示活塞环、喷油器及高压油泵的工作性能。柴油机在运行过程中,当活塞环产生干摩擦或活塞环密封不良而引起缸壁温度过高时将及时记录并发出报警。船舶管理人员通过微机屏幕,借助于 MAPEX-PR 系统提供的有关曲线图表,可以准确地判断和分析故障的类型,所处部位及必须采取的相应措施。

3)特征参数自动诊断法

系统配以多路数据采集卡和不同功用的传感器,组成一个综合检测系统。利用计算机系统自动采集数据,通过对柴油机故障表征的判断和有关动态信号的采集,提取特征参数,并自动监测和诊断故障,实现设备不解体检测和故障诊断的功能。

2. 油液监测

船舶上的油液监测主要应用于大型船舶柴油机循环润滑油路系统。在柴油机运转过程中,即使各运动副处于良好的液体润滑状态,也会不可避免地发生摩擦和磨损。摩擦产生的热量使润滑油的温度升高,并使润滑油的理化性能逐步下降,磨损产生大量的磨损产物——金属颗粒和其他污染微粒。润滑油中金属磨粒成分,颗粒大小和多少,都与运动副的工作情况密切相关。因此,润滑油中的金属磨粒是运动副技术状态的外部信息。油液监测技术就是通过采集船机设备润滑油的油样,利用各种检测手段,检测油样的性能和油样所携带的反映运动副技术状态的磨损微粒,获得油样性能参数值和磨粒的成分、尺寸、形貌和数量等信息,以便定性和定量地分析判断船机设备的磨损状态及预测船机设备发展趋势。

因此,润滑油监测技术包括润滑油理化性能检测和磨损微粒分析。根据润滑油理化性能的变化,分析船机设备的润滑状态和因此引起的故障;根据磨粒参数分析,判断磨损的部位和磨损达到的程度,诊断出磨损故障。

油液监测技术的监测过程包括取油样、理化性能检测和磨粒分析,取得检测数据,分析并诊断出结果等步骤。

油液监测技术采用的方法包括以下几种:

1)油样理化性能检测分析

(1)经验法。经验法是一种简易的定性检测方法。维修和管理人员在日常,通过观察润滑油的颜色、闻气味、用手捻搓等方法,了解润滑油的黏度、金属屑、污染物及乳化变质等情况,粗略地判断润滑油的质量和运动副的磨损程度。

(2)滤纸法。滤纸法是测定油样理化性能经常采用的简易定性分析法。滤纸法的操作过程是:取油样滴于滤纸上,待其充分扩散后,观察滤纸上的油滴斑痕图像,并与新油试样图像进行比较。油渍越黑,表明油越脏;中心黑点较小、颜色较浅,四周黄色油渍面积较大,表明润滑油尚可使用;黑点较大,呈黑褐色、均匀无颗粒,表明该润滑油已变质,应换油。

(3)常规化验法。常规化验法是船机润滑油普遍采用的一种定期定量指标检测方法。对船用柴油机润滑系统每隔3~4个月取样一次,进行定量分析。主要检验的项目有:黏度、闪点、酸值、总碱值、水分和机械杂质等。具体检验方法按有关规定由专门化验部门进行。根据化验指标的变化情况,综合分析润滑油的质量,并对运动副状态进行粗略的判断。

2)油样磨粒分析

通过监测油样中磨粒的成分、含量、尺寸、形貌等参数来定性、定量地评价被监测的船舶机械和设备的磨损状态、诊断故障的类型、部位、程度和原因,并预测故障的发展趋势。其中光谱分析技术最为成熟、可靠。

(1)磁塞法。磁塞是一种带有磁性探头的检测器。将磁塞安装到润滑油管路中的适当部位,磁塞将吸附润滑油中的磨损产物、脱落的腐蚀产物和疲劳破坏的金属鳞片等。定期取下磁头,将磁头捕捉到的铁质颗粒取下,在光学或电子显微镜下观察金属颗粒的形貌和尺寸,分析并诊断故障的部位和故障达到的程度,如图3-12所示。

磁塞分为普通磁塞和电磁塞,其中电磁塞当吸附量达到规定值时可自动报警。磁塞法适用于铁磁性材料,磨粒尺寸为25~400μm。磁塞应安装在润滑油管路中便于捕捉磨粒的合适部位，例如将磁塞装在管路中管子转弯处的外侧。磁塞法油液监测具有设备简单、成本低、使用方便等优点。

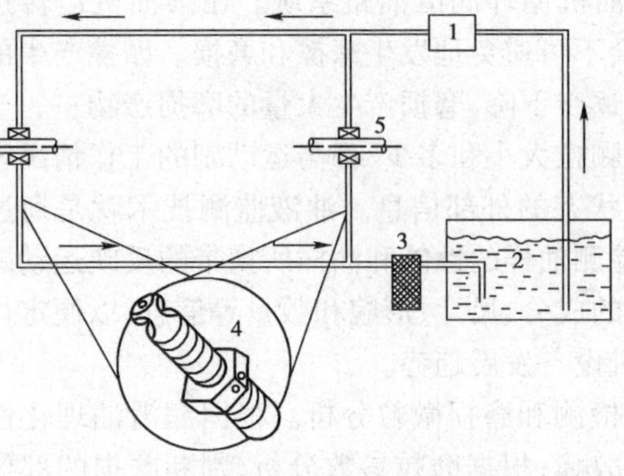

图 3-12　润滑系统中的磁塞安装位置

1-油泵；2-油箱；3-滤器；4-磁塞；5-轴承

(2)光谱分析法。光谱分析是利用原子和分子发射或吸收光谱来进行物质化学成分及含量分析的物理方法。由于各种物质的原子和分子都具有自身特定波长的谱线，所以利用光谱的特性进行物质构成的分析是光谱分析的基本原理。油液的光谱分析就是通过分析润滑油中金属磨粒和污染物微粒的光谱来确定它们的成分和含量，以评价船机设备和零件的磨损程度及剩余寿命。

光谱分析法又可分为原子发射光谱分析法和原子吸收光谱分析法。

原子发射光谱是利用物质内部的原子和分子受到外界能量作用激发产生能量变化而获得的。原子在正常情况下都是处于能量最低的稳定状态，称为基态。当原子受到外界能量（如热能、电能或高速粒子能量）作用时，核外电子被激发而跃迁到较高能级轨道，处于不稳定状态，称为激发态。激发态原子仅存在约 10^{-8}s 的时间就能从高能级的激发态迁回低能级的基态，同时把多余的能量以光的形式释放。使光通过棱镜或光栅后就可获得按一定波长顺序排列的图谱，即光谱。根据光谱谱线的长度，可以鉴别元素的成分；根据光谱谱线的强度，可反映元素的含量。因此，利用特征谱线就可以测定油液中磨粒的成分、含量，从而确定运动副的技术状态。

发射光谱仪由激发光源（交、直流电弧或高压电火花）、色散装置（棱镜或光栅）和记录检测装置（照相测量装置、光电计数装置、数据处理及打印装置）三部分组成。国际上应用较广泛的光谱仪有美国 BAIRD 公司生产的 MOA 型油料分析光谱仪，MOA 型油料分析光谱仪可分析油液中的所有金属元素。原子发射光谱分析仪具有分析速度快、自动化程度高、操作简单、易于掌握等特点，但由于分析过程中难以控制的因素较多，误差较大，且仪器价格较贵。

(3)铁谱分析法。铁谱分析法是利用高梯度强磁场将磨损产物的微粒和污染物微粒从润滑油中分离出来，并按微粒的几何尺寸大小依次沉积排列于透明的玻璃谱片上，再借助光学或电子显微镜对磨粒和污染物微粒的形貌、成分、尺寸和分布进行定性、定量分析和研究的技术。铁谱分析具有以下特点：

检测范围宽，可检测 0.1 ~ 1000μm 尺寸的磨粒。如果检测出的磨粒尺寸大于 5μm 时，表明机器有严重磨损。

铁谱分析仪有分析式、直读式和旋转式三种。各类铁谱仪分别有各自的特点和相应的使用范围。在这三种铁谱分析仪中，直读式铁谱仪具有操作简单、迅速，可以较快地获得分析结果的特点，适于在现场作出简单的诊断时使用。

图 3-13 所示为分析式铁谱仪的工作原理图，由铁磁装置、低稳排量的微量泵（或称蠕动泵，排量为 0.25cm³/min）、输油导管和玻璃基片组成。抽取一定量的润滑油油样，进行浓度和黏度的稀释处理后，通过微量泵将其输送到铁磁装置的高梯度磁场上方玻璃基片上。油样沿

倾斜玻璃基片向下流动，油样中的磨粒在磁力、重力和液体黏性阻力的作用下，按磨粒尺寸大小依次沉积在基片上。再用四氯乙烯溶剂清洗基片，并用固定液处理，使磨粒固定而成铁谱片。最后用铁谱显微镜观察铁谱片上的磨粒形貌、大小、成分等，分析出船机设备的磨损形式、原因和程度等。

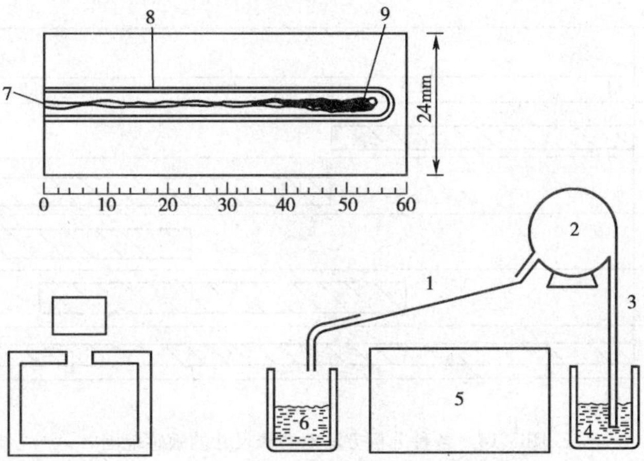

图 3-13　分析式铁谱仪工作原理

1-玻璃基片；2-微动泵；3-导管；4、6-容器；5-铁磁装置；7-出油口；8-限油档；9-进油口

对于使用润滑油脂的运动副，也可以进行铁谱分析。只要将润滑油脂的油样经过处理，使处理后的试样达到一定的浓度和黏度即可。

目前，在铁谱分析技术中，计算机的作用已不局限于数据处理，计算机已成为磨粒识别与分析的重要工具。随着计算机信息处理技术和人工智能技术的迅猛发展，计算机在自动识别磨粒、铁谱诊断自动化方面将会发挥日益重要的作用。

铁谱技术对磨粒的识别与分析主要分为定性分析和定量分析两种方式。所谓定性铁谱分析主要是对磨损颗粒的形态（形状及表面形貌）、尺寸进行观察，从对磨粒形态特征、颜色、尺寸大小和差异程度以及材质成分组成的分析，来判断机器零部件的磨损类型、部位、严重程度及磨损机理。定量铁谱分析则是借助铁谱片（或铁谱沉淀管）上磨粒的百分覆盖面积来确定不同尺寸磨粒的相对含量，从而定量地给出机件的磨损速度估计。目前，应用铁谱技术来分析机器的磨损状态，主要是从以下四方面来进行的：

①根据主要磨粒的形成、颜色和尺寸等特征来判定机器（及有关零部件）所处的磨损阶段以及相应阶段发生的磨损类别（如疲劳、剥落、腐蚀等）及其磨损的程度；

②根据磨损量（即磨损曲线）对机器的磨损进度进行量的判断；

③根据磨损严重性，确定机器磨损的剧烈程度；

④根据磨粒的材质成分来判断机器磨损的具体部位及磨损零件。

由此可见，铁谱技术是一项技术性较高、涉及面较广的磨损分析与状态监测技术。多年来的工业应用表明，铁谱技术具有以下基本特点。

①具有较宽的磨粒尺寸检测范围和较高的检测效率。机械设备摩擦副磨损状态的发展与磨损颗粒的尺寸和数量变化有密切的关系，因而，有效地检测几微米到上百微米的磨粒的数量变化具有特别的意义。

目前,国内外对柴油机润滑油中磨粒监测分析方法主要有光谱分析法、磁塞检测法和铁谱分析法等。各种分析方法检测的有效范围如图3-14所示,其中光谱分析检测磨粒的有效尺寸范围是小于5μm,其中对于大于2μm的磨粒其检测效率就大为降低。磁塞检测法只能有效地检测出上百微米至毫米级的磨粒。

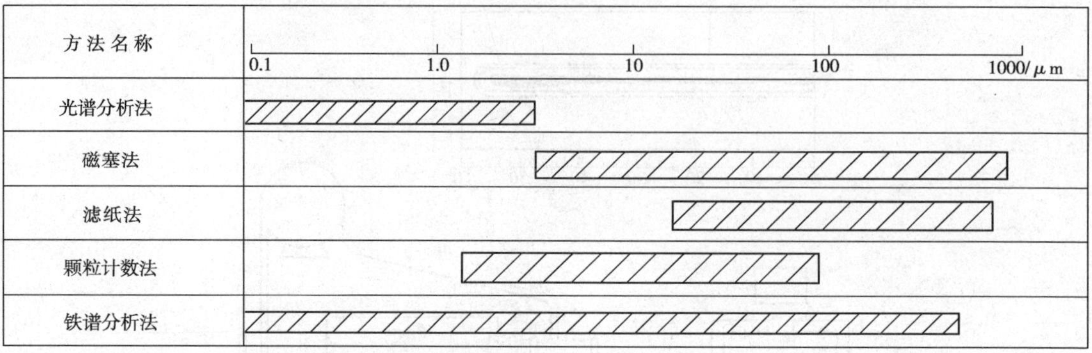

图3-14　各种分析方法对磨粒尺寸的敏感范围

铁谱分析方法对从几微米到几百微米甚至毫米级的磨粒都有满意的检测效果。大量检测表明,这一尺寸范围正是绝大多数机械设备摩擦副发生磨损时产生的磨粒的尺寸范围。

正是由于铁谱技术具有较宽的磨粒尺寸检测范围,所以在机器摩擦副磨损状态分析中,铁谱分析方法较其他方法得到更为广泛的应用。

②能同时进行磨粒的定性检测和定量分析。与润滑油磨粒其他分析技术相比,铁谱技术较光谱方法、磁塞方法的一个最大优点就是能够同时实现对磨粒的定性观测(观察磨粒的形态、尺寸、颜色、表面特征等)和定量分析(测量磨粒量磨损烈度、磨粒材质成分等),这不仅给分析机械设备磨损状态、故障原因和研究设备失效机理等提供了更全面而宝贵的信息,而且大大提高了机械设备状态监测的可靠性。

③能够准确监测机器中一些不正常磨损的轻微征兆,具有磨损故障早期诊断的效果。

铁谱技术的另一特点是:它能准确地监测出机械系统中一些不正常磨损的轻微征兆,如早期的疲劳磨损、黏着、擦伤与腐蚀磨损等,从而为设备状态监测人员提供宝贵的信息,避免机械事故的发生。

由于铁谱分析技术具有以上特点。所以在故障诊断中同其他磨屑检测方法相比,它具有自己独特的优势。

然而,铁谱分析技术也有其不可避免的缺点:

①对润滑油中非铁系颗粒的检测能力较低,故在对如柴油机这种含有多种材质摩擦副的设备进行故障判断时,往往感到有所欠缺;

②作为一门新兴技术,铁谱分析的规范化不够,分析结果对操作人员的经验有较大的依赖性,若缺乏经验,往往会造成误诊或漏诊。

3. 振动检测

振动是一切作回转或往复运动的机械设备最普遍的现象,是故障诊断的重要信息,振动信号的变化反映着机器内部状态的变化。因此,采集振动信号,经过信号处理、状态识别和趋势分析,就可诊断故障。

船舶设备运行中,所有的零部件均以它们各自特有的频率振动。利用振动传感器(对应低、中、高频振动信号分别选用位移、速度、加速度传感器)监测被检机器上的振动信息——振动的混合波形。它表现为振幅(位移、速度、加速度)随时间变化的曲线。然后将此振动混合波形直接或通过遥测系统送到处理信息、数据或波形的仪表和分析器,如振动分析器、信频分析器进行处理。根据振动频谱图上振动频率超过规定的情况来分析和判断故障的部位和原因,或者用实测频谱与各种故障频谱进行比较,从而找出故障。

自20世纪70年代起,振动分析就已经应用于船舶机械上。如目前用于舰船动力装置振动分析和船用柴油机拉缸、曲柄销轴承过速磨损、增压器压气机滑动轴承咬死等振动分析。通过这些故障的振动频谱图与正常图谱的分析、比较,进行故障诊断和原因分析等。

目前,随着机械设备检测和诊断技术的不断发展,一些新的船舶设备诊断技术不断得到应用,其中包括:基于模糊聚类分析的柴油机故障诊断技术、基于粗糙集理论的柴油机人工神经网络故障诊断技术、柴油机故障诊断专家系统等。

思考与练习 SIKAOYULIANXI

一、简答题

1. 船舶部件的一般检验方法有哪几种?
2. 如何利用液压试验法检验船舶部件的缺陷?
3. 简述渗透探伤的基本原理。
4. 简述磁粉探伤的基本原理。
5. 什么是纵向磁粉法、周向磁粉法探伤?
6. 采用超声波探伤法有何优缺点?
7. 采用射线探伤法有何优级缺点? 应注意哪些问题?
8. 设备状态监测与故障诊断技术的实质是什么?
9. 设备状态监测与故障诊断有哪些区别与联系?
10. 故障诊断有哪些分类方法?
11. 船舶设备故障的外部状态信息主要包括哪些?
12. 什么是船舶设备性能参数分析法?
13. 油液监测是如何对船舶设备故障进行诊断分析的?

二、选择题

1. 船机零件的缺陷是指其在______过程中产生的缺陷与损伤。

A. 设计　　B. 制造　　C. 使用　　D. 制造和使用

2. 听响法检查船机零件有无缺陷时,如果声音沙哑,则表示零件______。

A. 表面和内部无缺陷　　B. 表面和内部有缺陷

C. 内部无缺陷　　D. 表面无缺陷

3. 液压试验法用于检查零件______的缺陷。

A. 表面　　B. 内部　　C. 密封　　D. 表面和内部

4. 无损检验是在不破坏或基本不破坏零件或构件的形状、尺寸精度和表面质量等前提下，采用物理、化学方法检测零件______的缺陷。

A. 材料　　B. 表面和内部　　C. 毛坯　　D. 机械加工

5. 现代无损检验技术已成为新兴的综合性的应用技术，不仅______，而且______。

A. 探测表面缺陷/探测内部缺陷　　B. 探测缺陷/定量评定缺陷

C. 探测缺陷/定性评定缺陷　　D. 定性评定缺陷/定量评定缺陷

6. 渗透探伤是应用较早的检验______缺陷的方法。

A. 制造　　B. 使用　　C. 表面　　D. 内部

7. 渗透探伤根据______不同分为煤油—白粉法、着色探伤和荧光探伤三种方法。

A. 显像剂　　B. 原料　　C. 渗透剂　　D. 操作方法

8. 磁粉探伤是基于______材料的______高的特性来检验零件表面和近表面的缺陷。

A. 金属/电导率　　B. 铁磁性/磁导率

C. 钢铁/磁导率　　D. 非金属/磁阻

9. 荧光探伤是借助于残留在零件缺陷内的______在紫外线照射下发出的荧光来显示缺陷。

A. 荧光物质　　B. 渗透液　　C. 显像剂　　D. 清洗剂

10. 涡流探伤是一种探测零件或构件______缺陷的无损探伤方法。

A. 表面　　B. 近表面　　C. 表面和近表面　　D. 内部

11. 超声波探伤是利用超声波通过两种介质的界面时发生反射和折射的特性来探测零件的______缺陷。

A. 表面　　B. 近表面　　C. 表面和近表面　　D. 内部

12. 综合探伤法是根据______和______全面分析、合理选择探伤方法。

A. 探伤要求广深伤方法　　B. 探伤部位/探伤质量

C. 探伤要求/经济性　　D. 探伤质量/经济性

13. 利用仪器、仪表测定船舶机械的各项性能参数，经数据处理、比较和分析后判断其运转状态和趋势，这种方法称为______。

A. 故障诊断　　B. 状态监控　　C. 分析法　　D. 性能参数分析法

14. 把原始、杂乱的信息进行处理，获取反映故障最敏感的参数，称为______。

A. 特征提取　　B. 工况监测　　C. 故障诊断　　D. 参数处理

15. 船机故障诊断是在船机运转状态下，利用其______来判断、识别机器的技术状态。

A. 特征参数　　B. 外部信息　　C. 内部发出的信息　　D. 应变信息

16. 在船舶机械的油液监测技术中，根据______可以判断船机零件的磨损部位和程度。

A. 润滑油理化性能　　B. 磨粒分析

C. 摩擦副的润滑状态　　D. 油样的检测

17. 光谱分析法是通过检测油样中金属磨粒进行故障诊断的方法，目前______分析法是应用广泛、仪器先进的现代化的检测技术。

A. 发射光谱　B. 吸收光谱　C. 铁谱　D. 质谱

18. 铁谱分析法是通过检测油样中______进行故障诊断的方法。

A. 金属磨粒　B. 杂质颗粒　C. 水分　D. 灰分

19. 船舶机械进行油液监测的目的主要是______。

A. 诊断故障　B. 对维修期进行展期

C. 分析润滑油质量　D. 状态监控

20. 船舶机械油液监测技术发展迅速，______是其中最为成熟和可靠的先进技术。

A. 磁塞法　B. 铁谱分析法　C. 光谱分析法　D. 常规理化检验

21. 采用光谱分析法监测船用发电柴油机润滑油时，发现铝元素含量很高，依此可判断是柴油机______过度磨损。

A. 活塞　B. 气缸套　C. 曲轴　D. 主轴瓦

22. 将一种带有磁性的探头检测器安装在滑油管路中的适当部位，吸附滑油中磨损产物、腐蚀产物和疲劳破坏的金属鳞片等，然后在光学或电子显微镜下观察金属屑的形貌、尺寸，分析判断故障部位和程度，这种方法称为______。

A. 铁谱分析法　B. 光谱分析法　C. 磁塞法　D. 油液监测

23. 对机械设备的性能参数，零部件尺寸、形貌以及材料性能等状态变化的技术称为______。

A. 信息采集技术　B. 信息处理技术　C. 无损检测技术　D. 工况监测技术

24. 状态监测与故障诊断相比，所采用的仪器一般______。

A. 比较简单　B. 比较复杂　C. 一样复杂　D. 都不对

项目四　船舶部件的修复技术

任务一　机械加工修复工艺

● **学习目标**

一、机械加工修复技术知识目标

1. 了解船舶部件修理尺寸法的工艺方法；
2. 了解船舶部件尺寸选配法的工艺方法；
3. 了解船舶部件附加零件法的工艺方法；
4. 了解船舶部件局部更换法的工艺方法；
5. 了解船舶部件成套更换法的工艺方法；
6. 了解船舶部件换位修理法的工艺方法。

二、机械加工修复技术能力目标

1. 掌握船舶部件修理尺寸法的修复工艺；
2. 掌握船舶部件尺寸选配法的修复工艺；
3. 掌握船舶部件附加零件法的修复工艺；
4. 掌握船舶部件局部更换法的修复工艺；
5. 掌握船舶部件成套更换法的修复工艺；
6. 掌握船舶部件换位修理法的修复工艺。

● **任务引入**

什么是分级修理原则？如何进行最小加工余量修理法？尺寸选配法适用于什么类型部件的修复工艺？采用附加零件法应注意哪些技术问题？针对不同损伤部件应如何选择局部更换法或成套更换法？

● **任务分析**

船舶设备经过一段时间的运行后，设备部件会产生一定程度的损伤，严重时会明显地改变部件的原有尺寸、几何形状、金属表面层的机械性能及配合间隙，从而导致船舶设备的功能失效。针对部件的具体损坏形式选用合适的修复工艺进行有效的修复，不仅可以使已损坏或报废的部件恢复其使用性能，更能够保证船舶在缺少备件的情况下的应急处置。

船舶设备及部件的修复具有以下重要意义：

(1) 可以减少船舶所带备件的数量；

(2) 减少新备件的购置费用，降低修船成本；

(3) 可以促进船舶修复工艺的发展和修理技术水平的提高；

(4) 延长船舶设备的使用寿命。

目前,船舶上常用的修理方法包括机械加工修复、电镀工艺、金属扣合工艺、焊补修理、粘接修复、研磨技术和表面强化技术等,对一些报废后的零件可采用再制造工程进行重新修复。

● **相关知识**

在实际的船舶修理过程中,选择修理工艺总的原则是生产可行、工艺合理、经济合算。通常按以下方式确定部件修复工艺:

(1)要了解和掌握待修复机械部件的操作形式、损坏部位及程度;机械部件的材质、热处理、物理—力学性能和技术条件;零件在船舶设备上的功能和工作条件。

(2)明确部件修复的技术要求。

(3)根据本单位的修复工艺装备状况、技术水平和经验按照选择修复工艺的基本原则,对待修机械部件的各个损伤部位选择相应的修复工艺。

(4)全面权衡整个机械部件各损伤部位的修复工艺方案。一个需全面修复的船舶设备往往同时存在多处损伤,且各部位的损伤程度不一,在确定船舶设备各单个损伤的修复工艺之后,就应当加以综合权衡,确定其全面修复的方案。为此,必须按照如下原则合并某些部位的修复工艺:①同一性原则;②避免各修复工艺之间的相互不良影响(例如热影响);③尽量采用简便而又能保证质量的工艺。

(5)择优确定一个修复工艺方案。当待修船舶设备的全面修复工艺方案有多个时,根据设备各损坏部位的情况和修复工艺的适用范围,以及修复工艺选择的原则,择优选定其中一个方案作为最后采纳的方案。

(6)制订修复工艺规程。修复方案确定后,按一定原则拟订先后顺序,提出各工序中的技术要求、工艺规范要求,所用设备、工具、夹具、量具及其他辅助工具(用具)等,形成修复工艺规程。这时应注意以下问题。

①合理编排顺序

在编排船舶部件的修理顺序时,应该做到:

a. 变形较大的工序应排在前面,电镀、喷涂等工艺一般在压力加工和堆焊修复后进行;

b. 设备各部位的修复工艺相同时,应安排在同一工序中进行;

c. 精度和表面质量要求高的工序应排在最后。

②保证精度要求

尽量使用设备在设计和制造时的基准,原设计和制造的基准被破坏,必须安排对基准面进行检查和修正的工序;当零件有重要的精加工表面不修复,且在修复过程中不会变形,可选该表面为基准;各修复表面的粗糙度及其他形位公差应符合新件的标准。

③保证足够强度

零件的内部缺陷会降低疲劳强度,因此对重要部件在修复前后都要安排探伤工序。对重要部件要提出新的技术要求,如加大过渡圆角半径、提高表面质量、进行表面强化等,防止出现疲劳断裂。

④安排平衡试验工序

为保证高速运动部件的平衡,必须规定平衡试验工序。例如曲轴修复后应做动平衡试验。

⑤保证适当硬度

必须保证部件的配合表面具有适当的硬度,绝不能为便于加工而降低修复表面的硬度;也要考虑某些热加工修复工艺会破坏不加工表面的热处理性能而降低硬度。

在船舶设备修复工艺规程编制过程中，一定要把影响修复质量的有关因素写清楚，对一些关键问题应做出明确的规定，严把质量关。对一些不重要的操作方法不要规定太死，以便操作者能根据自己的经验和习惯灵活掌握。

● 任务实施

船舶设备及其部件在使用过程中产生磨损、裂纹、腐蚀等损坏后可以采用机械加工方法进行修复。此法在修复过程中虽然改变了部件的尺寸，但是它可以使部件达到要求的几何形状和配合间隙，从而可以恢复设备的使用性能和延长使用寿命。因此机械加工修复工艺在船舶设备修理中得到了广泛的应用。常用的机械加工修复方法有：修理尺寸法、尺寸选配法、附加零件法、局部更换法、成套更换法等。

一、修理尺寸法

相对运动的配合件的配合面磨损后，其配合间隙将增大甚至会超过规定的极限值，从而使部件的工作性能变坏。修理尺寸法是对配合件中较为复杂和贵重的一个部件的磨损表面进行机械加工，以消除部件的几何形状误差和缺陷，使其具有一个新的几何形状和基本尺寸——修理尺寸。依此修理尺寸再制造与之配合的另一个部件，使两者具有原设计的配合间隙。例如，柴油机曲轴的主轴颈长期使用过度磨损或偏磨后，在保证轴颈有足够强度的情况下，可以光车主轴颈，再依光车后主轴颈的尺寸重新配制主轴瓦，使其具有原有的轴承配合间隙。

采用修理尺寸法进行修理时，修理后孔的尺寸大于原先孔的基本尺寸；修理后轴的尺寸小于原先轴的基本尺寸。通常确定部件修理尺寸的方法主要有两种：

1. 最小加工余量原则

最小加工余量原则就是使部件的修理尺寸等于实际测得的尺寸减去（或加上）为消除缺陷或损伤所需要的最小加工余量。而与之相配合的另一部件的修理尺寸等于上述修理尺寸加上（或减去）配合间隙值。例如，柴油机曲轴轴颈偏磨后，首先采用最小加工余量进行光车修理，再按此尺寸浇铸新的轴瓦。这种方法的特点是加工余量最小，能最大限度保证零件的强度和性能，延长零件的使用寿命，但因这种方法大多是采用单件生产，修理时间较长，费用也较高。

2. 分级修理原则

分级修理原则就是把需修理的部件按预先规定好的分级修理尺寸进行机械加工，而与之相配合的部件可以按相应的分级修理尺寸预先成批生产，制成备件。一般这时部件的加工量要大于最小加工余量。例如，船用柴油机的活塞环槽磨损后，可将活塞环槽按某一级的修理尺寸进行车削加工，消除环槽表面磨损缺陷后，换上相应的分级修理尺寸等级的加厚活塞环。这种方法特点是将单件、小批量性质的零件尺寸修理引向中、大批量生产，使维修时间大大缩短，提高了修理质量与经济效益。但在制订零件分级修理尺寸时，各级修理尺寸间隔数值的大小应在零件强度允许的范围内根据零件的配合间隙、磨损情况、加工条件等因素综合考虑来确定。如每个柴油机活塞环槽修理后采用的加厚活塞环最多不能超过两个，否则会影响活塞环槽的强度。

修理尺寸法具有方法简单、经济、修理质量高等优点，广泛应用于结构复杂和贵重部件的修复。例如,船用柴油机的曲轴、气缸套、活塞、气阀等零部件可以此法修理。

二、尺寸选配法

尺寸选配法是把一批相同机型的已经过度磨损的配合件集中起来,分别进行机械加工以消除配合表面的缺陷和几何形状误差,再按原配合间隙重新配合成对,组成一些具有不同基本尺寸但具有相同配合间隙的新的配合件,此种方法称为尺寸选配法。例如柴油机的喷油泵和喷油器中的精密偶件就可用此法修理。

此法工艺简单、方便、经济,可使一部分已报废的配合件经加工后重新投入正常使用。其缺点是必须有一批配合件,如果配合件的数量太少,则不易组成新的配合件。

三、附加零件法

附加零件法是在部件结构和强度允许的情况下,经机械加工削除部件损伤的工作表面使之具有正确的几何形状,并在其上附加一个具有工作表面基本尺寸的衬套或衬垫,然后对附加衬套或衬垫进行必要的机械加工,使部件恢复原有尺寸或达到某级修理尺寸,这种修理方法称为附加零件法。例如,柴油机气缸盖上的喷油器座周围出现疲劳裂纹时采用镶套法修理就是附加零件法中的一种。

附加零件法主要用于修复船舶部件的磨损或其他损坏,也可以作为提高部件的耐磨性及耐蚀性的重要措施之一。由于附加衬套具有一定的壁厚要求,被修复机件必须去除相应厚度的材料后才能装入衬套,这样对原机件的强度会造成一定的影响,因此采用此修复工艺时应对该机件进行强度的校核,以保证修复后的机件仍具有足够的强度。

衬套材料应与部件材料具有相同的膨胀系数,通常根据被修复机件原始材质、接触的介质、工作环境温度、承受的压力等因素综合考虑,可以选择的材料有黄铜、青铜、铸铁、不锈钢等。衬套与被修复的机件之间通常采用过盈配合,用红套法或压入法安装衬套。

四、局部更换法

一些贵重的或尺寸较大的部件出现局部损坏或磨损过大,在保证部件机械强度的前提下,从部件上去除损坏部分,并按损坏部分应有的正确几何形状和尺寸精度另外制造这一部分的新件,再用焊接或其他方法将新件与部件余留部分牢固地结合在一起。这种修理方法称局部更换法。例如,活塞顶部烧蚀严重或产生裂纹时,可将损坏的顶除去,镶上与之完全相同的局部零件,其中铸钢活塞可采用焊接方法使之牢固地固定在活塞上。如图4-1所示,铸铁活塞一般可以采用螺钉连接方式。

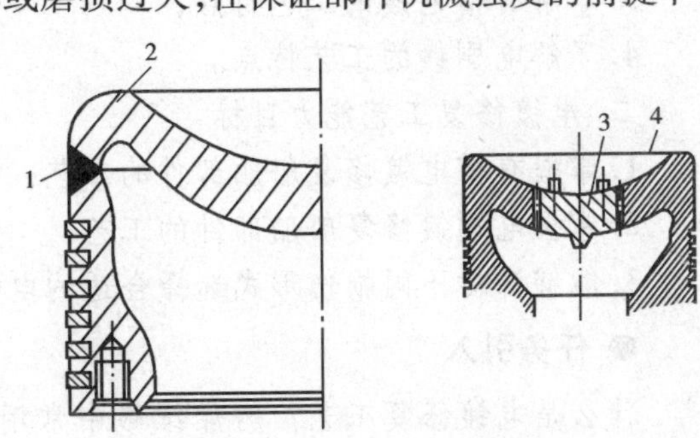

图4-1 活塞顶的局部更换

1-焊缝;2-新制活塞顶部;3-局部更换活塞顶部;4-活塞

五、成套换修法

营运中的船舶或在船厂修理时,为了缩短修理时间,拆下已严重损伤的部件或设备,迅速换上成套备件继续运转，这种方法称为成套换修法。而拆换下来的设备或备件经修理后作为备件使用或供给同类机型的船舶使用。例如，柴油机运转中高压油泵柱塞—套筒偶件咬死后，可以立即换上备用油泵，而损坏的油泵经修理后作为备件留待以后再用。

此修理方法使设备停止运转的时间短，因此在营运中的船舶上得到了广泛的采用。

六、换位修理法

换位修理法是将部件的磨损（或损坏）部分翻转过一定角度，利用部件未磨损（或未损坏）的部位来恢复零件的工作能力。这种方法只是改变磨损或损坏部分的位置，不修复磨损表面。修理作业中此法经常用来修理磨损的槽、螺栓孔和飞轮齿圈等。

例如，飞轮齿圈轮齿啮入部分单面磨损严重后常用换位修理法修理。具体方法是，将齿圈压出、翻转180°后再将齿圈压入飞轮，利用轮齿未磨损部位可继续正常工作。

对于履带式机械的驱动轮，经常采用两种换位修理法：一种是在驱动轮一面磨损大（前进方向），一面磨损小的情况下，将左右驱动轮互换安装；另一种是若驱动轮是偶数齿，而履带链轨节距恰等于两个齿距时，驱动轮只有一半轮齿工作，当这一半轮齿磨损严重时，可将驱动轮相对转过一个齿距，使另一半轮齿也工作，以延长其使用寿命。

除上述几种机械加工修复方式外，还有如调头法、调整法和钳工法等修理工艺也得到了广泛应用。

任务二　电镀修复工艺

● 学习目标

一、电镀修复工艺知识目标

1. 了解有槽电镀的工艺方法；
2. 了解电刷镀修复船舶部件的基本原理；
3. 了解有槽电镀的工艺特点；
4. 了解电刷镀的工艺特点。

二、电镀修复工艺能力目标

1. 掌握有槽电镀修复船舶部件的工艺；
2. 掌握电刷镀修复船舶部件的工艺；
3. 能够针对不同损伤形式选择合适的电镀修复工艺。

● 任务引入

什么是电镀修复工艺？船舶维修中常用哪些电镀修复法？电刷镀是利用什么原理实现的？电刷镀有哪些工艺特点？

● 任务分析

电镀工艺是利用电解原理在金属或非金属零件表面镀上一层均匀致密、结合力强的金属沉积层的操作过程。这种金属层称为电镀层。

电镀是一种修理工艺，也是一种强化工艺，可以用于装饰零件表面、提高零件表面的耐磨性和耐蚀性，还能修复磨损或加工超差的零件，恢复零件的原设计尺寸。因此，电镀工艺在船机零件的维修中得到了广泛的应用。

● 任务实施

电镀是船舶修理中常用的一种工艺方法，根据其使用设备的特点分为有槽电镀和无槽电镀（电镀刷）。

一、有槽电镀

有槽电镀使用直流电源。它是以被镀部件作为阴极与直流电源的负极相连，欲镀的金属作为阳极与直流电源的正极相连。

电镀槽一般采用不溶金属或非金属，如铅、铅锑合金或塑料等制成。电解液是所镀金属离子的盐溶液。电镀时将被镀部件和欲镀金属分别放入存有电解液的镀槽内，接通电源后，阳极金属失去电子变为离子溶解于电解液中，即发生氧化反应；而在阴极附近的金属离子获得到电子后变成金属沉积于部件表面，即发生还原反应，使被镀部件表面上逐渐沉积出金属镀层。为满足不同的镀层质量的要求，必须严格地控制电镀过程中的电流强度、通电时间、电解液温度等参数。

目前，船舶设备维修中常用的有槽电镀修复法有：镀铬和镀铁。

1. 镀铬

1）镀铬工艺

镀铬是将被镀的部件作为阴极，接直流电源的负极；以不溶性的铅或铅锑合金作为阳极，接直流电源的正极；用铬酐（CrO_3）和硫酸（H_2SO_4）制成电解液盛于电镀槽中进行电镀。通电后，电解液中的金属铬离子移向阴极，在阴极上获得电子还原成金属铬镀层，沉积在被镀部件的表面形成镀铬层。

（1）镀前准备。电镀前首先对欲镀部件表面进行机械加工，使其具有正确的几何形状和尺寸；清除欲镀部件表面的油脂和污物，以提高镀层与基体金属的结合强度；把不需要电镀的部件表面用绝缘材料进行包扎。

（2）镀铬过程。按被镀部件的工艺要求配制合适的电解液，选定电镀时工作温度（一般保持在 55 ~ 65℃）以及其他一些工艺参数。

（3）镀后处理与加工。一般配合件表面采用镀铬工艺后，为消除镀层偏差，需要对镀层表面进行工艺加工，保证零件所需的尺寸精度、表面粗糙度和使用性能。对硬质镀铬层常可采用磨削加工；对松孔镀铬层应采用细粒度油石珩磨加工。镀铬层厚度超过 0.1mm 的重要零件应进行驱氢热处理，以消除内应力，防止氢脆。

2）镀铬工艺特点

（1）镀铬工艺是在低温（55 ~ 65℃）下进行，对金属部件材料的组织和性能基本没有影响，也不会产生变形、开裂等缺陷。

（2）镀铬层与部件基体金属的结合强度高，且对部件材料的适应性好，镀铬层与钢、铸铁、铜等基体金属都有较高的结合强度。

（3）镀铬层的硬度和强度高。铬层硬度一般可达 HV400 ~ 1200，加热至 300 ~ 500℃时硬度也无明显变化。但铬层的强度随其厚度增加而降低。这是由于镀铬过程中晶体组织转化和氢气渗入使铬层产生很大的内应力,使脆性增加,并随厚度增加而增大。

(4)镀铬层具有很高的化学稳定性,耐热和耐蚀性也较高。

(5)镀铬层具有较高的耐磨性,摩擦系数小,与无铬层相比可使零件耐磨性提高 2 ~ 50 倍。

(6)铬层允许厚度一般为 0.1 ~0.25mm,一般控制在 0.5mm 以下。

(7)镀铬层的沉积速度较慢,生产效率低而成本高。镀铬过程中有大量气体析出,带出铬酸,危害人体健康,污染环境。

3)镀铬层的种类

在船舶设备修造中常用的耐磨性镀铬层有两种:硬质镀铬层和松孔镀铬层。

(1)硬质镀铬层。硬质镀铬层硬度高、耐磨性好,且具有一定的韧性。它可用于修复磨损或加工超差的部件,以及提高部件表面的耐磨性等。由于硬质镀铬层的表面储油能力差,所以只适用于润滑条件较好,承受负荷不大的部件表面使用。此外,要求具有这种镀层部件的工作温度不宜超过 300℃,以免镀层硬度有所下降;同时与镀铬部件相配合的摩擦偶件的表面硬度不宜过高。新造部件镀层厚度一般为 0.15 ~0.25mm,修复部件的镀层厚度一般不超过 0.5mm。

采用硬质镀铬层镀铬工艺时,如果电解液浓度不变,改变电解液的温度和电流密度就可以获三种不同的硬质镀铬层:①灰色镀铬层;②光泽镀铬层;③乳白色镀铬层。

(2)松孔镀铬层。松孔镀铬层表面呈网状沟纹或多孔状,能够储存润滑油。当零件在工作时,润滑油能从孔隙中跑出分布在工作表面上,从而改善部件的润滑条件、降低磨损率。松孔镀铬层的耐磨性取决于镀铬层的网纹密度、深度和宽度。如果铬层深度、密度太小、分布稀疏,润滑油嵌入铬层的效果差,部件的耐磨性能就会下降;铬层太密、太宽又会使零件表面承载面积减小,导热性变差,也会影响零件的耐磨性。实践证明,合适的网纹宽度小于 0.06mm,深度为 0.04 ~0.09mm,孔隙率为 25% ~35%。

目前,松孔镀铬层上形成网纹常用的方法有三种:

①机械松孔法。即预先在被镀工件表面上用机械方法(例如,铣削、喷丸或滚压等)形成小孔或凹坑,然后再镀铬。

②电化学松孔法。即在已镀铬的工件表面罩上带孔的衬套,再在镀槽中进行阳极浸蚀(零件作阳极)。

③周期换向松孔法。即在镀铬过程中,每镀铬 15min 后,将阴、阳极进行交换,进行很短时间的阳极处理后再继续在零件表面镀铬。在阳极处理时,镀铬层上网纹槽的边缘会先溶解,使网纹逐渐加宽加深,形成松孔镀铬层。根据原来镀铬层表面网纹细密或稀宽情况不同,会形成点状松孔铬层和沟状松孔铬层两种不同情况。

松孔镀铬层适用于高温和润滑条件差、承受较大载荷的部件。例如,柴油机气缸套采用松孔镀铬提高其耐磨性能等。

2. 镀铁

1)镀铁工艺

镀铁工艺按电解液的温度高低不同可分为高温镀铁和低温镀铁。在 90 ~100℃温度下使用直流电源进行镀铁称为高温镀铁。该法获得的镀铁层硬度不高，且与基体结合不可靠。在30℃常温下采用不对称交流—直流电源进行镀铁称为低温镀铁。它解决了常温下镀铁层与基体结合强度不高的难题，镀层的力学性能好、工艺简单、操作方便。目前低温镀铁工艺在船舶维修得到广泛应用。船用柴油机的曲轴、活塞杆、十字头、活塞销、阀杆、气缸套等零件磨损后均可采用低温镀铁工艺来修复。

一般工业用的交流电正负两个半波是相等的，用这种交流电不能电镀出镀层。因为通电后一个半波使工件呈阴极镀上一层镀层，但在随后的另一半波中使工件呈阳极将镀层（甚至基体金属）电解掉。

不对称交流—直流低温镀铁是通过不对称交流—直流电源获得的。在工作时，电流每一个周期的两个半波强度不等。通电后较大的半波使工件呈阴极，镀上一层镀层，在随后较小的半波中又使工件呈阳极，但只电解了一部分镀层，而保留在工件上的部分则形成了性能优良的镀层。

（1）不对称交流—直流低温镀铁工艺镀前准备。首先对被镀工件进行清洗，消除表面的油脂和锈迹后，在30%的工业硫酸中进行阳极刻蚀。刻蚀后的工件需用清水反复冲洗后再放入电镀槽，用电解液中的盐酸溶解镀件表面的钝化膜。

（2）镀铁过程：

①起镀。在开始镀前10～20min内，采用不对称交流电起镀，可以使镀层晶粒细小均匀，表面较平滑，内应力较相同的电流密度下的直流电镀层小，结合强度也较直流电镀层高得多，结合强度可达到450MPa，镀层不易脱落。

起镀时，应使正、负半波电流密度符合以下条件：

$$\beta = J_{正}/J_{负} = 1.3$$

式中：β——不对称比；

$J_{正}$——正半波电流密度，A/dm^2；

$J_{负}$——负半波电流密度，A/dm^2。

当$1<\beta\leqslant 1.3$时，获得镀铁层的内应力较小；当β增加至6～8时，镀铁层的内应力和硬度均增大；当$\beta>8$时，镀铁层的硬度基本不再增加。所以，起镀时保持β为1.3，镀1～3min，可以得到内应力小、硬度低、结合强度高的底镀层。

②过渡镀。起镀后，通过改变不对称交流电，使不对称比β均匀地增加，在4～5min内增加至$\beta=8$，然后再镀5～10min，使镀层的内应力和硬度逐渐均匀地增加，以防止镀层内应力突然增加而产生中间脱层现象。这一阶段为过渡镀，为后续的直流镀作准备。

③直流镀。过渡镀后，在不断电的情况下将交流电转换为直流电进行电镀，调整电流到所需的电流密度，镀至所要求的镀层厚度。

（3）镀后处理和加工。镀件自镀槽中取出后立即用清水冲净，放入10%～20%的苛性钠溶液中保留15～30min，然后用水冲净，形成钝化膜防锈。重要工件的镀铁层需进行驱氢处理。

镀铁工艺的镀层一般较厚，镀件表面镀层厚度差也较大。所以配合件表面镀铁后，通常都采用机械加工方式对镀层进行处理，以达到部件所要求的修理技术要求。

2）不对称交流—直流常温镀铁工艺特点

（1）起镀温度低，通常为20～40℃，镀层质量易保证，对零件材料的组织、性能无影响；

(2)镀层沉积速度快,为0.60~1.00mm/h,生产率高;

(3)镀厚能力强,镀层厚度可达2mm以上;

(4)铁镀层与基体的结合强度高,可达450MPa;

(5)铁镀层的硬度高,耐磨性好,最高硬度可达HRC63~65;

(6)工艺成本低,有害气体少,对环境污染小。

3)无刻蚀低温镀铁新工艺

低温镀铁工艺镀前需对工件采用阳极刻蚀处理,即在镀铁前用30%工业硫酸电解液处理工件,其目的是用电解方法除去部件表面的氧化膜并生成钝化膜,保护洁净的部件表面在空气中不被氧化。使用过的残酸不仅会污染环境,而且若残酸冲洗不净被带入电镀液后会直接影响镀铁层的质量。近年来,为了克服阳极刻蚀处理的缺点和简化工艺,出现了无刻蚀低温镀铁新工艺。无刻蚀镀铁层结合强度高,质量稳定可靠,成品率高。

无刻蚀镀铁工艺过程是:在镀前,把部件放入盐酸水溶液中浸洗,进行表面活化处理,用腐蚀的方法除去待镀部件表面的氧化膜,中和去除碱性水膜,形成酸性水膜。然后再将部件放入电镀槽中,先进行对称交流活化处理,再进行不对称交流起镀和过渡镀等工艺操作过程。Fe^{2+}是在钢铁部件表面经过电化学活化处理后呈微融活化态下沉积在部件表面,因而不存在沉积障碍物,能够形成金属键结合与微晶结构的高强度的镀铁层。

目前,无刻蚀镀铁工艺已广泛应用于船舶修造工业,尤其在修复磨损失效的柴油机曲轴方面成果显著,修复的曲轴长度可达4m以上,使大量已报废的曲轴经修理后重新使用,产生的经济效益很可观。此外,镀铁工艺还被用于修复其他的磨损、腐蚀的部件。例如,气缸套过度磨损后恢复尺寸的修理等。

二、电刷镀

电刷镀又称快速电镀、无槽电镀、金属涂镀等。它是一种无电镀槽的快速电镀工艺。

1. 电刷镀原理

电刷镀也是利用电解原理,在部件工作表面上快速沉积金属形成镀层的工艺。

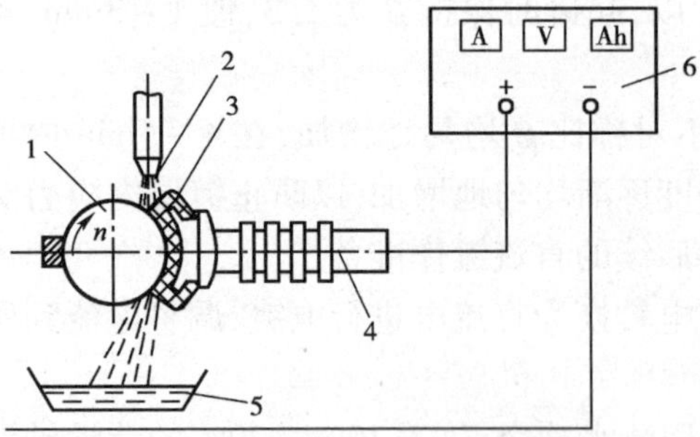

图4-2 电刷镀原理示意图

1-欲镀工件;2-刷镀液;3-包套;4-刷镀笔;5-集液容器;6-电源

电刷镀前,把一专用电源的负极接至工件上,正极与刷镀笔连接。刷镀时,将蘸满电镀液的刷镀笔在工件表面上移动,涂刷部件工作表面。电镀液中的金属离子在电场作用下向工件表面迁移,放电后结晶沉积在工件表面上形成镀层。随着时间延长,沉积层逐渐增厚,直至达到所要求的厚度,如图4-2所示。

2. 电刷镀设备

1)电源

电刷镀使用的专用电源是无级调节电压的直流电源,具有较平稳的工作特性,当负载电流变化时,电源输出电压下降较少。常用输出电压范围为0~50V。为适应不同的刷镀接触面积,常把电流和电压分为几个等级配套使用:15A-20V、30A-30V、60A-35V、100A-40V等。

2）电镀笔

电镀笔由导电手柄和阳极组成。导电手柄包括导电杆、散热器、绝缘手柄等。

电镀笔常采用高纯细石墨块作阳极材料，石墨块外面为涤棉套包裹的脱脂棉，用于储存电解液、防止两极直接接触产生电弧灼伤工件。阳极常做成很多种形状，以适应不同工件的外形。当阳极尺寸很小时，由于石墨易折断，可用铂铱合金作阳极。

3）辅助工具

辅助工具包括用以夹持工件、能调节转速（0～600r/min），并带有尾顶尖的转胎（一般可用旧车床代替）和保证连续供给刷镀液的循环泵。

3. 刷镀液

刷镀溶液是获得优质镀层和高生产率的关键。根据其用途不同有以下三种溶液：

1）表面预处理溶液

镀层是否能与基体金属有良好的结合力，工件表面的预处理情况是个关键。表面预处理包括用电净液进行电净处理和用活化液进行活化处理。

在电净液中用电解的方法清除金属部件表面的油污和杂质称为电净处理。电净液为无色透明的碱性溶液，-10℃不结冰，可长期存放，腐蚀性小。部件经电净处理后须用清水冲净。

在活化液中用电解方法除去部件表面的氧化膜称为活化处理。其目的是使部件露出金属光泽，为镀层与基体金属牢固结合创造条件。活化液为无色透明的酸性溶液，可长期存放，循环使用，腐蚀性小。活化液有硫酸型、盐酸型、柠檬酸型等。

2）电刷镀溶液

电刷镀溶液是在被镀零件表面上沉积镀层金属的溶液。电刷镀溶液与一般的有槽电镀溶液不同，其金属离子含量很高，并以有机络合物形式存在，金属络合物在水中溶解度大，且有很好的稳定性。电刷镀溶液一般分为酸性和碱性两大类。酸性溶液比碱性溶液的沉积速度快1.5～3倍，但绝大部分酸性溶液不适用于材质疏松的金属材料，如铸铁，也不适用于不耐酸腐蚀的金属材料，如锡、锌等。碱性和中性电镀溶液有很好的使用性能，可获得晶粒细小的镀层，在边角、狭缝和盲孔等处有很好的均镀能力，无腐蚀性，适用于在各种材质的部件上镀覆。

3）钝化液和退镀液

钝化液用于刷镀锌、镉层后的钝化处理，有铬酸钝化液、硫酸盐及磷酸盐钝化液等。退镀液用于除去不合格的镀层或损坏的镀层。

4. 电刷镀的工艺特点

(1)设备简单，不需要镀槽。对工件尺寸大小的适应性强，尤其适用在现场进行电刷镀修复，给难于拆卸和运输的大型船机零部件的原地修复带来了极大的方便。

(2)镀层与基体金属结合强度高。电刷镀是在电、化学和机械零件表面摩擦的共同作用下沉积的，因此结合强度高于有槽电镀，约在70MPa以上。

(3)镀层沉积速度快、生产率高。电刷镀的沉积溶液的金属离子浓度高，电刷镀的沉积速度能达到有槽电镀的5倍以上。

(4)电刷镀液工作温度低，一般在50℃，不会引起工件变形和金相组织的变化。

(5)镀层厚度可以精确控制，并能应用于不均匀磨损的修复。

(6) 污染小、适应性强。常用材料均可采用电刷镀修复。此外，根据零件工况的需求，可以镀复耐磨层、耐蚀层、耐热层、防渗碳与渗氮层等不同镀层。

目前,我国修船行业已普遍采用电刷镀来修复船舶设备。它可以修复各种磨损、腐蚀和机械加工时超差的船舶部件。

任务三 金属扣合工艺

● 学习目标

一、金属扣合工艺知识目标

1. 了解金属扣合工艺的工艺方法;
2. 了解金属扣合工艺的工艺特点;
3. 了解不同的金属扣合工艺适用场合。

二、金属扣合工艺能力目标

1. 掌握波浪键扣合法的操作工艺;
2. 了解加强块扣合法和热扣合法的操作工艺;
3. 能够针对不同损伤形式选择合适的金属扣合工艺。

● 任务引入

什么是金属扣合工艺?金属扣合工艺适用于什么样的损伤部件修理?如何实施波浪键扣合修理工艺?金属扣合工艺有哪些工艺特点?

● 任务分析

金属扣合(metalock)工艺是利用高强度合金材料制成连接件,通过连接件材料的塑性变形把部件上的裂纹或断裂处拉紧连接起来,使其恢复使用功能的一种修理方法。

金属扣合工艺是一项较为传统的修理工艺,它能有效地修理裂纹和断裂。尤其适用于难于保证焊补修理质量的铸钢件、铸铁件以及不允许产生较大变形的部件。

金属扣合工艺中采用的连接件(即扣合键)是修理裂纹部件的关键。所以要求扣合键的材料强度高、塑性和韧性好,冷加工硬化性强,即材料冷变形后强度大大提高;受热部件用的扣合键材料的膨胀系数应与部件材料的膨胀系数相同或接近。一般部件选用扣合键材料多为镍铬不锈钢,如1Crl8Ni9、1Crl8Ni9Ti等,其冷变形后强度可提高50%;也可选用普通低碳钢10号、15号、20号钢等,冷变形后强度可提高10%~20%;高温部件可选用含镍量高并与部件材料膨胀系数相近的高温镍基合金,如Ni36、Ni42等其膨胀系数与铸铁相近,或选用10号、15号、20号钢。

● 任务实施

一、金属扣合工艺的种类

1. 波浪键扣合法

波浪键扣合法(强固扣合法)是在部件垂直于裂纹或折断面的方向上加工出一定形状和尺寸的波浪形槽,再将与波浪形槽相吻合的扣合键(波浪键)嵌入槽内。键与槽的形状和尺寸一致,二者之间只需保持有0.1mm左右的配合间隙。槽的深度 T 根据零件的壁厚 H 而定,如

图4-3所示。常温下铆击扣合键,使之产生塑性变形而充满槽腔,借助于扣合健的凸缘与波形槽的凹缘相互扣合,将部件裂纹拉紧而成牢固的一体,如图4-4所示。

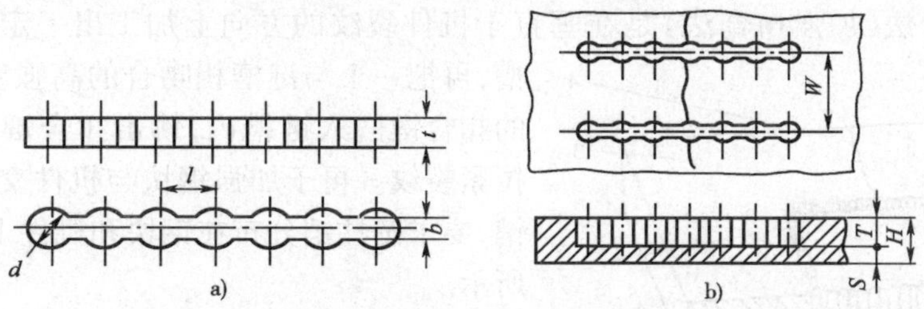

图4-3　波浪键与波浪形槽的形状和尺寸

a)波浪键;b)波浪形槽

扣合健的凸缘的个数一般取5、7、9,这样中间的一个凸缘正好设在裂纹上,扣合效果较好。在扣合键嵌入前,在键和键槽表面涂一层环氧树脂或无机黏接剂,则连接效果会更好。此法适用于修理裂纹处壁厚在8~45mm,有一般强度要求的部件。

波浪键扣合工艺为:

(1)在受损部件的裂纹两端钻止裂孔;

(2)确定部件裂纹处的波浪形槽的位置;

(3)利用专用钻模板和手电钻加工出波形槽;

(4)在键和键槽表面涂一层环氧树脂或无机黏接剂;

(5)将波浪键嵌入波浪形槽中,并用手锤敲击波浪键使之充满槽腔。

2.波浪键—密封螺丝扣合法

波浪键—密封螺丝扣合法(强密扣合法)是在波浪键扣合法的基础上,再沿裂纹钻孔、攻丝和旋入涂有胶黏剂的密封螺钉。所有密封螺钉彼此重叠,即当第一个密封螺钉装入后,钻削第二个螺钉孔时,使其切入第一个螺钉,两个螺钉有0.5~1.5mm的重叠。这样在沿裂纹长度方向上形成一个"金属密封带",起到防止裂纹渗漏的作用,如图4-5所示。

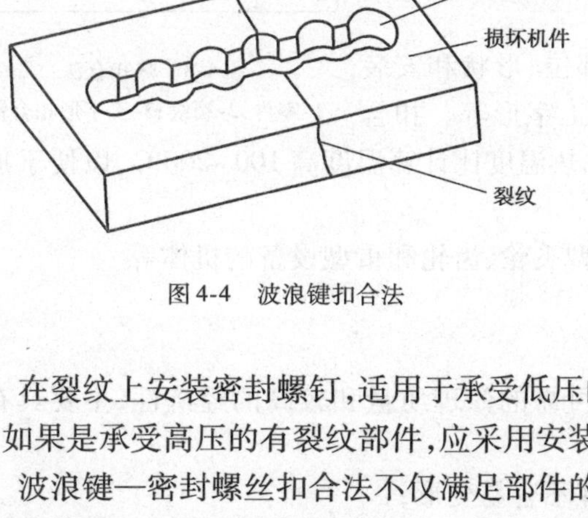

图4-4　波浪键扣合法

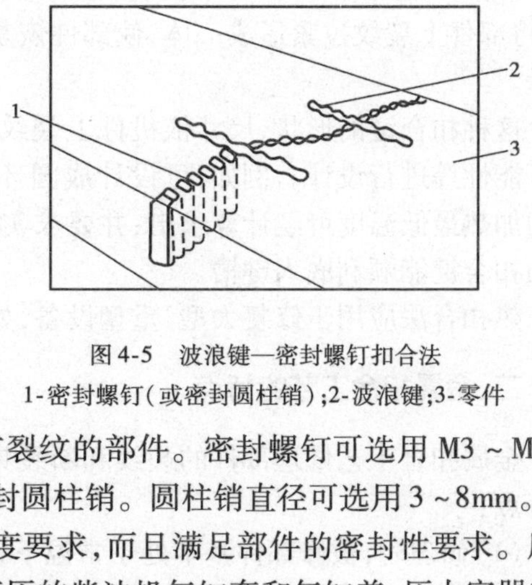

图4-5　波浪键—密封螺钉扣合法

1-密封螺钉(或密封圆柱销);2-波浪键;3-零件

在裂纹上安装密封螺钉,适用于承受低压的有裂纹的部件。密封螺钉可选用M3~M8规格;如果是承受高压的有裂纹部件,应采用安装密封圆柱销。圆柱销直径可选用3~8mm。

波浪键—密封螺丝扣合法不仅满足部件的强度要求,而且满足部件的密封性要求。所以可用来修理有密封要求的裂纹部件。例如,承受高压的柴油机气缸套和气缸盖、压力容器表面裂纹的修理等。

3. 加强块扣合法

加强块扣合法(加强扣合法)是在垂直于机件裂纹的方向上加工出一定形状、尺寸的键槽,再把一个与键槽相吻合的高强度合金钢块做成的扣合键嵌入键槽内,铆击扣合键使之充满槽腔,拉紧裂纹。再于加强钢块与机件交界处,嵌入圆柱销,要求圆柱销分布在钢块和机件上各半,如图4-6所示。

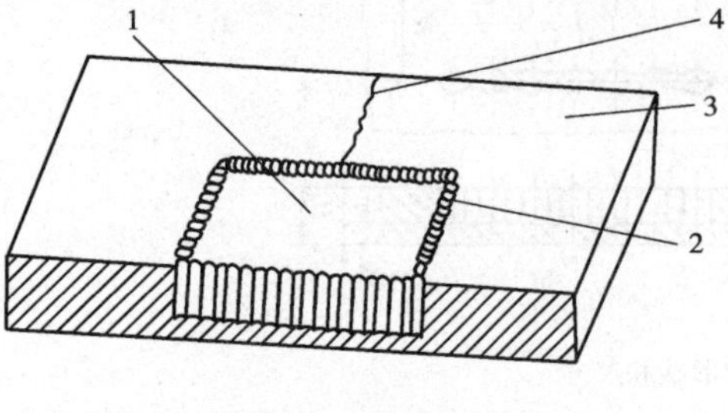

图4-6 加强块扣合法

1-矩形加强块;2-密封圆柱销;3-零件;4-裂纹

加强块扣合法用于承受高载荷的厚壁机件,通常使用处的壁厚超过45mm。加强块的形状各异,有矩形、十字形和X形等,应根据机件和裂纹的情况合理选用,如图4-7所示。

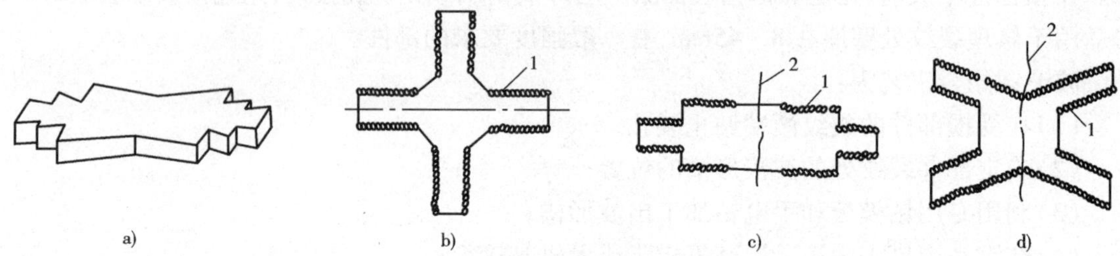

图4-7 加强块的形状

1-密封圆柱销;2-裂纹

4. 热扣合法

热扣合法是利用金属材料热胀冷缩的特性修复零件裂纹的方法。它首先在垂直于机件裂纹的方向上加工出一定形状、尺寸的键槽,然后将一个形状相似但尺寸略小于键槽的扣合键加热至一定温度后,放入部件裂纹处已加工好相应形状、尺寸的键槽内,当扣合键冷却产生收缩时,将部件上裂纹拉紧形成一体,使部件恢复使用功能,如图4-8所示。

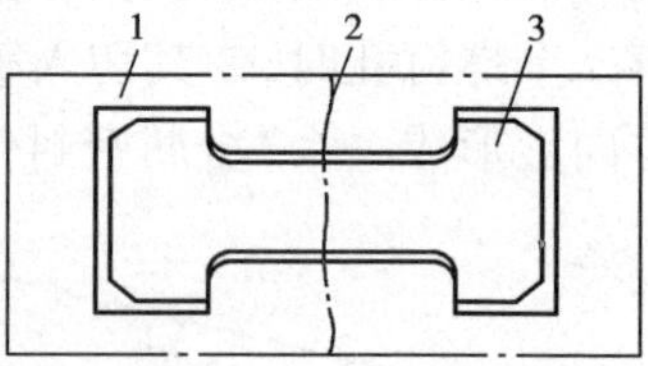

图4-8 热扣合法

1-零件;2-裂纹;3-工字形扣合键

这种扣合键的形状、尺寸依机件上裂纹的部位、形状和安装的可能性等进行设计。例如,可设计成圆环形、工字形等。扣合键的加热最低温度可经计算求出,并要求实际加热温度比计算温度高100~200℃,以便于加热后的扣合键能顺利嵌入键槽。

热扣合法应用于修复大型、重型设备,如大型飞轮、齿轮和重型设备的机体等。

二、金属扣合工艺的特点

金属扣合工艺修理部件的裂纹和断裂具有可靠的修理质量和较高的经济性,主要具有以下特点:

(1)修理时,被修部件基本处于常温下,部件不容易变形;

(2)修理后的部件能够保证足够的强度和良好的密封性等;

(3)使用的设备和工艺极为简单(一般只需钻模扳、手电钻和铆钉枪等),操作灵活和快速,便于原地(现场)修理。

正是由于金属扣合工艺具有上述优点,所以目前已广泛用于修船厂的部件修理工作中。例如船用柴油机的机座、机架、气缸体、气缸盖和气缸套,各种机械的壳体和螺旋桨等的裂纹均已采用此法修理,并且质量可靠、延长了零件的使用寿命。

但该法不适用于修复厚度在8mm以下的铸铁件及振动剧烈的工件。此外,修复效率较低。

任务四　焊补修理工艺

● **学习目标**

一、焊补修理工艺知识目标

1. 了解焊补修理的工艺方法;
2. 了解焊补修理的工艺特点;
3. 了解各种焊补修理技术的适用场合。

二、焊补修理工艺能力目标

1. 掌握焊补修理的基本操作工艺;
2. 了解铸铁件的焊补的操作工艺;
3. 能够针对不同损伤形式选择合适的焊补方法。

● **任务引入**

什么是焊补修理工艺?焊补修理工艺适用于什么样的损伤部件修理?如何对不同材质部件进行焊补修理?铸铁件的焊补有哪些工艺要求?

● **任务分析**

焊补修理是利用焊接和堆焊工艺来修补裂纹和断裂的部件,修复严重磨损、烧蚀的船舶部件。该方法是船舶设备修理中最重要的手段之一。

焊补修理的特点是:修理成本低,效率高;焊层与部件的结合强度高;工艺成熟,适应性较广。焊补工艺所用设备简单,可以修补裂纹、断裂和局部损伤,还可以赋予部件表面耐磨、耐蚀等特殊性能的堆焊层。大部分金属部件都可用焊补法修复。焊补修理法的主要缺点是:焊接时温度较高,容易引起零件焊接处金相组织变化而产生应力和变形,不宜修复精度零件。

● **相关知识**

一、焊接

焊接是通过加热或加压的方法,使两个金属件的原子间形成冶金结合,达到永久性连接的一种工艺。根据施焊时外界施加能量方式的不同,一般将焊接分为熔焊和压焊两大类:

熔焊是用加热的方法使两个金属面熔化并连接的工艺。根据加热的热源不同又可分为:气焊、电弧焊、电渣焊、铝热焊、等离子弧焊、电子束焊、激光焊等很多种。

压焊是用加压或同时加热和加压的方法使两个金属面熔化并连接的工艺。又可根据加压形式的不同分为:接触焊、摩擦焊、超声波焊、爆炸焊等。

修船厂和船舶上通常采用气焊和电弧焊修理损坏的零件。例如应急焊接断裂的曲轴和曲轴裂纹、焊接修补管路设备等。

二、堆焊

堆焊(build up by welding)是用熔化焊条或合金粉末的方法在部件磨损或腐蚀的表面上熔敷一层或多层金属的工艺。堆焊一般采用熔焊。堆焊工艺适用于修补部件大面积磨损、腐蚀破坏,或补偿较大的尺寸偏差以恢复零件原有尺寸。堆焊还可以在部件表面形成具有特殊性能的熔敷金属层,堆焊层与基体结合强度较高,并且用于维修的费用低。堆焊的缺点主要是:堆焊焊缝周围容易产生裂纹,修复部件的疲劳强度低于原件,部件易产生变形等。

堆焊方法有手工电弧堆焊、氧—乙炔焰堆焊、埋弧堆焊、振动堆焊、等离子弧堆焊等。手工堆焊普遍运用的是手工电弧焊和氧—乙炔焰堆焊,其操作工艺与普通焊接工艺基本相同。在船舶部件修理中常用于修复磨损的轴颈、凸轮、排气阀等。

为了保证堆焊修理的质量应注意以下几点:

(1)堆焊前零件待修表面的清洁,清除部件表面油污、锈痕等,使其露出金属光泽。

(2)部件应进行预热,预热的温度需根据部件材料和焊条确定。

(3)应根据部件材料和其对表面性能的要求选择合适的焊条。

(4)合理地安排焊接操作程序。堆焊时应采用分段多层堆焊法或逐步退焊法。分段多层堆焊法和逐步退焊法可使堆焊时部件受热均匀,能大大降低热应力和热变形。分段多层堆焊法是把长焊层分成若干短焊层,然后分段一层层堆焊;逐步退焊法是把长焊道分成若干段短焊道,每段由后向前焊,如图4-9和图4-10所示。

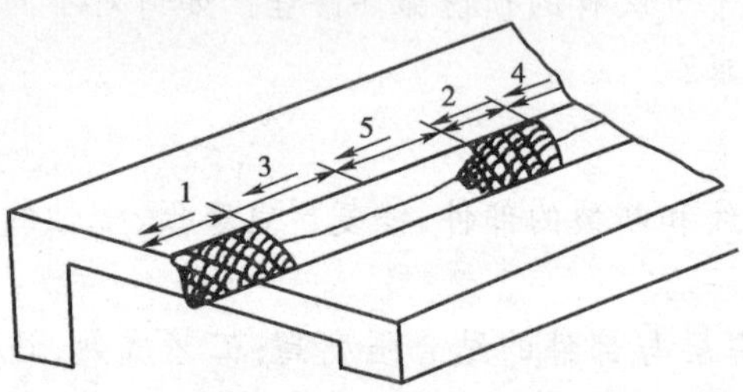

图4-9 分段多层焊示意图

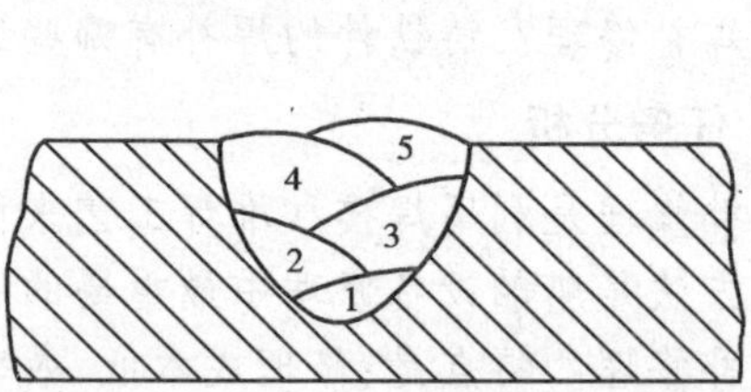

图4-10 堆焊顺序

(5)部件堆焊后要进行低温退火处理以消除应力,然后采用合适的机械加工以获得满意的尺寸。

● 任务实施

一、钢质零件的焊补

对钢质零件的焊补主要是为了修理裂纹、腐蚀和补偿磨损零件的尺寸。通常,钢中含碳量越高,可焊性就越差,焊接时出现裂纹的倾向就越大。

1. 低碳钢零件的焊补

低碳钢零件含碳量较低,可焊性良好,通常在进行焊补时不需要采取特殊的工艺措施。手工电弧焊一般选用 J422 型焊条即可获得满意的效果。若母材含硫过高,或在低温条件下焊补刚度大的工件时,可能会出现裂纹,此时要选用优质焊条,如 J426、J427、J506、J507 等,可使焊缝金属有较好抗裂性能与力学性能。同时选用合适的焊补工艺和采取必要的预热措施。

2. 中碳钢、高碳钢零件的焊补

中、高碳钢零件含碳量较高,焊补时在焊缝周围很容易产生裂纹。

(1)裂纹的种类及其产生原因

①热裂纹。热裂纹产生的原因主要是由于焊接处的含碳量偏高,或含硫量偏高、含锰量偏低等原因所致,多出现在焊缝内,特别是在弧坑处更容易出现。

②冷裂纹。冷裂纹产生的原因是钢材含碳量增高后,淬火倾向也相应增大,容易产生塑性低的淬火组织。当工件刚性较大时,则会引起比较大的焊接应力而导致裂纹出现。多出现在焊缝的母材上,有时也会在焊缝上出现。

③热应力裂纹。热应力裂纹产生的原因是因为焊接区刚性过大,导致焊接区不能自由收缩而造成巨大的焊接应力,此时,在焊件的某些薄弱断面上,因承受不了此应力而导致出现裂纹。多在冷却过程中,刚度较大的焊件的薄弱部位上出现。

(2)预防裂纹的措施。为了保证中、高碳零件在焊补修理时不出现裂纹,通常可采取以下措施:

①预热。预热是防止中、高碳零件在焊补修理时出现裂纹的主要措施。因为预热有利于降低焊接零件的最高硬度,改善焊缝的塑性,防止产生冷裂纹和热应力,减少焊后残余应力。35 号和 45 号钢制造的零件的预热温度为 150 ~ 250℃;含碳量更高或零件刚度很大时,须提高至 250 ~ 400℃。

②选用合适的焊条。焊缝要求高时,可选用 J707 或 J607 牌号的焊条;要求一般的,可选用 J506 或 J507 等牌号焊条。应尽可能选用碱性低氢型焊条,因为它们的抗裂性能好。有特殊要求时,可采用铬镍不锈钢焊条,可以在不预热的情况下,也不易产生近焊缝区的裂纹。

③合理采用焊接技术。在焊接处可采用开 V 形坡口,多层焊方法,第一层焊缝用小电流、慢焊速,注意使母材熔透,且要避免产生夹渣和未熔合等缺陷。

④焊后热处理。焊接后要对工件进行缓慢冷却,尽量消除焊接所产生的应力。

二、铸铁件的焊补

铸铁是脆性材料,韧性很低,在工作中常因受力不均等原因产生裂纹或折断现象。铸铁件焊补时容易产生裂纹等缺陷,难以保证质量,主要原因是:

(1)铸铁的含碳量高、塑性差,对焊接件的冷却速度要求高。

(2)铸铁件在铸造时产生的气孔、砂眼等造成焊补缺陷。

(3)铸铁件中的磷、硫等杂质影响可焊性。

铸铁焊补方法通常采用电弧焊和气焊。按铸件是否预热可分为冷焊、热焊和半热焊等。

1. 铸铁件冷焊法

铸铁件冷焊是指铸铁焊件在不预热或预热温度低于 200℃时进行焊接的工艺过程。其工艺特点是:操作方法简单、修复速度快,焊件变形较小。但容易产生白口组织、热应力裂纹、气孔等缺陷,同时对焊补技术要求高,工艺要求较严格。一般手工电弧焊用得较多,常用小电流、细焊条断续焊、锤击焊缝等措施来减少焊缝的白口组织和裂纹。

铸铁件的冷焊工艺程序是：

(1) 焊接部位清洁。清除零件焊接部位的油污、铁锈等杂质。

(2)钻止裂孔。在裂纹的两个末端各钻一个止裂孔，以防止在开坡口或焊接过程中裂纹继续扩展。止裂孔直径依壁厚大小而定。

(3)开坡口。坡口一般做成U形(工件厚度小于8mm时可不开坡口)，防止施焊过程中裂纹扩展。

(4)零件预热。焊前用氧—乙炔焰对工件施焊部位预热，预热温度为200℃左右。

(5)选择焊条。铸铁冷焊时为减少传入工件的热量，尽量选用小直径焊条，并且焊条应在150~250℃温度下保温2h烘干。

(6)选择焊条电流。铸铁冷焊常用较低电流施焊。通常其焊接电流比焊接钢结构的要小10%~20%。

(7)选择电源极性。为减少焊接时对工件的热影响，用直流焊接时，宜采用直流反接。

(8)焊接操作。在施焊时应采用多层分段焊，每段焊道不应超过50mm；每焊完一小段熄弧，并立即用小锤连续锤击焊道以使应力松弛，锤击要均匀适度。焊接裂纹的出现一般发生在焊后10s左右，故必须在这一段时间内完成锤击，以焊道布满致密的锤击小坑为宜；当温度降至300℃以下时，不可再锤击。清除熔渣，待焊道冷却不烫手时，继续引弧施焊。焊接起头和收尾时不能把两个止裂孔焊死，需等裂纹焊好冷却后，再分别焊两个止裂孔。多裂纹焊接时先焊支裂纹，再焊主裂纹，最后焊止裂孔。

(9)焊后处理。焊后应注意保温使其缓慢冷却，以免冷却速度过快形成白口。小型工件可用热砂等掩埋覆盖；大中型工件用石棉布覆盖或用回火炉保温。

2. 铸铁件的热焊法

铸铁件的热焊是先将工件预热至600℃左右再进行焊接，焊后要再经过加热、保温、缓慢冷却的工艺过程。其工艺特点是：焊前预热至600℃左右，焊接过程中温度保持在400℃左右，焊后缓冷，使工件温度均匀，能得到质量优良的焊缝或堆焊层；焊缝金相组织与基体基本相同，连接强度高；机械加工容易。其缺点是需要加热与保温设备，劳动条件较差，工件整体预热会产生较大的变形。

铸铁件的热焊法适用于箱体、气缸体、气缸盖等结构较复杂的铸铁件的修复。焊接时可以采用电弧焊或气焊。

铸铁件的热焊工艺程序是：

(1)焊接部位清洁。清除部件焊接部位的油污、铁锈等杂质。

(2)钻止裂孔、开坡口。在裂纹的两个末端各钻一个止裂孔，沿裂纹方向铲出一道坡口。

(3)焊件加热。加热温度为600~650℃。加热焊炬的火焰应调为中性或微碳化焰。

(4)选择焊条、焊剂。选用合适的焊条和铸铁焊剂。铸铁焊剂作为铸铁热气焊的一种助熔剂，在焊接过程中能除去熔池中的氧化物。

(5)焊接操作。

(6)焊后热处理。铸铁件热焊后应进行回火处理。以100℃/h速度将工件加热至540~570℃后，保温3~6h，随炉以30~50℃/h速度冷却至150~200℃，再取出进行空冷。

任务五　粘接修复工艺

● 学习目标

一、粘接修复工艺知识目标

1. 了解粘接修复技术的工艺方法；
2. 了解粘接修复技术的工艺特点；
3. 了解粘接修复技术在船舶部件修复中应用范围。

二、粘接修复工艺能力目标

1. 掌握有机粘接修复技术的基本操作方法；
2. 掌握无机粘接修复技术的基本操作方法；
3. 能够针对不同损伤形式选择合适的粘接修复工艺。

● 任务引入

什么是粘接修复工艺？有机粘接修复技术适用于什么样场合？无机粘接修复技术适用于什么样场合？采用粘接修复技术有哪些工艺要求？

● 任务分析

利用胶黏剂把损坏的零件重新连接成一个牢固的整体，使损坏的零件恢复使用功能的方法称为粘接修复。

胶黏剂不仅可以用于修复一些用其他方法均无法修复的船舶部件，而且还可以用于船舶设备装配工作，使修造船工作中的某些装配工艺大大简化，生产率显著提高。目前，粘接修复技术在修造船生产中已得到广泛地应用。

● 相关知识

船舶修理中应用的粘接剂按其物性可分为无机粘接剂和有机粘接剂两大类。

一、有机粘接修复技术

1. 有机胶黏剂的种类

有机胶黏剂的品种繁多，分类方法也很多，主要分类方法有：

(1)按原料来源分为：天然胶黏剂和合成胶黏剂。目前使用的胶黏剂中，合成胶黏剂约占整个胶黏剂的80%。

(2)按粘接剂用途分为：结构胶黏剂和非结构胶黏剂。结构胶黏剂具有较高的强度，粘接后能承受较大的负载，可用于较大零部件的修复。常用品种有：环氧树脂、聚氨酯、有机硅树脂、聚丙烯酸酯、酚醛—丁腈橡胶等。非结构胶黏剂一般不能承受较大的负载，主要用于受力较小零件的修复或定位作用。常用品种有动物胶、植物胶、苯酚甲醛、聚酰胺等。

(3)按胶黏剂状态分为：液态胶黏剂和固体胶黏剂。

(4)按胶黏剂热性能分为：热塑性胶黏剂和热固性胶黏剂。

2. 有机粘接修复技术的特点

有机粘接与传统的铆接、键连接、螺纹连接和焊接等工艺方法相比，具有以下特点：

(1)粘接力强、粘接强度较高。但不如焊接和铆接。

(2)粘接时温度低,固化收缩小。所以粘接后零件不会产生变形和裂纹,也不破坏零件材料的性能。

(3)胶缝具有耐腐蚀、耐磨和密封性能。有的胶缝还能起到膈热、防潮和防震的作用。

(4)不受零件材料限制。相同或不同的金属或非金属材料均可粘接,对零件重量影响不大。

(5)工艺简单,操作方便,成本很低。

(6)胶黏剂不耐热。一般在50℃以下场合使用,有的可在150℃以下使用,某些耐高温的有机胶黏剂也只能达到300℃左右。

(7)抗冲击性能和抗老化性能差。

3. 有机胶黏剂粘接工艺

(1)有机胶黏剂的选用。有机胶黏剂可以粘接各种材料,例如金属与金属、金属与非金属、非金属与非金属等。粘接质量与胶黏剂的选用得当与否关系极大。所以,选用胶黏剂应注意以下几点:

①被黏接物的状况。选用胶黏剂时应首先掌握被粘接物的种类、性能、表面状态、裂纹缝隙大小和修复要求等情况。

②胶黏剂的性能特点。不同的胶黏剂其性能也有很大差异。如黏度、粘接强度、使用温度、收缩率、线胀系数、耐蚀性、耐水性及抗老化性能等。

③根据黏接目的、受力情况和工作环境来选择胶黏剂。若粘接的要求是密封时应选用密封胶,若要求连接牢固,则应选用高强度胶黏剂。

受力较大的粘接要选用结构胶黏剂,反之可选用非结构胶黏剂;长期受力的粘接件选用热固性胶黏剂,以防蠕变破坏;作用力频率小或静载荷,可选用刚性胶黏剂,如环氧胶,作用力频率高或冲击载荷,可选用韧性胶黏剂,如酚醛—丁腈胶、改性环氧胶;受力比较复杂的粘接件,选用由综合强度及性能好的弹性体和热固性树脂组成的胶黏剂,如环氧—丁腈胶等。

耐高温、耐老化好的胶黏剂有有机硅、聚酰亚胺、酚醛—环氧、无机胶等;耐冷热循环工作条件的胶黏剂有:硅橡胶胶黏剂、环氧—酚醛胶、聚酰亚胺胶等;耐水耐湿热、抗老化性能好的胶黏剂有酚醛—丁腈胶;对于大型设备,须用室温固化胶黏剂等。

④粘接工艺实施的可能性、经济性与胶黏剂的来源等情况。

(2)设计和制作粘接接头。胶黏剂粘接接头的力学特征是具有较强的抗拉和抗剪强度,但是抗弯曲、抗冲击及抗剥离强度较低。因此,在设计粘接接头时应尽量使接头承受或大部分承受与粘接面垂直方向上的应力或剪切应力,避免承受弯曲应力和剥离力。制作接头时,在结构上应尽量增大粘接面面积,提高粘接效果。例如采用斜接、台阶式搭接、套接、嵌接、凹型对接等。若条件允许时,可以采用粘—铆、粘—焊、粘—螺纹连接等复合形式接头。

(3)粘接面处理。粘接面的清洁是实现牢固粘接的重要环节。粘接前必须对粘接面进行认真仔细的清洁。对普通工件,可先用棉纱等擦拭表面,再用汽油等有机溶剂进行脱脂去油,然后进行除锈及氧化处理,并使表面粗糙化,再用溶剂擦拭除油后即可进行粘接。如果要求粘接强度很高、耐久性很好,或粘接铝、铜、不锈钢等,应在进行完成上述表面处理步骤之后,用酸蚀法、阳极刻蚀法等进行表面活化处理,处理完毕用清水冲洗并干燥后再进行粘接。

(4)配制胶黏剂。大部分的有机胶黏剂都是配制好的,可以直接使用。还有一些胶黏剂是需要现场临时配制的，配制时应严格按规定的条件、配方、配比及调制程序进行。有些胶黏剂的成分是易燃有毒的，操作时，应注意通风、防止中毒、发生火灾等。

(5)涂胶、凉置。经过预处理的表面应尽快涂上胶水。按胶黏剂状态（液态、糊状、胶粉等）不同，可用刷、刮、喷、浸等方法。涂胶时应使胶水涂遍整个粘合面，且厚度均匀，厚度范围在0.05～0.20mm之内为宜。

对含溶剂的胶黏剂在涂胶后须凉置一定时间，待溶剂基本挥发后再进行粘接，否则固化后胶层结构松散、有气孔，从而使黏结强度下降。橡胶型胶黏剂可在室温下凉置，酚醛-缩醛胶室温凉置后还要在60～70℃温度下烘干。

(6)固化。胶黏剂固化是通过一定方式使涂于粘接面上的胶黏剂变为固体，并具有一定的强度，从而达到连接的目的。

固化工艺有三个重要参数，即：温度、压力、时间。不同胶黏剂的固化条件不同。对室温固化的胶黏剂若适当提高固化温度可缩短固化时间提高固化强度；固化时施加一定压力有利于胶黏剂的扩散渗透和粘接面的紧密接触，并利于气体排除等。胶黏剂若需加热，其温升和冷却均须缓慢，以防应力及变形。

(7)质量检验与加工。检查粘接层有无翘起、剥离、夹空等。可对粘接件进行钳工加工和机加工。

二、无机粘接修复技术

1.无机胶黏剂

无机胶黏剂主要由硅酸盐、磷酸盐、硼酸盐、金属氧化物等物质组成。具有较好的黏附性及较高的耐热性。无机胶黏剂大多是由固、液两相物质混合而成的一种黏性糊状物，且通常是水溶性的物质。

船舶部件维修中常用氧化铜—磷酸铝无机胶。这种氧化铜无机胶黏剂的特点是：适用的温度范围较广，可在－183～950℃使用；耐湿、耐油、耐辐射、不易老化；配制简单、使用方便、室温下即可固化、成本较低；但耐酸、碱腐蚀性差、脆性大、不抗冲击。

2.无机粘接修复技术的特点

(1)毒性小、无公害、不燃烧。

(2)适用温度范围广，最大可在－183～3000℃范围内工作，耐热性能好。

(3)套接、槽接粘接时粘接强度高，但不适宜平接粘接。

(4)耐油、耐辐射，不易老化。但不耐酸、碱，耐水性差。

(5)可在室温下固化，固化时基本不收缩，稍有膨胀。

(6)脆性大，不抗冲击，粘接后的零件拆卸困难。

(7)粘接工艺简单、使用方便、灵活。

● 任务实施

一、有机粘接用于修理损坏的船舶部件

1.修理松动的过盈配合件

具有过盈配合的轴与孔配合件，长期使用后产生微动磨损，造成配合松动而影响使用性

能。例如,齿轮与轴的配合松动将影响传递运动。采用有机胶黏剂修理效果好、工艺简单、成本低;采用厌氧胶修理船用发电机轴与滚动轴承的配合松动、离心泵轴与叶轮的松动等均有明显的效果。

2. 修理腐蚀损坏的部件

由于电化学腐蚀造成的柴油机气缸套、气缸体的损坏,各类舱室和隔舱壁的破坏;由于穴蚀造成的螺旋桨桨叶损坏、气缸套外圆表面损坏等,均可在腐蚀面积大,但深度较小并且尚未危及零件强度的情况下采用有机胶黏剂进行修理。例如,某船 Sulzer RND76 型主机的第二、第三缸的气缸体内壁上的数条深 5mm、宽 10mm、长 800mm 的腐蚀凹坑,采用有机胶黏剂修理,修补时间短、费用低、质量可靠,经 0.4MPa 水压试验无渗漏。

3. 修补裂纹和断裂的部件

柴油机气缸盖进气阀孔壁裂纹,船舶管系的裂纹、漏洞,油柜和水柜的裂纹或焊缝开裂等均可采用有机胶黏剂进行修补。

二、有机粘接用于船舶设备装配工作

1. 主柴油机机座的安装

主机机座在机舱安装定位时,可以采用有机胶黏剂进行机座安装或采用塑料垫块代替铸铁垫块,如图 4-11 所示。安装时,使铸铁垫块的厚度较要求尺寸少 0.5 ~ 1.0mm,不需研刮垫块,只需在垫块上、下表面和地脚螺栓孔涂以环氧树脂胶黏剂安装垫块和固定机座,不仅节省金属材料,更主要的是简化机座安装工艺,减轻了劳动强度和提高了安装效率。

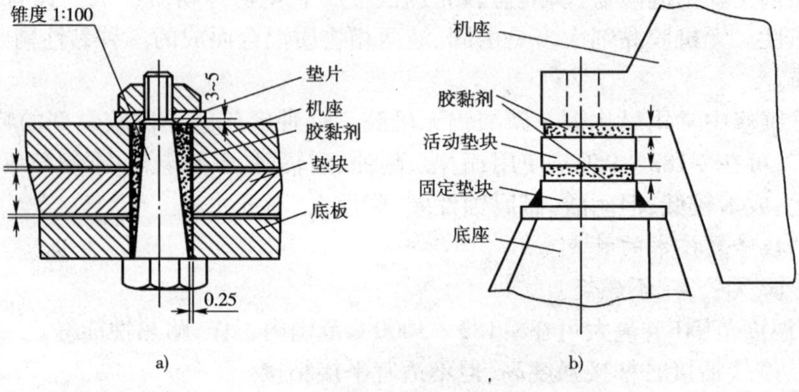

图 4-11　有机胶黏剂用于安装机座垫块

2. 桨与尾轴的装配

传统的桨与轴装配都采用金属键连接。为了简化桨与尾轴的安装工艺,一些中、小型船舶的螺旋桨与尾轴、泵与泵轴采用了环氧树脂粘接,省去键槽和大量的研刮工作,如图 4-12 所示。

3. 用作密封垫片

船舶设备中采用的密封垫片通常是静密封固体材料。如紫铜垫、橡皮、石棉纸、纸箔及白漆一丝麻等。这些固体垫片与零件之间往往会因接触面不平、不能相互吻合使密封性下降,还会因固体垫片材质不致密,安装时易错位、过度压缩、老化和腐蚀等造成漏泄,引起油、水、气的外溢。

目前,在很多场合开始使用高分子液态密封胶代替传统的固体垫片作为连接件的密封材料。液态密封胶在常温下呈黏稠液态,涂在零件结合面上形成一层具有黏性和弹性的可剥性密封垫片。这层密封垫片可填充结合面的不平并黏附于结合面上,使连接面达到完全吻合,因密封垫片弹性好且耐压,所以具有良好的密封性。

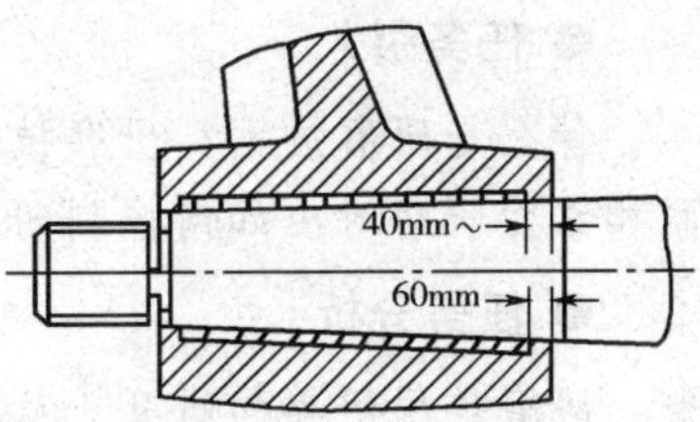

图 4-12　环氧树脂胶黏剂用于螺旋桨与尾轴的连接

液态密封胶用于各类泵、齿轮箱、空气压缩机等的法兰平面和结合面的密封;用于柴油机气缸套与气缸体、道门与机架的结合面;高压油管、水管和蒸汽管的接头和振动较大的锁紧螺母的防松上。例如,MAN 型柴油机气缸盖上、下部(上部为铸铁材料,下部为耐热钢)结合面间不密封,冷却水漏泄,采用 609 密封胶修理,取得良好效果。

在使用有机胶黏剂作密封材料时通常能改善密封效果,但需要根据具体情况适当采用。否则,有可能因连接过于牢固而造成在以后的检修中无法拆卸。

三、无机胶黏剂用于船舶部件修理

无机胶黏剂种类很多,氧化铜无机胶黏剂是磷酸盐类胶黏剂的一种,在船舶部件修理中被广泛采用。它由正磷酸、氧化铜粉和氢氧化铝按一定的比例和一定方法调制而成的,现场配用。

氧化铜无机胶黏剂的特点是:

(1)熔点较高。氧化铜无机胶黏剂的熔点可达 950℃。

(2)具有较宽的温度范围和较高的热稳定性,其耐低温可达 -183℃,可长时间在 500℃环境下工作,短时间能在 700 ~ 800℃下工作。

(3)具有高绝缘性和耐油性。

(4)不耐酸、碱,粘接强度较低,脆性较大。

氧化铜无机胶黏剂适用于受力不大,不需拆卸的紧固连接,用于修补处于高温环境的部件,适当场合下可代替焊接、铆接和过盈配合等连接方法。如用于气缸体与气缸套配合面上大面积铸造缺陷(砂眼)的修补;修理船舶管系腐蚀漏洞;增压器涡轮端壳体腐蚀等。

任务六　研磨技术

● 学习目标

一、研磨技术的知识目标

1. 了解研磨技术的工艺方法;

2. 了解研磨技术的工艺特点;

3. 了解研磨技术在船舶部件修复中的应用。

二、研磨技术的能力目标

1. 掌握研磨技术的基本操作方法;

2. 掌握控制部件研磨质量和效率的技术措施;

3. 能够针对不同损伤形式选择合适的研磨方式。

● 任务引入

什么是研磨技术?研磨技术适用于什么样部件修理?采用研磨技术有哪些工艺要求?平面和锥面研磨时应如何控制研磨质量?

● 任务分析

研磨是用研具和研磨粉从工件表面层磨去极细的金属屑,使工件具有准确的尺寸、形状和表面粗糙度,这种对工件表面进行最后一道精修的工序叫做研磨。

研磨是精密和超精密部件精加工的主要方法之一,是在精加工,如精车、精磨或精铣加工后的超精加工。其目的是降低部件表面粗糙度和控制精密尺寸。

通过研磨加工可使部件获得极高的尺寸精度、几何形状和位置精度,最高的表面粗糙度等级以及提高配合精度。部件的内、外圆表面、平面、圆锥面、斜面、螺纹面、齿轮的齿面及其他特殊形状的表面均可以采用此种方法进行加工。船舶主、副柴油机燃油系统中的三对精密偶件:柱塞—套筒偶件、针阀—针阀体偶件、出油阀—出油阀座偶件的内、外圆表面、圆锥面、平面在制造时都需要采用研磨进行精加工。在针阀—针阀体配合锥面磨损和柴油机的进排气阀配合锥面磨损后均需通过研磨予以修复,使配合面恢复密封性能。

● 相关知识

一、研磨原理

研磨是将研磨剂均匀地涂在研具上,当受到部件或研具的压力后,部分研磨剂就嵌进研具内。部件与研具在相对滑动或滚动的情况下,通过嵌入的研磨剂的微切削作用,在磨损表面进行磨削;同时由于研磨剂的化学作用,在部件表面生成易被磨削的氧化膜,从而加速研磨过程。所以研磨加工是机械、化学联合作用完成的精密加工。

采用研磨技术时,部件研磨的质量和效率通常与研磨压力、研磨速度和研磨时间等因素有关。

1. 研磨压力

在实际应用的压力范围内,研磨效率随压力增加而提高。研磨压力取决于部件材料、研磨工具材料和外界压力等因素。研磨压力越大,研磨掉的材料越多,表面越粗糙;压力越小,被磨掉的材料越少,表面越光洁。压力过小则研磨效率大大降低。常用的压力范围为 0.05 ~ 0.3MPa,粗研宜用 0.1 ~ 0.2MPa,精研宜用 0.01 ~ 0.1MPa。

2. 研磨速度

研磨速度影响研磨效率,通常研磨速度增加将使研磨效率提高。研磨速度取决于部件加工精度、材质、重量、硬度、研磨面积等。一般研磨速度在 10 ~ 150m/min。速度过高,产生的热量较多,引起零件变形、表面加工痕迹明显等质量问题,所以精密部件研磨速度不应超过 30m/min。一般手工粗研往复次数为 30 ~ 60 次/min,精研为 20 ~ 40 次/min。

研磨时部件与研磨工具运动方向应周期变换,使研磨剂均匀分布在部件表面上并加工出纵横交叉的切削痕,以均匀研磨部件表面;研磨表面上各点相对于研磨工具表面的滑动路程相等，以达到均匀磨削的目的。

3. 研磨时间

研磨初期，因研磨剂磨粒锋利，微切削作用强，部件研磨表面的几何形状误差和粗糙度得以较快地纠正。所以，粗研时选用较粗的研磨剂、较高的压力和较低的速度进行研磨。随着研磨时间的延长，磨粒钝化，微切削作用下降，不仅零件精度不能提高，反而由于热量增加使之下降。粗研时间取决于研磨剂的切削性能，为提高研磨效率，当研磨剂磨粒钝化，研磨效果差时应立即更换研磨剂。

精研时选用较细的研磨剂、较小的压力和较高的速度进行研磨，以获得精确的形状、尺寸和最高的表面粗糙度。精研时间一般约为 1 ~ 3min，超过 3min 研磨效果不显著。

二、研磨膏选择

研磨膏或称研磨剂，是在研磨粉中加入油溶性或水溶性辅助材料制成的一种混合剂。使用时，需用研磨液稀释后才能进行研磨。研磨粉是具有一定粒度的磨料。

1. 磨料

磨料的种类很多，常分为粗、中、细三种。粗研磨时选大号，半精或精磨时选小号。

常用的磨料有以 Al_2O_3 为主要成分的各种刚玉（棕刚玉、白刚玉和铬刚玉）、以 SiC 为主要成分的各种碳化硅（黑碳化硅、绿碳化硅、立方碳化硅）、碳化硼和 Cr_2O_3 等。

磨料的粒度是指磨料颗粒的尺寸大小，粒度号是根据 1 英寸长度上有多少个孔的筛网而定。按磨粒的颗粒尺寸范围和粒度号分为磨粒、磨粉、微粉和超微粉四种，如表 4-1 所示。研磨加工仅使用粒度号为 100 以上的磨料，称为研磨粉。研磨加工常用的磨粒粒度号及其所能达到的表面粗糙度分别如表 4-2、表 4-3 所示。

磨料粒度号及对应的磨粒公称尺寸　　表 4-1

种　类	粒 度 号 范 围	基本颗粒尺寸范围(μm)
磨粒	12 ~ 80	2000 ~ 160
磨粉	100 ~ 280	160 ~ 40
微粉	W63 ~ W5	63 ~ 3.5
超微粉	W3.5 ~ W0.5	3.5 ~ 0.5 至更细

常用磨料粒度基本范围　　表 4-2

加 工 方 法	粒　度	应 用 场 合
粗研磨　精研磨	100 ~ 240，240 ~ W14	一般零件的研磨
粗研磨　半精研磨　精研磨	W14 ~ W10，W7 ~ W5，W5 以下	精密零件、量具、刃具的精密研磨

常用磨料加工能达到的表面粗糙度　　表 4-3

加 工 方 法	磨 料 粒 度	能达到的表面粗糙度(μm)
粗研磨	240 ~ W40	$Ra0.20$
半精研磨	W28 ~ W10	$Ra0.10 \sim Ra0.025$
精研磨	W7、W5	$Ra0.012 \sim Ra0.006$

磨料的研磨性能与其粒度、硬度和强度有关。磨料的硬度是指磨料表面抵抗局部塑性变

形的能力。研磨加工是利用磨粒与部件材料的硬度差来实现的,所以磨粒硬度越高,切削能力越强,研磨性能越好;磨料的强度是磨粒承受外力不被压碎的能力。磨粒强度越高,切削力越强,寿命越高,研磨性也越好。以金刚石的研磨能力为准,设为1,其他磨料的研磨能力分别为:金刚石1.0;碳化硼0.5;绿碳化硅0.28;黑碳化硅0.26;白刚玉0.12;棕刚玉0.10。

2. 研磨膏

研磨膏分为油溶性和水溶性两大类。油溶性研磨膏使用时需用航空汽油、煤油或机油等研磨液稀释。油溶性研磨膏可使加工表面获得极高的粗糙度等级和精确尺寸。水溶性研磨膏使用时需用水、甘油等研磨液稀释。研磨液需具有一定的黏度和稀释能力,以粘吸磨料和使之均匀;具有较好的润滑和冷却能力,及具有化学活性和无腐蚀性,以加速研磨的化学作用。

研磨分为粗研、半精研、精研三种。精密零件的粗研可选用W14~W10的氧化铝研磨膏;半精研选用W7~W5的氧化铬研磨膏;精研和偶件互研时可选用W5以下的氧化铬研磨膏。

三、研磨工具

研磨是精密部件加工制造的最后工序,也用于精密部件的修复。研磨时,部件与研具表面接触并作相对运动,研具的几何形状精度直接影响零件表面的加工精度。因此,对研磨工具要求较高,不仅要制造精度高,而且耐磨。

研磨工具有手工研具和机械研具。按研磨工具工作表面形状分为研磨平板、研磨尺、研磨盘、研磨棒、研磨套和研磨环等;按研磨工具的用途分为平面、外圆、内孔、锥面、球面、螺纹、齿轮等。为了使磨料能嵌入研磨工具,研磨工具的材料要比工件软,但也不可太软,否则会使磨料全部嵌入而失去磨削作用。研磨工具的材料一般常用灰铸铁、低碳钢、铜、铝、铅、木材、丝绸和皮革等。

部件外圆或内孔研磨时,分别用机床夹持部件或研磨棒,使之按一定转速回转,然后用手握住研磨套或部件,涂上研磨膏使磨粒随研磨具作往复和回转运动进行研磨。

配合件配合面磨损、腐蚀用研磨进行修复时,则采用配合面上涂研磨膏使之相对运动相互研磨,即互研。

● 任务实施

船舶精密配合部件在制造过程中,通常都经过多次的研磨工序,以达到配合精度。在船舶上柴油机的进、排气阀和阀座、燃油系统精密偶件等的配合面磨损失效后,通常都是由操作人员进行研磨,通过自修恢复其使用功能的。

一、平面研磨修复

平面研磨是在平板上进行的。研磨平板的尺寸由研磨件的形状和大小来决定。研磨分为粗磨和精磨。粗磨在刻槽的平板上进行,精磨在光滑的平板上进行。

船舶部件工作表面或其他配合面为平面的配合件,当平面发生磨损或腐蚀时,可在高精度的研磨平板上手工研磨修复。

研磨前,先将部件加工表面和平板清洗干净,然后在平板上均匀涂一层薄的研磨剂。把工件需要研磨的表面合在平板上,一般以旋转和直线移动相结合的方法,按8字形轨迹沿平板的全部表面进行研磨。研磨时,压力应均匀,以免部件过热变形。如果部件过热,就得停止研磨,等部件冷却后再研磨。研磨一段时间后,将部件转动一定角度再继续研磨,目的是使研磨更加均匀。一般圆形部件转120°,方形部件转90°,矩形部件转180°。

柴油机高压油泵套筒端面密封不良的研磨修复,就是在铸铁平板上进行的。研磨时,在平板上涂以极少量的金刚砂研磨剂,用手轻轻握住套筒进行研磨,部件的运动轨迹呈“8”字形,如图4-13所示,并按图中箭头所示来回移动,同时还需按时把部件调转120°。只有这样才能使部件磨耗均匀,不会产生倾斜。直到平面上的伤痕磨去后(注意不能磨得过多),再用煤油把套筒和平板上的研磨剂洗净,然后在平板上滴上几滴机油进行清磨1~2min,最后再与相对应的配合平面互研即可。

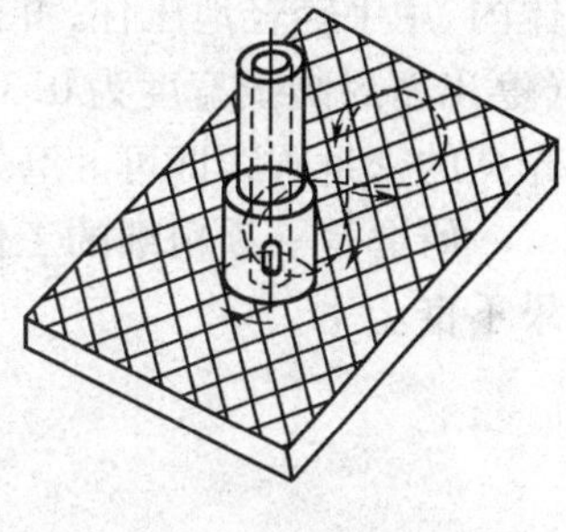

图4-13 高压油泵套筒端面密封不良的研磨

船舶上的空压机阀片、制冷压缩机阀等修理时均需采用平面研磨。

二、锥面的研磨

研磨圆锥形表面是船舶部件检修中经常进行的工艺操作,因为船舶上这类部件很多,如旋塞,一般阀门、安全阀,柴油机进排气阀和喷油头等。各种阀的结合部位都应有良好的密封性,以保证不漏气、漏水和漏油。为了达到密封的要求,正确地掌握研磨方法是必要的,现简单介绍如下。

1. 阀的研磨

拆开阀盖,用煤油清洁阀和阀座后,观看锥形阀和阀座有无伤痕。还要观看锥形面(俗称阀线)是否太宽。如果锥阀或阀座上有伤纹或阀线太宽,可用砂布把伤纹磨去,再用粗研磨剂进行粗磨,即在阀的接触面上均匀地涂上研磨剂,将阀贴在阀座上略加压力往返旋转30°~45°,每旋转6~7次后即把阀转过45°再旋转研磨。如果是钢制阀,还要把阀和座碰几下再转向研磨。每磨1~2min便擦去阀和座上的研磨剂观看质量,然后重新涂上研磨剂再研磨。精磨的方法与粗磨相同,但不要用很大压力,速度要快一些,直到把阀座磨得光亮后,再用机油磨1~2分钟,如观察阀面上的一条磨纹没有中断,而且色泽均匀一致,工作即告完成。阀的研磨质量可采用划铅笔的方法进行检查,即在阀的研磨面上用软铅笔划若干条与锥形面成垂直的线,然后与阀座对磨一下,观察这些线条是否全部被磨断,如果不断,则证明质量不好,需重新研磨。在条件许可的情况下,质量好坏可通过渗漏试验进行检查,确认不漏时才能装复。

2. 柴油机进排气阀和油头针阀的研磨

(1)气阀研磨。气阀拆出后,如发现锥形面上有麻点或局部变黑,就必须研磨。研磨时是否先粗磨后细磨,这要根据阀和座的表面情况来决定。如果表面情况还可以,只用细磨即可。研磨时,首先在阀的表面均匀涂一层研磨剂,装上气阀,一方面用适当的力压紧,另一方面通过手柄将气阀左右旋转(即采用旋磨与撞击相结合的方法)。磨时应注意旋转数次之后,将气阀转到一个新的位置,以免研磨剂集中而将气阀磨得凹凸不平。磨一段时间后,应将气阀取下擦净,重涂研磨剂(从粗号、中号至细号)再磨。这样一直磨到阀面上有一圈黝黑色光圈和没有细小纹路为止,然后把研磨剂用煤油洗净,再用机油研磨,使配合更加紧密。磨好后的气阀可用软铅笔划上线条进行检查,中间没有间断,也没有光亮的细线痕迹即可。

(2)喷油嘴针阀研磨。针阀研磨主要是阀锥面研磨,首先应洗净擦好并在针阀导向柱表面涂上少许润滑油进行润滑,再在针阀阀锥面上均匀地点上几点研磨剂,然后将针阀放入针阀体内,用手轻轻地压住,并进行旋转和轻轻地敲击,使锥形阀面互相研磨。随着阀面的磨出(磨出密封阀线宽度为0.3~0.5mm),再把针阀取出洗净后,用滑油进行研磨,直到出现明显光亮的密封阀线即可。磨好的喷油嘴应经雾化试验,在正常启阀压力下,雾化良好不滴油。

研磨是一项精细的工作,研磨中的清洁尤为重要,并应细心、耐心地研磨,操之过急,则效果不良。

任务七　部件表面强化技术

● 学习目标

一、部件表面强化技术知识目标

1. 了解表面强化技术的工艺方法;
2. 了解表面强化技术的工艺特点;
3. 了解表面强化技术在船舶部件修复中应用。

二、部件表面强化技术能力目标

1. 掌握部件表面强化技术的基本操作方法;
2. 掌握控制部件表面强化质量和效率的技术措施;
3. 能够针对不同损伤形式选择合适的表面强化方式。

● 任务引入

什么是部件表面强化技术?为什么要对部件表面进行强化技术处理?现代船舶部件进行表面强化时主要采用哪些方法?不同部件表面强化方式有哪些工艺要求?

● 任务分析

船舶设备中许多重要部件在承受较大的应力、润滑条件差且与其他部件发生摩擦的环境下工作,虽经一系列表面热处理使工作表面具有高的强度、硬度、耐磨性和疲劳极限,但仍不能满足使用要求。如发动机中的缸套、曲轴轴瓦、曲轴轴颈等重要零件,往往在设备的一个大修期内需修复或更换两三次。这将严重影响到机械的使用效率和经济寿命。

部件的表面处理就是要使部件的工作表面经较理想的表面强化、处理工艺,大大提高部件的强度、硬度、耐磨性和抗疲劳性。

● 任务实施

除了传统的表面冷作强化外。现代表面处理技术发展很快,如真空熔结、粒子氮化、激光处理、表面镀铬、复合镀、物理气相沉积、化学气相沉积、加铜滚压及电接触加热表面处理等。

一、表面冷作强化技术

表面冷作强化技术是利用金属的塑性特点,在一定条件下使金属表面在外力作用下产生塑性变形和表层组织结构的改变而不破坏金属整体形状的加工法。

船舶设备中许多部件是在重复、交变动载荷下工作的,它们的失效多是由于材料的"疲劳”。部件经堆焊、电镀等修复后,疲劳强度和使用寿命常有不同程度的降低。为此,对某些重要部件,在堆焊、电镀修复后,需要进行一次冷加工表面强化处理。简称冷作强化。

冷作强化是使部件表层产生残余压应力。当部件承受交变载荷时,只有当载荷的拉应力与残余应力抵消后,仍超过疲劳极限时,才有可能发生断裂,从而大大提高了零件的疲劳强度。

常用的冷作强化方法有射丸、滚压及敲击等。

1. 滚压强化

滚压通常用来加工轴类部件的表面,但也可以用于内孔表面加工。

它是用很硬的滚子对部件表面滚压,使部件形成紧密的冷作硬化层,并降低部件的表面粗糙度,得到强化表面。

滚压加工虽能大大降低表面粗糙度,但尺寸和形状精度的提高不明显,特别是钢和铸铁件,滚压后表面受弹性变形恢复的影响,修正尺寸误差和形状误差的能力较低。因此,滚压加工前,部件各部精度应符合要求。

表面经滚压后产生残余压应力,减少了切削痕迹等表面缺陷,降低了应力集中程度,疲劳强度一般提高 10% ~20%。承受较大交变应力的轴类部件,圆角经滚压后,疲劳强度可提高 60% 以上。所以,曲轴、凸轮轴、变速器轴等,常在机加工中安排圆角滚压工序。

2. 挤压强化

挤压强化是利用挤刀或钢球等挤压工具,对工件表面施加一定力,使其产生塑性变形,从而使表层产生冷硬或残余应力,以提高其硬度和强度的加工工艺,如图 4-14 所示。

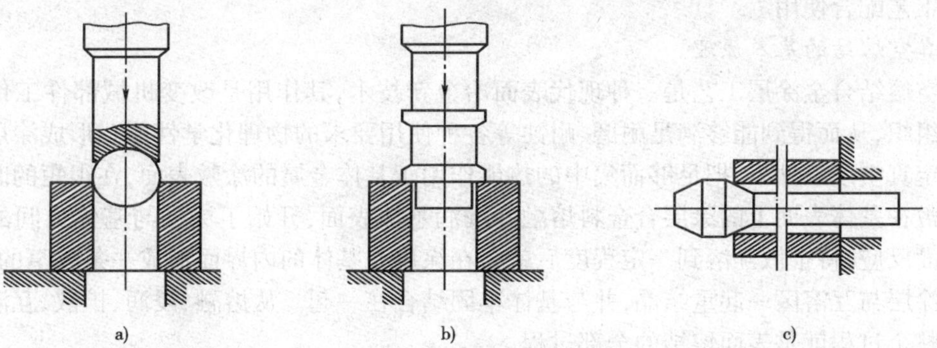

图 4-14　内孔挤压

a)用滚珠推压;b)用挤刀推压;c)用挤刀拉压

挤压强化往往只用于内孔加工。其挤压过程是通过对挤压工具施加推力或拉力完成的。如用钢球挤压内孔时,因钢球本身不能导向,为获得较高的轴线直线度的内孔,挤压前孔的轴线应具有较高的直线度精度。此方法适用于浅孔的加工。

挤压过盈量大小与材料、工件孔径和壁厚有关。过盈量太小,粗糙度和精度达不到要求;过盈量过大,表面会产生刮伤和拉毛。

挤压中需要润滑剂,钢用机油加少量石墨,青铜用稀机油,铝合金用肥皂即可。

3. 射丸强化

射丸有喷丸和抛丸两种形式,喷丸是用 400 ~500kPa 压力的压缩空气,将小铁丸高速喷向零件表面。抛丸是用旋转的圆盘将小铁丸抛向零件的表面。小铁丸粒高速射向零件表面,使表面冷作硬化和产生残余的压缩应力而提高其疲劳强度。例如:船体钢板在进行预处理时,通常会采用射丸强化技术进行表面处理。

4. 敲击强化

零件的花键槽、焊缝、圆角更适宜用敲击强化。

用气铆枪可以改装成敲击工具,用它敲击机架纵梁焊缝两侧可使焊缝疲劳强度提高 2 ~4 倍。敲击次数达 1600 ~3000 次/min,敲击能量为 6 ~12N · m。

敲击头可装一个滚,也可以装一个直径为 1.2 ~3mm 直径的弹簧钢丝束。后者用来敲击键槽或圆角。

5. 水流喷射强化

近些年,国外用高速水流喷射软钢表面,以达到强化、防腐、改善疲劳强度的目的。其优点是:喷射的覆盖性好,能获得均匀光滑的表面,且切削、磨削都不能再使水流喷射后的表面粗糙度降低;水流喷射引起的残余应力不像喷丸分布的那样深,数值也较小;由喷水动能转化的热量能导致大量蒸汽的产生,喷射区域的表面温度与一般喷丸不一样,且成本也比一般喷丸低。

上述表面强化只能对耐受弯曲、扭曲的部件有效。对于受到接触压应力的表面(如齿轮轮齿表面及滚动轴承外座圈等)强化,反而有害。

二、真空表面熔结技术

真空表面熔结技术可以制备各种合金涂层。熔结涂层工艺可单独采用,也可与电镀、喷涂等其他工艺配合使用。

1. 真空熔结的基本原理

真空熔结合金涂层工艺是一种现代表面冶金新技术,其作用是改变机械部件工作表面的成分与组织,从而得到能够满足耐磨、耐蚀等各种使用要求的物理化学性能。形成涂层的过程是在一定真空度条件下,把足够而集中的热能作用于基体金属的涂敷表面,在很短的时间内使预先涂敷在基体表面上的涂层合金料熔融并浸润基体表面,开始了涂层与基体之间的扩散互溶与界面反应,待扩散互溶到一定程度后就会在涂层与基体的内界面形成一条狭窄的互溶区。冷凝时涂层与互溶区一起重结晶,并与基体牢固结合在一起。从熔融、浸润、扩散、互溶以至重结晶的整个过程就是表面熔结的全部过程。

2. 真空熔结的形式

根据采用热源与装置的不同,真空熔结方法有炉熔法、感应熔结法、装合熔结法和电子束或激光熔结法四种。

(1)炉熔法。在真空或氩气中以电阻元件为辐射加热源的炉中熔结是应用较多的一种熔结方法。真空环境不仅对涂层合金与金属基体有防氧化保护作用,且在涂层合金粉熔化时容易排除熔融体中的气体夹杂而得到比较致密的合金涂层。当涂层粉料中含有 AL 或 Ti 等活性元素时,真空度需高于 1×10^{-8} MPa;而熔结一般粉料时真空度只需 1×10^{-5} MPa 即可。炉熔法的优点是简便易行,适用于对各种形状金属部件进行高质量的涂层;而缺点是对基体有中等程度的热影响。

图 4-15 是钼丝加热炉真空系统示意图。它包括电动机、真空泵、电磁阀、隔离阀等。

(2)感应加热法。感应加热法是利用感应热对部件局部进行涂敷合金的局部强化处理的方法。感应熔结法一般只适用于较小圆形部件的上表面进行熔结，涂层中难免有少量气孔杂质，但对基体的热影响较小。如把柴油机挺杆的顶部置于感应圈中，顶部凹槽内盛满 NiCrBSi 合金粉，在合金粉上再覆盖硼砂，如图 4-16 所示。当挺杆顶部受感应加热时，硼砂首先熔融起到了焊剂的保护作用，继续升温至 1200℃左右时，涂层合金粉熔融，数秒钟后即对挺杆淬冷。冷凝后合金涂层的硬度可高达 HRC60～62。

(3)装盒熔结法。在部件合金基体上电镀一层金属，再浸涂熔结料浆，待干燥后悬置元件在一个盒子内，待盒内充满氩气或抽成真空之后送入熔结炉中加热到一定温度进行熔结，形成表面熔结层的方法称为装盒熔结法。

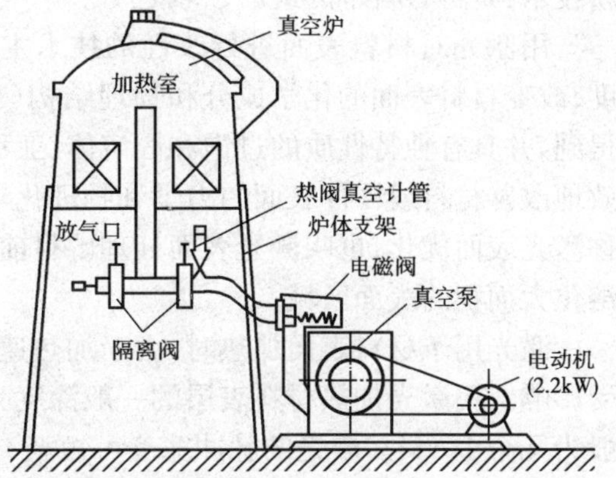

图 4-15　钼丝加热炉真空系统示意图

(4)电子束或激光熔结法。利用能产生极高热流的电子束或激光这些高密度能源把已喷涂好的涂层进行处理，也可把带有涂层合金粉的氩气流同高密度能源产生的能束一起打在基体表面上，形成合金涂料的熔池，扫描之后，冷凝成结合牢固的合金涂层，如图 4-17 所示。

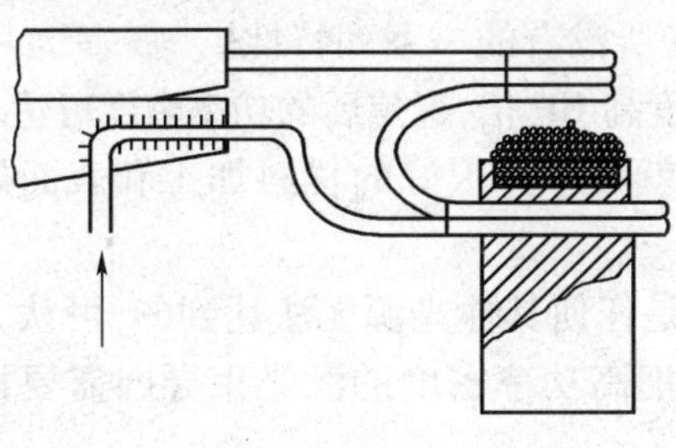
图 4-16　感应熔结法

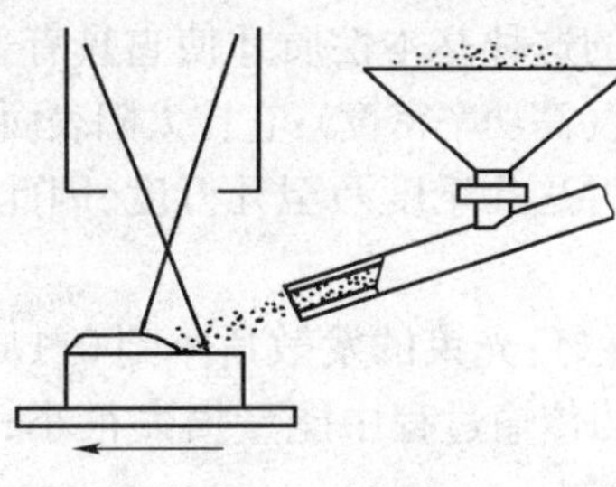
图 4-17　激光熔结法

3. 真空表面熔结技术的功能与应用

真空熔结技术具有涂层、成型、钎接、封孔和修复五大功能。

真空熔结技术可在部件表面制备耐磨耐蚀的合金涂层，也可制备多孔润滑涂层和新型的非晶态涂层。如大功率柴油机需要的既耐磨又可形成一层润滑油膜，减少摩擦的多孔性活塞环就可用真空熔结技术制造。

许多在高压下使用的不锈钢铸件或焊件，往往因本身不够致密，有许多毛细孔或微观隙缝等缺陷，造成漏气渗液而无法使用。将部件表面清洗干净，放在真空熔结炉中，熔结一层 Ni-基或 Co-基自熔性合金涂层，可以完全密封住所有的表观和微观缺陷。

真空熔结技术不仅可以制造新件也可以修复已经磨损或断裂的旧件，是一种非常实用的修复技术，船舶设备上许多精密贵重部件及断裂部件，都可通过真空熔结技术进行修复。如采用 Ni-Cr-B-Si-81A 涂层合金修复的柴油机气阀阀面，能适应柴油机排气时的高温、磨损及燃气腐蚀的工作条件。

三、激光表面强化技术

采用激光对材料表面进行改性或合金化的技术，是近十几年来迅速发展起来的材料表面新技术;是材料科学的最新领域之一。

用激光对材料表面进行改性的技术主要是利用脉冲激光器可获得极高的加热和冷却速度,改变材料表面的化学成分和物理结构(包括相结构和显微结构),获得某些其他方法难以得到,并具有独特性质的过饱和固溶体、亚稳相、超细化晶体结构、陶瓷化合物和非晶态等,有效地改善材料或零件表面的力学和物理化学性质,开辟了材料表面强化的新领域,这些方法统称激光表面优化,也叫激光表面处理。目前的激光发生器已有足够的能量在短时间内加热和熔化大面积的表面区域。

激光用于材料表面加热时,由于加热速度极快,所以整个基体的温度在加热过程中可以不受影响。用激光加热材料表层的一般深度为几微米,加热熔化这些微米级的表层所需能量一般为几个 J/cm^2。激光的脉冲宽度可短至 10^{-12}s。它们的能量沉积功率密度可以相当大,在被照物体上,由表面向里能够产生 $10^6 \sim 10^8$ K/cm 的温度梯度,使表面薄层迅速熔化。正因为达到了这样高的温度梯度,冷的基体又会使熔化部分以极快的速度冷却,使固液界面以每秒几米的速度向表面推进,使凝固迅速完成。

1. 激光的特性

激光的发光是以激辐射为主,发光物质中大量的发光中心基本上是有组织地、相互关联地产生光发射的。各个发光中心发出的光波具有相同的频率、方向、偏振态和严格的位相关系。正是由于激光的这种基本性质才使它具有普通光所没有的一系列特性。

(1)高亮度(高功率密度):它比太阳表面的亮度高 10^{10} 倍,聚焦后的功率密度可达 $10^{14}W/cm^2$。焦斑中心温度可达几千度乃至几万度,因此激光就可作为很好的材料加工和表面处理的理想热源。

(2)方向性好:光束的发散角小到 0.1mrad,是任何其他光源无法达到的,可认为接近平行光束。这样光的传输过程中能量损失很小,可以把高功率密度的激光束导向需要加工和处理的部位,便于控制。

(3)单色性和相干性好:激光的光谱线宽可以调制至小于 10^{-7} Å,根据加工需要把焦斑调节适当。当切割和焊接时,把光斑调至 0.2mm 以下;激光表面处理时,光斑比较大,并可以通过光镜的调制获得矩形或线形光束,根据零件的特点进行处理。

2. 激光表面处理的特点

激光表面处理技术有激光固态相变硬化、激光合金化、激光涂敷、激光“非晶态处理”、激光冲击硬化和激光化学反应涂层等,尽管各种具体技术的方法和应用场合不同,但在对零件的改性处理中,它具有一些比其他表面改性技术更突出的优点:

(1)改性层有足够的厚度,适应工程需要。激光改性层厚度一般在 0.10~1.0mm,激光涂敷则可根据需要增加厚度。

(2)结合状态良好。激光处理中改性层和基体材料之间或改性层内部都是致密的冶金结合,不会发生改性层和基体之间的脱落。

(3)高功率密度的激光,能量集中,适于进行局部表层处理,对零件整体热影响小,因此对一些细长的杆件,导轨和薄片的处理,热影响和热变形都很小。

(4)工艺柔性大。激光器本身作为一个独立单元,可用导光系统将激光导向需要处理零件的局部,如深孔、内孔、盲孔、凹槽等。

(5)工艺操作简单,而且灵活。激光功率、光斑大小、扫描速度可以随意调节,只要把需处理的零件置于工作台上,配以微机程控系统可以方便地实现自动化生产。

(6)多数情况下可在大气中进行,无环境污染、噪声低、无辐射,无需介质,不会造成公害,可以很大程度地改善劳动条件。

激光表面处理技术包括激光技术、机电技术和材料分析技术,其中以激光技术最关键。首先是激光器的输出功率水平,再者是输出光束的质量。

四、电火花表面强化技术

电火花表面强化工艺是通过电火花的放电作用把一种导电材料涂敷熔渗到另一种导电材料的表面,从而改变后者表面的性能。如把硬质合金材料涂到用碳素钢制成的各类刀具、量具及部件表面,可大幅提高其表面硬度(硬度可达 HRC70 ~ HRC74)、增加耐磨性、耐腐蚀性,提高使用寿命 1 ~2 倍。因此,电火花表面强化技术可用于部件的表面强化和磨损部位的修补。

图 4-18 是电火花强化机原理图,它主要由脉冲电源和振动器两部分组成。较简单的脉冲电源采用图中的 C—R 弛张式脉冲发生器。其中直流电源、限流电阻 R 和储能电容器 C 组成充电回路,而电容器 C、电极、工件及其连接线组成放电回路。通常,电极接电容器 C 正极,而工件接负极。电极与振动器的运动部分相连接,振动的频率由振动器的振动电源频率来决定。振动电源和脉冲电源组成一体,成为设备的电源部分。

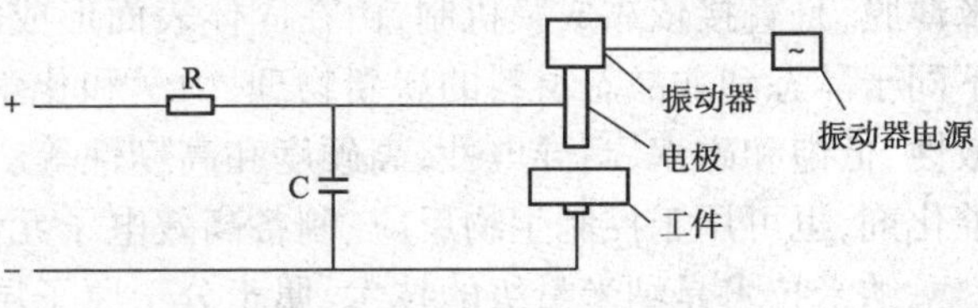

图 4-18　电火花强化机原理图

电火花强化一般是在空气介质中进行,强化过程如图 4-19 所示,图中箭头表示当时电极的运动方向。其中图 4-19a)表示电极并未接触到工件时,强化机直流电源经电阻 R 对储能电容器 C 充电;图 4-19b)表示电极向工件运动而无限接近工件时,间隙击穿而产生火花放电,强化机电容 C 上所储存的能量以脉冲形式瞬时输入火花间隙,形成放电回路通道,这时产生高温,使电极和工件上的局部区域熔化甚至气化,随之发生电极材料向工件迁移和化学反应过程;图 4-19c)表示电极仍向下运动接触工件,在接触处流过短路电流,使电极和工件的接触部分继续加热;图 4-19d)表示电极以适当的压力压向工件,使熔化了的材料相互熔结、扩散,并形成新合金或化合物;图 4-19e)表示电极离开工件,除了有电极材料熔渗进入工件表层深部以外,还有一部分电极材料涂覆在部件表面。这时放电回路被断开,电源重新对强化机电容器 C 充电。至此,一次电火花强化过程完成。重复这个充放电过程并移动电极的位置,强化点相互重叠和融合,在工件表面形成一层强化层。

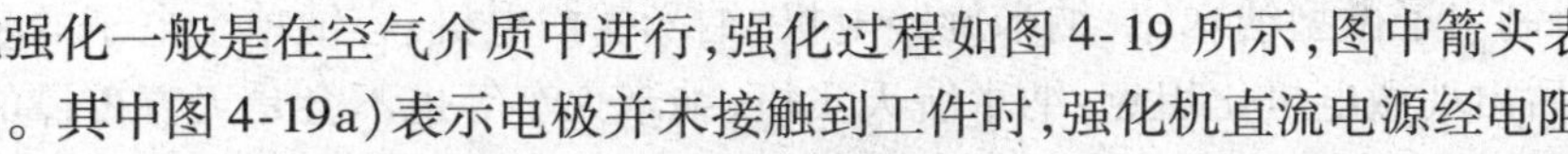

图 4-19　电火花强化过程示意图

金属零件表面之所以能够强化,是由于在脉冲放电作用下,金属表面发生超高速淬火、渗氮、渗碳及电极材料的转移四个方面的物理化学变化。

电火花表面强化层的金相组织变化、强化层厚度、硬度及耐磨性、耐腐蚀性等均与电极材料、部件材料及强化条件有关。

五、金属材料表面纳米技术

近年米，纳米材料和纳米技术的研究异常活跃，这主要是由于纳米材料具有独特的结构和优异的性能，对纳米材料的研究不但进一步深化了人们对固体材料本质结构特征的认识，也为新一代高性能材料的设计、开发提供了技术基础。

1. 纳米材料与纳米技术

纳米（nm）是一种长度计量单位。1nm 是 1m 的 10 亿分之一。纳米材料是由无数超微粒子组成的聚合体，可分为三类：一是纳米微粒，指晶粒尺度为 1 ~ 15nm 的超微粒子；二是纳米固体，是由大量超微粒子在保持新鲜表面的情况下，经过加压成型而获得的固体材料；三是纳米薄膜，是直接依靠成膜机制，由在固体表面形成的纳米晶粒组成的膜层。纳米材料具有许多不同于晶态和非晶态材料的崭新物理、力学和化学性质，如高热膨胀率、高强度、高热容、高扩散性、低饱和磁率、高导电性、高硬度和高韧性等。可用作高密度信息处理材料、化学反应中的催化剂，也可用于控制生物反应、制备高效电子元件等。

纳米技术是纳米量级的技术、属于分子原子层次上的加工制作技术。运用纳米技术制作出来的器件和材料有许多优越的特性和功能。如超微型机器人，只有人的头发丝那样粗细，可在人体血管中穿行，清除血管壁上的沉积物和疏通血栓；纳米金属材料能强烈吸收电磁波，可用作隐形飞机吸收雷达波的材料；纳米陶瓷有很高的硬度和韧性，不易破碎，等等。纳米技术可广泛应用于船舶机械制造与维修、微电子工业、生物工程、化工、医疗器械等科研和生产领域。人类已研制出了微型纳米钳、纳米旋转电机、纳米摇摆电机、容纳单个电子的量子点、微型光调器等，今后出现微电机化坦克、纳米航天飞机、纳米火车等也不会是天方夜谭的神话。

2. 金属材料纳米表面技术的基本原理

金属材料表面上获得纳米结构表层有 3 种基本方式：表面涂层或沉积、表面自身纳米化和混合方式，如图 4-20 所示。

（1）表面涂层或沉积。首先制备出具有纳米尺度的颗粒，再将这些颗粒固结在材料的表面，在材料上形成一个与基体化学成分相同（或不同）的纳米结构表层。这种材料的主要特征是：纳米结构表层内的晶粒大小比较均匀，表层与基体之间存在着明显的界面，材料的外形尺寸与处理前相比有所增加，见图 4-20a）。

许多常规表面涂层和沉积技术都具有开发、应用的潜力，如电镀和电解沉积等。通过工艺参数的调节可以控制纳米结构表层的厚度和纳米晶粒的尺寸。整个工艺过程的关键是，实现表层与基体之间以及表层纳米颗粒之间的牢固地结合，并保证表层不发生晶粒长大。

（2）表面自身纳米化。对于多晶材料，采用非平衡处理方法增加材料表面的自由能，使粗晶组织逐渐细化至纳米量级。这种材料的主要特征：是晶粒尺寸沿厚度方向逐渐增大，纳米结构表层与基体之间不存在界面，与处理前相比，材料的外形尺寸基本不变，见图 4-20b）。

由非平衡过程实现表面纳米化主要有两种方法：表面机械加工处理法和非平衡热力学法，不同方法所采用的工艺技术和由其所导致的纳米化的微观机理均存在着较大的差异。

①表面机械加工处理法。在外加载荷的重复作用下，材料表面的粗晶组织通过不同方向产生的强烈塑性变形而逐渐细化至纳米量级。

典型的表面机械加工处理设备如图4-21所示。在一个U形容器中放置大量的球形弹丸，容器的上部固定样品，下部与振动发生装置相连，工作时弹丸在容器内部做高速振动运动，并以随机的方向与样品发生碰撞。

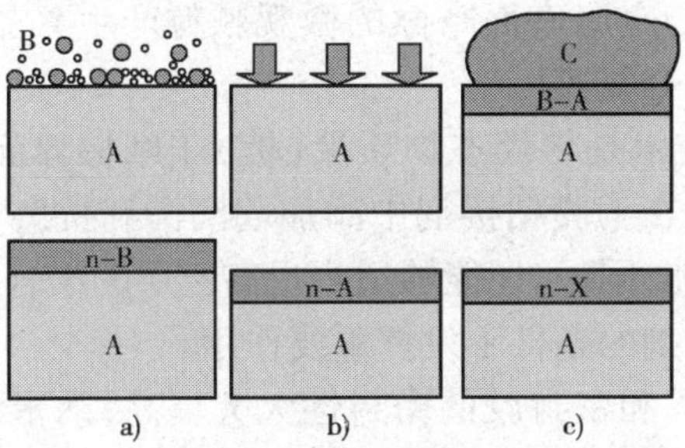

图4-20　表面纳米化的三种方式

a)表面涂层或沉积；b)表面自身纳米化；c)混合方式

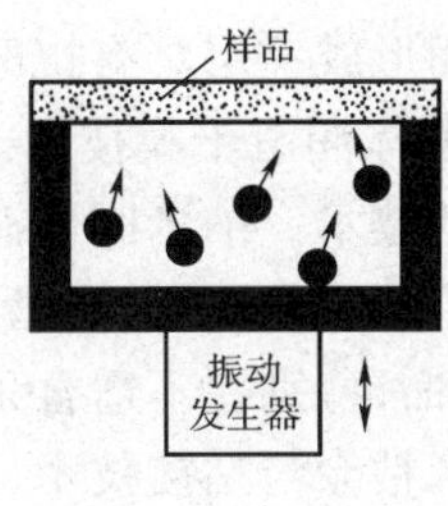

图4-21　表面机械加工处理设备简图

②非平衡热力学法。将材料快速加热，使材料的表面达到熔化或相变温度，再进行急剧冷却，通过动力学控制来提高成核率、抑制品粒长大速率，可以在材料的表面获得纳米晶组织。

③混合方式。将纳米表面技术与化学处理相结合，在纳米结构表层形成时或形成后，对材料进行化学处理，在材料的表层形成与基体成分不同的固溶体或化合物，见图6-20c)。由于纳米晶的组织形成，晶界的体积分数明显增大，为原子扩散提供了理想的通道，因此化学处理更容易进行。

3. 纳米表面工程与实用纳米表面技术

纳米表面工程是以纳米材料(或其他低维非平衡材料)和纳米加工技术为基础，通过特定的加工技术、组装方法，使材料表面纳米化、纳米结构化或功能化，从而使材料表面得以强化、改性，或赋予表面新功能的系统工程。因纳米表面工程以具有许多特质的低维非平衡材料和纳米加工技术为基础，它的研究和发展将产生具有力、电、热、声、光、磁等性能的低维度、小尺寸、功能化表面。

目前实用的纳米表面技术有：

(1)纳米热喷涂技术。热喷涂技术是表面工程领域中十分重要的技术，在各种新型热喷涂技术(如超音速火焰喷涂、高速电弧喷涂、气体爆燃式喷涂、真空等离子喷涂等)不断涌现的同时，纳米热喷涂技术已成为新的发展方向。热喷涂纳米涂层组成可分为三类：单一纳米材料涂层体系；两种(或多种)纳米材料构成的复合涂层体系；添加纳米材料的复合体系。

(2)纳米电刷镀技术。电刷镀技术具有设备轻便、工艺灵活、镀层种类多等优点，被广泛应用于机械零件表面修复与强化。近年来，纳米级颗粒材料在电刷镀技术中的应用。使复合电刷镀技术在耐磨领域呈现出强大生命力。添加固体微粒为纳米粉时，复合镀层的摩擦学性能有较大改善。如将纳米Si颗粒净化配成浆液加入到Ni-P镀液中制备成Ni-P-Si纳米粒子镀液，纳米Si含量为(1g/L)时，镀层硬度可达HV600，400℃热处理1h，镀层的硬度可以达到最高值HV900。

(3)纳米添加剂技术。机械部件的磨损,主要发生在边界摩擦和混合摩擦状态下,而润滑油添加剂,特别是摩擦改进剂是降低其摩擦磨损最有效的途径之一。近年出现的新型的添加剂——摩擦修复润滑油添加剂的作用机理是在摩擦条件下,在摩擦表面上沉积、结晶、铺展成膜,使磨损得到一定补偿,并具有一定抗磨减磨作用。如在一定温度、压力、摩擦力作用下,表面产生剧烈摩擦和塑性变形,纳米材料在摩擦表面沉积,并与摩擦表面作用。当摩擦表面的温度高到一定值时,纳米材料粒子强度下降,即与金属表面摩擦的微观颗粒产生共晶,填补表面微观沟谷,从而形成一层具有抗磨减磨作用的修复膜。

(4)纳米固体润滑干膜技术。固体润滑技术是将固态物质涂(镀)于摩擦界面,以降低摩擦,减少磨损的技术。纳米固体润滑干膜通过在干膜粘接剂中添加起润滑和抗磨作用的纳米粒子,能够改善干膜的润滑、耐磨和防腐等性能,同时,还能够适当提高膜层的结合强度。延长膜层的使用寿命,特别在不适合采用液体润滑剂的条件下发挥重要作用。

此外,纳米粘涂与粘接技术,可使粘接效果和密封胶的密封性大大提高;纳米涂料技术可明显提高涂料的耐老化性能、吸收入射雷达波的隐身性能,也可使涂料具有良好的静电屏蔽性能或抗菌性能。

六、其他表面强化技术简介

1. 离子氮碳共渗

离子氮碳共渗可显著提高金属材料表面的耐磨、耐蚀和耐疲劳性能。由于离子氮碳共渗工艺加工温度较低,零件整体变形小,对材料内部组织影响小,所以在零件修复中得到应用。

离子氮碳共渗在辉光离子轰击炉内进行。炉内一般采用丙酮与氨混合气体(丙酮:氨=1:9~2:8为宜)。加热温度一般为600±20℃。硬度要求高的零件取较高的温度;要求变形小的零件取较低温度(520~560℃);高速钢刀具宜在540℃以下处理;要求离子氮碳共渗层厚的低碳钢、铸铁及合金钢取较高温度,即620℃左右。含碳及合金元素较高的材料,其渗扩速度较慢,如中高碳钢、中高碳合金钢、高镍铬钢、奥氏体耐热钢等保温时间为4h左右;工具钢保温2h左右;单纯防腐及高速钢刀具保温1h即可。冷却速度是随炉冷却到150~200℃出炉后空冷。

2. 电接触加热表面淬火

电接触加热表面淬火是利用接触电阻来加热工件表面,靠工件自身的热传导或水介质冷却,达到表面局部淬火的目的,其投资少、操作方便。如经过电接触加热表面处理的柴油机缸套其耐磨性大大提高。

任务八　再制造工程

● 学习目标

一、再制造工程的知识目标

1. 了解再制造工程的概念;

2. 了解装备再制造工程学科体系框架;

3. 了解再制造工程在船舶部件修复中应用。

二、再制造工程的能力目标

1. 掌握船舶设备再制造工程的研究对象；

2. 掌握再制造在产品寿命周期中的地位和作用；

3. 掌握船舶装备再制造工程学科体系框架构成。

● **任务引入**

什么是再制造工程？再制造工程的研究对象是什么？船舶装备再制造工程学科体系框架由哪些部分构成？再制造工程在船舶产品寿命周期中有什么样的地位和作用？

● **任务分析**

再制造工程是以产品全寿命周期设计和管理为指导，以优质、高效、节能、节材、环保为目标，以先进表面技术、复合表面技术等多种高新技术和产业化生产为手段，以严格的产品质量管理和市场管理模式为保证，对废旧产品进行修复和改造等一系列技术措施和工程活动的总称。

再制造工程是解决资源浪费、环境污染的一种有效方法和途径，是符合国家可持续发展战略的一项系统工程。再制造工程技术属绿色先进制造技术，是对先进制造技术的补充和发展。报废产品的再制造是其产品全寿命周期管理的延伸和创新，它能成倍乃至多倍地延长产品的使用寿命，能充分利用废旧产品中可利用的价值。再制造产业是一项可以带来新的经济增长点的新兴产业。

● **相关知识**

随着21世纪的到来，保护环境资源、实现可持续发展，已经成为世界各国共同关心的问题。传统的制造模式向着可持续发展的模式转变，从高投入、高消耗、高污染的传统发展模式向提高生产效率、最高限度地利用资源和最低限度地产出废物的可持续发展模式转变。再制造工程是节约资源、保护环境、旧装备升级改造和为发展新装备积累经验的有效途径。目前这项技术在船舶维修领域也得到了快速发展。

一、再制造工程基本概念

再制造工程的研究对象为废旧装备。狭义地说，再制造是产品报废后对其重新加工形成可用产品的过程，这种可用产品包括加工处理后的原材料，也包括不破坏基本成型，经过再加工后性能良好的零部件。开展再制造研究的目的就是改变机械设备报废后处理方式的比例，使后者尽量增多。广义地说，再制造是指产品设计、制造并投入使用后，为使其保持、恢复可用状态或加以重新利用所采取的一系列技术措施或工程活动，包括对产品的：

(1)修复。通过测试、拆修、换件、局部加工等，恢复产品的规定状态或完成规定功能的能力。

(2)改装。通过局部修改产品设计或连接、局部制造等，使产品适合于不同的使用环境或条件。

(3)改进或改型。通过局部修改和制造，特别是引进新技术等，使产品使用与技术性能得到提高，适应使用或技术发展的需要，延长使用寿命。

(4)回收利用。通过对废旧产品进行测试、分类、拆卸、加工等使产品或其零部件、原材料得到再利用。

再制造的对象,即再制造中所指的“产品”或“资产”是广义的,它可以是设备、系统、设施,也可以是其零部件、原材料;它既可以是硬件,也可以是软件。再制造产品既包括质量与性能等同或高于原产品的复制品,也包括改造升级的换代产品。

再制造在产品寿命周期中的地位和作用可用图4-22粗略地表示。传统的产品寿命周期是“从研制到报废”,即产品使用到报废为止,其物流是一个开环系统。而理想的绿色产品寿命周期是“从研究到再生”,其物流是一个闭环系统。废旧产品经分解、鉴定后可分为四类零部件:

①可继续使用的;

②通过再制造加工可修复或改进的;

③因目前无法修复或经济上不合算而通过再循环变成原材料的;

④目前只能做环保处理的。

其中,部分废旧产品经再制造制成合格产品重新投入使用,开始了新的生命周期;而另一部分则经过回炉冶炼等再循环处理变成了原材料。再制造的目标是要尽量加大前两者的比例,即尽量加大废旧零部件的回用次数和回用率,尽量减少再循环和环保处理部分的比例,以便最大限度地利用废旧产品中可利用的资源,延长产品的生命周期,最大限度地减少对环境的污染。

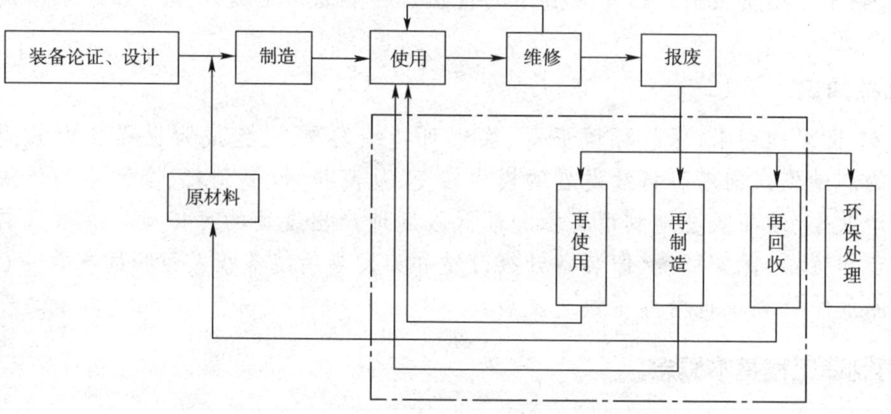

图4-22 再制造工程在产品全寿命周期中的地位

二、再制造工程的组成

再制造工程包含的内容十分广泛,涉及机械工程、材料科学与工程、维修工程、力学、计算机科学与工程、控制科学与工程、环境科学与工程等多学科的知识和研究成果。可以说它是通过多学科综合、交叉、复合并系统化后而正在形成中的一个新学科。装备再制造工程学科体系框架可概括为由图4-23所示的五个部分组成。

● 任务实施

废旧装备的再制造工程是通过各种高新技术来实现的,其技术种类非常广泛。在这些再制造技术中,有很多是及时吸取最新科学技术成果的关键技术,并且已在船舶废旧产品的改造中广泛应用,如先进表面技术、微纳米涂层及微纳米减磨自修复材料和技术、修复热处理技术、应急快速维修技术、再制造毛坯快速成形技术及过时产品的性能升级技术等。

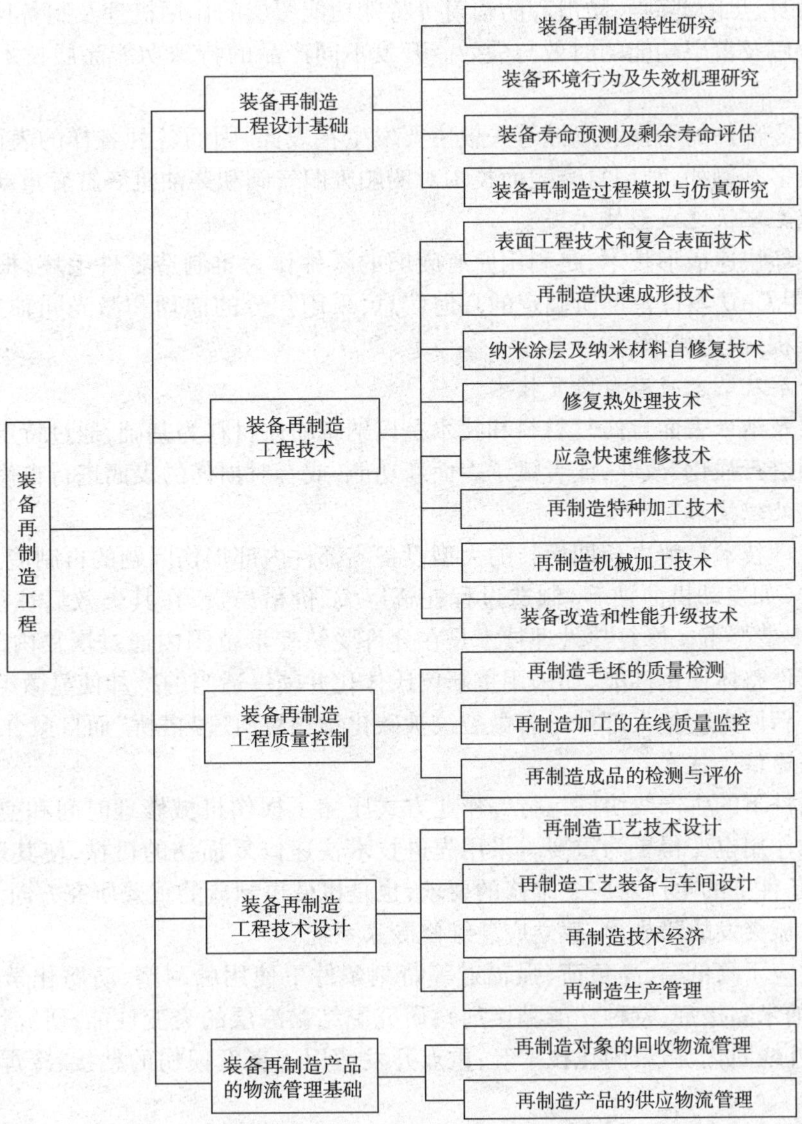

图 4-23 装备再制造工程学科体系框架

1. 表面技术和复合表面技术

表面技术和复合表面技术主要用来修复和强化废旧部件的失效表面，是实施再制造的主要技术。运用单一表面技术在某些苛刻工况下很难满足要求，往往需要与其他表面技术加以复合，形成具有不同功能性的多元多层复合涂覆层，以提高再制造产品的性能和功能。它包括：

①对功能梯度材料（FGM）覆层的组成和结构进行优化；开发热喷涂、电刷镀、气相沉积等工艺制备 FGM 覆层的技术；研究金属/金属间化合物/陶瓷等 FGM 涂层性能。

②复合表面工程技术，即将两种或多种先进表面技术有机复合，利用它们之间的协同效应，获得单一覆层技术无法获得的效果。

③应用物理气相沉积、化学气相沉积和高能束辅助沉积在再制造毛坯上形成超硬膜。

④研究隐身、热障、降噪、防滑和防辐射等特殊功能覆层的作用机理及制备技术；覆层与基体之间的结合以及覆层功能的时效与失效。开发不同产品的特殊功能涂层技术，实现产品的高技术改造。

由于废旧零部件的磨损和腐蚀等失效主要发生在表面，因而各种各样的表面涂敷和改性技术应用得最多。例如，利用复合表面技术对船舶废旧气阀和柴油机气缸套重新改造等。

2. 再制造毛坯快速成形技术

再制造毛坯快速成形技术，是利用原有废旧的零件作为再制造零件毛坯，根据离散/堆积成形原理，利用 CAD 零件模型所确定的几何信息，采用积分的原理和激光同轴扫描技术进行金属的熔融堆积，快速成形。

3. 纳米涂层及纳米减磨自修复技术

纳米涂层及纳米表面自修复材料和技术是以纳米粉体材料为基础，通过特定的工艺手段，对固体的表面进行强化、改性，或者赋予表面新功能，或者对损伤的表面进行自修复。

4. 修复热处理技术

修复热处理技术是解决长期运转的大型设备零部件内部损伤问题的再制造技术之一。有些重要零部件（如发动机曲轴等）制造过程耗资巨大、价格昂贵，在其失效后往往只是用作炼钢废料回收，浪费严重。修复热处理技术是在允许受热变形范围内通过恢复内部显微组织结构来恢复零部件整体使用性能，如采用重新奥氏体化并辅以适当的冷却使显微组织得以恢复，采用合理的重新回火使绝大部分已有微裂纹被碳化物颗粒通过“搭桥”而自愈合等。

5. 应急快速维修技术

高科技条件下的生产线协同运行等作业方式压缩了损伤机械修理时间和空间，应急快速维修的地位和作用也变得更为重要。采用先进技术快速修复损伤的机械，使其迅速恢复生产力，是高科技条件下的生产对应急维修的要求，也是机械再制造的重要研究方向。它包括：

①研究机械突发故障规律，建立应急维修专家系统。

②开发适应于高低温、高负荷、强辐射等苛刻条件下使用的耐磨、防腐化学黏涂材料（复合型黏接剂、纳米黏接剂、特种功能黏接剂）；研究黏结黏涂层的衰变性能；研究快速固化机理和技术，如紫外线固化、微波固化技术等；重点开发适用于突发损伤的粘接、冷焊、堵漏等应急快速抢修技术。

③研究提高水上施工作业应急机动保障能力关键技术，开发通用化、小型化、标准化、智能化、数字化的抢修配套工具和仪器。

6. 过时产品的性能升级技术

为延长废旧产品及零部件的技术寿命和经济寿命，要适时对过时的产品进行技术改造，用高新技术装备过时产品，实现技术升级。过时产品的性能升级技术不仅包括通过再制造使产品强化、延寿的各种方法，而且包括产品使用后的改装设计，特别是引进高新技术使产品性能升级的各种方法。

再制造工程作为一门新兴学科，它与船舶产品失效分析密切相关，也是船舶废旧产品高技术修复、改造的产业化过程。再制造的重要特征是再制造产品的质量和性能达到甚至超过新品，是节能、节材、改善环境的重要举措，对环境的不良影响明显降低，具有显著的经济、社会、军用及环保等效益。

思考与练习 SIKAOYULIANXI

一、简答题

1. 船舶设备及部件修理对营运船舶有哪些实际意义?

2. 什么是加工余量修理法? 什么是分级修理原则?

3. 选择船舶设备修理工艺总的原则是什么?

4. 机加工修复工艺有哪几种基本方法?

5. 镀铬和镀铁工艺主要有哪些技术特点?

6. 金属扣合工艺主要有哪些技术特点?

7. 焊接修理工艺主要有哪些技术特点?

8. 粘接技术修复工艺主要有哪些技术特点?

9. 如何正确采用研磨工艺研磨零件?

10. 机械零件的表面强化工艺方法主要有哪些?

11. 什么是再制造工程技术?

12. 船舶设备修理中常用哪些再制造工程技术?

二、选择题

1. 选用修复工艺时应根据零件的______来选择合适的工艺以进行有效的修复。

A. 材料　　B. 修复要求　　C. 尺寸　　D. 损坏情况

2. 曲轴主轴颈严重磨损,经光车消除几何形状误差后采用______工艺才能使主轴颈半径方向增加2mm的修补厚度。

A. 镀铬　　B. 镀铁　　C. 堆焊　　D. 喷涂

3. 镀铬工艺可以______配合件原设计尺寸,______配合件原设计配合间隙,从而恢复配合件工作性能。

A. 改变/恢复　　B. 改变/改变　　C. 恢复/恢复　　D. 恢复/改变

4. 尺寸选配法是将______相同机型的过度磨损的配合件,分别进行机械加工,消除配合表面的缺陷和几何形状误差后按原配合间隙重新选配。

A. 小批　　B. 少量　　C. 一大批　　D. 大量

5. 曲轴主轴颈过度磨损后可采用______修复。

A. 局部更换法　　B. 尺寸选配法　　C. 修理尺寸法　　D. 附加零件法

6. 气缸套过度磨损后,采用先光车消除几何形状误差,后镀铬,这种修理方法是______。

A. 修理尺寸法　　B. 恢复尺寸法　　C. 尺寸选配法　　D. 更换法

7. 修理尺寸法修复零件后,为恢复配合间隙,与之相配合的零件应______。

A. 保留　　B. 换新　　C. 按修理尺寸制造　　D. 按原尺寸制造

8. 将熔融的丝状或粉末材料喷到经过预先处理的零件表面上,然后重新加热,使之熔焊在零件表面上的工艺是______。

A. 喷涂 B. 喷焊 C. 喷丸 D. 热喷涂

9. 热喷涂工艺适用于各种______材料的零件。

A. 金属 B. 铁磁性 C. 非金属 D. 金属和非金属

10. 零件产生裂纹后，可采用______修复使之不变形，也不破坏零件的形状、尺寸和位置精度。

A. 焊补工艺 B. 覆板或镶套工艺 C. 金属扣合工艺 D. 螺钉连接

11. 船舶再制造工程技术研究的对象主要是______。

A. 船舶新设备 B. 船舶新部件 C. 船舶废旧装备 D. 船舶废油料

12. 再制造是指产品设计、制造并投入使用后，为使其保持、恢复可用状态或加以重新利用所采取的一系列技术措施或工程活动，主要包括对产品的______。

A. 修复 B. 改进或改型 C. 回收利用 D. A + B + C

项目五　船体维修工艺

任务一　船体维修准备

● 学习目标

一、船体维修准备知识目标

1. 了解船体维修的工艺特点；
2. 了解船舶损坏的主要原因；
3. 了解船舶损坏的基本类型；
4. 了解船体维修方案制订程序；
5. 了解船体勘查与检验方法。

二、船体维修准备能力目标

1. 能够根据修理工程范围和工作量大小，确定一般性船体修理计划；
2. 能够按照船舶修理阶段的划分，确定船舶修理环节；
3. 掌握船舶在进行船体测量，船体勘查与检验方法；
4. 能够根据船体损伤形式选择合适的维修方案。

● 任务引入

船体维修的工艺特点是什么？船体损坏的主要原因有哪些？船体维修方案应按什么程序制定？船体修理主要有哪些环节？

● 任务分析

船舶在航行或停泊中，由于受到碰击、腐蚀、磨损和温湿度变化等因素的作用，使原有船体尺度和形状发生变化，造成船体结构松动、渗漏、裂缝以及破损，使船舶失去正常的技术状况，对正常营运和船舶安全会造成一定影响。当出现上述情况时，必须按相关规定和实际情况组织船体维修，使船舶处于良好技术状态和延长使用年限。此外，考虑到技术的进步，船舶自动化程度的提高；新工艺新材料的应用；船员劳动和生活条件的改善；船舶营运经济性的提高；船舶使用要求的改变等，也需对船舶进行局部或较大部位的改装。

据资料统计，目前世界船舶拥有量超过4亿总吨，计7万余艘，如果以5%的更换率计算，一年即有2000万吨被更新下来的“旧船”，其中除了少数报废外，很大部分将通过修理或改装再加以利用。此外，加上营运中船舶的定期检验维修，修船量是极为可观的。因此，重视和加强船体维修工艺的研究，对缩短修理周期，提高船舶质量和降低修理费用，有着重要的现实意义。

● 相关知识

一、船体维修工艺特点

船舶根据船龄、航行海域和船体结构不同,船体维修的范围和工艺也不同。船体修理的主要特点表现在:单船检修,工艺复杂;损坏部位不确定,维修项目多变;涉及范围广,工程类别多,质量要求高。

船体维修工艺技术与新造船舶的工艺技术相比较,主要表现在:

1. 图纸技术资料不全

船体维修过程中通常所能提供的图纸技术资料不全,特别是一些陈旧船舶更是如此。由于原始数据缺少,对船舶修理工作造成一定困难。

2. 技术复杂、涉及面广

船体修理时经常受到各种条件的限制,涉及面比较广,如进行船体拆修时往往会涉及船舶机、电设备。在船舶大、中修时,又会遇到复杂的项目改装工程。临时性插入任务多,难以准确预测。

3. 预见性差、准备时间短

船体修理中,常会引起附带修理的工程内容,以及原先未考虑到的隐蔽工程或施工中的追加工程,而使原定修理范围大大增加。由于最后的修理范围必须等船舶进厂入坞勘验后才能确定,有的还需经实船测绘,这样就使船体修理工艺的准备非常仓促。

4. 修船工艺难以统一

修船均为单个生产,由于船舶类型繁多、结构各异,即使同类船舶,也因其修理范围、内容的不尽相同,均需编制各自适用和专用的修船工艺,加之各船厂设备条件、技术水平、管理制度各不相同,对工艺技术有不同要求,较难取得一致的看法。

5. 检验要求较难确定

由于修理船舶的类型、营运情况、使用年限、损坏部位等的不同,特别是各船级社对修理船舶检验要求都不一样,影响到船舶修理完成后的性能和标准。检验要求较难确定,往往是妨碍缩短修理周期的一个因素。

二、船体损坏的原因

船舶在运营过程中如发生船体变形与损坏,使船舶失去正常的技术状况。究其原因大致有如下几方面:

1. 外力作用

船舶在海上航行时,因波浪等外力因素作用,船舶经常处于升降、摇摆、回转等运动状态中,船体会不断地受到弯曲应力和扭转应力的作用。

2. 腐蚀作用

船舶及其设备部件在某些特定的环境中,会与周围所接触的介质发生化学反应、电化学反应或物理溶解,船体金属的腐蚀是时时刻刻在发生着的一种自然损耗。

3. 人为作用

由于船舶操纵人员的使用与管理不当而发生海损等事故。

4. 无形损耗

由于科学技术的进步和海洋环境保护的要求，使得原先的船舶技术状况无法适应新的法规标准要求，不能适应某些使用场合，需要进行改建、更新或报废。

三、船体损坏的类型

船体缺陷或事故性损害，通常分为两类：船体损伤及船体破坏。

1. 船体损伤

船体损伤是一种缺陷，它使船舶结构受到局部的影响，影响以后的使用功能，但当时这些缺陷尚没有引起结构功能的突然丧失。例如，船体疲劳裂缝、残余变形、蚀耗等。在类似的情况下整个结构还处于设计负载的状态，但由于这些损伤对使用质量甚至对外形有不良的影响，因此只要有可能就应进行修理。

船体损伤按照形式分为：

(1)蚀耗。由于腐蚀、侵蚀、机械磨损而减少结构部件外形尺寸。

(2)残余变形。由于船体塑性变形或船舶过载，引起船体结构形状的变化。

(3)裂缝。船体结构由于脆性、疲劳、变形而对船体完整性造成破坏。

2. 船体破坏

破坏是指船体缺陷达到可观的程度，使船体结构处于不能完成规定功能的状态，例如迅速扩大着的脆性裂缝、猛烈增大的变形、稳性的突然丧失、逐渐加剧的疲劳裂缝等。在类似的破坏下，船体结构已达不到设计使用状态，应立刻修理。

船体破坏按照形式分为：

(1)腐蚀损耗、侵蚀损耗和磨损

①蚀耗破坏。包括均匀蚀耗、不均匀蚀耗、局部蚀耗、整体蚀耗(普通蚀耗)、穴状蚀耗(穴状腐蚀)，它是指扩展到船舶构件部分或同类构件群整个表面的蚀耗。

②腐蚀破坏。包括锈蚀、局部腐蚀、整体腐蚀、均匀腐蚀、不均匀腐蚀、斑点腐蚀、穿透腐蚀等。

③穴蚀破坏。包括腐蚀穴点、腐蚀麻点等。

④腐蚀脆裂。腐蚀脆裂的结果是引起船体金属的脆裂。

(2)船体结构的残余变形

①凸起。在一个肋骨间距(骨架未变形)范围内的骨架之间钢板部分的残余弯曲。所谓凸起还可以指凹陷形式的外板(骨架未变形)残余弯曲。

②凹凸不平。未变形骨架之间的钢板残余弯曲。

③凹陷。外板(甲板)和骨架一起(或者板架)的残余弯曲。与凹陷相反的钢板结构的残余弯曲被称为凸起；在钢板或骨架表面敲击出的局部凹陷称为凹穴。

④翘曲。骨架倾斜于外板身焊接骨架的腹板和面板之间的角度的歪曲。在骨架损伤时可以应用“骨架稳定性丧失”这个定义。

(3)船体结构的裂缝

①振动裂缝。由于振动负载引起船体结构完整性的破坏。

②疲劳裂缝。由于出现疲劳引起船体结构完整性的破坏。

③脆性裂缝。由于脆性破坏(例如在低温下)引起船体结构完整性破坏。

④腐蚀裂缝。由于强烈腐蚀痕迹和高应力(应力作用下的腐蚀)同时作用下引起船体结构完整性的破坏。

⑤整个金属断裂(沿焊缝)。在过大的静负载和冲击负载一次作用下,结构完整性的破坏。

(4)船体结构的破坏

①穿破口。由于碰撞、搁浅、装载、爆炸、货物跌落货舱等原因造成的,或在其他事故下造成的外板、甲板板、内底板、舱壁板等的任意形状和任意尺寸的孔口。

②折断。当船体受到超过其总纵强度的弯矩作用时,便会折成两段。

四、船体维修计划

船舶修理计划是指根据相关规范或船舶损坏的形式与程度、范围与大小、修船厂的生产条件与技术水平,确定船舶的修复方法,即修船方案。船舶修理计划是修船工作的原则和纲领。其内容主要包括:修理方案编制依据、项目工程概况、施工布置、施工准备、主要项目施工顺序、重点工程施工工艺、施工安全方案、船舶动火方案和防污染措施等内容。

根据修理工程范围和工作量大小,船体修理可分为以下几类:

1. 计划养护修理

计划养护修理是指根据相关规范或船舶公司等方面的要求在规定的时间范围内进行的维修。

船体和设备在运营过程中都会有自然损耗,会随着时间的推移暴露出某些缺陷,发生或大或小的损坏。为了保证能够继续安全使用,必须有计划地进行修理。计划养护修理通常包括航修、小修和检修(或称为中修和大修)。

(1)航修。航修是在船舶运营期中,发生影响航行而必须由船厂协助进行的一般修理工程和一般事故修理,航修应利用航次在港停泊时间进行,必要时随船检修,尽可能不影响船舶的运输生产。

(2)小修。小修是按规定周期有计划地结合定期检验进行的厂修工程。小修的目的是消除在营运中产生的过渡磨耗,保证船舶到下次计划修理期内的安全运行。小修一般和坞修同时进行。小修时主要是对船体、舵系、轴系、通海阀、主辅机、锅炉以及工程船舶专用设备等进行重点检查和修理,一般只对原有设备进行调整、研磨、更换零件、清洁保养等工作。

船体小修基本工程范围主要是对船体有锈蚀部分进行除锈和油漆,修换少量船体构件,对局部损耗的外板、甲板或其他板材作适当贴补或挖补。

小修间隔期上下限是根据航区、运营条件、设备状况,由用船单位技术部门确定,但不能超过上限。通常机动船、工程船、冷藏驳、食品驳、一级油驳为12~18个月,趸船为18~24个月,货驳及二级以下油驳为24~36个月。

(3)检修。检修是按规定周期间隔2~3次小修并结合定期检验进行的厂修工程。检修的目的是对船体、主辅机及其他设备进行全面检查,重点修复在小修时不能解决的较大缺陷,保持船舶强度和主要设备的安全与运转条件。检修时检查发现的问题,必须解决的均应修复,但对连带工程可以安全使用到下次小修时解决的,可做好记录,继续使用,分别在以后小修时修复。检修基本工程范围有：

①定期检验规定的拆装工程。

②船体有锈蚀时除锈油漆。

③修换部分船壳、甲板及骨架。

④船舶主机、辅机、锅炉等设备按检验规定期限进行检修。

⑤工程船的专用设备应进行全面拆验，允许更换挖泥、打桩、起重等设备主要部件及专用电气设备。

检修是计划修理的最大项目，对修理项目的确定，必须符合安全和节约的原则。机动船、工程船、冷藏驳、食品驳、一级油驳、海上钢质趸船的检修间隔期通常为 4 ~ 6 年。

以上各修理类别以间隔时间为主进行安排，其工程范围只是原则划分，由于船型、机型复杂和船舶的技术状况各不相同，如发现问题时，应根据具体情况进行适当检修。

2. 事故性修理

事故性修理是指对船舶因发生事故而损坏部分的修理。这类修理如果工程范围不大，一般可以随着航修工程进行。但如果工程范围较大，航修难以胜任的，则仍需安排修理计划。事故修理的项目、范围和期限，要由船舶检验机构的验船报告所载的实际损坏情况和修复要求来确定。事故修理在实施修理之前，须开具修船单交给承修船厂。对于轻微的事故损坏，在不影响航行性能，无碍安全运营的前提下，可以做好记录，待到计划养护修理时修复。

船体事故性修理可分为以下几类：

(1)抢修：一般属于船体海损抢修和机舱设备抢修，又称特别抢修。须根据破坏程度及部位，确定工程量大小和抢修周期。

(2)坞修：周期为 3 ~ 10 天。据一般统计，万吨级船舶的坞修周期，国外约 3 天，国内船厂需 3 ~ 10 天。

(3)小修：船壳更换量在 5% 左右。

(4)中修：船壳更换量为 10% ~ 30%，应检查船体所有外板及主要构件，并修理更换。

(5)大修：为所有修理中范围最大，工作量最多的一种，其金属船体结构部分更换范围一般在 30% 以上。

上述船体大、中、小修的区分，主要以船壳更换量为衡准。目前，由于加强了船体的保养、油漆质量的提高，船体板的更换量较前为少；而主要是浴室、厕所、厨房等部位牵涉面大。船舶修理类别划分方法，各单位不尽相同，有的主要为检修及小修，而没有大修。在实际修理中，须作全面考虑。一般来说，勘验范围大，相应修理范围也大。

也有以坞修周期的长短作为修理分类的依据，坞修周期随工程范围、生产组织管理、技术水平、设备条件等而各厂不同。通常，坞修工程项目，船体，如：外板测厚，水线以下部分铲刷清洗、油漆；水舱冲洗；结构变形校正；轮机，如：尾轴承测量间隙，舵系统检验，海底阀门拆检等。

3. 改装性修理

改装性修理是指为改变船舶用途和性能，按现行规范要求对船舶的船体、设备、系统、结构等的改装。

根据不同改装目的，可分为现代化改装、用途改装、一般性改装及换装等四类。

4. 基本恢复修理

对于已不能使用的船舶须进行恢复航行性能和船体强度的修理,例如对于沉船、火灾船只的残骸的修理。这类修理工程大,需用巨额资金,修船期长。

此外,尚有航次修理和随船修理。

● 任务实施

船舶修理阶段的划分,各船厂不尽相同。通常船舶修理环节如图5-1所示。即修理工程单的审查;预试航;签订技术协议等文件;船舶勘验;工艺及材料准备;船体拆卸、装焊;船体密性试验;试航交船等。

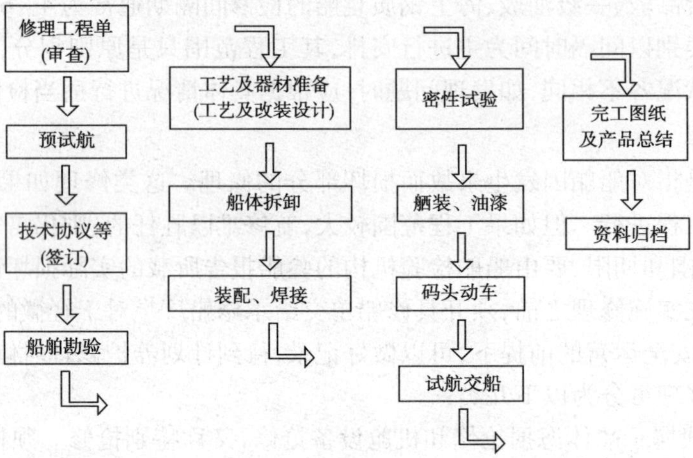

图5-1　船舶修理环节

一、确定船体维修方案

1. 修理前的预试航

大中型船舶在进厂修理前,通常要进行修理前预试航(也可由维修工程师随船的最后一个航次到厂),以了解船舶现有性能及缺陷,并明确修理或改装的要求,作为下阶段工艺准备及签订技术协议的依据。

预试航中除明确船体各修理项目外,还详尽了解外板、舱壁、甲板等结构腐蚀情况,并考虑拆修条件,隐蔽工程的大小,改装的可能性及修后提交条件。

2. 技术协议的签订

技术协议是根据船舶修理工程范围、预试航记录和参考相应技术文件编制的,这也是船舶修复后提交的重要技术依据。其内容主要有:修理的材料要求,焊接、探伤拍片范围,密封性试验,以及船舶装置的修后试验等。

二、船舶勘验与准备

1. 待修船舶的勘验

1)船舶勘验

所谓船舶勘验,就是根据委修船方提出的修船单,通过相应的测量、勘查和检验,将各种构件的实际状况和船舶检验规范中所规定的允许损耗标准作比较后，确定各种构件与材料是否需要修理或更换，以了解整个工程的实际范围与性质。

船舶勘验工作是船体修理工艺中的一个重点。通过勘验决定船舶拆修范围，并考虑工艺准备和拆卸原则。勘验的及时和正确，直接与产品质量，修理周期密切相关。

勘验的形式有随船勘验和码头勘验两种。随船勘验就是船厂派出检验人员，在船舶运营过程中进行勘查检验，这样除了可以明确修船单中所需修理的范围和现状外，还可以通过船舶的运营作为勘验的航行试验（即预试航），检查待修船舶整个动力装置和船舶设备在航行中的各项性能，以及相互间的协调配合情况，发现一些表面上看不出，而在实际航行条件下显露出毛病的零件，以及因设计或结构上的不合理所引起的缺陷。这样便可以立即与委修方磋商，修订修船单，使其更加合理。码头勘验就是等需要修理的船舶到港停泊于码头后，船厂派检验人员上船勘查检验，以明确修理工程，为以后交船验收创造有利的条件。采取这两种形式的勘验，不仅减少了船舶进厂修理的时间，而且可以使船厂对待修船舶有一个全面的了解，以便做好充分的生产准备。

除上述两种勘验形式之外，对于一些隐蔽工程，则需等待修船舶进厂以后，进行拆开检查，再决定工程范围与性质。

对于检修船舶，除了新换或能明确的修理范围外，都需要通过勘验来明确修理范围。小修船舶因修理范围小，修理内容比较明确，可由主管修理的工程师与委修船方协商确定。

(1)勘验的准备工作：

①制定勘验计划，以便按计划进行勘验，避免混乱。

②准备待修船舶的有关技术资料和图纸，如外板展开图、舾装布置图等。

③将船上各重要部位及布置情况，根据需要拍摄照片，以利参照复原。

④船体外板及舱口等处，预搭脚手架。

(2)船体部分勘验：

①水舱处（首、尾尖舱、双层底）应进入舱内检查，重点是检查该处腐蚀状况。

②油船的油舱内，由于装载不同种类的油品，其锈蚀可能有两层，内层的附着力很强，应特别注意。

③纵骨架式货船，肋骨靠近外板处容易产生锈蚀，对首部肋骨及尾部斜肋骨下端也应特别注意。船舶在木铺板或有水浸的地方，在勘验前应先除锈。

④假如甲板变形比较严重，对横梁的勘验必须特别仔细，要测量横梁的变形尺寸及检查横梁上端与甲板焊接部分有无裂纹。

⑤对于有怀疑的肋骨、横梁或连接角钢应在勘验单上注明，待拆下后再检查。

⑥注意上层建筑围壁有无皱折，如有必须记录下来。同时，船进坞时须特别注意船体的变形情况。

⑦如上层建筑全部改装换新，则可以根据起重能力，将上层建筑整体预制或划分成几个分段制成后，再予以吊装。

(3)其他部分勘验。船舶修理时除对船体部分进行勘验外，还要对舾装部分、船舶动力设备、船舶锅炉、船舶木工油漆等部分进行相应勘验，以确定在船体项目修理同时所要进行其他的维修工程。

2)船体勘查与检验方法

船舶在进行船体测量,勘查与检验时,一般大中修船舶均需测量外板、甲板等厚度,并依此决定其是否需要更换。通常所采用的方法有:

(1)对凹陷、弯曲及其他变形程度的检查,可利用直尺或样板来进行,如图5-2所示。

(2)对锈蚀深度的测定,应选定能代表每块钢板平均厚度的部位进行测定,并且至少测定两个点。当腐蚀不均匀时,尚需在钢板腐蚀最严重的肋距内,沿板宽方向选取3点,测量厚度平均值。

(3)钢板测厚的测定。测点位置可选择在能代表该板平均厚度的部位,通常取2~3点,可根据情况予以增减,但应避免取在局部腐蚀的凹坑处。虽然对强度计算、腐蚀试板拉伸试验,以及对实际受力情况的分析来说,应选测钢板的最薄弱截面作为依据(这样宜选择腐蚀最严重的一个部位,在板宽方向测两点,一点为腐蚀最深处,一点为腐蚀最浅处,取其平均值,以决定该板是否需要更换),但在实际工作中,常由经验丰富的师傅用小锤敲击,并在钢板上选定两点进行测量。

钢板测厚时应采用超声波测厚仪,并用标准厚度样块进行校核,必要时可用钻孔测厚校对,测厚应取孔周厚度的平均数值。在测量前应清除影响测厚表面的污锈、涂料及测厚孔周围的毛刺。船体钢板上的测厚孔用电焊填补,并应全部焊透,焊补测厚孔的熔注金属不应超出钢板表面3mm,且不允许低于钢板表面(单面焊补的背面除外),但按规定允许采用单面焊补的测厚孔,至少应焊透板厚的80%,水线以上的测厚孔也可用细牙螺栓塞补,钢板外表面与螺栓交接处应该进行捻缝,不允许用电焊代替捻缝。

钻孔测厚时,需用小锤敲打钢板,凭声音来判断厚薄,以确定钻孔部位。所钻的孔应在蚀斑边缘,如图5-3所示,切不可钻在蚀斑最深处,因为那样测不到因锈蚀而变得最薄的板厚。

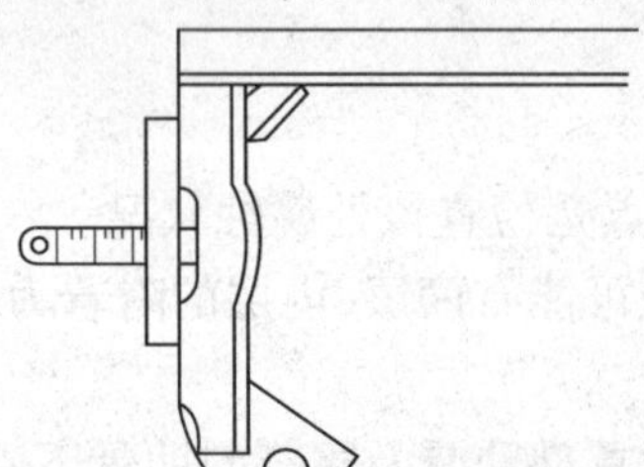

图5-2 对船体变形的检查

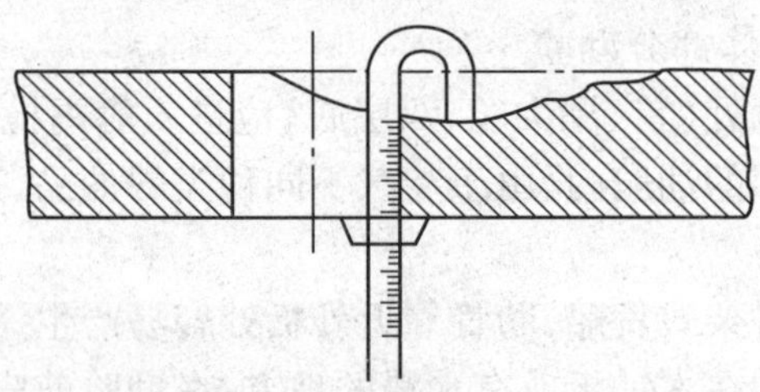

图5-3 测厚孔钻孔部位

超声波测厚仪的工作原理如图5-4所示。超声波在固体介质中传播时具有较好的指向性,能使声波集中在一定的方向辐射,并且传播时声波能量损失较少。而声波在不同的介质中传播时的声速是不同的,但在同一介质中声速为一常数(例如钢材中声速约为5800m/s)。利用超声波在介质中传播时遇到不同介质的交界面而产生的反射作用,只要测出发射一个超声波脉冲至接收到反射脉冲的间隔时间,便可测得材料的厚度。若用电表显示,将不同的间隔时间量转换为电表的指示量,即能直接读取所测材料的厚度。

超声波测厚时应注意以下几点:

(1)测厚仪工作前要调整好,包括电源、各种调节开关和探头(即换能器)。在测厚过程中应定期用试块校验其精确度。

(2)被测表面应除锈刮漆,并用粗砂纸或砂轮磨平,使其具有一定的平整度以传入声波。

(3)测厚时,探头和被测表面滴上机油、甘油或水玻璃。

(4)测厚仪应水平放置,以避免读数不准及电表零位不正等影响。

(5)探头与所测钢材表面接触后应稍为径向转动(即研动),以利探头得到更好的接触,迅速而准确地反映出厚度数值。

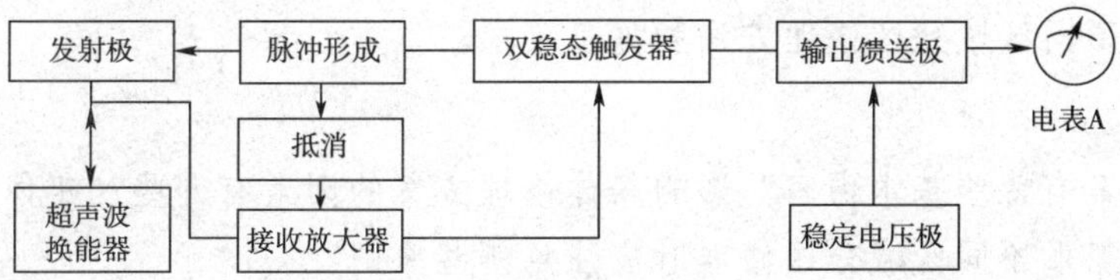

图 5-4　超声波测厚仪原理图

2. 修船审查会议

检修船舶在勘验后,由应由厂方召集委修船方代表、验船师、厂方有关科室与修理工作负责人及主要勘验人员开会,以明确修理内容与范围。会后双方签署协议书,作为后续施工依据。

修船审查会议结果直接涉及后续工作的工程量及修理价格,应注意以下几个方面:

(1)勘验人员一定要于会前上船核对修理单,掌握修理范围与性质。

(2)通过会议一定要确定全船各部分设备与结构的修理范围及修复方法,以及哪些项目不能接受,哪些项目作了更改。

(3)根据厂方审查意见书,逐条讨论,统一修理意见。

(4)委修船方应将船舶技术证件(完工图纸资料)交厂方参考使用。

(5)对于建造年代较早的船舶,某些建造性能不能符合现行规范的要求,对此不能强行按规范要求验收,但对舾装件及辅件的修理,可以推广采用新标准件,进行整件整台更换。

3. 修船基本准备工作

船舶修理前,应根据修理范围,取下待修理的船体构件,并拆除妨碍和影响工作的机械、管系、家具、设备等,做好相应准备工作。

船舶修理过程中,根据修理规范或要求,进行船体缺陷的修复工作,即修理或重新制作拆下的部分,如零、部件等,然后予以装配,装复后进行相关性能试验,检查使用性能是否已恢复、改善或提高。

此外,为使船舶修理工作正常开展,一些辅助性工作也应完善,其中包括:为修理作业地点搭设脚手架;接通氧、乙炔、风、电、水等动力与能源;材料准备;修船过程中的起重运输工作;修理完毕后的现场清理工作等。

任务二　船体修理方案制订

● 学习目标

一、船体修理方案制订知识目标

1. 了解船体修理方案的基本内容;

2. 了解影响船体修理方案的因素;

3. 了解船体维修主要的工艺阶段；

4. 掌握船体分区修理工艺。

二、船体修理方案制订能力目标

1. 掌握制订船体修理方案基本步骤；

2. 掌握船体修理原则工艺说明书基本要求；

3. 掌握船舶不同区域分区修理方法和施工要求。

● 任务引入

船体修理方案有哪些基本内容？影响船体修理方案的因素有哪些？船体维修包括哪些主要的工艺阶段？船舶不同区域分区修理时应注意哪些原则？

● 任务分析

在制订船舶修理方案时，根据船龄、航行海域和船体结构不同，船体损坏的部位不同，其修理的范围和工艺也不同。由于修理过程不仅影响船舶结构整体安装，还会对工程的安全可靠性造成影响。所以船体修理方案选择对船舶后续安全运行是十分重要的。

具体制订船体修理方案时，应包括以下几个方面内容：

(1)确定修船工作场所及被修船舶的搁置方法；

(2)选择修理工程项目及其拆卸修复的工艺程序；

(3)准备推广和试用的新工艺项目；

(4)确定所修船舶的特殊工艺及装备和工具；

(5)船舶修理的周期应尽可能地缩短；

(6)船舶修理的价格应尽可能地低廉；

(7)船舶修理的质量应尽可能地提高；

(8)船舶修理的工艺过程应尽可能地简单，施工操作应尽可能地方便等。

此外，方案制订过程中应结合现代船舶检修技术的发展，充分考虑在修理中合理地采用新技术和新工艺，如分段预制换修、成套设备换修、精度测绘修理技术、船舶逆向工程技术等。

● 相关知识

一、船体修理方案的影响因素

船舶在维修过程中，影响船体修理方案的因素主要包括两个方面：

1. 船舶方面

因船舶种类很多，各种船舶都具有一些相对特定的结构特点，当出现损坏修理时，应充分考虑以下几个船舶方面因素：

(1)修理工程项目及其涉及的范围；

(2)船体损坏的形式和程度；

(3)修理的部位；

(4)需要修理处的结构特点；

(5)待修船舶的大小。

2. 船厂方面

目前,我国对船舶维修企业尚无统一技术规范和设备要求,各企业之间维修技术水平相差也较大。因此,船舶维修时也会受到船厂方面多种因素影响,主要会涉及以下几个方面:

(1)船厂生产规模与船台、船坞、码头等的数量;

(2) 船厂起重运输设备运行能力;

(3)船舶维修设备的数量与先进程度;

(4)维修技术工人的比例、数量与技术水平;

(5)船厂的生产计划与任务。

二、选择修船方案的步骤

在选择修船方案时,首先要汇集修船资料,包括待修船舶的设计图纸与文件,修理单与勘验单等;熟悉修理部分的结构情况及修理要求;了解船厂的技术条件和当时的生产情况;分析比较几种修船方案,选取经济效益最好的方案予以确定。

方案初步确定后,应结合实际情况制定船体修理原则工艺说明书。船体修理原则工艺说明书通常包括以下几个方面:

1. 船舶概况

船舶概况主要包括:船舶主尺度、主要性能、建造年月、建造工厂、修理范围、现有技术状况、损坏及腐蚀情况、测厚数据等。

2. 船舶拆卸的技术原则

根据船舶修理单进行勘验后,编制实施修理单,确定拆修项目规程,拟定项目实施安全规范以及相关技术要求等。

3. 主要的工艺阶段

船体维修项目的主要的工艺阶段包括以下几个方面:

(1)勘验(随船勘验和码头勘验);

(2)拆卸工程;

(3)除锈;

(4)水线以上结构的修复;

(5)水线以下结构的修复;

(6)改建工程;

(7)机械设备和船装件的安装工作;

(8)油漆工程;

(9)验收;

(10)船舶试验和出厂。

4. 船体修理的原则工艺

船体修理的原则工艺主要是对损坏部分及设备、机械的修复方法和工艺提出一些原则性要求。通常在制定原则工艺时应适当考虑到船舶和船厂双方的实际情况,以便达到一个双方均认可的技术方案。

● 任务实施

一、船体分区修理工艺

船体分区修理的目的是在保证船体具有足够强度的条件下，能在同一时期内，分别在几处同时进行修船工作，以尽量缩短修船周期。

分区原则是首先要考虑到船舶大小、修理范围、修船周期、旧船原有技术状况、修船厂生产条件等因素，然后再划分区域，安排次序。

分区时应注意以下几方面：

1. 修理区域结构强度

船体分区修理时应考虑修理区域结构强度，包括纵向强度与横向强度都要考虑，最好通过计算，确定强度符合要求。对同一时期进行施工的区域，应该错开，并保持一定的距离。对平板龙骨、舷侧顶板、甲板边板、内底边板、自比部列板等重要构件，应特别注意，分区范围一般要小一些。分区时，前期与后期的范围要相连，否则可能导致两区交接处的修复工作不能按时完工。

2. 施工速度

对施工周期较长、工序复杂、工作量大，要灌水进行密性试验的部位，如机舱、炉舱、尾尖舱等处，应提前进行施工。在保证强度的条件下，划分的区域应尽可能大一些，以便施工面铺得开一些。为了密性试验方便，应采用按舱划分区域。

3. 工艺性要求

在修理工艺上要尽量采用大分段，以扩大自动焊接设备使用范围。修理部分要按钢材规格，重新合理地排列板缝。其分区要有利于施工方便。

4. 安全要求

同一时期内各区的工作量应当相近，以便同时开工同时完工，并经常检查施工情况，前区未完，后区不开。但应注意上下区域不能同时施工。注意施工区域通风，特别是双层底、舱室等。

分区工作应有专人负责，并总结施工经验，保存技术档案。

二、分区修理方法

1. 外板分区法

通常，大型船舶坞外拆修外板时，正常天气拆下外板的下缘，至少离开水面 1 ~ 1.5m，风浪季节应考虑适当增加。如果船体的其他结构如甲板等强度良好，则可参照表 5-1 的经验数据进行分期修理。

分期修船经验数据表 表 5-1

水上所需拆换的外板占水上外板总面积之比	分期数目	水上所需拆换的外板占水上外板总面积之比	分期数目
15% 以下	一期	30% ~40%	三期
15% ~30%	二期	40% 以上	四期及四期以上

同区域内修理的面积，在能够保证强度的条件下，面积越大越有利。一般经验数据可参见表5-2。

分区修船经验数据表　　表5-2

船舶总长(m)	坞外划区最大面积(m^2)	坞内划区最大面积(m^2)
70～100	20	35
100～130	35	50
130以上	45	70

分区时应尽可能使上下邻近的外板一、二列从首至尾保持较完整的连接。因此，同一区域内，外板的宽度以两列板较合适。有些船舶的外板会因停靠码头时的碰撞，使局部凹凸变形很大，肋骨也产生了较大弯曲，此时拆修外板的面积，应结合肋骨修理范围一起考虑。

外板换新时，分区可适当增大，以便于在车间预制成平面分段，方便焊接施工，不过分区旧板拆下后应立即进行安装。

当外板大面积施工时，应避免甲板也同时大量进行施工，以免影响船体强度，即应当交错进行。如必须同时期施工，则另行分区。

2. 肋骨的分区修理

船舶肋骨的修理和换新，基本上配合外板而同时进行，一般采用隔一档拆一档，分两次修理。在矫正或拆换肋骨时，应注意保证船体的横向及纵向型线，避免纵向型线出现凹凸现象。

3. 舱壁的分区修理

如果舱壁修理时需拆板，可先拆左右各1/3，修好后再拆当中的1/3。若舱壁的拆换范围很大，应在施工前于舱壁前后的甲板下用各种支撑临时加强。

当几个舱壁同时都要拆换时，则前后应当错开。舱壁上的扶强材修理时，也可隔一根拆一根，分两次修理。舱壁下的内底板如也要修理，应与舱壁配合一起安排。大面积舱壁为了安装方便，上下可以分成两个平面分段进行预制。

4. 双层底的分区修理

双层底分区修理时，内底板分区施工面积的大小与位置，同样应考虑不能过分削弱船体强度，同时要便于拆装肋板。从内底板中心到内底边板，尽量避免同时拆换连续的两张内底板。肋板修理也是隔一档拆一块的两次修理法。肋板若在水上修理时，一定要在船底板没有变形的情况下才能进行。

内底上的主机(或锅炉)如已吊走，则主机座(或锅炉座)也可在坞外修理。若主机不吊走(或锅炉不吊走)，而主机座(或锅炉座)需要在坞外修理时，如其肋板完好，可将主机(或锅炉)搁置好或移位后，进行该处内底的修理。

在双层底上的其他一些结构，如污水槽、测程仪、舱壁等，除在水线以下与外板连接的工程需在坞内施工外，其余均可在水上施工。

5. 甲板的分区修理

甲板分区修理时，若甲板换新或拆下矫正的面积较大时，则分区应保持舷侧列板的完整性。若拆换舷侧列板时，则应尽量避免相邻两列甲板同时拆掉。

修理甲板时，应考虑保留足够的系缆设备供系泊用(尤其在多风季节)。

修理甲板过程中，由于大量的封闭焊缝及出现不均匀的载荷，极易引起变形或产生裂缝，应特别注意采取相应预防措施。

6. 上层建筑的分区修理

上层建筑的修理和换新,以及各种船舶甲板上的装置与设备等,全部可在坞外修复。在施工中可组成大的立体或平面分段。在拆除与吊装时应注意以下几个方面:

(1)保证修理部件外形尺寸的准确。

(2)考虑好吊车的跨距、高度及制造场地等条件。

(3)分段应有足够的刚度,并采取防止吊运变形的措施。

为充分提高船舶维修效率,船舶在坞内或在码头上施工时,均应考虑分区修理工艺。

任务三　船体修理工艺

● 学习目标

一、船体修理工艺知识目标

1. 了解船体修理中常用的施工工艺;

2. 了解船舶进厂修理前的准备工作;

3. 了解船体修理安全知识及注意事项;

4. 了解船体修理中工艺要求。

二、船体修理工艺能力目标

1. 掌握船体修理中的施工工艺;

2. 能够根据修理任务做好相应修理前的准备工作;

3. 能够根据不同的船体损伤形式,选择合适修理方法。

● 任务引入

船体修理中一般采用的施工工艺有哪些?船舶进厂修理前应做哪些准备工作?船体修理中应重点考虑哪些安全事项?针对不同的船体损伤形式,如何确定合适的修理方案?

● 任务分析

船体修理中常用的施工工艺包括船体结构更换、结构局部加强、船体结构矫正、船体结构拆除、焊接施工工艺等。

1. 船体结构更换

在船体修理时,结构更换是最普遍的一种作业方式。主要是更换损坏或蚀耗部件,把它们恢复成原有的形式。通常整个船体结构涉及面广,更换比较困难,其中有的部件的蚀耗还没有到非换不可的程度,在征得验船师的同意后,可以进行部分结构更换。

2. 结构局部加强

对强度和刚性较差的船体结构,以及考虑到拆修中的变形和维修性,在施工中应采取局部加强的措施。一般局部加强措施有:临时支撑、假隔壁、分段自由边缘加强压铁等。

由于在拆修前船体结构上承受一定的载荷,故在拆修时,应设法卸去载荷,并根据结构情况予以加强。在大面积拆换时,应特别重视加强结构布置这一问题。

有关拆修中加强支撑的原则为:

(1)支撑部位:要求设置在船体的坚固结构处,以防止变形,并考虑拆装方便和不影响下道工序的进行。如:隔壁、强肋骨、强横梁、边纵桁材、甲板等部位。

(2)支撑结构:有木质和钢质两种,但均需具有足够强度。

(3)支撑角度:要求垂直,上下相衔接,坞内舷外支撑,其角度应不大于15°。

当各层支撑个别处无条件设置成一直线而成交叉时,则应考虑局部结构加强,避免结构产生弯曲,剪切变形。支撑上下应用墩木填好,以增大支撑接触面积,使受力均匀。

(4)支撑间距:应根据承受实际负荷大小进行选择。

3. 船体结构矫正

在船体修理时,矫正作为一个独立的工艺过程,在更换外板、甲板时,又作为一个伴随的工艺过程被广泛应用。主要包括就地加热矫正和冷加工矫正。

在船体修理时,有时外板变形严重,无法就地矫正修复,则将外板拆下送到车间,利用机械设备进行矫正,待在外板原来部位的内部骨架就地矫正结束后,再将外板原位装复。必要时也可将骨架一起拆下送车间矫正。机舱轴系修理时,要将尾轴吊出送往车间修理,为了施工方便,经常将外板(甲板)和横舱壁相应部位的板与骨架拆下一块以作通道用,待该部位修理工作结束后再原位装复。

4. 船体结构拆除

船舶如果改变用途后,有时需要对船体结构进行全面改装。船体经过改装后,有一些结构已无存在的必要,须给予拆除。

5. 焊接施工工艺

船体部件焊接前,接缝处应批出斜坡口,以消除夹缝空档。常见的坡口按焊接的要求有V型、Y型、X型、K型。焊接表面冷却后有一层灰色的焊渣,必须铲除干净,防止夹渣。焊缝要求均匀平整,如焊坑、咬边或者烧穿钢板,都是不合格的,应当凿除重焊。对于旧焊缝的修理,不可直接在原有的焊缝上面加焊,应将待修的旧焊缝及其两端各延长5~8cm长度全部凿除,批出整齐的斜坡口,然后焊接。要特别注意新、旧焊缝接合处的质量。对于构件本体裂缝的焊接,必须先在裂缝的两端各钻一个止裂孔,以便使其内应力在此处向各个方向分散,然后批槽堆焊。如果焊接大尺度的铜质构件的裂缝,例如螺旋桨桨叶的裂缝,除必须钻止裂孔及批槽外,还应当预先用慢火把构件烘热,保持在一定温度上焊补。

● **相关知识**

一、船舶进厂修理前的准备

船舶进厂修理前,应抓紧货舱空舱的机会,对管系(包括水舱的空气管)进行压水试验、找漏。管系试验压力一般采取400kPa,水舱的空气管的压水试验则采取水面与空气管上口齐平(即水头高度)。管路试验时,应使用手锤适度敲击管子外壁,使极度薄弱处因振动而穿孔漏水,以便及时修理,消除隐患。

如果冬季在高寒地区作上述压水试验,管系的出水应当用皮龙带导出船外,避免甲板上结冰,影响正常工作和安全。试验完毕管系内残水要放净,防止结冰胀裂管壁。水舱空气管的压水试验应使水持续不断地由空气管上口流出。试验完毕,应立即排出部分压舱水,使水舱保留约10%的空当,以免压舱水冻结而胀裂水舱和空气管。

全面检查消防设备，使之处于随时能用的状态，并与船厂消防单位联系，明确分工，以便配合。一些高压容器或易燃、易爆备品应妥善收藏，应尽量联系运至厂区存放。油漆等日用物料应集中存放，并加强防火措施。

船舶吊杆应放平，附属索具应拆卸、整理，并做好记号妥为收藏。打开货舱口，清除舱内及甲板上的垃圾，以利施工。二层舱的舱口周围应装上栏杆，拉好安全绳，以防止工作人员不慎坠落大舱底造成伤亡。

凡由船员拆卸而需运至厂内修理的设备及部件，应预先集中，以便运送，防止遗漏。预先在待修工程的工件上画好明显的记号，并在旁边简单书写修理要求。

了解油舱、油柜、油管的清除残油、挖除油脚和清洗工作的进展情况，检查是否经过测爆，重点防范修理过程中人员中毒或施工中发生燃烧、爆炸等事故。

二、修船安全知识及注意事项

船舶的修理过程是在船上设施、机电设备等不完全拆除的情况下，由冷作、电焊、气焊、气割、钳工、铜管工、除锈、油漆等诸工种立体交叉和联合作业的过程，工作性质特殊，作业场所环境条件差，有些船舶连油水舱里的油水也没有完全排放就进厂临时突击修理，也容易引起火灾爆炸事故。船上的油水舱长期使用后，舱内充满着有毒气体，稍有不慎，会给人身安全带来危害，财产带来损失。

在修船过程中必须严格遵守下列安全操作规程：

(1)上船工作必须注意照明。无照明处必须带好手电筒，以防踏空坠落。

(2)船上油水舱打开后，不可随意进入，应等安全部门对舱内空气测试合格后方可入内工作，并注意通风条件和劳动监护制度。

(3)凡对燃油舱、柜(包括邻柜)、油管等进行明火操作前，必须先对油舱、柜、油管等做彻底的清除，然后进行可燃气体测爆检查，合格后方可进行作业。

(4)在机舱内进行明火作业，必须注意周围环境，必要时应将周围设备拆除，再进行作业。工作后应对工作场所及其周围进行整理、检查、熄灭一切火种。

(5)船上所有一切阀件、电气开关不得任意打开、闭合。

(6)工作场所周围(包括邻舱)有与施工无关的其他电气设施时，必须将其电源、切断，才可进行作业。

(7)工作场所周围(包括邻舱)有电缆和其他木质舾装设施时，进行明火作业必须有专人监护，工作结束后要有专人检查。必要时应将上述设施拆除，再进行作业。

(8)当甲板拆除后，不得在骨架上行走。

(9)不得擅自进入无关舱室，打开的人孔盖、水密舱口盖，不可随意关闭。

(10)舷侧板修理作业应按自上而下的顺序进行。

● 任务实施

一、船体渗漏修理工艺

1. 船体渗漏的产生原因

船体部件金属在遭受腐蚀后，其完整性就逐渐遭到破坏，在焊接缝，局部强度逐渐下降，加上船舶在航行时,经常受到水的压力和波浪冲击,以及船舶推进器、主机、辅机工作时引起的船舶振动,还有不正确的货物装载与移动,船舶在波浪上出现中拱和中垂现象等,在这些外力的作用下,船舶产生纵向和横向的弯曲,使船体发生变形。在腐蚀严重处会造成焊缝纹路增大,从而产生渗漏现象,这在船体外板、甲板和水密舱壁的接缝处经常可以见到。

2. 船体渗漏接缝的修理工艺

(1)焊接修复。对于焊接船体来说,出现渗漏的地方,大多在焊缝处,这是因为焊接过程中有夹渣,气孔、裂纹、未焊透等缺陷,以及不合理的施焊程序造成了应力集中;在使用过程中,又受到各种外力的作用而产生了裂缝,从而发生了渗漏。这时,一般均采取刨掉该处焊缝,重新补焊的办法来消除;为了使新旧焊缝接头过渡良好,在刨除漏水焊缝时,一般比原漏水焊缝长 50 ~75mm(图 5-5)。

(2)补板修理。船体发生渗漏后,根据损坏程度,也可采用补板修理的方法。补板又分挖补和贴补两种,即在漏水的焊缝处挖补或贴补一块比漏水焊缝长的钢板,四周采用连续对接焊或连续搭接焊进行修理。

(3)换板修理。在漏水严重而补板又不可能的情况下,就应采取换新的办法,即将漏水焊缝两侧的钢板全部割除换上新钢板。挖补和换新又称作外板拆换,它们仅在大小上有区别,其工艺过程如下:

①在决定挖补或换新的外板边缘(或焊缝上)画好切割线,测量外形尺寸并在适当肋位复制原位样板。

②根据现场测得的数据加放适当的余量(一般每边加放 20 ~50mm)后号料切割,并在车间内加工成形。

③在待拆除的外板上按预先画好的切割线切割外板(在适当位置保留 4 ~6 个小段的板缝暂不切割,约 50mm 长),切割时必须注意不要损坏骨架。

④割除外板与骨架间的角焊缝。在适当位置焊上吊环并挂上葫芦钩住待拆外板后,再割去保留的小段板缝,随时将外板卸下。

⑤修顺切割后边缘上的铁渣,清理氧化物后,将预先加工妥的新板装上。板材先与骨架贴紧,然后从该板的中间肋骨近中点处向上下及前后尽可能地施以定位焊。随后割除新板四周余量(常为套割),并由中间向两端对外板对接缝施以定位焊。

⑥通常,先焊外板在舱内的对接缝,其施焊程序如图 5-6 所示。

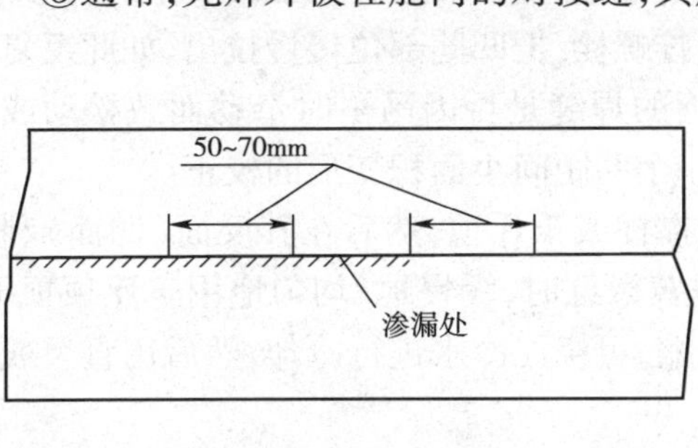

图 5-5　渗漏接缝刨缝长度

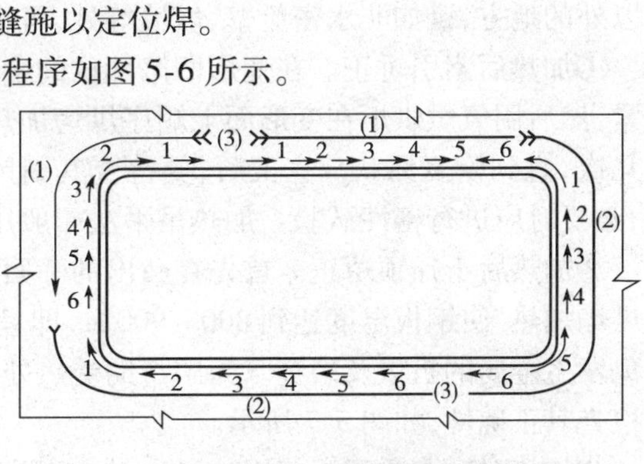

图 5-6　施焊程序

⑦一般采取逐步退焊法进行,以避免焊后产生较大的内应力。然后焊外板与内部骨架的角接缝。最后在船体的外面,将外板对接缝碳刨开槽后进行封底焊,焊接程序仍如图 5-6

所示。

⑧板缝焊妥后铲去焊疤，对焊缝进行密性试验检查，确认无夹渣、气孔、裂纹、未焊透等缺陷。

必须注意：在补板或者换新时，未动的旧板边缘已形成了坚固的框架，这样就会妨碍补板或换新板在焊接时的自由收缩，以至产生残余应力，这时补板或换新板的四角就容易出现裂纹。为了克服这一缺陷，必须采取以下措施：

①将补板的四角（或换新板的四角及割除部位的四角）做成圆角，一般要求其曲率半径应大于补板（或换新板）厚度的 3 倍，即 $r=3\delta$。其目的是为了减小圆角处焊接后的应力集中系数。

②安装时应注意补板与旧板对接（或搭接）间隙不得大于 1mm（换新板与旧板对接间隙也不得大于 1mm），使其紧密接触。另外，为了使焊接时有收缩余地，采用码板固定，若采用定位焊固定，则定位焊长度应小于 5~10mm，间距为 300~400mm。

③一般更换新板时，只需将旧板直接割下，就可进行后续修理。但在外板与肋骨连接处如进行割板则相对较困难。这时，为保留肋骨可将肋骨处外板割成狭窄的板条，待其他部分外板被割除后，再割开肋骨与狭窄板条的连接焊缝，通常肋骨与外板是间断焊连接，为保证肋骨型线可采用上述方法割除，但若肋骨与外板为连续焊缝时，需将外板与肋骨一同割除，然后重新装焊新肋骨。

二、船体凹陷修理工艺

1. 船体凹陷的产生原因

船体凹陷是指内应力超过了船体的局部强度时，使船体的局部产生了永久性变形。如船舶在停靠码头、相互碰撞、搁浅、触礁等各种外力作用下，船壳发生局部变形，会导致船体局部强度的削弱，增加了壳板变形的趋势，尤其是凹陷发生在水下部分时，还会大大增加航行阻力，使船舶不能保持原有的正常技术状态。

2. 船体凹陷的修理工艺

（1）原地消除凹陷。当船体凹陷尺寸小，而且弯曲度不大，其位置又是在主要构件和接缝线以外的地方，譬如非水密舱壁、舷墙等处，可采用以下办法予以就地矫正：

①加热后索引矫正。在变形凹陷部位的中间焊一螺栓，并在两边骨架处安装卡板，把螺栓拧紧，然后用氧烘烘炬在变形面上顺序烘烤加热，再拧螺栓，把凹陷部位慢慢拉出，如此反复进行几次，直到恢复原状。完工后，要检查其周围附近的焊缝是否因吊平时牵动而致松动或损伤，必要时应进行密性试验。加热吊平法一般用于一个肋距间小面积变形的校正。

②加热后千斤顶矫正。首先在凸出的一面安放撑柱或千斤顶，然后在其反面（凹面）利用氧烘焰加热，使钢板温度达到 800~900℃，即呈现橘黄微红时，缓慢地、均匀地用千斤顶顶平，以免发生金属的折损及裂缝。为了帮助受热处的收缩，可浇注冷水进行冷却，然后用直尺或样板检查其正确性，如图 5-7 所示。

③加热时锤击矫正。使用这种方法，主要注意温度。一般要求加热至 1000~1100℃，并且铁锤不能直接打击钢板，而需垫以平锤，通常多采用木锤矫正，这样可防止钢板损伤和留下锤痕。

④冷态压平矫正。对于一些薄板或凹陷较小的地方，可以采用门型码板打入铁模来压下凸起钢板的办法，如图 5-8 所示。

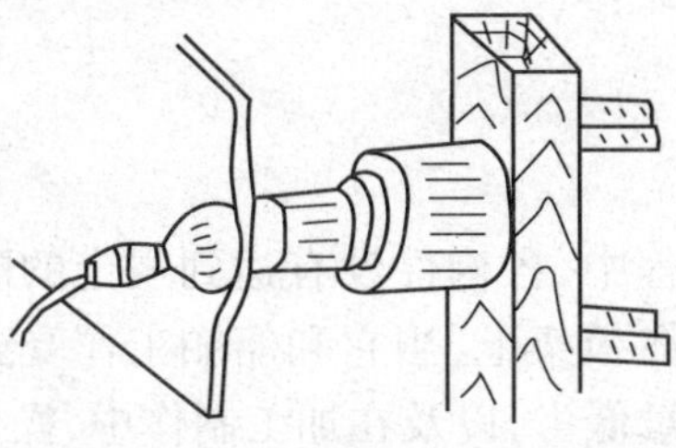

图 5-7　利用千斤顶就地矫正凹陷

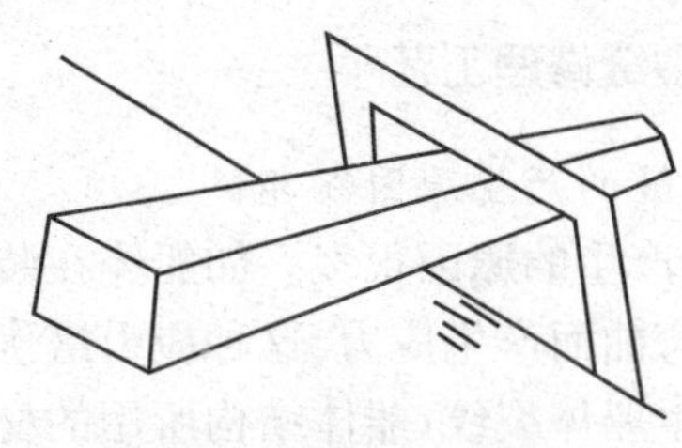

图 5-8　利用门型码板和铁模的矫正

(2)车间内矫正凹陷。当船体凹陷处比较大时，可拆卸下来送到车间内，利用矫正机械或者在平台上加热锤击矫正，其优点就是可以在钢板的每一部分进行大面积的矫正。不过，经过上述矫正后，钢板的长度会有所增加，这是因为钢板纤维组织伸长的结果。因此，上船装复前必须先用原位样板或卷尺测量，画线切割或刨边后再复位。

(3)补板修复。经过检验，钢板在局部范围内损耗严重时，将凹陷部位切除，补上新板。或者就在凹陷区贴补一块钢板。补板的四角应做成圆角，四周与旧板烧连续对接或搭接焊，焊接程序与图 7-6 所示类同。通常对于船体凹陷，采用贴补方法比挖补方法为多，因为它省去了拆卸旧板的工作，效率高。

(4)换新板。当损坏相当严重而无法挽救时，就将凹陷的整块钢板全部换新。

三、船体骨架弯曲修理工艺

1.船体骨架弯曲的产生原因

根据力的传递原理，作用在外板上的力，也就同时作用在与外板相连接的骨架上。因此，就其本质来说，弯曲与凹陷没有什么区别，只是弯曲系指骨架部分而已。在船体上容易产生弯曲的部位有：桁材、肋骨、舱壁扶强材、桁架、首尾柱及其他构件。

2.船体骨架弯曲的修理工艺

船体骨架弯曲的修理主要有两种：原地矫正和车间矫正。

原地矫正通常是弯曲部位的外板因损坏已预先拆去。对弯曲程度较小的骨架，用氧气—乙炔火焰对弯曲部位加热后，再用锤敲击，使其恢复原来的形状。对弯曲比较严重的部位，则在加热后需用千斤顶对其施加外力，然后用锤轻轻敲击到原有形状，如图 5-9所示，也可用门型马板和铁模来矫正。

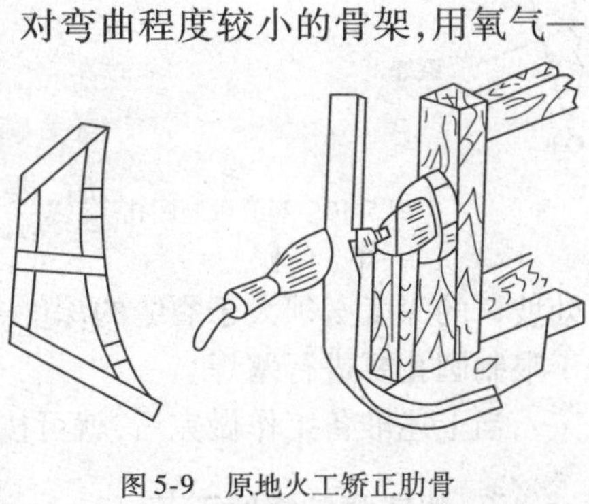

图 5-9　原地火工矫正肋骨

车间矫正是针对弯曲变形特别严重的肋骨，应拆下后到车间进行矫正，再装复或者换新。在拆除前应根据拆除的肋骨受力情况，采取分批拆除或全部拆除工艺。拆下的肋骨应在其弯曲部位到完好形状处还多割去 100 ~ 200mm，以便安装新肋骨时能正确地连顺型线。在安装新肋骨时必须在与原有完好肋骨部分焊接之前，仔细检查该处型线是否光顺，即在保证该处肋骨型线光顺的同时，还必须使纵向型线也保持光顺。

肋板的弯曲可采用变形范围局部割换或拆除换新的方法来修复。如需拆换时，其拆换程序与肋骨修复方法基本相同。

四、船体裂缝修理工艺

1. 船体裂缝的产生原因和部位

船体裂缝产生的原因很多。如船体在装配过程中，各构件没有达到规定的配合就进行焊接，结果造成弯曲而产生应力，这种应力潜伏在船体板架上，当它和船舶工作受到其他外力叠加时，便会产生船体裂纹；船体结构所用的材料质量低劣，以及在加工制作中，操作不当或加热不足，焊接过程中存在夹渣、气孔、裂纹、未焊透等缺陷，加上不合理的施焊程序造成了应力集中，这些也都是产生裂缝的隐患；船舶金属遭到腐蚀后，在波浪上反复受到交变应力的作用，以及螺旋桨、主机、辅机等工作时产生的船舶振动而引起的金属疲劳，在外力作用下，只要超过了理论计算时的船舶纵向与横向强度，便会产生船体裂缝。一般最容易产生船体裂缝的部位有：

(1) 船体凹陷或弯曲处，特别是接缝部位。因为产生凹陷与弯曲时，在接缝处会产生较大应力的缘故。

(2)船舶首柱和尾柱处，特别是被冲击而受损害的地方。这是因为首、尾柱处的加工变形量大，金属内部结构会被迫改变，形成较大的电位差，因而特别容易遭受腐蚀，在冲击的作用下受到损害而产生裂缝。

(3)螺旋桨轴架处。因为该处在受到严重腐蚀的同时，还不断地遭受到螺旋桨的振动作用，在长期的作用下易产生了疲劳裂缝。

(4)主机、辅机和锅炉下面以及不能进行清洁的水舱、油舱、煤舱等处的外板。

2. 船体裂缝的修理工艺

船体外板、甲板的裂缝修补，基本上采用碳刨开槽两面焊接方式进行，必要时在裂缝修补结束后再在其外(内)表面加焊复板，即贴补方法。在贴补之前，必须作好以下准备工作：

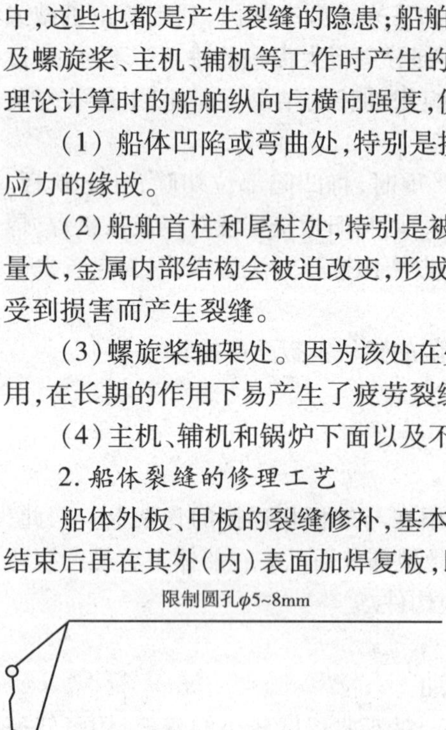

图 5-10　裂缝限制圆孔

(1)限制裂缝的发展，即在裂缝的两端钻直径为5~8mm的圆孔，圆孔深度应与裂缝深度一致，如图5-10所示。这是因为形成圆孔后，可以减小应力，起到止裂的作用。

(2)检查裂缝的程度：对于裂缝的长度，可用煤油试验予以检验，对于裂缝的深度，可以通过钻孔来测定。

(3)在裂缝处按照焊缝的要求和标准开出坡口，此处坡口的深度必须大于裂缝的深度，否则焊完之后，金属内部仍留有裂缝，造成隐患。另外，对于限制圆孔要进行塞焊。

当上述准备工作做完后，就可按补板方法进行贴补。

五、船体腐蚀修理工艺

1. 船体腐蚀的原因

船体漂浮在水上，因其钢材中含有 C、S、P、Si、Mn 等杂质，它们与 Fe 的电位不同，容易形成微电池,特别是尾部采用铜质螺旋桨时,形成异金属电池,更容易出现船体腐蚀现象。另外船体也会从空气中吸附水气而形成水膜,同样形成微电池而遭受腐蚀。

船体的腐蚀一般最容易出现的部位如图5-11所示。

(1)水线变化区的外板:船舶装卸货物时及在风浪中航行时,吃水不断变化,加上阳光、空气、水的反复作用,使其表面忽湿忽干,而且航行时产生涡旋、水流冲刷着油漆,海水中含有大量盐分,浸泡着油漆,会不同程度地破坏油漆保护膜,从而加剧金属的腐蚀。

(2)首尾柱部分:因为首柱迎浪而进,尾柱受到螺旋桨搅起的空气加水的乳化液的化学作用及机械作用,使该处的油漆容易脱落。另外,首尾柱在冷热加工制造过程中,被加工的分子与未加工分子之间形成了不同的电位,也促进了它们的腐蚀。

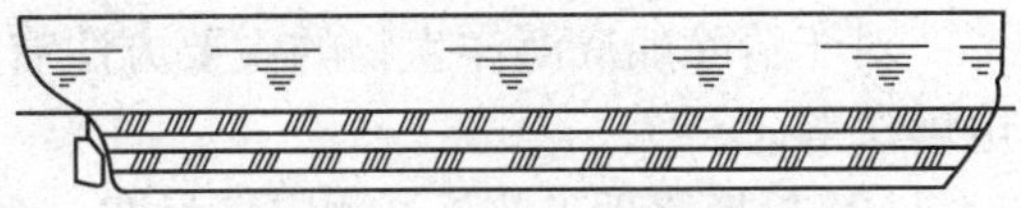

图5-11　船体腐蚀的分布

(3)泄水孔周围和舭部转圆处:前者主要是水流冲刷后带来的一系列影响,后者主要是舭部在加工弯曲时材料内部形成了不同电位造成的影响。

(4) 焊缝区域:由于焊接缺陷与焊接应力所致。

(5)船体内部特殊区域:如煤舱在煤的硫化作用易促进腐蚀;油舱由于石油中分解的硫化氢及凝结水的作用,易促进腐蚀;水舱腐蚀;机炉舱底座由于机器振动、油污积聚、热辐射等加剧了金属的腐蚀。

此外,海洋船舶还会遭受海洋生物的腐蚀。即海水中的生物(如贝类、藻类)附着于船体水下部分而引起生物腐蚀。生物腐蚀是从生物附着于船体开始的,他们利用分泌黏性物质将自己黏附在船体上。生物腐蚀也包括化学腐蚀和电化学腐蚀两种,因生物附着可能产生的腐蚀情况有:

(1)附着生物因新陈代谢作用分泌出浸蚀性产物(如NH_4OH、CO_2、H_2S等)以及其他有机酸和无机酸,这些物质对船体钢板起腐蚀作用。

(2)附着生物因叶绿素作用而产生氧气,以及分泌出硫化物,从而形成局部原电池而发生电化学腐蚀。

(3)贝壳生物附着于船舶能破坏油漆保护层,最终导致局部电化学腐蚀。

2. 船体腐蚀的修理工艺

根据交通运输部标准《船体结构蚀耗修理更换标准》,对于运营中的钢质海船因蚀耗减薄后的船体构件,凡在其蚀耗极限以内者(即总纵强度在其规定的剖面模数计算极限以上者,和局部强度在其规定公式计算之剩余厚度以上者),修理时仅除锈油漆等;若其蚀耗减薄后的构件超过蚀耗极限,则需局部或大部更换新板,或加纵向骨架及贴补,以至将整条船报废。

(1)除锈油漆工艺。船舶修理除锈时常用的方法有:手工敲铲法、气动或电动机械除锈、抛丸或喷丸除锈、高压水清洗涂锈等。

①高压水清洗除锈:利用水射流中的冲击力的"机械"作用来除去锈蚀和污垢的方法,目前用于清洗除锈的是一种高压连续细射流(5mm以下)。

高压水清洗除锈特点是:生产效率高,锈尘少;不损伤钢板表面;除锈质量好,能除去疏松的蚀锈、旧漆皮及附着的海生物;工艺性能好,使用方便,辅助工时少。但该工艺的安全防护以及环境保护问题较为突出。

②抛丸除锈:它是利用抛丸机叶轮(抛丸头)旋转时的离心力抛射铁丸进行除锈的。

③电动除锈机除锈:这是在人工除锈的基础上发展起来的使用电动齿轮枪铲除涂锈的方法。船底电动除锈机和船旁遥控自行式除锈机,是除锈效率较高和质量较好的一种除锈装置。

船舶油漆的效能,除了本身质量以外,与油漆涂装施工也有密切关系。正确的涂装工艺能充分发挥油漆的质量和效能。油漆施工中,手工涂刷尚占一定比重,现正逐步向机械自动化电喷漆涂装施工过渡。

对于清除船底海洋生物的主要方法有:高效能防污油漆、超声波除污法、物理清除法、海水电解法等。

(2)拆换修理工艺。当测定板材在一个肋距(或沿板长 700mm)内的累计腐蚀宽度比$b/B \geq 50\%$ (b 为累计腐蚀宽度;B 为板宽),且平均厚度已低于蚀耗极限时,这种外板和强力甲板应予全板更换,并原则上保持原始焊缝不予更动。对其余部位的板材允许贴补、挖补和割换等方法加以修复。对国内航行的老旧船舶如纵向强度不足,但仍能保证局部强度时,经强度计算合格后,可采用加强纵向骨架及贴补纵通列板的补强措施。

六、船体破洞修理工艺

1. 船体破洞的产生原因

船体破洞通常是由于船舶发生触礁、碰撞或其他意外原因所致。船体破洞会使船体局部强度遭到破坏,破洞的部位根据事故的成因可能出现在船舶水上或水下任何部位。

2. 船体破洞的修理工艺

(1)单件局部换修工艺。单件局部换修工艺是当船体破洞后,直接将破洞处割除,再进行换修方法,如图 5-12 所示。

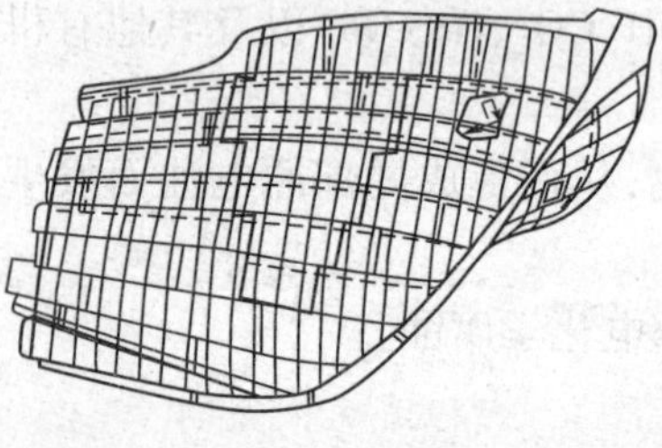

图 5-12 船体破洞的修理

①割除损坏结构:在保证船体不会因强度变化而发生变形的情况下,用气割方法将破洞处的外板及内部骨架割下。对留下的部分进行修边和开坡口,骨架与骨架的接缝和板与板的接缝应错开,但不宜过大,以便于以后装配。局部测绘施工图,钉制原位样板,进行各构件的号料与加工。

②安装骨架:先装横向骨架,如横梁和肋骨,以及它们之间的梁肘板;然后装纵向骨架,如舷侧纵桁等。进行新装骨架与保留骨架间接缝的焊接和新装纵横骨架间接缝的焊接。

③安装甲板与外板:先安装舷侧顶板和甲板边板,使骨架刚性固定后,再依次安装其他外板和甲板。先焊板与板的舱内对接缝,后焊骨架与板的角接缝,最后焊板与板在外表面碳刨开槽后的对接缝,采用逐步退焊法以减少焊接变形。最后火工矫正,并进行质量检验。

④密性试验。

(2)分段预制修理工艺:

①预制损坏分段:破洞割除与前类同,根据就地测绘的施工图及放样资料进行破洞分段的预制,其程序与造船分段制造相同。

②分段吊装与焊接:将预制的分段吊运到安装部位,用码板、松紧螺旋扣等将分段固定住(与造船时船台装配中舷侧分段吊装相同),套割余量后定位焊。施焊程序与整体建造法一

样。最后火工矫正,并进行质量检验。

③密性试验。

七、船体折断修理工艺

1. 船体折断的原因

船舶可能会因设计不合理,或凹陷、弯曲、裂缝、配载不当等原因,当受到超过船体总纵强度的弯矩作用时,便会出现折断现象。

2. 船体折断的修理工艺

船体折断是修理中较复杂的工程,通常须在坞内修理。它可以是原船接拢,也可以是类型相同或大小相当的两条船的某两段接成一条船,也有的在原船上接一段新船体。其工艺措施通常采用以下方式确定。

(1)确定工艺方法。首先,必须根据船方要求、船体折断状态以及船厂施工能力,选择能够保证船舶修复的施工工艺。

为保证折断处修复后的型线光顺,需拆去断裂处的一部分外板、甲板及其内部骨架,依照光顺后的型线重装;对需要在检修中更换的部位应在接拢工程中给予拆换;轴系等一些重要设备在大合拢时应保证质量,若有偏差,应在安装主机时作调整;船舶合拢时大接缝的选择应根据原船结构及断裂部位,尽量把首尾段原有焊缝协调起来,且选在靠近平行中体的这一段上。

(2)断船接拢修理工艺:

①损坏部分的修复:因事故船舶修理时,通常缺少一些船舶原始的建造工艺方案,只能按折断部分的首、尾段分别进行修复工作,如拆换外板、甲板、内底板,矫正后复原等。为保证强度与安全,应分区分批修复,一般逐舱进行,为防止变形,应适当加墩加撑,舱壁处一定要支撑牢靠底部结构修好后再修复舷侧结构。修复过程中应随时测量变形情况,随时予以纠正。机舱修理时要将主机吊出,垫好龙骨墩再拆装。同一修理区内不可同时进行船底、舷侧和甲板的拆装修复工作,以防止变形。

②对接工艺:断船进行对接工艺时,首先要确定一个奠基段如尾段,将首尾两段的甲板、外板上适当位置画好对合线,拉拢对齐,测量中心线、水平线、舱壁垂直度等是否正确,然后将内部骨架(纵向)定位,套割首段板材余量,进行焊接。整个对接工艺与总段建造法的船台装配方式类同。在对接的装焊过程中,尽量应用一切方法来保证安装正确、型线光顺和控制焊接变形,如码板、松紧螺旋扣等。最后进行火工矫正与密性试验。

此外,也有的利用折断处进行接长工艺,或对原有船舶切断后接长,这种工程与造船方法相类同,比较麻烦,同时成本也比较高,现已不用。

八、船体修理中的变形及预防措施

船舶在修理过程中,由于船体结构不同、修理范围不同、修理条件与修理方法不同,往往会发生不同的变形。

船体结构的变形可大致分为总体变形和构件局部变形两种。总体变形包括中垂、中拱、总尺寸缩短、船舶横向变形等。局部变形包括角变形、弯曲变形、波浪变形、失稳变形等,是由于构件和板列等焊缝分布不对称产生的形状变化。

1.中拱变形

(1)中拱变形产生的原因:

①船舶在坞内修理时,首尾部因受型线的限制,其坐墩面积比中部小得多,所受压力较大,下沉量较大。若墩木质量较差、数量过少、层次过多,或撑木位置不当、数量不够,则下沉量控制不住时,出现中拱变形。

②船舶靠在码头水面时,首尾重力大于首尾浮力,而中部浮力大于中部重力时,或甲板拆卸面积过大而影响总纵强度时,也会导致中拱变形。

③首尾尖舱进行水压密性试验时,未加足支撑垫墩会导致中拱变形。

④坞内进行船底基线测量时,常因上部船体受到日晒而伸长,形成暂时中拱,故测量应在夜间进行。

(2)减少中拱变形的措施:

①在船体修理时应有专人负责定期测量变形情况,测量方法应相同,以便积累资料分析比较。

②制定合理的分区分批修理工艺,保证船体修理过程具有足够的连接强度。

③进坞前应预先掌握船舶原有的技术状况,合理地安排坞墩,避免坐墩后出现受力不均匀的现象。

④应根据船体大小及重量,考虑墩木承压面积,避免墩木发生超负荷现象。

⑤拆换钢板时,应严格控制拆墩数目。

⑥船底墩木处,应尽量避免拆墩补漆的做法。

⑦进行水压密性试验时,应适当加强该处的龙骨墩及撑木。油漆时,需放水移墩补漆来完成水线以下的油漆工程。

2.中垂变形

(1)中垂变形产生的原因:

①位于船体横剖面中和轴以上部分的焊接工作较多而没有采取有效措施,如甲板、舷侧上部列板、上层建筑等处的各种焊缝较多,尤其是连续焊缝,收缩时产生的内应力,使首尾上翘。

②就地火工矫正较多,和前述相似会发生首尾上翘变形。

③中部墩木拆动过多,由于船体重量很大,墩木经拆动后,虽然附近还有适当加强,但不可能恢复原有条件,必然会产生不同程度的下挠。其下挠量与拆动面积及其次数有关。

④中部墩木有局部超负荷现象,如水压密性试验时没有适当增加墩木或增加不够,修理双层底时,对重量较大的主机或锅炉没有适当支承。

以上多属事故性原因,在工艺上采取适当措施是可以避免的。

(2)防止中垂变形的措施:

①甲板、舷侧上部、上层建筑如进行大量焊接工作时,应尽量采取分段预制工艺,以减少就地焊接工作量和安排合理的焊接程序。

②对于有严重波浪变形的板,应尽量改用拆下矫正以减少就地火工矫正工作量。

③避免拆动过多的墩木。

④对局部负荷过大的部位,应适当增加墩木或临时支撑。

3. 扭转变形

(1)扭转变形产生的原因:

①同时拆下的外板及内部骨架等相连的面积过大,或同期修理的区域相距过近。

②大面积拆卸舷侧构件时,没有足够的支撑或支撑的位置不妥。

③舷侧的焊接工作过分集中。

(2)防止扭转变形的措施:

①采取合理的分区修理工艺,使同期修理的面积不要过大,并保持一定的距离。在拆卸肋骨时,应间隔进行,以不影响船体型线。

②应有专人负责合理地安装与拆除支撑。

③考虑焊接工艺时,应尽量使左右舷能同时对称地进行焊接。

④在修理过程中,应随时测量变形,并及时防止。

4. 横向变形(即横剖面型线变化)

(1)产生横向变形的原因:

发生在横舱壁拆下及支柱拆除后,甲板和外板等重量大而下沉。

(2)防止横向变形的措施:

①在修理横舱壁及支柱时,应在附近临时加强。

②横舱壁的修理也应分区进行。

九、船体结构的密性试验

修船后对修理部分的结构应进行密性试验。船体构件修理后影响密性者,均需进行密性试验。试验可采用水密、气密、油密或相应的有效方法进行。密性试验方法和密性试验标准按有关规范要求进行。

思考与练习 SIKAOYULIANXI

一、简答题

1. 船体损伤的主要原因有哪些?
2. 船体损伤按形式分成哪几类?
3. 什么是船舶勘验? 船舶勘验有几种形式?
4. 简述船体渗漏的修理工艺及方法。
5. 简述船体凹陷的修理工艺及方法。
6. 简述船体骨架弯曲的修理工艺。
7. 简述船体裂缝的修理工艺。
8. 简述船体腐蚀的原因及其修理工艺。
9. 简述船体破洞的修理工艺及方法。

10. 修船后对修理部分的结构可进行哪些密性试验？

11. 什么是修船方案？修船方案通常包括哪些内容？

12. 船舶修理的主要工艺阶段有哪些？

13. 什么是船体分区修理法？

14. 船体分区修理的原则及其分区方法有哪些？

15. 船体在修理过程中容易产生哪些变形？应采取哪些防止措施？

二、选择题

1. 下面哪一项不是船舶修理的主要特点______。

A. 多船检修　　B. 工程类别多　　C. 设计范围广　　D. 质量要求高

2. 船舶损坏的原因主要有包括______。

①外力作用;②腐蚀作用;③人为原因;④无形损耗

A. ①②　　B. ②③　　C. ①②③　　D. ①②③④

3. 由于塑性变形或稳性损失的过载,引起结构初始形状的变化的是______。

A. 疲劳　　B. 蚀耗　　C. 残余变形　　D. 裂缝

4. 按规定周期有计划地结合定期检验进行的厂修工程是______。

A. 航修　　B. 小修　　C. 大修　　D. 抢修

5. 下列几个船舶修理阶段顺序排列正确的是______。

A. 修理工程单审查、船舶勘检、预试航、船体拆卸、装备焊接

B. 修理工程单审查、预试航、船体拆卸、装备焊接、船舶勘检

C. 修理工程单审查、预试航、船舶勘检、船体拆卸、装备焊接

D. 修理工程单审查、船舶勘检、预试航、装备焊接、船体拆卸

6. 下列选项中哪一个不是超声波测厚的注意点______？

A. 被测表面应除锈刮漆,并用砂纸磨平,使其具有一定的平整度以传入声波

B. 测厚时,探头和被测表面滴上机油、甘油或水玻璃

C. 测厚仪应水平放置,以避免读数不准及电表零位不正等影响

D. 钻孔测厚应取孔周围厚度的最大值

7. 船体修理方案的影响因素主要有______。

①修理部位;②损坏的形式和程度;③船舶大小;④船厂生产计划;⑤船厂起重运输能力

A. ①②③　　B. ②③④　　C. ①②③④　　D. ①②③④⑤

8. 船体修理原则工艺说明书不包括______。

A. 船舶概况　　B. 工程费用　　C. 船舶拆卸技术原则　　D. 主要工艺阶段

9. 通常,大型船舶坞外拆修外板时,正常天气拆下外板的下缘,至少离开水面______m,风浪季节应考虑适当增加。

A. 0.5 ~ 1　　B. 1 ~ 1.5　　C. 1.5 ~ 2　　D. 2 ~ 2.5

10. 同一区域内,外板的宽度以______列板较合适。

A. 二　　B. 三　　C. 四　　D. 都不合适

11. 船体______是最普遍的一种船体修理作业方式。

A. 结构更换　　B. 局部加强　　C. 结构矫正　　D. 结构拆除

12. 焊缝修复中,为了使得新旧焊缝接头良好过渡,在刨除漏水焊缝时,可以比原漏水焊缝长______。

A. 20mm　　B. 30mm　　C. 40mm　　D. 60mm

13. 在补板或者换新时,为了克服焊接时自由收缩而可能产生的裂纹,可以采取______措施。

A. 将补板的角做成圆角,其曲率半径大于补办厚度3倍

B. 安装时补板与旧板间隙小于1mm

C. 采用码板固定,保证焊接时有收缩余地

D. 以上都是

14. ______部位不容易产生船体裂缝。

A. 首柱和尾柱　　B. 螺旋桨处

C 甲板两大开口中间　　D 主机、辅机、锅炉下面

15. 船体______部位容易遭受腐蚀。

①水线变化区的外板;②首尾柱;③焊缝区域;④泄水孔和舭部转圆处

A. ①②　　B. ②③　　C. ①②③　　D. ①②③④

16. ______的生产效率高、不损伤钢板表面、工艺性能好、使用方便、辅助工时少,但安全防护和环境问题较突出。

A. 高压水清洗除锈　B. 抛丸除锈　C. 手工敲铲除锈　D. 电动机除锈

17. ______不能用于清除船底海洋生物。

A. 手工敲铲　　B. 超声波　　C. 海水电解　　D. 高效防污油漆

18. 大面积拆卸舷侧构件且舷侧焊接过分集中,会导致______变形。

A. 中拱　　B. 中垂　　C. 扭曲　　D. 横向

19. ______不利于防止中垂变形 。

A. 甲板、上层建筑焊接时采用分段预制工艺,减少就地焊接工作量,合理安排焊接顺序

B. 拆除中间部位墩木、扩大作业空间,便于人员设备通过

C. 对于局部负荷过大的部位,适当增加墩木或临时支撑

D. 对于严重波浪变形的板,尽量改用拆下矫正,减少就地火工的工作量

20. 分区修理时需要考虑______。

①修理区域结构强度;②施工安全;③施工速度;④工艺要求

A. ①②　　B. ②③　　C. ①②③　　D. ①②③④

项目六　船舶设备维修工艺

任务一　船舶设备拆装工艺

● 学习目标

一、船舶设备拆装工艺知识目标

1. 了解船舶设备维修的基本过程；
2. 了解船舶设备维修中的各种检修工具；
3. 了解船舶设备维修中的各种检修物料；
4. 了解船舶设备拆装的基本要求。

二、船舶设备拆装工艺能力目标

1. 能够合理使用各种设备检修工具；
2. 能够正确选择各种船舶设备检修物料；
3. 能够按规定技术要求正确拆装船舶设备。

● 任务引入

船舶设备维修的基本过程包括哪些内容？如何正确使用船舶设备维修中的各种检修工具？如何正确选择船舶设备维修中的各种物料？船舶设备拆卸和装复过程中有哪些基本要求？

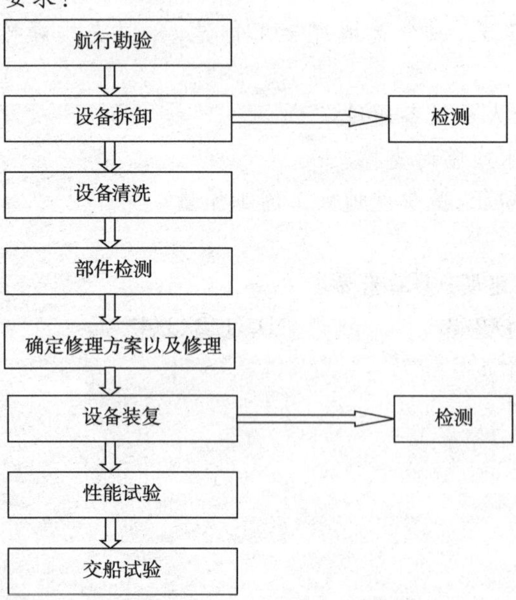

图 6-1　船舶维修过程

● 任务分析

船舶设备在运营过程中出现损伤后，依据损伤部件的性质、形式、范围、程度的不同，应选择合理的维修方式。

目前，运营中船舶及设备损坏后的维修通常采用船员自修和进厂修理两种方式。一般正常的船舶维修需经以下几个过程，即：航行勘验（检测）→设备拆卸→部件清洗（检测）→确定修理方案及修理→设备装复（检测）→性能试验→系泊试验→航行试验等相关步骤（图 6-1）。通常检测工作要贯穿于设备修理整个过程，通过对相关参数检验和测量，摸清设备损伤的范围和程度，找出故障发生的原因。

对于营运中船员自修项目，通常是通过航行中的观察和必要的检测来了解和确定部件损伤的程度和性质。对于厂修项目则要进行进厂前的航行勘验，了解船舶技术状况和故障情况，确定修理项目和范围等。修理过程中除机舱内的设备修理外，还包括设备坞修工程项目，如船舶轴系、螺旋桨和舵系等的修理。

● **相关知识**

一、检修工具

在做好前期的勘验工作后，为了顺利地拆卸船舶设备，应尽量做好拆卸前的各项准备工作，准备各种检修工具。拆卸检修时需要准备的拆卸工具通常包括：通用和专用工具、通用和专用量具、各种随机辅助设备等。所准备的工具和量具的品种、规格应能保证全部拆检工作的顺利进行。

1.通用工具

1）扳手

扳手是用来拆装各种螺纹连接件的常用工具。按其结构形式和作用，可分为通用扳手、专用扳手和特种扳手三大类。

使用扳手时，应把扳手的开口全部套在欲扳动部件上，并注意扳手的开口平面与被扳动件轴线相垂直，否则不仅容易滑脱，而且也容易损坏螺纹连接件的棱角。

（1）通用扳手。通用扳手又称活络扳手（adjustable spanner），如图 6-2 所示。其特点是它的开口尺寸能在一定范围内调节，所以可用一把活络扳手扳动开口尺寸允许范围内的多种规格的螺栓和螺母，使用方便。

使用活络扳手时应注意以下几点：

①活络扳手使用时不允许在其手柄上套上一根长管子作为加长手柄。

②应使扳手开口的固定部分承受主要作用力，即扳手开口的活动部分位于受压方向。

③扳紧力不能超出螺栓或螺母所能承受的限度。

④扳手的开口尺寸应调整到与被扳紧部位尺寸一致，将其紧紧卡牢再用力扳动螺母。

（2）专用扳手。每一种专用扳手只能用以扳动固定规格的螺栓和螺母，按其结构特点可分为以下几种：

①开口扳手。开口扳手又称呆扳手，分为单头和双头两种，如图 6-3 所示。它的尺寸规格以开口宽度（mm）区分。开口扳手一般用在螺帽空间比较宽阔的地方，使用时应注意扳手开口的受力部位。

②整体扳手。整体扳手有正方形、六角形、十二角形等几种形式，其中十二角形扳手就是梅花扳手，如图 6-4所示。梅花扳手只要转动 30°就可改变扳手方向，所以扳动狭窄部位的螺栓和螺母时，使用这种扳手较为方便。其规格以六角螺母的对边距离为扳手的公称尺寸。

③套筒扳手。套筒扳手（box spanner）是由一套尺寸不等的活络套筒头子和弓形手柄等组成，如图 6-5 所示。一般都配套成盒，分 9 件、13 件、17 件、28 件、32 件等多种组合，其规格尺寸同梅花扳手基本相同，适用于多种特殊位置和维修空间狭小的地方，且效率较高。

图6-2　活络扳手

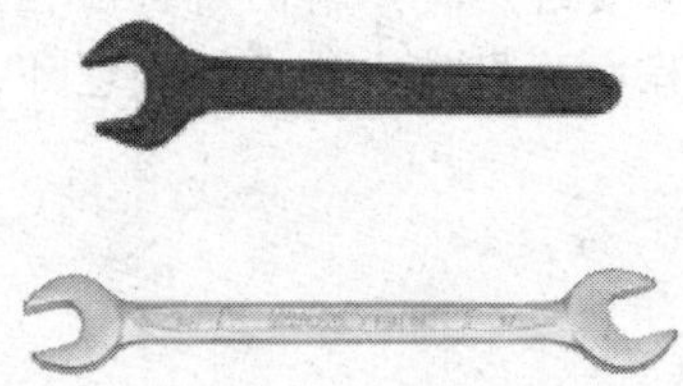

图6-3　开口扳手

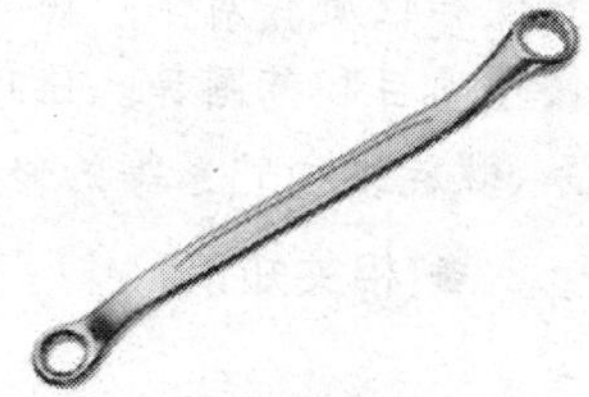

图6-4　梅花扳手

此外,专用扳手还包括钩形扳手、内六角扳手、管扳手等用于特殊工件的扳手。

(3)特种扳手。特种扳手一般是为拆装某一类专用螺母而设计的,在结构和功用上有别于前述两类扳手,船舶机械中常用的特种扳手有以下两种:

①扭力扳手。扭力扳手又称公斤扳手,如图6-6所示。手柄上带有刻度和指针,使用时可根据扳动时的指针刻度来测定螺栓、螺母的拧紧力矩值。凡是对螺栓、螺母的上紧力矩有明确规定的装配工件(如某些中小型柴油机的连杆、缸盖螺母,空气压缩机的缸盖螺栓等)上紧时都要使用这种扳手。

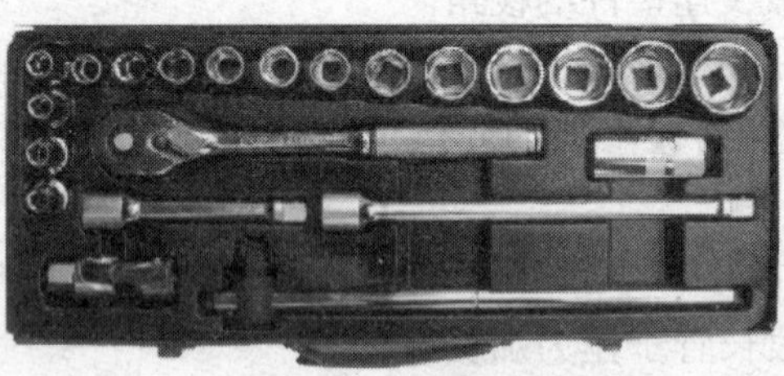

图6-5　套筒扳手

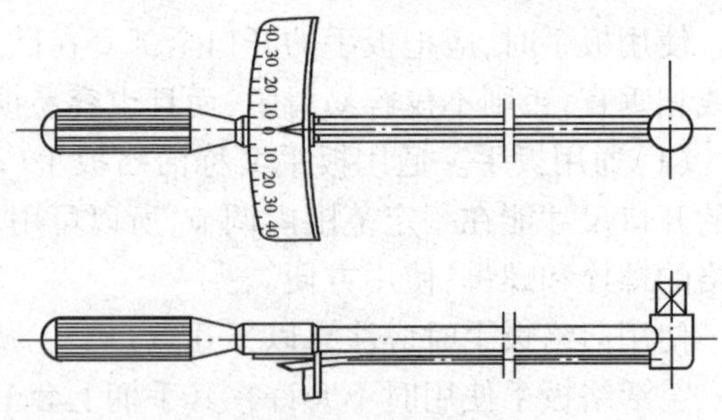

图6-6　扭力扳手

②风动冲击扳手。风动冲击扳手(impack wrench)是以压缩空气为动力,用来拆卸和上紧一些较大的螺母。如大型柴油机的缸盖螺母等,外形如图6-7所示。

2)手锤

船舶机械拆装用的手锤(hammer)一般分为刚性手锤和弹性手锤两类。

由碳钢淬硬制造的手锤属刚性手锤,根据锤头的重量划分规格,常用的有0.25kg、0.5kg、1kg等几种,常与錾子、冲头、堑块等配合使用;但不宜直接敲击零件表面。

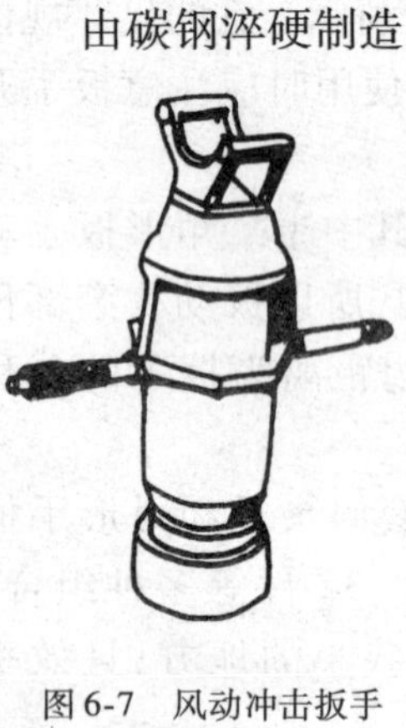

图6-7　风动冲击扳手

由铜、硬橡胶、木头等做成的手锤属软手锤,常用于拆装传动轴及轴端装置,如齿轮、键、轴承等,可直接敲击零件表面。

3)钳子

在船机检修时常用的钳子有:用来夹持和剪断金属薄板及金属丝的铁柄钳;可用于夹持或剪断各种电线的绝缘柄钳;供夹持及拉拔各种扁平或圆柱形工件的鲤鱼钳;在检修中常用来装拔销钉、弹簧等零件还能剪断细小的工件或线材的尖嘴钳;专用于拆装弹性挡圈的挡圈钳;用以弯曲金属薄板片及金属细丝的扁嘴钳等。

4)其他钳工工具

其他一些钳工工具如钢锯、锉刀、刮刀、螺丝刀、丝维、板牙、冲子和拉码等也是在轮机的拆检作业中经常使用的。

2. 专用工具

专用工具一般都是为某个主、辅机拆装方便而专门设计制造的,通常由生产厂家随机配备。机型不同,专用工具也有所不同,常用的船机拆装专用工具有:

1)液压拉伸工具

该工具是大型柴油机中常用的装置,如图6-8所示。主要用于拆装大型柴油机气缸头螺母。其主要工作原理是利用螺栓材料本身的弹性变形,借助液压的力量把螺栓拉伸至一定长度,使螺母与其压紧的平面能处于松弛的状态,以便用扳手旋紧或旋松螺母达到螺栓上紧或旋松的目的。使用时要根据说明书中所规定的缸头螺母旋紧力的大小,用手动高压液压泵给出相应的标准压力来进行螺母的拆装工作。为了保证液压工具的良好状态,应定期地对液压拉伸器进行保养,同时在使用时要根据说明书的规定正确地安装和操作。

该工具也可拆装主机的其他紧固螺母,如活塞杆下部的海底螺母、十字头轴承螺母等。

2)气缸套拆装专用工具

该工具用于拆装柴油机气缸套,如图6-9所示。它由缸套悬吊梁、托底梁、提吊螺栓和螺母等组成。使用时应按使用说明正确安装,吊装缸套时应使天车吊钩与吊装工具吊点在同一垂直线上。要注意缸体与缸套的定位记号,避免安装时错位。

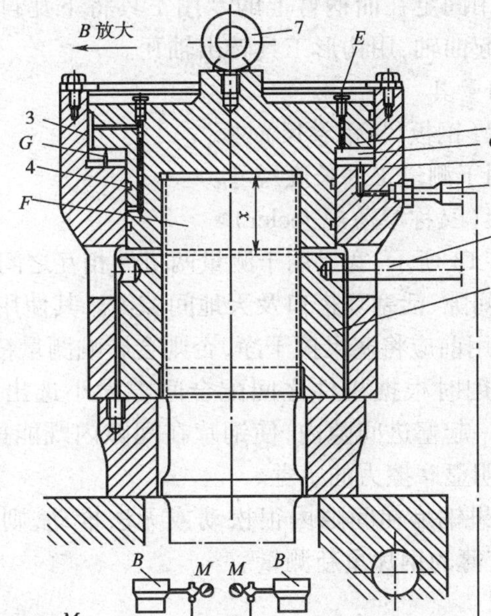

图6-8　液压拉伸工具

1-液压油缸;2-液压活塞;3-上部密封环;4-下部密封环;5-高压软管接头;6-扳手;7-吊环

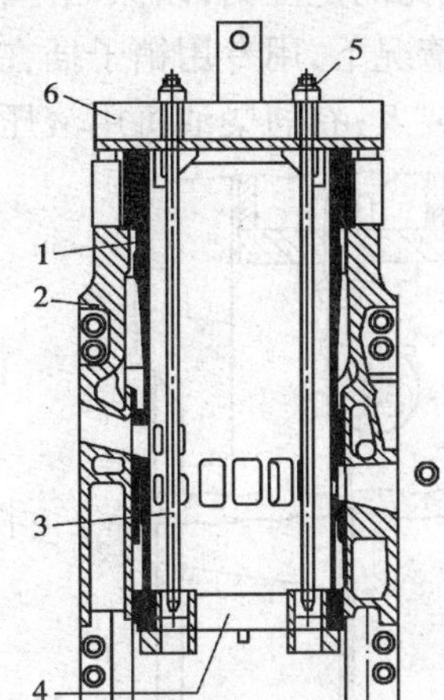

图6-9　缸套拆装专用工具

1-缸套;2-气缸体;3-提吊螺栓;4-托底梁;5-螺母;6-悬吊梁

3）活塞环拆装专用工具

该工具专用于拆装活塞环，适用于拆装缸径较大的柴油机活塞环，如图6-10所示。使用时要注意不能用力过猛，以免折断活塞环。

4）活塞装入气缸套的专用工具

该工具在活塞的安装时使用。使用时要平稳地放置在气缸体上平面，注意定位销的位置。将带环的活塞涂上滑油并保证环的搭口互相错位后，放入气缸套内，依靠专用工具的锥形喇叭口将活塞环逐渐收拢，压入气缸套，如图6-11所示。

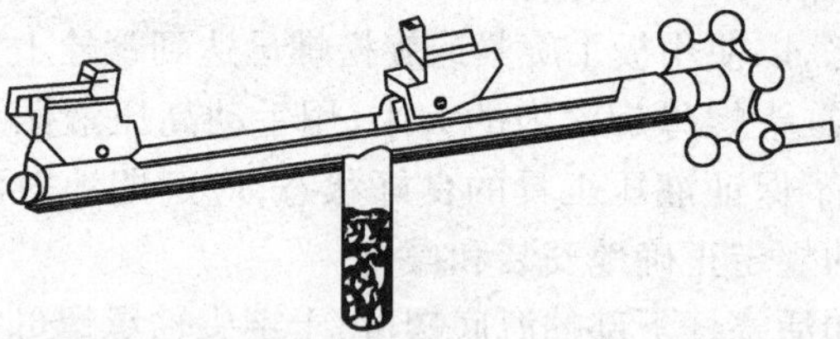

图6-10　拆装活塞环专用工具

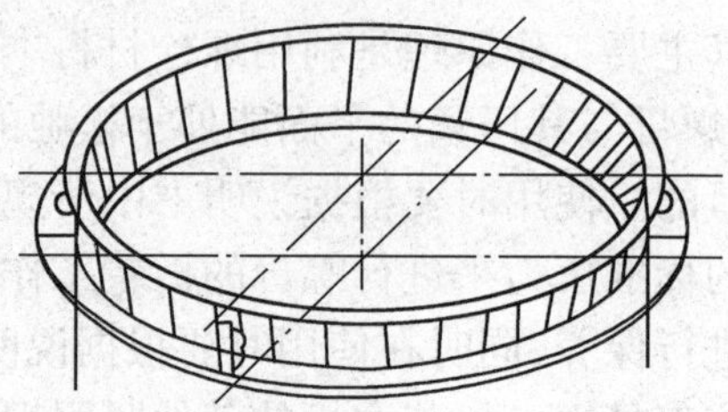

图6-11　活塞装入气缸套的专用工具

5）主轴瓦拆装专用工具

这种工具适用于拆装主轴瓦，如图6-12所示。使用时吊板用螺栓上紧，拆卸时要注意主轴承盖、上瓦的定位销，以保证主轴承安装位置的精度。拆去主轴承盖、上瓦和垫片后，在不抬起曲轴的情况下，用专用销子插在油孔中或用固定在曲柄臂上的专用工具将下瓦自主轴承座中盘出或装入；有的柴油机用液压千斤顶抬起曲轴，用钩形工具转出轴瓦。

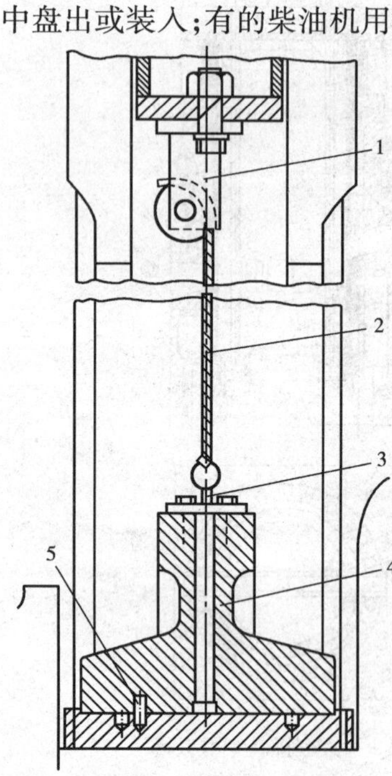

图6-12　主轴瓦拆装工具

1-吊架；2-绳索；3-吊板；4-主轴承盖；5-定位销

3. 通用量具

1）钢尺（钢板尺、钢卷尺）

钢尺用于测量工件长度尺寸。

2）塞尺（又称厚薄规 feeler）

如图6-13所示，塞尺用于测量两机件相互之间的微小间隙，如气阀间隙、活塞环搭口及天地间隙等。其使用方法为：

（1）使用前应将塞尺擦干净，否则会影响测量精度。

（2）使用时根据机件之间配合间隙大小选出一片或数片，重叠在一起塞进间隙内，使钢片在间隙内既能推动，又能拉动，且有明显摩擦力的感觉。

（3）如果钢片在间隙内很松动或无法推动，则应更换一片较厚或较薄的钢片重新测量。

3）卡尺

（1）游标卡尺（slide callipers）：用于测量工件的内、外径尺寸，如内径、外径、高度、厚度和深度等，如图6-14所示。

（2）深度游标卡尺：用于测量工件深度尺寸、台阶高度等。

（3）高度游标卡尺：用于测量工件的高度和用于精密划线。

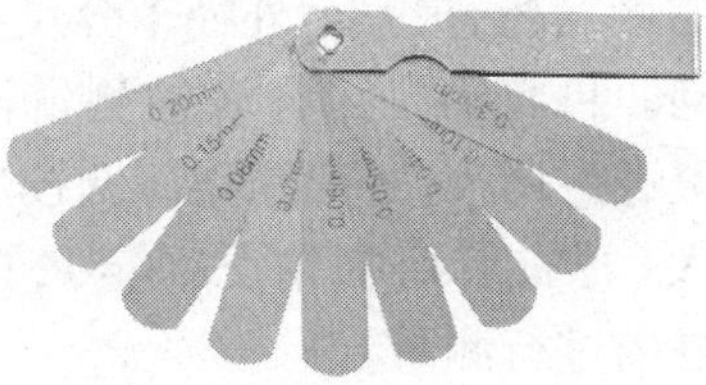

图 6-13　塞尺(厚薄规)

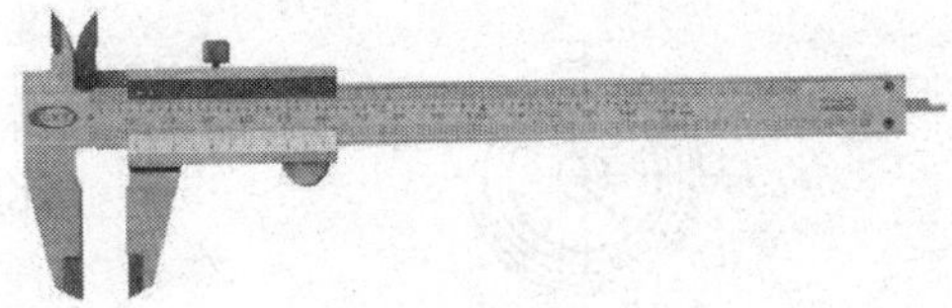

图 6-14　游标卡尺

4)千分尺

千分尺又称百分尺或分厘卡。千分尺有内径千分尺(inside micrometer)和外径千分尺(outside micrometer)之分。

(1)外径千分尺:用于测量精密工件的外形尺寸,如图 6-15 所示。

(2)内径千分尺:用于测量精密零部件的内径尺寸,如图 6-16 所示。

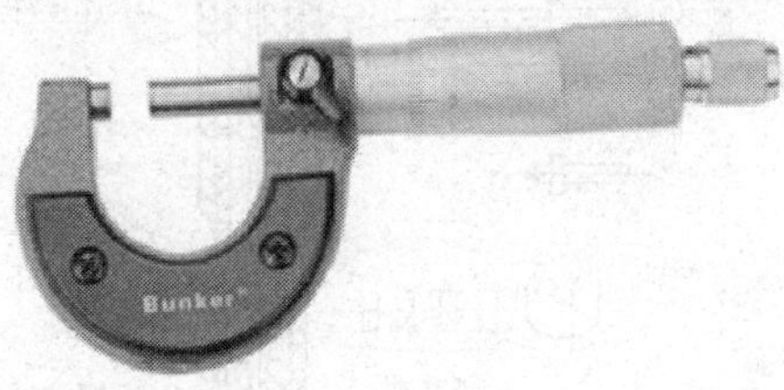

图 6-15　外径千分尺

5)螺纹规

螺纹规又称螺纹样板(screw pitch gauge),用于检查普通螺纹的螺距或每英寸牙数,如图 6-17 所示。

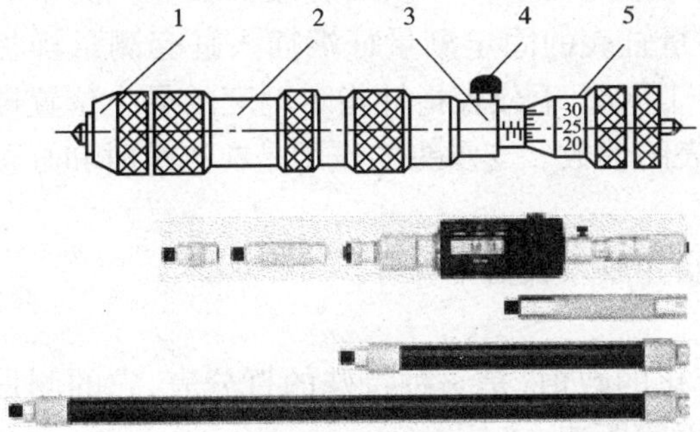

图 6-16　内径千分尺

1-测量头;2-节杆;3-尺身;4-紧固螺钉;5-游标

图 6-17　螺纹规

4. 专用量具

在设备检修中,有些设备用普通量具测量较困难,为此常配有随机供应或购置的专用量具。如测量气缸内径的量缸表、测量曲轴臂距差的臂距差表、主轴承磨损量的桥规等。

1)内径千分表

内径千分表在船上主要用于测量缸套的内径。其结构由千分表、连接杆、固定量杆和活动量杆组成,如图 6-18 所示。连接杆的一端与千分表相连,另一端与固定量杆和活动量杆组成的可调测量棒相连。

内径千分表在使用时需要用一个外径千分尺按零件尺寸先对内径千分表进行校正,使千分表的指针指向零位,并把可调测量棒上的紧固螺母拧紧后再进行实际测量。为适应不同尺寸缸径的需要,固定测量杆有一组不同尺寸的杆可供选择,同时调整垫片也有一组可供选配。

在测量气缸内径时，根据气缸内径的大小配上适当的测量棒，把一个外径千分尺调到与标准缸径相同。再将内径千分表的测量棒放到外径千分尺里进行调校，一般测量棒调校后的长度比缸径稍大(视缸套磨损情况而定)，再将千分表放到气缸内进行测量。

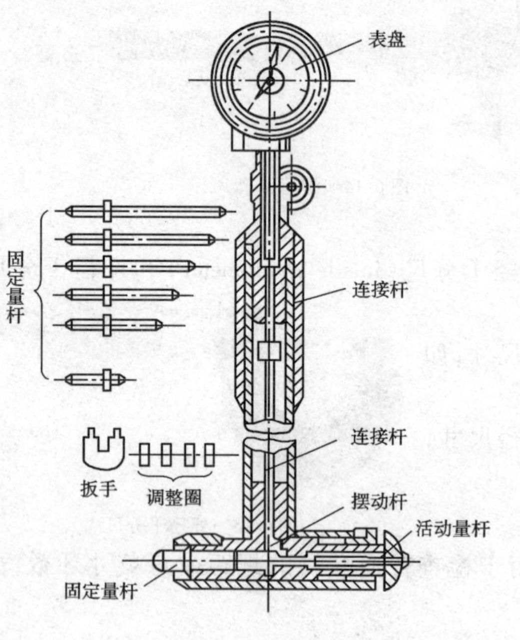

图 6-18　内径千分表

2)量缸表

量缸表是用于测量气缸内径的一种专用内径千分表或百分表。为方便缸套测量，大型船舶柴油机一般都随机配有专用量缸表，其结构由千分表、连杆、活动测量杆、固定测量杆、锁紧螺母等组成，如图 6-19 所示。其原理与普通内径千分表基本相同：活动测量杆 1 感受的位置变化通过表身内部的连接杆传递到千分表 3，指示出测量的变化值，从而达到内径测量的目的。

使用量缸表时，在各杆件连接组装后，需先用游标卡尺或外径千分尺校验活动测量杆 1 顶端与固定测量杆 4 顶端的最大长度。测量时先将量缸表的固定测量杆端插入缸套测量样板的孔中定位，用手摇动连杆 7，使活动测量杆端上下摆动。千分表指针指示刻度的最小位置即是欲测的直径位置。缸径应为测量杆长度 L 减去表的读数。支承头的作用是在测量时和缸壁接触，以确定测量杆的位置。

量缸表使用后，拆下各部分零件清洁，涂油脂并放入表盒中保存。

3)臂距表

臂距表也称为拐挡表，用于测量曲柄臂距变化的数值，是一种特殊的百分表，它的测量精度为 0.01mm。一般船用柴油机都随机配备专用臂距表，其结构由臂距表、重锤、测量杆等组成，如图 6-20 所示。这种表测量臂距差时，曲柄臂张开时，臂距值增大，表的指针指向正(+)值或读数增大方向；曲柄臂缩合，臂距值减小，则表的指针指向负(-)值或读数减小方向。这样，表上指针的正负或读数的增减与臂距的增减相一致。

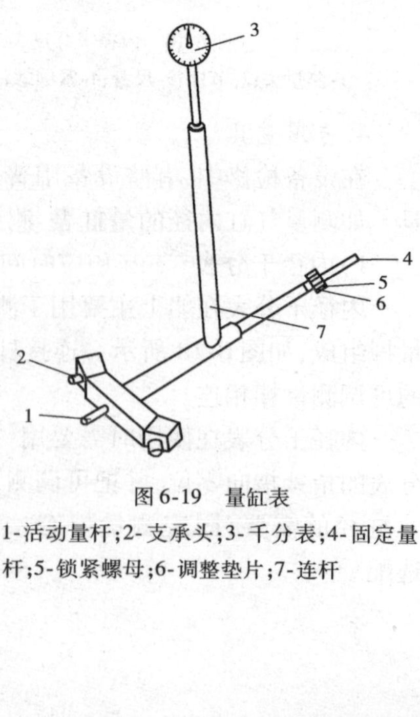

图 6-19　量缸表

1-活动量杆；2-支承头；3-千分表；4-固定量杆；5-锁紧螺母；6-调整垫片；7-连杆

臂距表也可用普通百分表改制而成。但用普通百分表改制时表上指针读数正负的增减与臂距表指针正负的增减相反。

使用臂距表时，应注意以下几点：

(1)应根据曲轴曲柄臂距值的设计尺寸组装表的测量杆长度。

(2)装表前要确认曲柄臂内侧的冲眼位置，然后将表的两端牢固地顶在曲柄臂上的冲眼内，以防测量中表脱落摔坏。装表时预压缩量不应过大或过小。过大,在曲柄收缩时会压坏表:过小,在曲柄张开时会使表掉下摔坏。

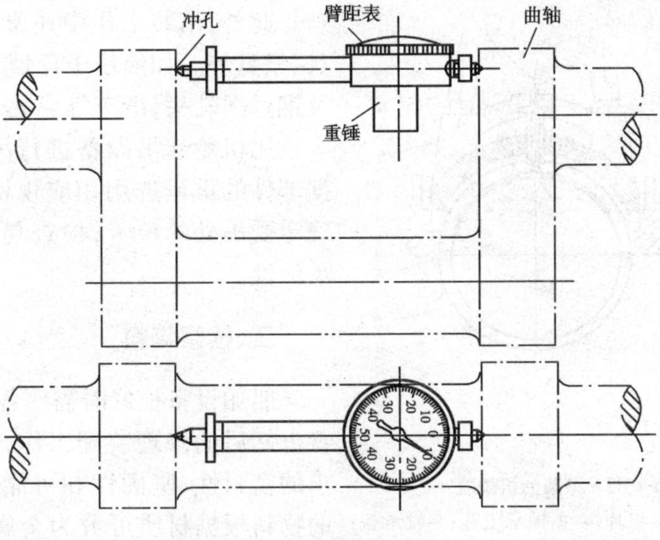

图 6-20　臂距表及其安装

(3)表装好后,在第一个测量位置上要对表进行调零,以方便测量时读数。

(4)有些不带重锤的臂距表在测量的过程中,应使用反光镜查看表上数值。不要用手转动表盘查看读数,以免影响测量的准确性。

4)桥规

桥规(bridge　gauge)用来测量曲轴的桥规值和主轴颈下沉量。

柴油机主轴颈的下沉主要是由于主轴承下瓦磨损和主轴颈磨损所导致的。但在实际工作中,主轴颈的正常磨损量一般很小,相对于主轴承下瓦的磨损几乎可以忽略。所以测量出的桥规值主要是反映主轴承下瓦的磨损量。

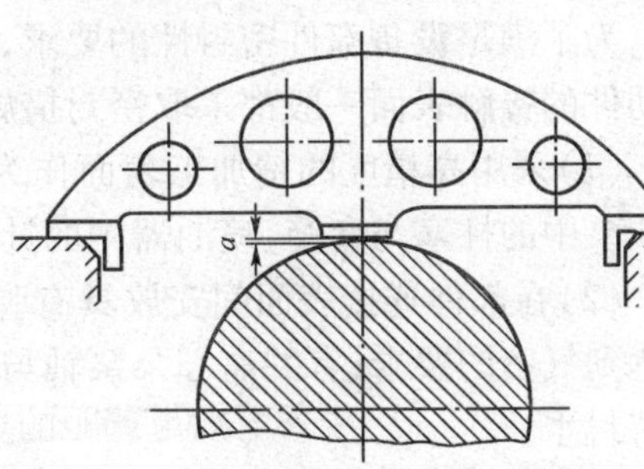

图 6-21　桥规

桥规是随机专用量具,其结构随机型不同而异。桥规如图 6-21 所示。柴油机的桥规铭牌上一般标记着柴油机台架试验时测量的各道主轴承的桥规值,作为在以后使用中测量比较的依据。前后两次测量桥规值之差即是主轴瓦下瓦相应时间阶段的磨损量。

目前大型柴油机普遍采用一种带有测深尺的桥规,在主轴承两端测量而无需拆卸主轴承。图 6-22 所示为 Sulzer RTA 型柴油机桥规。

5. 起吊设备

拆卸机器上重量较大的部件,常常采用各种起重工具和设备。

1)环链式手拉葫芦

这是一种悬挂式手动提升重物的工具,一般在没有固定起重设备的场合使用。这种设备能较灵活地起落重物,但使用时必须注意被吊部件的重量应与环链式手拉葫芦的起重吨位相匹配。

2)起重行车

起重行车又称天车，是用于吊装大型零部件的专用起重设备。如主机吊缸时，气缸头、活塞的吊装。根据起重行车动力源的不同，又分为手动式和电动式两种。

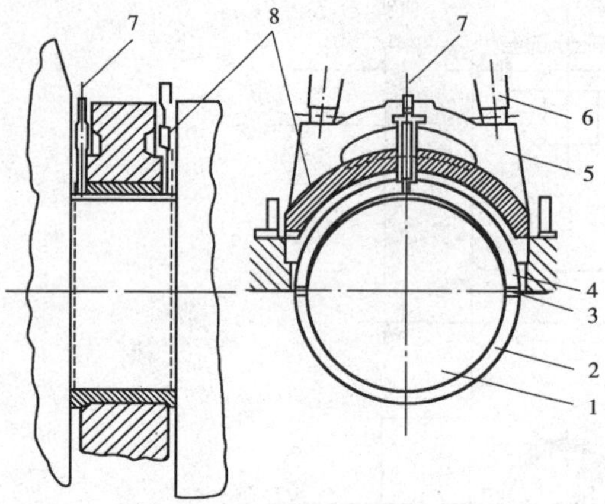

图6-22 Sulzer RTA 型柴油机桥规

1-曲轴;2-主轴承下瓦;3-垫片;4-主轴承上瓦;5-轴承盖;6-撑杆螺栓;7-测深尺;8-桥规

此外，吊装工作中还常使用一些其他的工具、索具等。如液压千斤顶、卸扣、吊环、钢丝绳及钢丝绳轧头、滑车等。

用机舱起吊设备进行吊运时，起吊前应根据部件的重量选用相应规格的吊索和吊钩等，确定受吊处的位置；检查起吊控制开关操纵的灵活性。

二、检修物料

船舶设备检修时需要各种材质的物料来完善拆卸后的修理装配工作，达到机器设备所要求的密封性、坚固性和可靠性。用于检修工作的物料根据材质可分为金属类（包括金属材料和金属制品）、非金属类和化学品。

(1)金属材料主要指碳钢和合金钢制成的板材、管材等，紫铜、黄铜和青铜，铝合金等。

(2)金属制品主要指由金属材料制成的螺栓、螺母、管接头、开口销、垫圈和焊接材料等。

(3)化学品主要指化学试剂、清洁剂、药品等。

(4)非金属物料指一些垫料、填料和涂料。

船舶设备检修中，大多数的垫料和填料在重新装配时都需要更换。

1.装配中需要的垫料和填料

为了满足设备部件密封性的要求，防止漏水、漏油或漏气，在固定件与固定件或固定件与运动件的接触表面一般都采取密封措施。密封的方法主要有两种：

(1)采用高精度的精加工表面作为零件的配合面，使零件连接后形成精密配合。例如高压油泵中的柱塞与套筒、喷油器中的针阀与针阀体。

(2)在部件连接表面间安放具有弹性的垫料或填料。例如，气缸盖与气缸套之间用垫片来达到气密的要求；有的离心泵泵轴与泵壳、水润滑尾轴管装置中的尾轴与尾轴管之间用填料来密封水。

1)垫料

垫料是用来保证固定连接面之间密封性的材料。一般把垫料直接加在两个连接平面之间。垫料在使用中为了保证获得要求的密封效果应注意以下问题：

(1)垫料的形状、尺寸应与固定连接面的形状、尺寸吻合。例如，两半式厚壁轴瓦结合面处的垫片不能过大，以免划伤轴或阻碍润滑油的分布；管子法兰垫片其内孔不能小于管子内径，更不能忘记垫片开孔，否则不仅影响流量，而且还会将油、水、气路堵死。

(2)固定连接面之间安装垫片后，各个螺栓上紧时应均匀用力，以免垫片位置错动。

(3)为增加垫片与连接面的接触紧密性，可与涂料配合使用。例如，石棉纸板垫片上可涂抹石墨油膏；纸板垫片可涂机油或石墨粉；橡皮垫片可涂滑石粉；铅板垫片可涂油漆等。

(4)垫料厚薄的选择应取决于连接面之间的间隙、接触面积的大小和连接面的表面粗糙度。尺寸大、粗糙度等级低的应选用厚垫料，压力高的应选用薄垫料。垫料厚薄选用不当将直接影响装配尺寸和机器性能，例如气缸垫的厚薄将影响气缸的压缩比。

2)填料

填料用来保证具有相对运动的表面之间密封性的材料，装于填料函中，也就是把填料填充于具有相对运动的零件之间的间隙里。因此要求使用填料的摩擦阻力小且不损伤零件。

2. 常用的垫料和填料

1)常用的垫料

垫料依其材质的硬度分为软垫料和硬垫料，其性能与用途分别列于表6-1和表6-2中。

软垫料　　表6-1

品名	原料与加工方法	性能	用途
石棉纸板	石棉纤维与耐热橡胶的混合物，高压制成	耐高温、绝热性好，可承受1.6～2.5MPa压力	用于高温连接部位，不宜与油类接触
橡胶板	橡胶制成	柔软，有弹性，不耐高温，遇油类膨胀	用于冷却水管路上
软木板	橡胶类树皮经加压制成	弹性和密封性好，易剪切，耐油，但不耐压	用于检查孔盖板处
压缩纸板	造纸原料加压制成	质地坚实，耐一定温度，耐高压，耐油	用于油、水及空气管路连接处

硬垫料　　表6-2

品名	原料与加工方法	性能	用途
紫铜片	铜皮经退火制成铜片或铜包石棉垫	硬度低、易压合、耐高压	用于空气及油管路、气缸垫
铝板		硬度低、易压合、耐高压	气缸垫
铅板		软、易压合、耐高压，但氧化铅有毒	用于起动空气管路

2)常用的填料

常用填料的性能与用途分别列于表6-3中。

常用填料　　表6-3

品名	原料与加工方法	性能	用途
棉质填料	棉纤维或棉绳浸于油脂中煮沸浸透而成	有弹性，柔软和不易硬化	用作机油泵、水泵的填料
麻质填料	麻浸于润滑油脂中煮沸而成	易硬化而失去弹性，组织粗糙，引起较大摩擦，易发热	用于温度和压力均不高处
石棉填料	石棉绳浸于油脂中煮沸浸透，再涂以石墨而成	紧密、润滑，摩擦小且耐高温，长期使用易失去弹性变硬	用于温度和压力均较高处

● 任务实施

一、船舶设备拆卸

船舶设备拆卸是维修过程的开始阶段，也是修理前的重要准备工作。检修人员通过拆卸和拆卸过程中的检验、测量，了解故障的范围、程度，找出故障的原因后，才能采用正确的钳工修配手段进行修理。所以，不论是船员自修还是厂修，均应做好修理前的拆卸及检验工作。

通常船舶设备修理时首先要利用拆卸工具把设备的运动部件从其固定件上拆下来，对设备进行局部或全部解体。拆卸过程也是一个对船舶设备技术状况和存在故障的调查研究的过程。部件表面的油污、积炭、水迹等均是发现故障的线索。例如，柴油机燃烧室组成零件上的水迹情况有助于了解燃烧室和相关冷却部件的泄漏故障等。

船舶设备在实地拆卸时往往会遇到一个最简单的难题——拆不下来，或者在拆卸的过程中零件受损不能装复。所以，拆卸工作必须使用正确的方法和措施，保证拆卸工作的顺利进行。

1. 拆卸原则

1）确定拆卸范围

拆卸前要根据船舶设备存在的故障确定一定的拆卸范围，不要随意扩大拆卸范围。因为不必要的拆卸将会增加检修人员的工作强度，影响船舶正常营运，还可能会破坏机件良好的配合精度，增加零件损伤出现安装误差。

2）正确的拆卸顺序

不同的船舶设备结构，其安装与拆卸的顺序也不相同。因此，拆卸前应仔细阅读说明书，充分掌握设备的结构特点，了解拆装要求、随机拆装专用工具及其使用方法等，以便顺利拆卸。

一般来说，船舶设备的拆卸顺序应从上到下、从外到里；先拆除附属件，再拆主要机件；先拆部件，再将部件拆成零件。

3）保证部件原有的精度

拆卸过程中应尽量不要损伤零件，保证零件的尺寸精度、形状与位置精度；尤其是要保护好配合件的工作表面。特殊情况时允许在保护大件、重要件精度的前提下牺牲小件、不重要件，以完成拆卸工作。重要的或精密的部件一般不要在现场进行拆解，应送船上专门工作室或船厂车间解体修复。例如，柴油机喷油泵和喷油器检修时应在船上油泵实验间或船厂车间解体，以保证修理质量。

4）保证能正确装复设备

船舶设备拆卸前应考虑到拆卸后的装配复原，不假思索地动手拆就可能装不上。所以，应对所拆卸的机器结构有充分的了解，拆卸过程中通过细心的观察、做记号、系标签、画图、照相和必要的文字记录等方式，了解正确的装配顺序和安装位置，确保后期顺利进行装配。

2. 拆卸技术要点

为了保证船机检修工作的顺利完成，首先必须正确、顺利地拆卸机器，为此应充分做好以下几项工作：

1）拆卸中的安全保护

拆卸过程中的安全操作对于保证人身和机器的安全至关重要。拆卸要严格遵守技术安全操作规程，按照正确的拆卸程序进行工作。要正确地使用拆卸工具。所以，在拆卸中应注意以下问题：

(1)选用工具要恰当，其种类与规格应适于工作场合的需要。上紧螺栓时不可任意加长扳手，以免扭断螺栓。应遵守操作规程，防止人身事故和损坏零件。

(2)注意吊运安全。严格遵守吊运安全规则，严禁超重吊运，吊运时捆绑要牢靠且不损伤机器零件和仪表，防止吊运时发生人身事故。

(3)防止事故和损伤。拆不下的机件，不可硬拆，以免损伤机器；检修过程较长时，应采取措施防止拆下的零件变形和生锈；吊运器材(如钢缆、绳索等)规格必须相当和可靠，防止吊运中途发生事故。

2)做好记号和标签

拆卸过程中，对拆下的零件系标签，注明其所属部件、次序等，以免混淆或丢失，做好各零部件之间相对位置的记号。给零件做记号时应注意以下几点：

(1)做记号前，先检查在零部件的相对位置处有无记号。一般对于旧机器来说，多数以前已经做过记号，如果重复做记号有时会造成混淆，如记号不清晰则应重新做。

(2)采用油漆、点冲或号码冲在零件连接处分别做记号，但不要打在零件的精加工面上。例如，活塞环的外表面和上表面上是不可随意刻划的。

(3)对不熟悉的机器可采用画图、拍照片等方法显示零部件的装配关系。

(4)检修过程较长时，应妥善保管拆下的零件和保护好记号。

3)拆下的零件和机器拆开部位的保护

船舶设备拆卸时要避免做不必要的拆卸工作，该拆的部件必须拆，不该拆的部件就不拆。从机器上拆下的仪表、管子、附件和零部件等应系标签，分门别类地妥善放置与保管，柴油机的零部件要按缸的排列号数有序地摆放，不可乱放。仪表、精密零件和零件配合表面尤其应慎重放置与保护。

机器拆卸后，为了防止异物落入造成损伤和后患，裸露的固定件上的孔口、管系的管口，应用木板、纸板、布或塑料膜等将其堵塞或包扎。例如，柴油机的油底壳油孔、曲轴上的润滑油孔等。

4)过盈配合件的拆卸

设备上具有过盈配合的配合件，例如齿轮与轴；柴油机上的气阀导管与导管孔；离心泵的泵轴与轴承等。拆卸时应使用专用工具、随机专用工具或采用适当加热配合件等方法才能顺利拆卸，切勿硬打硬砸，以免损伤零件。

5)螺栓的拆卸

机器拆卸时，将会拆卸大量的螺母、螺栓等。一般来说，螺母，螺栓的拆卸并不困难，但应注意以下问题：

(1)柴油机气缸盖螺栓、主轴承螺栓等一般采用双头螺栓，螺栓的一端旋入机件。拆卸时，不需将双头螺栓从机件上拆下。

(2)主要部件上拆下的螺母、螺栓等应装回原位；达到说明书规定使用周期的连杆大端螺栓等应及时更换。

(3)生锈螺母拆不下时，可尝试采用以下方法进行拆卸：

①先将螺母用工具上紧1/4圈左右,然后再反向旋出;

②用铁锤轻轻敲击振动生锈螺母周边后再旋出;

③在螺母和螺栓之间灌入煤油或喷松动剂,浸泡20~30min后旋出;

④用喷灯均匀加热螺母,使之受热膨胀后旋出。

以上方法均不能奏效时,可用扁铲将螺母破坏取下。锈蚀的螺母拆卸后应及时更换新的螺母备件。

(4)螺栓断于螺纹孔中可考虑采用以下方法将断头螺栓取出:

①在露出的断头螺栓顶面锯出一个小槽,用螺丝刀旋出断头螺栓;

②用锉刀把露出的断头螺栓两个侧面锉平,再用扳手拧出断头螺栓;

③在断头螺栓上焊一个折角钢杆或螺母,将断头螺栓旋出;

④在断头螺栓顶面钻孔攻丝(反向螺丝)和拧入螺钉,拧出螺钉时将断头螺栓带出;

⑤选用直径小于断头螺栓根圆直径0.5~1.0mm的钻头,将螺栓钻掉,再用与原螺栓螺距相同的丝锥将螺纹孔中残存的断头螺栓除去,但应不破坏原螺纹孔的精度。

二、船舶设备装配

船舶设备装配是把拆卸下来的各个零件按照技术要求、装配规则和一定的装配方法组装成部件,再把这些部件按一定的次序和要求总装成一部完整的设备。

船舶设备经拆卸、清洗、检验后,对损坏的零件进行钳工修复或机械加工,然后进行装复和调试,恢复其原有的使用功能。

1. 装配要求

船舶设备装配工作是一项极为重要的工作,装配质量直接关系到柴油机运转的可靠性、经济性和使用寿命。装配工作要求能够保证各部件正确配合、可靠固定和设备灵活运转。具体要求如下:

(1)保证各相对运动的配合件之间的正确配合性质和符合要求的配合间隙;

(2)保证部件连接的可靠性;

(3)保证各机件轴心线之间的正确位置关系;

(4)保证正时、定量机构的正确传动关系;

(5)保证运动机件的动力平衡。

2. 装配方法

零件装配成部件时,可能是原件装配,也可能是更换的备件或者是重新加工的配制件进行装配。一般采用原件装配会比较顺利。零件换新后通常要采用一定的装配方法才能使新的配合件达到装配要求。

(1)调节装配法。该方法是采用调节或增减某一个特殊的零件,来改变部件间的相对位置或间隙,达到所要求的装配精度。例如,气阀的调节螺钉可以调整柴油机的气阀间隙;船用连杆大端用增减压缩比垫片的方式来改变柴油机的压缩比;用增减厚壁轴瓦结合面之间垫片的厚度来调节轴承间隙。

(2)机械加工修配法。采用修理尺寸法、尺寸选配法、镶套法等来使配合件恢复配合间隙和使用性能。

(3)钳工修配法。采用钳工修锉、刮研或研磨等修配方法达到所要求的装配精度。例如，换新轴瓦后为了满足轴与瓦的配合要求，需要对轴瓦进行拂刮；对柴油机的气阀或空压机的阀片进行研磨来达到良好的密封效果等。

3. 装配工作的主要内容

(1)清洁工作。装配前，应将零件彻底清洁干净，清除备件、修理的或新配制的零件上的毛刺、尖角，尤其是应使配合面上无瑕疵与脏污等。

(2)对连接零件的结合面进行必要的修锉与拂刮，以保证连接件的紧密贴合。例如，气缸套与气缸体的结合面的修刮。

(3)对有过盈配合的配合件采用热套合装配、冷套合装配或压力装配。例如，离心泵等泵的轴承在安装时，应把轴承放入热的滑油中进行加温后，再取出装上泵轴。

(4)采用液压试验检验零件或系统的密封性。如对气缸套、活塞的水压试验。

(5)对各部件、配合件及机构进行试验、调整等。

(6)整机检验、调试和磨合运转，以检验机器的技术性能和修理质量，达到检修的目的。

4. 装配过程中的技术要点

(1)零件安装时，基本是按“先拆下来的后装，后拆下来的先装”的次序进行。

(2)安装时一定要熟悉机器的构造和零部件之间的相互关系，以免装错或漏装。

(3)有相对运动的配合件的配合表面和零件工作表面上不允许有擦伤、划痕和毛刺等，并保持清洁、干净，涂以清洁的润滑油。

(4)装配过程中应随时检查零件的灵活性和密封性，以免装完后再返工。

(5)对于有方向性和位置性要求的零件不应装错。例如，活塞上的刮油环刮刃尖端应在下方；连杆大端轴承左右位置不能互换。

(6)在装配中，使用过的金属垫片如基本完好无损，可进行技术处理后继续使用。例如，紫铜垫圈可热处理后再使用，而纸质、软木、石棉等旧垫片则一律换新。

(7)重要螺栓如有变形、伸长、螺纹损伤和裂纹等均应换新。安装固定螺栓的预紧力和上紧顺序均应按说明书或有关规定操作。

(8)对规定安装开口销、锁紧片、弹簧垫圈、保险铁丝等锁紧零件的部位，均应按要求装妥，锁紧零件的尺寸规格亦应符合要求。

(9)安装中，需用锤敲击时，一般采用木槌或软金属棒敲击，且不能敲打零件工作表面或配合面。

(10)装配完毕后应对装配情况进行全面检查，如有漏装或错装的应及时更正。

任务二　船舶部件的清洗

● 学习目标

一、船舶部件的清洗知识目标

1. 了解船舶部件清洗目的；

2. 了解船舶部件清洗的基本方法；

3. 了解柴油机油路系统的清洁基本要求；

4. 了解船舶设备管路系统冲洗基本要求。

二、船舶部件的清洗能力目标

1. 能够根据船舶部件实际状态选择合适的清洗方法；

2. 能够掌握柴油机油路系统的清洁方法；

3. 能够掌握船舶设备管路系统冲洗方法。

● 任务引入

船舶设备部件为什么要进行清洗？船舶部件清洗通常采用哪些方法？如何进行柴油机油路系统的清洁？如何进行船舶设备管路系统的冲洗？

● 任务分析

船舶设备部件从机器上拆卸下来时一般都附有油垢、积炭、污垢、水垢等，在检修时要进行必要的清洗，机器的管路内部在长期使用后也会产生沉积的污垢等一些杂物，必要时也应对管系进行清洗。部件表面的清洁便于发现和检查部件的缺陷、确认损伤性质、损伤程度，使测量更加准确，也便于修理和装配；管系的清洗有利于保证管路内液体的质量和管路的畅通，确保机器的正常运转。

船舶部件清洗时，根据所需清洗部件的状态，通常采用的方法包括：常规清洗、机械清洗和化学清洗法。

● 相关知识

一、常规清洗

常规清洗又称为油洗，是指利用有机溶剂如汽油、煤油或柴油溶解部件表面油污的一种手工清洗方法。清洗时，先将拆卸下的部件浸泡在溶剂中，然后用抹布或刷子除去部件上的油污。此种清洗方法操作简便、使用灵活、适用性广。对于油污积垢不严重的部件清洗效果好，但是此法对于积炭、铁锈和水垢无效，使用不够安全，尤其应注意防火，一般在机器处所严禁使用易挥发的汽油作为清洗剂。

二、机械清洗

利用钢丝刷、毛刷、砂布、油石和敲锈锤等进行人工刷、刮、磨和敲击等机械作用来清除部件表面沉积较严重的积炭、铁锈和水垢等，再用汽油或柴油清洗干净，常用于清洗柴油机燃烧室的部件。

这种清洗方法操作简便、使用灵活，对清除部件表面较厚的积垢十分有效。但是，此法容易损伤部件表面，产生擦伤与划痕，另外对清洗工具触及不到的地方无法进行清洗。

三、化学清洗

化学清洗是指利用化学药品的溶解和化学作用，清除部件表面的油、油脂污垢、结炭、水垢和铁锈等附着物。用于化学清洗的清洗剂主要有以下三种：

1. 碱性清洗剂

碱性清洗剂适用于清除零件表面的油、油脂污垢、油脂的高温氧化物、漆皮等附着物。根据零件材料的不同有不同配方的清洗剂。碱性清洗剂一般是由氢氧化钠、碳酸钠、磷酸钠、硅酸钠及少量乳化剂组成的水溶液。它们是通过碱性清洗液对零件表面油污的皂化作用和乳化作用将油污除去。一般钢质零件清洗时采用强碱性(pH 值大于等于 13)清洗剂;铸铁、铜、铝等材料清洗时采用中、弱碱性(pH 值小于等于 12)清洗剂。采用化学清洗剂进行清洗时,为了增强清除效果,一般需要把被清洗的部件放入清洗剂中进行加温浸泡、搅动或用高压水冲洗等。

2. 酸性清洗剂

酸性清洗剂是利用与水垢、金属氧化物发生强烈的化学反应,使其溶解或者脱落。酸性清洗剂常用无机酸或有机酸配制而成,适用于清除零件表面上的水垢和铁锈。无机酸的主要成分是盐酸、磷酸或硫酸、添加缓蚀剂、表面活性剂和其他的添加剂。有机酸清洗剂以氨基磺酸为主剂,对金属的腐蚀性相对比较小。

3. 合成洗涤剂

合成洗涤剂是近年来发展起来的一种现代的新型清洗剂,其种类很多,对于船舶上不同的机器或不同的脏污有不同的清洗剂。国外的合成洗涤剂有:

1)“奥妙能”(AMEROYAl)全能清洁剂

全能清洁剂是一种中性多功能水溶性清洗剂,在室温下可以迅速清除零件表面上的油污、铁锈、积炭和氧化物。在 60 ~80℃下清洗效果更好。全能清洁剂完全溶于水,无异味、无腐蚀性,但有刺激性。应避免与眼睛、皮肤和衣物等接触,使用时应戴保护镜和手套。

全能清洁剂可有效地清洗涡轮增压器、热交换器、泵和管系等。

2)SNC2000 除炭剂

这种清洁剂具有很强的溶解能力,可以溶解油、油脂。能渗透和软化积炭(碳、烟灰和泥垢等),但不能溶解积炭,积炭在软化松动后可以用水冲掉。较小的零件一般经过浸泡 4 ~8h,就可以使积垢完全溶解或松动;零件上积垢严重时,可在加热至 55 ~60℃的除炭剂中浸泡 24h(最长)后,即可用水冲掉或用刷子刷洗,再用压缩空气进行吹干。大型固定件可以用刷洗清除积炭。

使用化学清洗剂时应注意:

(1)根据清洗部件来选用合适的清洗剂,选用时应查阅产品说明书后再进行配制和使用。

(2)船用清洗剂应选用对人体健康无损害的清洗剂,并注意有的清洗剂是易燃液体,在使用、储存时应严格按照说明书的要求进行操作使用。

(3)船用清洗剂应满足下列安全因素:

①闪点 >61℃;

②不含苯、四氯化碳、四氯乙烷、五氯乙烷和其他有毒成分的化学品。

(4)进行化学清洗时应保证工作场所良好的通风,佩戴必要的保护器具,防止清洗剂溅入眼中和减少与皮肤、呼吸道的接触。

(5)使用的乳化型清洗剂不允许被排入舱底或装有机器的场所。因为许多清洗剂都会引起油水混合物乳化,或者几种不同品种的清洗剂同时排入机舱舱底,可能引起永久性乳化状油污水混合物,以致会造成分离设备不能正常运转,从而造成对海洋环境的污染。

国际海事组织(IMO)的海上环境保护委员会经多次讨论研究,通过了“船舶机舱处所洗涤用的清洗剂”报告，制订了保护海洋环境的新措施。

● **任务实施**

新造或修理后的船舶发动机或系统管路大规模修理后，在准备起动运转前都必须冲洗其各种油或水的系统。因此管系的清洗在船舶设备维修中具有重要的作用。

一、柴油机油路系统的清洁

船舶建造或修理时的各种作业，如船体喷砂、管路的焊接等工作落下的灰尘、焊渣、粉末会进入机器、油箱和管系。在管子制造和管系组装时也可能带入灰尘、污物颗粒。因此一台新造的柴油机或一台刚刚完成大修的柴油机在投入使用前，不论是在造机厂、造船厂还是船上，都应该注意柴油机的各种油路系统的清洁，以免留下后患。经过长期运转的柴油机各种油路系统中还会有污物沉积在管壁上。因此，柴油机起动前必须进行专门冲洗，以保证各种油路系统的清洁，尤其是润滑油系统的清洁最为重要。

通常，柴油机的滑油系统采用标准润滑油来进行清洗，燃油系统则采用柴油来进行清洗。柴油机主滑油系统的脏污和润滑油不清洁将导致配合件的磨损加剧和其他故障。造成主轴承、十字头轴承、连杆大端轴承等轴承的损伤和轴颈的磨损，破坏润滑表面的油膜，引发曲轴抱轴、主机拉缸等新的故障。清洗主滑油系统是为了彻底清除管路中残存的杂质、污物颗粒以及管壁上的污垢，防止它们进入轴承等配合件工作表面，确保柴油机安全、可靠地运转。

柴油机主滑油系统清洗时应注意以下问题：

(1)准备工作。柴油机主滑油系统清洗前最重要的准备工作是清洁柴油机的内部和链条箱的内部等。一般采用连接到主滑油管上的软管进行冲洗，其次是通过过滤器和分油机对主机外部的管路中的污物进行清除。但应注意，柴油机外部滑油管路清洗一定要与内部滑油管路分开来，绝不允许清洗外部管路的油液流经主机。

(2)管口的堵塞。堵住连通到曲轴箱各主轴承的滑油支管，使滑油不能进入主轴承、链条箱轴承和喷嘴、推力轴承和十字头轴承、纵振和扭振减振器、力矩平衡器和增压器轴承。

(3)保护十字头轴承。由于十字头轴承上盖设计成开式，在主机安装过程中和整个清洗过程中均应用覆盖物将其盖住，以防脏污物落入轴承。

(4)振动或敲击管系。清洗期间，采用便携式振动器或手锤敲击管子，可以使沉积于管壁上的污垢松动，然后利用流动的清洗油液将脱落的污物清除。

(5)清洁油柜和管端。清洗时应清洁油柜和管端，因为滑油中的颗粒和污物会沉淀在油柜底部和管端。如果这些颗粒和污物不被清除，当柴油机运转时，由于油温升高或船舶的摇摆倾斜，沉淀在油柜底部的颗粒、污物与油再次掺混进入管路系统，滤器就会频繁堵塞。

(6)润滑油的流速与温度。清洗时，应将润滑油加热至 60～65℃ 为宜。为了造成管系内润滑油的充分扰动，滑油应以一定的流速流经主滑油系统。

二、船舶设备管路系统的冲洗

有些船舶设备管路系统在进行拆卸清洗时需要很大的工作量，并且拆卸困难。例如锅炉，柴油机冷却水系统等，一般都采用循环冲洗法进行清洗。这种方法是利用耐蚀泵使加热到一定温度的清洗液在被清洗的系统内反复循环，保持清洗药液对水垢杂物的冲刷作用和化学作用来清洁系统内部。

循环清洗液必须按药液使用说明进行加热，同时保持流动，流动速度一般控制在0.3～5m/s之间，循环冲洗时间的长短根据除垢工作效果而定。通常除垢工作是否完成是根据清洗药液的pH值变化程度来判断。在循环冲洗过程中要定期检测药液的pH值。当清洗药液的pH值趋向稳定后，在清洗药液每循环两次时测一次pH值，连续测4次，若pH值一直稳定不变，则循环清洗除垢工作可以结束。除垢完毕后，放掉系统中的溶液，再用清水冲洗多次，直至水呈中性（pH≈7）。

任务三　船舶坞修工程

● 学习目标

一、船舶坞修工程知识目标

1. 了解船舶坞修工程目的；
2. 了解船舶进坞前的准备工作；
3. 了解船舶坞修工程的基本内容；
4. 了解船舶出坞的检查项目。

二、船舶坞修工程能力目标

1. 能够编制船舶坞修项目修理单；
2. 能够掌握船舶坞修项目施工要求；
3. 能够掌握船舶出坞的检查项目。

● 任务引入

为什么要进行船舶坞修工程？船舶进坞前应做哪些准备工作？船舶坞修工程主要进行哪些方面检修工作？不同的船坞都有什么样的特点？

● 任务分析

船舶长期航行，船体水线以下的船体表面，特别是船底会生锈和生长海藻、贝类等，使得船体水下部分表面脏污，这种现象称为污底。船舶污底将会增加船舶航行的阻力，降低航速。

船舶坞修工程主要是对水线以下的设备部件进行检修，对船底进行清理和涂漆，营运中的船舶会定期进行坞修。此外，船舶发生海损事故出现船体破损等损伤后需要进坞修理。大型船舶的改建工程也需要在坞内完成。

● 相关知识

一、船坞

船坞是用于建造或修理船舶的大型水工建筑物。船坞是由坞首、坞门、坞室、注泄水系统、拖曳系缆设备、动力和公用设施及其他设备构成。新型现代化船坞还有自动化的设施，如自动坞墩、坞壁作业车和起重设施等。

船坞的种类按用途分为造船坞和修船坞；按构造分为干船坞、浮船坞和注水式船坞。目前浮船坞、干船坞应用较为广泛。

1. 浮船坞

浮船坞是可以在水上沉浮和移动的船坞，如图6-23所示。两端可以敞开，横截面呈槽型的箱式结构。坞体是由坞墙、坞底组成，并配备必要的修船和造船的设施。浮船坞中央监控装置具有测量、遥控、监测和报警多种功能，如对浮船坞挠度变形监测、四角吃水和纵横倾监测、压载水舱液位测量及对压载阀和排水泵的遥控等。此外，通过对浮船坞的各水密舱的充水和排水，实现船坞的上浮与下沉，从而将修理船舶托出水面或沉入水中。我国目前建有很多浮船坞，最大的浮船坞达10万吨级以上。

图6-23　浮船坞

2. 干船坞

干船坞是建于水域边缘的池形水工建筑物，如图6-24所示。坞底低于水面，三面是坚固的坞壁，临水一面安装活动的坞门。坞底设置支撑船舶的坞墩，船坞两侧布置引船进出坞的曳船装置，坞壁上部地面安装起重设施。坞口附近设水泵站和泄水系统，并配置修造船用的动力管系，坞门开启船坞与水域相通，船舶进、出坞；坞门关闭泵站排水，船舶坐墩，进行修船作业。

坞墩有木结构和铁木混合结构。在坞底随分布的位置不同有龙骨墩、中墩和左、右边墩，目前有较先进的液压坞墩，可以液压调节坞墩的高度和进行遥控。

此外，有的船坞还在坞壁安装坞壁牵引车，是牵引船舶进、出坞的设施。坞壁脚手架或称坞壁作业车，是可以在坞壁轨道上行走的机械化工作台。

干船坞分为造船坞和修船坞。

（1）造船坞。专门用于建造新船的干船坞，坞深较浅，可浮起建成的船体空壳，又称为浅坞。为便于同时建造几条船或超大型船舶，并可分期出坞，如图6-25所示。造船坞又有单坞室、双坞室、多坞室和分室隔离等不同结构。目前我国已有20万吨容积的造船坞，可建造30万吨级超大型船舶。

图6-24　干船坞

图6-25　造船坞

（2）修船坞。专门用于修理和改装船舶的干船坞，船坞较深，具有曳船、疏水等设备，不需较大的起重能力。修船坞主要用于船体水线以下部位的检验和修理，如船体除锈和涂装、尾轴和螺旋桨修理等。

二、船舶进坞前的准备

船舶进坞前,应编制好坞修项目修理单,为节省经费,船方应预先订购好坞修所需之重要备件,准备好坞修所需的专用工具。除按上述进厂前的准备做好各项工作外,还应做好以下相关工作:

(1)准备好有关图纸资料,如船体的进坞安排图、型线图、外板展开图,以及上次坞修的测量记录和检验报告等,并向坞方详细介绍船底装置,如回声探测仪的振荡器、水压计程仪、船底塞以及其他船底设备的位置,提供给船厂和验船师参考。

(2)油舱的清洁处理。对于需要烧焊和明火作业的油舱,必须将油驳出,并经过洗舱和防爆安全检验。

(3)清除杂物,卸出燃料油,尽量减轻进坞的船舶重量。如需在坞内进行锅炉检验,进坞前应将炉水排光,以免在坞内烫伤工作人员和影响坞修工程。

(4)与船厂主管工程师商洽坞修事项,如进出坞日期、岸电的供应、淡水的供应、蒸汽的供应、冷藏系统冷却水的供应、消防水的供应、厨房的使用、卫生设备的使用和临时追加项目的可能性等。

(5)备妥系缆设备。如果船上保持动力、主机、锚机、舵机、绞缆机等应备妥待用。如果船上不保持动力,则应事先告知坞方,以便取得协助与配合。

船舶在坞内期间的注意事项:

(1)不得向坞内倾倒污油、污水,抛掷杂物、垃圾。

(2)厨房应停火,如不停火,则应将餐料下脚及污水收集在专用容器内,集中处理。

(3)伙食库的冷藏机如保持运转,其冷却水应接妥橡胶管排入坞底,不得直接由高位的排水孔排放。以免排出船外的水被风吹洒到工作人员的身上,影响坞修工作的正常进行。

(4)船底回声探测仪的振荡器的表面不可刷涂油漆,进坞后应立即用纸贴封。出坞前不要启封。

● 任务实施

一、坞修工程

坞修工程主要是船舶推进装置、舵和水线以下的船舷阀件等设备的检修,船体部分进行船底清洁和油漆保养。具体项目如下:

1. 海底阀箱的检查与修理

拆下格栅,检查连接螺栓和螺母;钢板敲锈出白,涂防锈漆 2 ~3 度;箱内锌块换新;如钢板锈蚀严重,必要时应做测厚检查,钢板换新之后必须对海底阀箱进行水压试验。

2. 海底阀的检查与修理

各海底阀应解体清洁,阀体在清洁除锈后涂防锈漆 2 ~3 度;阀及阀座应研磨密封,如锈蚀严重可光车后再磨;阀杆填料换新;海底阀与阀箱的连接螺栓检查,锈蚀严重时应换新。

3. 螺旋桨的检查与修理

拆下螺旋桨进行检查,桨叶表面抛光,测量螺距,桨叶如有变形应予矫正和做静平衡试验;如发现桨叶有裂纹和破损,需按螺旋桨修理标准进行焊补和修理。

4. 螺旋桨轴、尾轴和尾管轴承的检修

当进行螺旋桨轴抽轴检查时，应对螺旋桨轴的锥部进行探伤检查，检查铜套是否密封，滑油密封装置应换新密封圈，锥部的键槽和键应仔细检查，如换新必须与键槽研配；测量轴承下沉量和轴承间隙，检查轴承磨损情况。

5. 舵、舵承的检修

对舵杆、舵轴承、舵叶、舵梢、密封填料装置进行检查，如发现缺损、碰撞等缺陷，及时进行修复。

6. 船体水线以下部分维护

对水线以下船体状态进行全面检查，船底表面进行清洁，重新进行油漆，船舶底板进行测厚检查，更换防腐锌板等。

此外，对具有 CCS 或国外其他船级的船舶为了保持船级还应按照《钢质海船入级规范》等相关要求定期进行坞内检验、螺旋桨与尾轴的检验。按照 CCS 的规范要求，船舶在 5 年内不少于 2 次坞内检验；螺旋桨轴和尾轴的检验一般不超过 5 年。以上两项检验均需船舶进坞完成，船级检验可以和船舶坞修结合进行。

二、船舶出坞的检查

船舶出坞前，船厂应与船方坞修工程负责人对下列修理工程仔细检查，认可后方可允许出坞。

(1)检查海底阀箱的格栅是否装妥，箱中是否有被遗忘的工具、塑料布等异物，所有海底阀和出海阀是否装妥。

(2)检查舵、螺旋桨和尾轴是否装妥，保护将军帽是否涂好水泥，尾轴密封装置装妥后充油做油压试验。

(3)船底塞及各处锌板是否装复好。

(4)坞内放水后检查各海水阀和管路。先使各阀处于关闭状态，观察海水有无漏入管内，然后分别开启各阀，对所有管路接头及拆修过的部分检查是否漏水，必要时上紧连接螺栓。

(5)坞内放水后对海水系统放空气，使其充满海水。

(6)冷却系统、燃油系统和滑油系统正常工作后，起动柴油发电机，切断岸电，自行供电。

船舶进坞修理或大修完工后，通常要进行交船试验，包括系泊试验和航行试验。交船试验的目的是检验船舶修理质量及其技术性能，以确保船舶符合 CCS 保持船级的要求和安全可靠地运行。

思考与练习 SIKAOYULIANXI

一、简答题

1. 船舶检修物料是如何进行分类的？

2. 船舶设备在拆装时的拆装原则和拆装技术要点？

3. 如何进行柴油机管路系统的清洗工作?
4. 船舶设备装配的要求是什么?
5. 船舶设备的装配方法有哪些?
6. 船舶主柴油机的系泊试验包含哪些内容?
7. 船舶主柴油机的航行试验包含哪些要求?
8. 船舶设备维修的基本过程包括哪些内容?
9. 使用臂距表时,应注意哪些事项?
10. 船舶部件清洗通常采用哪些方法?
11. 使用化学清洗剂时应注意哪些问题?
12. 为什么要进行船舶坞修工程?
13. 船舶进坞前应做哪些准备工作?
14. 船舶坞修工程主要进行哪些方面检修工作?
15. 船舶出坞前,船厂应与船方坞修工程负责人应做哪些重点项目检查工作?

二、选择题

1. 船舶设备在拆卸过程中,必要时对重要的零件进行______检测。
   A. 无损　B. 探伤　C. 一般　D. 人工
2. 液压系统所使用的液压油必须是纯净的______。
   A. 气轮机油　B. 柴油　C. 煤油　D. 滑油
3. CCS 船级社要求坞内检验、螺旋桨的检验间隔期不超过______。
   A. 2 年　B. 3 年　C. 4 年　D. 5 年
4. 一般低速柴油机航行试验中稳定转速不高于额定转速的______。
   A. 30%　B. 40%　C. 50%　D. 60%
5. 一般中速柴油机航行试验中稳定转速不高于额定转速的______。
   A. 30%　B. 40%　C. 50%　D. 60%
6. 柴油机滑油系统清洗时,应将滑油加热至______。
   A. 40 ~ 50℃　B. 40 ~ 60℃　C. 50 ~ 60℃　D. 60 ~ 65℃
7. 柴油机燃油系统清洗时应使用______。
   A. 标准润滑油　B. 燃油　C. 柴油　D. 汽油
8. 船用清洗剂应满足闪点______。
   A. 大于 61℃　B. 小于 61℃　C. 大于 60℃　D. 小于 60℃
9. 桥规(bridge gauge)用来测量曲轴的桥规值,其数值主要表示的是______。
   A. 主轴颈下沉量　B. 连杆大端磨损　C. 连杆小端磨损　D. 曲轴弯曲程度
10. 常规清洗又称为油洗,通常是指利用______清除部件表面油污的一种清洗方法。
    A. 有机溶剂如汽油、煤油或柴油　B. 机械清洗
    C. 化学清洗法　D. 敲锈锤等进行敲击

11. 化学清洗是指利用化学药品的溶解和化学作用,清除部件表面的油、油脂污垢、结炭、水垢和铁锈等附着物。通常船舶上较少使用的化学清洗是______。
    A. 碱性清洗剂　B. 酸性清洗剂　C. 纯植物清洗剂　D. 合成洗涤剂

12. 船坞是用于建造或修理船舶的大型水工建筑物。超大型船舶建造或修理时通常采用的船坞是______。

A. 干船坞　　B. 浮船坞　　C. 注水式船坞　　D. 横向或纵向船台

13. 坞修工程主要是船舶推进装置、舵和水线以下的船舷阀件等设备的检修，船体部分进行船底清洁和油漆保养。下列不是坞修工程项目的是______。

A. 螺旋桨的检查与修理　　B. 尾轴和尾管轴承的检修

C. 舵、舵承的检修　　D. 甲板起货机检查与修理

项目七　柴油机主要部件的检修

任务一　柴油机气缸盖的检修

● 学习目标

一、柴油机气缸盖的检修知识目标

1. 了解柴油机气缸盖的工作条件和结构特点；
2. 了解柴油机气缸盖的损坏形式；
3. 了解柴油机气缸盖裂纹产生的原因；
4. 了解柴油机气缸盖裂纹的检查方法；
5. 了解柴油机气缸盖裂纹的修理工艺。

二、柴油机气缸盖的检修能力目标

1. 能够分析柴油机气缸盖裂纹产生的原因；
2. 掌握柴油机气缸盖裂纹的检查方法；
3. 能够根据不同的损伤形式选择柴油机气缸盖裂纹的修理工艺。

● 任务引入

柴油机气缸盖工作条件为什么会十分恶劣？柴油机气缸盖裂纹主要产生在哪些部位？如何检查柴油机气缸盖裂纹？如何选择柴油机气缸盖裂纹的修理工艺？

● 任务分析

气缸盖是柴油机的固定部件，也是燃烧室的主要组成部分。气缸盖上装有喷油器、起动空气阀、安全阀和示功阀等。筒状活塞式柴油机缸盖上还装有进气阀、排气阀，二冲程直流扫气式柴油机气缸盖上装有排气阀。此外，气缸盖内部有各种气道和冷却水空间。其结构复杂，孔道较多，壁厚不均匀。

气缸盖工作条件十分恶劣。气缸盖底面为触火面，直接与高温、高压燃气接触，承受较高的周期变化的机械负荷与热负荷，燃气腐蚀与冲刷，产生很大的机械应力与热应力。冷却面承受机械应力与腐蚀。气缸盖螺栓预紧力使汽缸盖受到压应力，在截面变化处还会产生应力集中。

气缸盖常见的损坏形式有：缸盖底面和冷却面的裂纹、腐蚀，气阀座面和导套的磨损等。

● 相关知识

一、气缸盖的裂纹部位

气缸盖发生裂纹的部位常在缸盖底面和冷却水腔面。缸盖底面裂纹一般产生在底面阀孔的边缘过渡圆角处和孔之间，即有应力集中处。缸盖冷却侧裂纹多发生在冷却水道的环形筋根部，有应力集中处，裂纹沿圆周方向向深度扩展，乃至裂穿漏水，如图 7-1、图 7-2 所示。

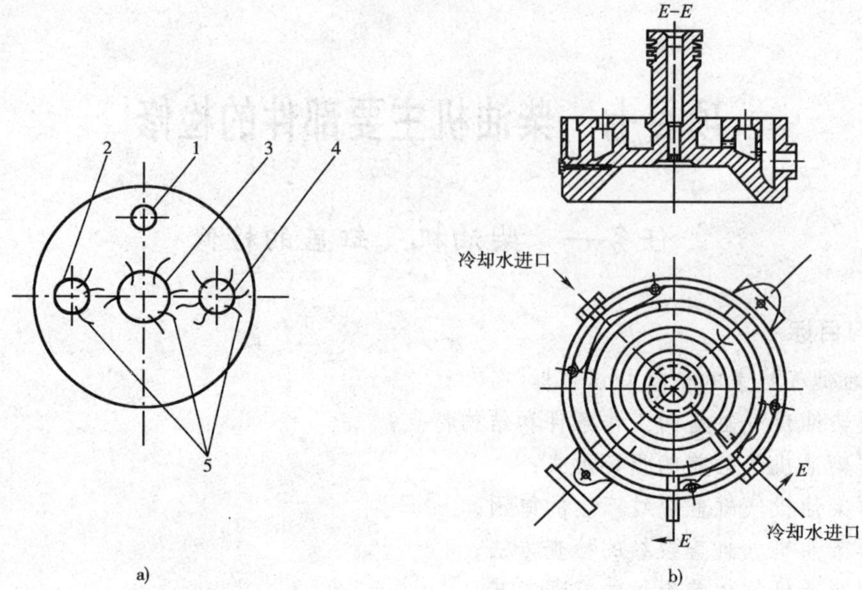

图 7-1　气缸盖裂纹

a）RND 型柴油机气缸盖裂纹；b）6ESDZ76/160 柴油机气缸下盖裂纹

1-示功阀孔；2-安全阀孔；3-喷油器孔；4-起动阀孔；5-裂纹

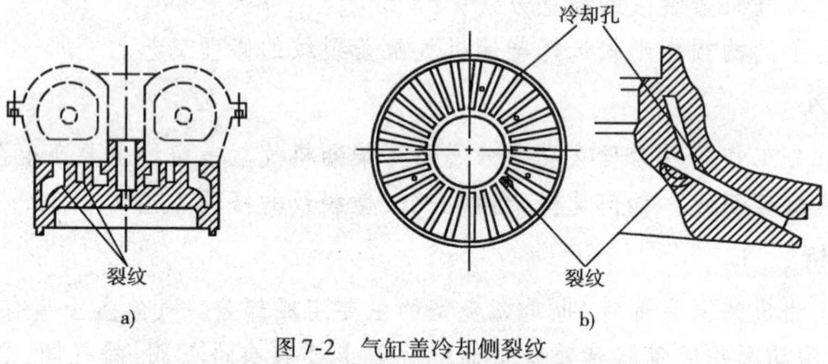

图 7-2　气缸盖冷却侧裂纹

a）MAN 柴油机气缸盖裂纹；b）气缸盖冷却水侧钻孔处裂纹

二、气缸盖裂纹产生的原因

气缸盖产生裂纹的根本原因是热应力和机械应力。柴油机工作时，气缸盖底面高温区的温度可达 400 ~ 480℃，在热膨胀变形受到限制时，产生高的压应力。铸铁材料在温度超过 350℃，抗蠕变性能下降，因蠕变发生塑性变形，导致压应力逐渐下降。停车后，受热面温度未降到室温，压应力就完全消失。降到室温，表面则出现拉应力。柴油机的启动、运行、停车、经过若干次加热和冷却，拉应力逐渐增加，最终出现裂纹。气缸盖触火面裂纹主要是这种低频热应力引起的疲劳破坏。

柴油机的爆发压力作用在气缸盖底面，使底面产生弯曲变形，触火面受压，水腔面受拉。柴油机每一个工作循环一次，这种应力就循环作用一次，因此，应力变化的频率高。缸盖冷却侧裂纹主要是这种高频的机械应力引起的疲劳破坏。

此外,水腔面局部区域的冷却水往往处于沸腾状态,产生的 SO_4^{2-} 和 Cl^- 等酸离子,会使电位不同的晶粒间产生电化学腐蚀。同时因水中溶解有一定数量的氧,会使金属氧化,水温越高这种腐蚀越强烈。高频交变应力和腐蚀的同时作用,将引起金属材料的疲劳强度显著下降,造成疲劳腐蚀破坏。水蒸气与金属作用产生金属氧化物与氢,当氢渗透到裂纹尖端周围时,会使金属材料脆化,造成应力腐蚀。

除了上述热应力、机械应力、疲劳腐蚀及应力腐蚀之外,因设计的结构不合理、安装不当、铸造缺陷、材料缺陷、操作管理不当等都会引起缸盖产生裂纹。

1. 设计、结构上的原因

气缸盖底面气阀孔周围之所以经常产生裂纹,是由于该处的结构使金属有较大的表面积,在受热时膨胀速度和冷却时收缩速度都较大。例如:柴油机在停车时,气缸盖温度分布变化剧烈,热量由冷却水和进、排气道迅速散发,所以底面中央部分,尤其是气门孔处收缩快,产生拉伸应力,铸铁的抗拉强度低,故此处极易产生裂纹;喷油孔加工呈尖角,如图 7-3 所示,造成应力集中,更助长了裂纹的生成。当将孔口尖角改成圆角过渡后,如图中虚线所示,减小了应力集中,对消除裂纹起到一定的效果。

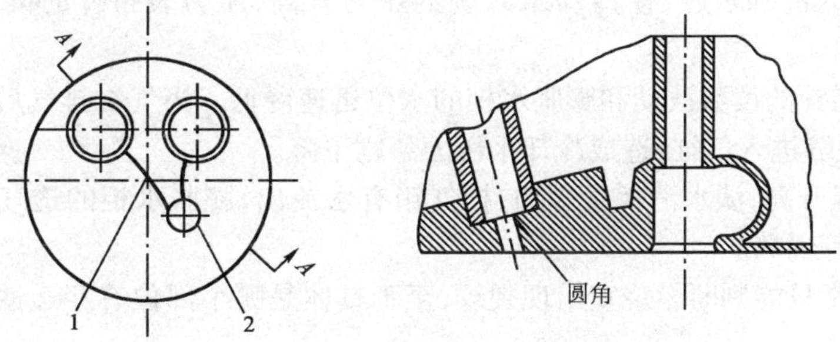

图 7-3　气缸盖喷油器孔口修圆

1-裂纹;2-喷油器孔

6ESDZ76/160 型柴油机气缸盖,如图 7-4 所示,经常在下盖环形支承筋处产生裂纹。其原因是:上紧缸盖螺栓后,上缸盖产生上拱变形。由于上紧后的拱曲变形,使得支承筋处在压紧状态。柴油机工作产生爆发压力时,下缸盖受力向上弯曲,正好在水腔面产生拉应力,加上支承筋圆角处应力集中,就产生了裂纹。

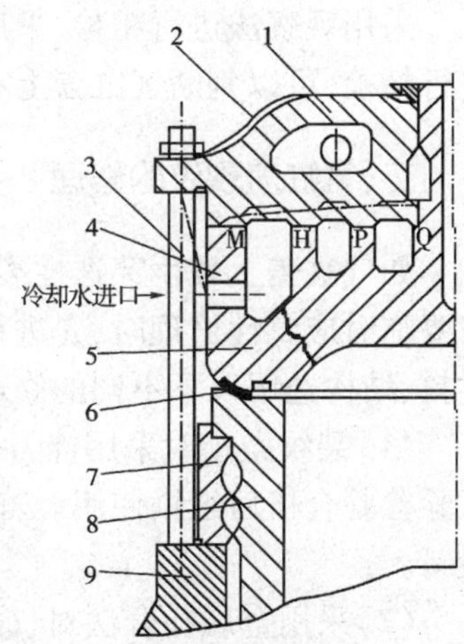

图 7-4　6ESDZ76/160 柴油机上、下气缸盖组合示意图

1-上缸盖;2-上拱变形后的缸盖;3-气缸盖螺栓;4-下缸盖;5-裂纹;6-气缸盖垫片;7-水套;8-气缸套;9-气缸体

2. 材料、工艺上的原因

铸铁表面的任何缺陷都会使疲劳强度下降。疲劳源与铸造产生的微小裂纹、氧化物、夹杂物以及热处理产生的脱碳有关。可以对缸盖冷却水腔面进行喷丸强化处理,产生残余压应力,降低表面粗糙度,减少和消除表面铸造缺陷,从而提高其疲劳强度。

在铸铁中添加少量的铬、钼、镍等合金元素可以提高铸铁的强度,并使其在一定温度及应力下的蠕变缓和。

3. 装配质量的影响

气缸盖螺栓拧紧程度如果不均匀,造成气缸盖结构受力不均匀或预紧过度等问题，容易产生裂纹。喷油器安装不正，往往会引起气缸盖底面局部过度变形，这就大大地增加了喷油器孔处所受的拉应力，使之容易产生裂纹。

4. 操作管理上的原因

柴油机冷车启动或启动后加速太快，致使气缸盖底面与水腔面温差过大，热应力增大引起裂纹。

● 任务实施

一、气缸盖裂纹的检查

气缸盖裂纹的检查有两种：一是装机后发生穿透性裂纹的判断；二是新造或修理之前(即未装机)缸盖裂纹的检查。

1. 装机缸盖发生穿透性裂纹的判断

(1)柴油机运转中，可根据气缸或活塞冷却水压力表指针波动或膨胀水柜水位上下波动判断零件有无穿透性裂纹。因为当气缸盖或气缸套有穿透性裂纹时，燃烧室中的高压燃气就会沿裂纹进入冷却水腔，使冷却水系统的压力升高，压力表指针的读数增大和膨胀水柜升高。

(2)压力表指针的读数波动和膨胀水柜的水位迅速降低。当气缸排气后压力低于冷却水压力，冷却水自裂缝进入气缸，造成冷却水压力急剧下降。

(3)冷却水温升高，淡水消耗量增加，扫气箱有水流出，膨胀水柜的透气管有气泡冒出和冷却水中有油渍等现象。

上述方法通常只能判断燃烧室出现裂纹，至于具体是哪个部位有穿透性裂纹则需进一步检查。

2. 对新造或修理过的气缸盖怀疑有裂纹的检查

采用观察法进行粗检，采用无损探伤如渗透探伤、磁粉探伤、超声波探伤和水压试验法等进行精检，可以判断气缸盖上有无裂纹。

二、气缸盖裂纹的修理

如气缸盖上发生穿透性裂纹或关键部位发生严重裂纹时，必须换新。如裂纹不太严重或需要临时应急性修理时，先进行无损探伤查明裂纹的部位、尺寸和深度等，然后再根据气缸盖材料、结构选用以下不同的修理方法：

(1)裂纹微小时采用锉刀、油石和风砂轮等工具打磨裂纹处予以消除，经无损探伤或水压试验检验合格后继续使用。若裂纹较深达壁厚的3%以上时，则应改用其他方法修理或报废换新。

(2)采用金属扣合法对气缸盖底面和其他部位的裂纹进行修理，不仅可以保证零件的强度要求，还可满足密封性要求。

(3)焊补。对钢质缸盖，当裂纹较小时先铲去裂纹再焊补。

(4)镶套修理。主要用于进排气阀孔、阀座和喷油孔裂纹及蚀损而渗漏的情况。此时镶套所用材料须为青铜或不锈钢。为了增强镶套的密封性，在镶套和阀孔的端面间加置紫铜垫片，如图7-5所示。

(5)胶黏剂修理。对于气缸盖、气缸套上的裂纹或铸造缺陷(砂眼)，依其部位和工作条件选用有机或无机胶黏剂进行修理。

(6)覆板修理。气缸盖外表面裂纹可采用覆板修理。修理时，先在裂纹两端钻止裂孔，涂胶黏剂(如环氧树脂)后将钢板覆盖其上，用螺钉将钢板固紧在气缸盖上，如图7-6所示。

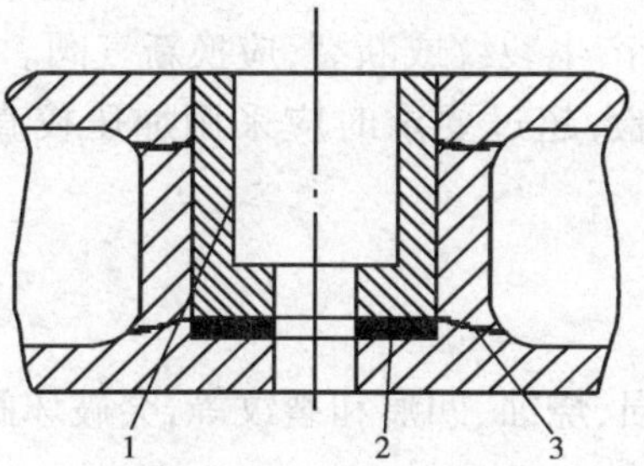

图7-5 气缸盖裂纹的镶套修理

1-衬套;2-紫铜垫;3-裂纹

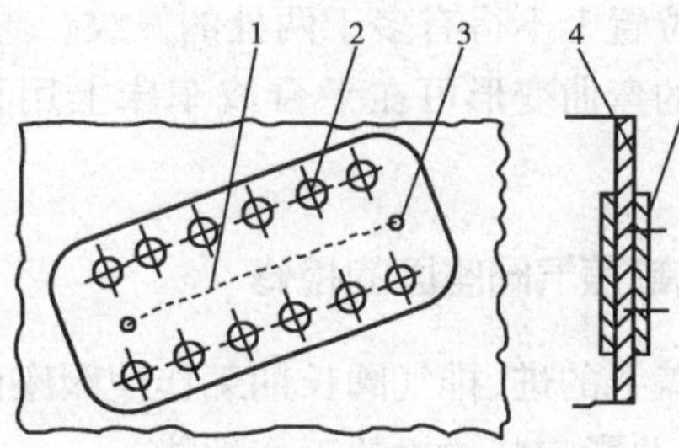

图7-6 气缸盖裂纹的复板修理

1-裂纹;2-紧固螺钉;3-止裂孔;4-气缸盖;5-复板

修理后，对有密封性要求的零件要进行液压试验以检验修理质量。例如，对气缸盖进行0.7MPa压力的水压试验。

三、气阀的检修

四冲程柴油机的进、排气阀和二冲程直流扫气柴油机的排气阀都是燃烧室的组成零件，工作中直接受到高温高压燃气的作用，承受着很高的热负荷和机械负荷，特别是排气阀还受到排气气流的冲刷和加热，温度更高，使得气阀工作条件十分恶劣。

常见气阀的损伤有气阀阀盘锥面与阀杆的磨损、阀面的烧伤与高温腐蚀、阀盘与阀杆的裂纹及阀杆的弯曲变形等。

1.气阀阀面的磨损检修

先将气阀彻底清洗干净，观察阀面上的磨损凹坑、阀线是否变宽超过规定值。如阀面磨损较轻时可进行阀与阀座的研磨使阀线恢复。阀面磨损严重时，可采用手工电弧焊进行堆焊后，再进行机加工修复。

2.阀杆磨损和弯曲变形检修

对气阀阀杆进行磨损检测时可在平台上或车床上对气阀阀杆外圆进行测量，计算出阀杆的圆度误差和圆柱度误差，并与标准比较。当超过标准要求时，可采用镀铬或镀铁工艺修复阀杆，也可以采用喷涂或喷焊工艺修复。

阀杆的弯曲变形可在平台或车床上用百分表检验，超过要求时应采用加压校直法予以校正。

3.气阀阀面的烧伤和高温腐蚀的检修

气阀阀盘锥面上产生麻点腐蚀或阀盘边缘出现烧穿的孔洞等均是由于阀与阀座关闭不严，高温燃气漏泄使气阀过热、氧化或金属中元素烧损造成，以及燃用重油和气阀温度过高引起的高温腐蚀的结果。

气阀阀面烧穿出现边缘孔洞时应报废换新。出现麻点、腐蚀时可采用机械加工修复,也可采用电弧堆焊、喷涂或喷焊工艺修复。修复后气阀装入阀座与锥面接触面积不得少于原接触面积的1/3。

4. 气阀阀盘和阀杆的断裂检修

阀盘与阀杆过渡圆角处和阀杆上端凹槽处易发生裂纹和断裂。阀盘和阀杆裂纹肉眼外观检查,不得有直观裂纹存在(阀杆直径大于20 mm时,允许有长度不大于20 mm的发纹),但在纵向同一位置上不得有多于两处的发纹。阀盘与阀杆产生裂纹或断裂,应换新气阀。

阀杆的弯曲变形可在平台或车床上用百分表检验,超过要求时应采用加压校直法予以校正。

四、气缸盖气阀座面的检修

气缸盖上的进、排气阀长期工作使阀座面产生磨损、烧蚀、凹痕和裂纹等,会破坏阀与阀座的密封性,并影响柴油机的工作性能。

1. 气阀座面的损伤

(1)气阀座面的磨损。气阀座面磨损后阀线会变宽、中断或模糊不清,气阀关闭不严,产生漏气。原因是高温下阀座面不断受到撞击,座面金属产生塑性变形和表面拉毛;高压下阀与阀座的配合面产生微小相对运动,因而引起微动磨损,燃烧的产物、硬的颗粒、金属屑及其他杂质落到气阀座面上,起磨料的作用,引起磨粒磨损。燃料中含有钒、硫等,高温时引起钒腐蚀,低温时引起硫酸腐蚀,因而使气阀座引起腐蚀磨损。气阀座与气阀受冲击载荷,因接触疲劳产生表面疲劳磨损。因此,气阀与气阀座之间存在着上述几种磨损形式的综合作用。

(2)气阀座面的烧伤。烧伤发生在排气阀座面上,其主要原因是气阀座扭曲变形和积炭,以致使气阀与气阀座接触面暴露于高温燃气中引起烧损,烧损使其表面产生麻点及凹坑。

(3)气阀座的裂纹。气阀座在高温下受强烈的冲击载荷,常使气阀座产生裂纹。由于排气阀座的工作条件差,排气阀座开裂的现象更多一些。

上述缺陷都严重破坏了气阀与气阀座的密封性,影响柴油机的工作性能。

2. 气阀座损伤的修复

气阀座损伤的修理方法主要取决于损伤形式及其严重程度。

(1)研磨。当阀座表面的缺陷不严重时,可采用手工研磨,或用专用的铰刀、专用的磨削机械等方法将缺陷修除,然后在插入气阀配对研磨,并检查密封性。

(2)堆焊。铸钢气缸盖的气阀座面磨损或经过多次修理下凹较大时,可采用堆焊修复,焊后应保温、缓冷,再进行机加工,互研,然后做密封性检查。

(3)更换阀座套。当气阀座面损坏严重,如凹痕已超过2mm以上或阀座锥面下沉值超过2mm时,应将原阀座车削掉,另镶嵌一新的阀座套。

修复后气阀与阀座配合面上的阀线宽度应符合表7-1规定。

阀线宽度(单位:mm)(CB/T 3503—93) 表7-1

阀盘端面直径 D	<50	>50~75	>75~125	>125~175	>175~250	>250
阀线宽度	2.0	2.5	3.0	4.0	4.0	4.0~6.0

任务二　柴油机气缸套的检修

● 学习目标

一、柴油机气缸套的检修知识目标

1. 了解柴油机气缸套的工作条件和结构特点；
2. 了解柴油机气缸套的损坏形式；
3. 了解柴油机气缸套磨损、裂纹产生的原因；
4. 了解柴油机拉缸的检查方法；
5. 了解柴油机气缸套损伤的修理工艺。

二、柴油机气缸套的检修能力目标

1. 能够分析柴油机气缸套损伤产生的原因；
2. 掌握柴油机气缸套内圆表面磨损测量方法；
3. 能够根据不同的损伤形式选择柴油机气缸套的修理工艺。

● 任务引入

柴油机气缸套的工作条件如何？柴油机气缸套的常见损伤形式有哪些？如何进行气缸套内圆表面磨损量测量？为什么柴油机气缸套会出现拉缸现象？

● 任务分析

气缸套是柴油机的重要部件之一。它的内圆工作表面上部是柴油机燃烧室的组成部分，直接受到燃气高温、高压及腐蚀的作用。同时，气缸套的内圆表面与活塞组件还存在相对运动，承受侧推力和摩擦；气缸套外圆表面与气缸体组成冷却水腔，受到穴蚀和电化学腐蚀作用。所以气缸套是在恶劣环境下工作的部件，是柴油机的易损部件。

气缸套的常见损伤形式有：内圆工作表面的磨损、擦伤及拉缸；外圆面的穴蚀及裂纹等。

● 相关知识

柴油机气缸套的磨损，根据磨损产生的原因不同大致分为以下3种形式：

(1)磨料磨损。磨料大多数情况下是随进气而进入气缸套的，筒形柴油机也可能是从下部由飞溅润滑油带入。

(2)腐蚀磨损。燃油中的硫在燃烧中会生成二氧化硫和三氧化硫，在有水分存在时就会生成硫酸，从而腐蚀气缸套。

(3)黏着磨损。在高温高压下，活塞环与气缸套之间的油膜极易破裂，实际上它们是在边界摩擦甚至干摩擦下工作，此时，摩擦副某些部位金属直接接触，形成局部高温，使之产生熔融黏着。如油膜不能及时恢复，黏着范围将逐步扩大，随着摩擦副的相对运动，产生熔着、脱落反复进行，即为黏着磨损。

● 任务实施

一、气缸套磨损检修

1. 气缸套内圆表面磨损测量

如今无论是在船上还是在船厂检测气缸套内圆表面的磨损情况依然是利用一般的量具，

如内径千分尺、内径百分表或随机专用内径百分表。通过测量缸径和计算圆度误差、圆柱度误差或内径增量、磨损率并与说明书或有关标准进行比较,最后作出能否继续使用的判断。

(1)测量部位。测量气缸套内径是在沿气缸套纵向几个确定的测量点的横截面上测量首尾方向(y-y,即平行曲轴方向)和左右方向(x-x,即垂直曲轴方向)的气缸直径,如图 7-7 所示。

中、小型四冲程筒形活塞式柴油机如无测量用的定位样板又缺少说明书等资料时,可参考以下 4 个位置进行缸套磨损测量:

①当活塞位于上止点时,第一道活塞环对应的缸壁位置;

②当活塞位于行程中点时,第一道活塞环对应的缸壁位置;

③当活塞位于行程中点时,末道刮油环对应的缸壁位置;

④当活塞位于下止点时,末道刮油环对应的缸壁位置。

还可以根据气缸套磨损规律在以下部位测量缸径:

①活塞位于上止点时,第一道活塞环对应的缸壁位置;

②第一道环分别在活塞行程的 10% 、50% 和 100% 的位置;

③第一道环在距气缸套下端 5 ~ 10 mm 的位置。

除上述规定点外,还可依气缸套长短和要求,在气缸套上适当部位增加测量点, 如图 7-7 中 5 为距气缸套下端 5 ~10mm 的位置。

大型二冲程柴油机气缸套磨损测量部位一般在柴油机说明书中有明确规定,并有随机测量用的定位样板。测量时,只需将样板分别安放在气缸套的首尾方向和左右方向的位置上,依样板上的定位孔确定的各测量截面,测量其相互垂直的两个缸径。图 7-8 为 Sulzer RTA 38/48 型二冲程柴油机气缸套测量位置和定位样板。

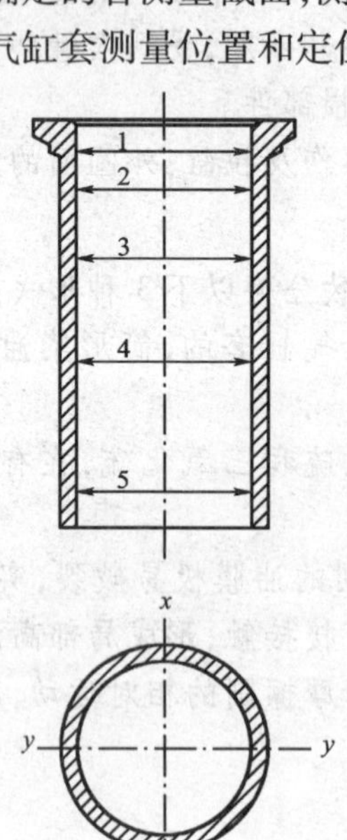

图 7-7　气缸套磨损测量位置

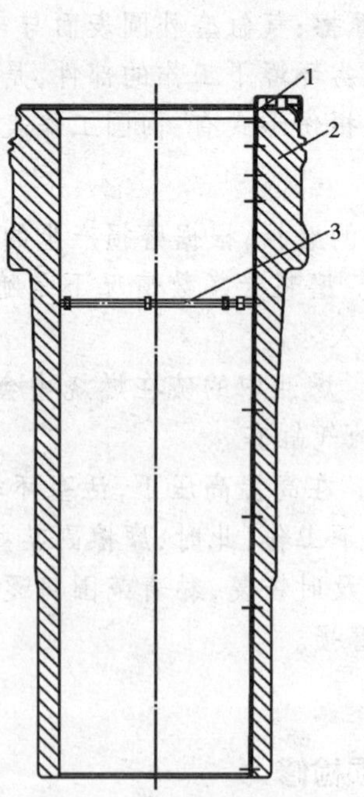

图 7-8　RTA38/48 柴油机气缸套测量部位

1-样板;2-气缸套;3-内径千分尺

(2)测量、记录与计算。测量时应准确记录各测量点的数据,依此数据计算出各横截面的圆度误差并求出最大圆度误差;计算出首尾、左右两个纵截面的圆柱度误差并找出最大圆柱度误差;计算出内径增量;与上一次测量比较,确定两次测量的间隔时间以便计算出这一段时间内缸套的磨损率。

将计算出的最大圆度误差、最大圆柱度误差或最大内径增量与说明书或标准比较,以确定磨损程度和修理方案。

2. 气缸套磨损的修复

(1)气缸套轻微拉痕或擦伤。当气缸套磨损后各项指标均未超过说明书或标准的要求,可按以下方法予以修复。

①轻微纵向拉痕(宽≯0.2% D、深≯0.05% D、数量≯3 条,D 为缸径)可用砂纸或油石打磨,使拉痕表面光滑后继续使用。

②较轻擦伤(深度 <0.5 mm)时可采用油石、锉刀或风砂轮等手工消除,使表面光滑后继续使用。

(2)气缸套较大拉痕、擦伤、磨台和过度磨损:

①镗缸修复气缸套内圆表面产生较大拉痕、擦伤和磨台,或者气缸套的圆度、圆柱度超过标准,但内径增量尚符合标准时,采用机械加工(即镗缸)方法消除表面损伤和几何形状误差,但镗缸后的内径增量仍应在标准之内。

②采用修理尺寸法,当气缸套内径增量超过标准时,在保证气缸套壁厚强度的前提下进行镗缸,消除气缸套内圆表面的几何形状误差和拉痕、擦伤、磨台等损伤,再依镗缸后的缸径配制新的活塞组件,以恢复气缸套与活塞之间的配合间隙。

③采用恢复尺寸法,当气缸套内径增量超标时,先镗缸消除气缸套内圆表面的几何形状误差和表面损伤,再根据气缸套壁厚要求增加的厚度可选用镀铬、镀铁或镀铁加镀铬的工艺,也可采用喷涂工艺,恢复气缸套原有的直径。

气缸套修复后,装机正常运转前必须按说明书要求或视修理状况进行磨合运转。

二、气缸套裂纹的检修

气缸套裂纹大多为热疲劳和机械疲劳破坏所致。引起疲劳裂纹的原因与气缸套的结构、材料、毛坯缺陷及维护管理等有关。一般来说,气缸套裂纹总是发生在结构设计不合理、强度较差和有应力集中的部位。气缸套裂纹主要产生部位在气缸套冷却侧和气缸套内圆表面。

1. 气缸套冷却侧裂纹

在气缸套外表面上部支承凸缘的根部会发生周向裂纹,严重时扩展到气缸套内表面,即裂穿,甚至整个圆周上裂纹连通,造成支承凸缘以下部分气缸套脱落的严重事故,如图 7-9 所示。

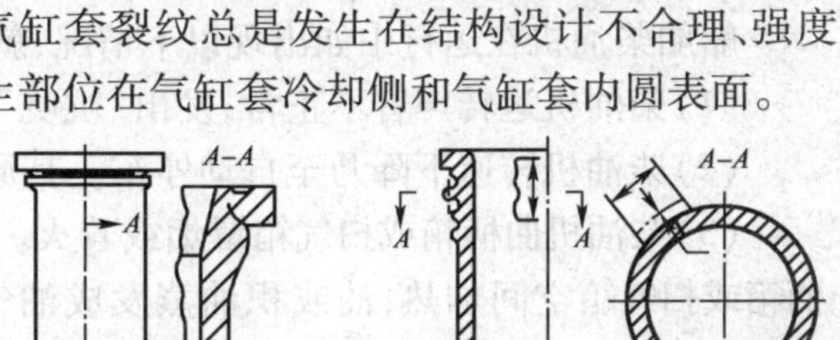

图 7-9　气缸套外表面裂纹

a)外部凸缘根部裂纹;b)冷却水道根部裂纹

此外,当二冲程柴油机气缸套有内铸冷却水管时,会产生纵向裂纹,甚至裂至内圆表面。这是由于气缸套铸造时,内铸冷却水管与气缸套之间熔合不良或因冷却水压力波动,也可能因冷却水处理不佳发生腐蚀等原因所致。

2. 气缸套内圆表面裂纹

二冲程柴油机气缸套内圆表面上部产生纵向裂纹或龟裂，严重时会扩展到冷却侧。如图7-10a)所示。拉缸会使内圆表面产生纵向裂纹和气口处产生裂纹，如图7-10b)、图7-10c)所示。

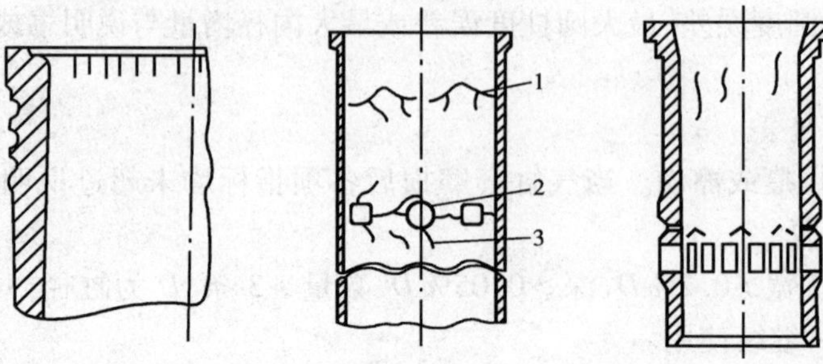

图7-10　气缸套内圆表面裂纹

a)上部纵向裂纹；b)纵向裂纹和气口处裂纹；c)纵向裂纹

1-布油槽；2-观察孔；3-裂纹

3. 气缸套裂纹的修理

气缸套的裂纹可采用波浪键和密封螺丝扣合法修理，在裂纹上装上螺塞，以加强紧密性，也可在螺塞上涂上黏结剂，加强水密性。在裂纹较短的情况下，经验船部门的同意，可在裂纹两端钻孔、攻丝、拧入螺塞，以防止裂纹继续扩展，供临时使用。当裂纹较严重或已裂穿时，则应换新气缸套。船舶航行中缸套出现裂纹又无备件时，可采用封缸措施实行减缸航行。

三、拉缸的检修

拉缸是船舶柴油机的常见故障之一。所谓“拉缸”是指气缸内壁被拉成很深的沟纹，活塞、活塞环与气缸壁摩擦副丧失密封性，从而导致气缸压缩压力降低，动力性下降，柴油机噪声异常，不能正常工作甚至熄火。

拉缸的实质是柴油机活塞组件与气缸套配合工作表面因润滑不足或产生干摩擦，相互剧烈作用，在工作表面上产生过度磨损、拉毛、划痕、擦伤、裂纹或咬死的现象。

1. 拉缸征兆

船舶柴油机在运行中如出现以下情况，就有可能产生拉缸，需停车检查。

(1)柴油机运转声音不正常，发出“吭吭”声或“嗒嗒”声等。

(2)柴油机转速下降乃至自动停车。其原因可能是柴油机气缸内摩擦功大增。

(3)柴油机曲柄箱或扫气箱冒烟或着火。其原因可能由于缸套和活塞组件温度升高，使曲柄箱或扫气箱空间加热，油或积油蒸发成油气，当活塞环黏着或断环失落时使燃气泄漏导致着火。

(4)排气管冒烟严重，排烟温度、冷却水温度和润滑油温度均显著升高。

2. 柴油机拉缸种类

(1)柴油机运转初期的磨合拉缸。这种拉缸事故发生在新造或修理后的柴油机磨合阶段，损伤部位在气缸套和活塞环工作表面，严重时波及活塞裙外表面。

(2)柴油机运转中的拉缸。在柴油机稳定运转较长时间(数千小时)以后，出现活塞裙外表面烧伤、磨损和气缸套内上止点附近壁面严重磨损及气口筋部裂纹。

3. 引起拉缸的原因

柴油机拉缸的原因是多方面的,但其根本原因是气缸套与活塞环工作表面间的油膜变薄或遭到破坏所致。引起拉缸的原因有:

(1)气缸套与活塞环工作表面的粗糙度及精度配合不当;或不均匀磨料磨损,使两者不能基本完全吻合,引起过大的局部接触压力。

(2)导板间隙过大,活塞运动装置对中不良,引起活塞和气缸套过度磨损并产生过热,使机件变形增加,同时产生变形不均匀现象引起拉缸。

(3)活塞组件与气缸套装配间隙过大、过小或分配不均都会导致拉缸。

(4)气缸套发生变形。

(5)活塞环折断刮伤缸壁;活塞环因积炭卡死在环槽内,丧失密封作用;或气缸内进入异物。

(6)柴油机长时间高速或超负荷运转等。

(7)柴油机操作管理不当等原因。

4. 防止拉缸的主要措施

(1)保证零件的加工质量和柴油机装配质量,从而保证活塞运动装置良好的对中性。

(2)气缸套内表面采用波纹加工或珩磨加工,以使摩擦表面具有充分的保油性。

(3)气缸套内表面强化处理。采用松孔镀铬、喷钼、离子淡化等工艺提高缸套内表面耐磨性、抗咬合性以减少或防止拉缸。

(4)活塞环外表面强化处理。在活塞环外圆表面上镀一层5 ~10μm 的锡、铅、锌等金属可加快磨合、提高环与缸套配合面的密封性、减少窜气和油膜破坏;喷钼则可明显改善咬合性能。

任务三　柴油机活塞组件的检修

● 学习目标

一、柴油机活塞组件的检修知识目标

1. 了解柴油机活塞组件的工作条件和结构特点;

2. 了解柴油机活塞组件的损坏形式;

3. 了解柴油机活塞磨损、裂纹产生的原因;

4. 了解柴油机活塞环配环工艺;

5. 了解柴油机活塞组件的修理工艺。

二、柴油机活塞组件的检修能力目标

1. 能够分析柴油机活塞组件损伤产生的原因;

2. 掌握柴油机活塞表面磨损测量方法;

3. 能够根据不同的损伤形式选择活塞组件的修理工艺。

● 任务引入

柴油机活塞组件的主要损伤形式有哪些?为什么要对活塞外表面进行磨损量检测?活塞

顶部为什么会发生烧蚀现象？如何选择柴油机活塞组件损伤后的修理工艺？

● 任务分析

活塞是柴油机的主要运动机件之一。活塞在高温、高压、高速、润滑不良的条件下工作，直接与高温气体接触，瞬时温度可达2500℃以上，因此，受热严重，而散热条件又很差，所以活塞工作时温度很高，且温度分布很不均匀；活塞顶部承受气体压力很大，特别是作功行程压力最大，使得活塞产生冲击，并承受侧推力的作用；活塞在气缸内以很高的速度往复运动，且速度在不断地变化，这就产生了很大的惯性力，使活塞受到很大的附加载荷。活塞在这种恶劣的条件下工作，会产生变形并加速磨损，还会产生附加载荷和热应力，同时受到燃气的化学腐蚀作用。因此活塞容易损坏，特别是高速柴油机的活塞。

活塞组件的主要损伤形式有：外圆表面及环槽的磨损、裂纹和破裂、活塞顶部烧蚀、活塞环磨损和折断、活塞销磨损等。

● 任务实施

一、活塞外表面的磨损检修

1. 活塞外表面磨损部位与检测

中、小型柴油机在运转中活塞裙部起导向作用和承受侧推力，其筒形活塞裙部外表面一般容易发生磨损，而大型十字头式柴油机活塞运动部件的运动是靠导板、滑块起导向作用和承受侧推力，且活塞与气缸之间的间隙较大，因此正常运转中活塞外圆面是不会磨损的，只有在活塞运动装置不正和拉缸等异常情况下才会发生。

活塞裙部外表面磨损后，裙部直径减小，活塞与气缸的间隙增大，活塞横截面产生圆度误差、纵截面产生圆柱度误差。这些都直接影响活塞的工作性能和柴油机的功率。

活塞的磨损程度一般通过测量活塞直径来检验。测量工具为外径千分尺、游标卡尺，测量部位为活塞的上部、中部和裙部的外径，有承磨环的活塞还应测量每道环的外径。在每一测量点的横截面上要测量相互垂直的两个直径：平行曲轴方向的直径和垂直曲轴方向的直径。将测量值记录在表格中，计算出每个横截面的圆度误差、纵截面的圆柱度误差，以最大值与说明书或标准比较确定活塞的磨损程度。

2. 活塞外圆表面磨损的修复

活塞裙部外圆表面磨损不太严重时，采用光车裙部外圆，消除几何形状误差。光车后仍满足活塞与气缸间隙要求时可继续使用。否则依活塞材料不同采用不同的对策：铝活塞采用换新；铸铁活塞采用热喷涂、镀铁等工艺恢复尺寸；铸钢活塞采用镀铁、堆焊金属等恢复尺寸。承磨环过度磨损、严重拉伤或松动时应换新。

二、活塞环槽的磨损检修

1. 环槽磨损的原因

环槽磨损是活塞的常见损坏形式，尤以铝合金活塞为多。活塞环槽磨损的主要原因是环在环槽中的相对运动：往复、径向、回转和扭曲运动。其次是进气中灰尘硬粒、燃气中的炭粒，特别燃用重油时，炭粒更大更坚硬，这些磨粒加速环槽的磨损。此外，燃烧室高温使活塞头和环槽变形,材料性能下降,环与环槽之间的油膜破坏,环槽磨损更加严重。

环槽的磨损使其与环的配合间隙增大,活塞环的密封性下降,产生漏气、压缩压力和爆发压力降低,进入环背面燃气增多,高压燃气将环压向缸壁,致使环容易折断。环槽磨损使环槽截面形状由矩形变为梯形或出现磨台,且以第一、二道环槽磨损为重为快。如图 7-11a)、图7-11b)所示。一般活塞环槽端面的磨损率小于 0.01 mm/kh 时为正常磨损。

2. 环槽磨损的测量与修复

环槽磨损情况是通过样板和塞尺测量环槽高度的变化来确定,如图 7-11c)所示。样板是以新环环槽高度为准制作的,也可以用一只新环作样板。测量时,将样板水平插入环槽并紧贴环槽下端面,用塞尺测量环与环槽上端面之间的距离,该配合间隙称为平面间隙或天地间隙。测量值与说明书或相应标准进行比较,当测量值超过极限值时,说明环槽严重磨损,应予以修复,根据具体情况可选用以下方法:

(1)光车或磨削环槽端面,依加工后的修理尺寸配制相应加大尺寸的活塞环,保证平面间隙符合原有要求。采用此法时应考虑到环槽加大将使槽脊厚度减小、强度降低。为了不使槽脊过分减薄,要求槽脊减薄量不得超过原槽脊设计厚度的 20% ~25%。另外,要求同一活塞上不得有两个环槽采用此法修理。因为各环槽的修理尺寸不同,新配活塞环尺寸不同,同一活塞上有多种规格的活塞环,将给备件供应和管理带来麻烦。

(2)光车环槽端面后镀铬或采用喷焊、堆焊后光车等工艺恢复环槽原有尺寸。

(3)环槽端面镶垫环恢复环槽原有尺寸。低速柴油机钢制活塞的环槽端面严重磨损,可用镶垫环修理。首先光车环槽端面消除几何形状误差,然后在环槽下端面上镶耐磨垫环,使环槽恢复原始高度尺寸。垫环采用焊接工艺焊于环槽下端面上形成永久性连接,成为镶死环法,此法连接牢固,使用中不会脱落,但垫环磨损后难于修理;采用过盈配合将环镶于环槽端面上,成为镶活环法,由于环不固死在端面上,便于再度磨损后更换,但易于松动脱落到缸内,引起事故。图 7-12 所示为环槽镶垫环法。

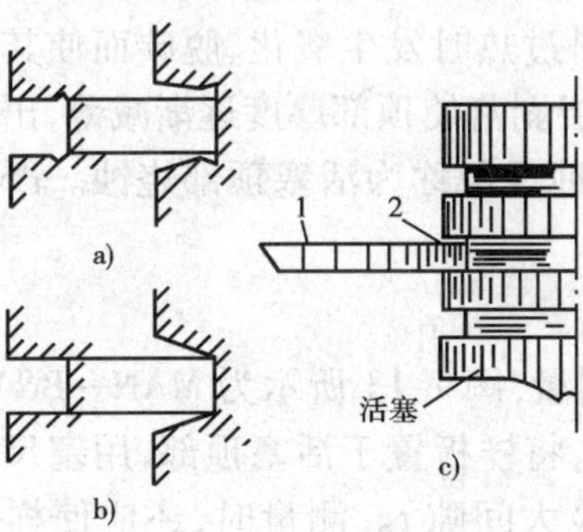

图 7-11　活塞环槽磨损及测量

1-测量样板;2-测量部位

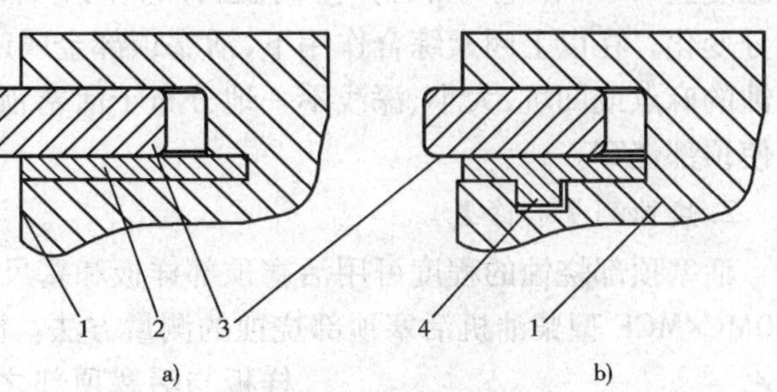

图 7-12　活塞环槽镶垫环修复法

a)镶死环法;b)镶活环法

1-活塞;2-死垫环;3-活塞环;4-活垫环

三、活塞裂纹的检修

1. 活塞头部触火面裂纹检修

活塞头部触火面一般指在活塞顶面产生的径向或周向裂纹、起吊孔边缘裂纹及第一道环槽根部裂纹。

活塞头部裂纹主要是热应力引起的，同时还有机械应力的作用。柴油机运转时，活塞顶部温度分布不均：顶部中央或边缘温度最高，铸钢活塞可达450℃，铝活塞可达300～375℃；顶面冷却侧和第一道环槽附近温度在200℃左右。在正常工作条件下，活塞头部各处存在着温差应力和高压燃气作用的机械应力等，而且这些应力又都是周期性的；当喷油定时不正、燃油雾化不良或火焰直接触及活塞顶面就会造成局部过热，引起热应力；当柴油机超负荷运转或活塞顶部冷却不充分，也会引起热应力。因此一旦柴油机频繁启动、停车就会在活塞头部产生热疲劳裂纹。活塞顶面的起吊孔和环槽根部等处都存在应力集中而产生裂纹。

活塞顶面冷却不充分是水冷活塞冷却侧结垢严重或油冷活塞顶面积炭严重的结果，都会使活塞散热不良引起局部过热、导致裂纹。通常，结垢层或积炭层厚度超过0.5mm时，就会因过热产生裂纹的可能性急剧增加，所以柴油机应定期吊缸检修、保养，防止裂纹产生。

2. 活塞冷却侧裂纹检修

筒状活塞的活塞销座、顶面冷却产生裂纹更是屡见不鲜，主要是机械应力过大引起，同时由于设计不良、材质不佳和毛坯制造缺陷，在这些部位都会有应力集中。钢质、铝质活塞顶部裂纹较轻时，可采用焊补工艺修理或采用钢活塞顶部局部更换。活塞环槽部裂纹、活塞上穿透性裂纹及冷却侧裂纹，因无法修理而应换新。

钢质、铝质活塞顶部裂纹较轻时可采用焊补或钢质活塞顶部局部更换；活塞环槽根部裂纹、活塞上穿透性裂纹及冷却侧裂纹如无法修复时应换新。

四、活塞顶部烧蚀的检修

1. 烧蚀原因

由于活塞顶部直接与燃气和火焰接触，温度很高，尤其当喷油定时不正、喷油器安装不当或冷却侧结垢时使顶部局部过热；其次，由于柴油机燃用的重油中含钒、钠过多，就会在活塞顶部温度达550℃以上的部位产生高温腐蚀。同时，活塞材料过热时发生氧化、脱碳而使其化学成分变化。在以上因素综合作用下，活塞顶部金属产生层层剥落使顶部厚度逐渐减薄，出现钒腐蚀的麻点或凹坑，大小、深浅不一地分布于活塞顶部，这种现象称为活塞顶部烧蚀。严重时可使顶部烧穿。

2. 烧蚀测量和修复

活塞顶部烧蚀的程度可用活塞顶部样板和塞尺进行测量，图7-13所示为MAN—B&W S/L60MC/MCE型柴油机活塞顶部烧蚀的测量方法。测量时，将样板置于活塞顶部，用塞尺测量样板与活塞顶部之间的最大间隙 t。测量时，还应使样板绕活塞轴线转动，每转45°角测量一次，并将测量所得到的数据与说明书规定值进行比较。

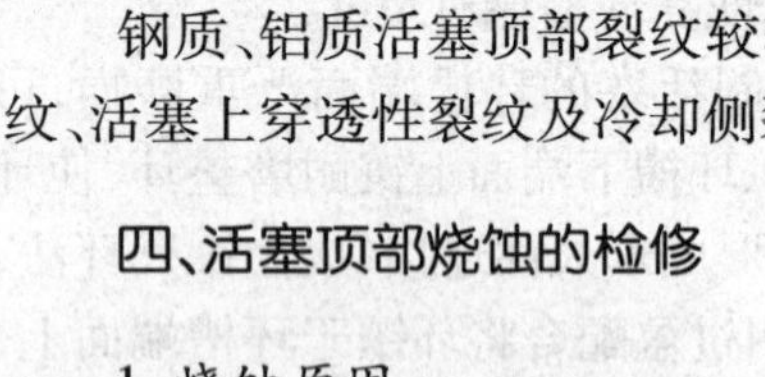

图7-13　S/L60MC/MCF型柴油机活塞顶部烧蚀测量

活塞顶部烧蚀后，可采用以下措施修复：

(1)改变活塞的安装位置。当烧蚀尚不严重时，在活塞结构允许的情况下改变活塞安装角度。

(2)焊补修理。烧蚀严重时(最大烧损量接近规定值)可采用堆焊金属工艺，然后再进行机械加工使之恢复活塞顶部原状。

(3)换新。当顶部最大烧损量超过说明书规定或使活塞顶部厚度减至设计厚度一半时应报废换新。

五、活塞环的检修

活塞环的作用是保持活塞与气缸套之间有效密封、将活塞热量传递给气缸壁以便散热、调节气缸润滑油等。它也是柴油机的易损零件之一，其主要损坏形式有：过度磨损、折断、黏着和弹力丧失等。

1. 活塞环过度磨损与检测

活塞环随活塞在气缸内作往复运动，使活塞环外圆工作表面磨损，环的径向厚度减小，活塞环的工作开口即搭口间隙增大；活塞环在环槽内运动，使环的上、下端面磨损，环的轴向高度减小，环与环槽的间隙即平面间隙增大。

活塞环磨损可通过以下测量来判断：

1)搭口间隙测量

搭口间隙是活塞环处于工作状态时的开口大小。它是活塞环工作时的热胀间隙。搭口间隙过小会使活塞环受热膨胀时，搭口间隙消失，环两端对顶，严重时引起拉缸、环卡死和折断；搭口间隙过大会使燃气漏泄。所以说明书或标准中规定了搭口间隙的最小值(装配值)和极限值。

活塞环外圆面磨损后，径向厚度减小，环的直径 d 减小，但弹力使环仍紧贴缸壁。所以，环的直径胀大与缸径 D 相等，使活塞环搭口间隙增大，由 δ 变为 δ'，如图7-14所示。

测量搭口间隙的方法如下：

(1)测量前，先将活塞自缸中吊出，取下活塞环并清洁环和气缸；

(2)将环依其在活塞上的顺序依次放入缸套下部磨损最小部位或缸套上部未磨损部位，并使环保持水平；

(3)用塞尺依次测量各道活塞环的搭口间隙；

(4)将测得的搭口间隙值与说明书或标准进行比较。超过极限间隙值时，说明活塞环外圆表面已过度磨损，应予以换新。

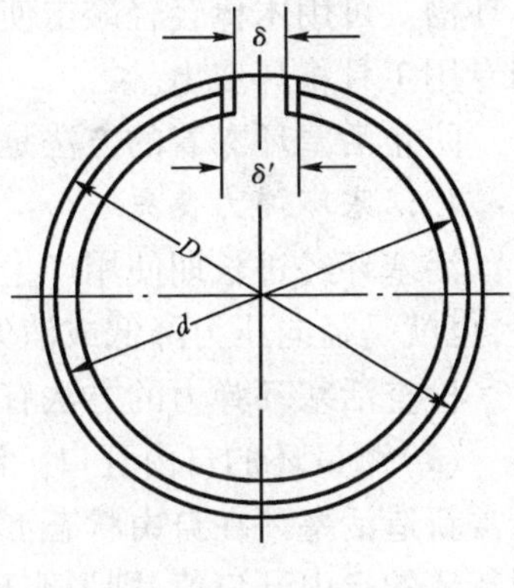

图7-14　活塞环外圆表面磨损与搭口间隙的关系

一般要求活塞环搭口间隙值大于或等于装配间隙，小于极限间隙。

2)平面间隙测量

平面间隙俗称天地间隙，它是活塞环紧贴环槽下端面时环与环槽上端面之间的间隙。测量平面间隙的方法依活塞环尺寸大小分为：

(1)大尺寸活塞环的平面间隙测量。将环依次装入各道环槽中，使环的下端面与环槽下端面紧贴，用塞尺沿圆周或在圆周上几点处测量平面间隙。

(2)小尺寸活塞环的平面间隙测量。因活塞环的尺寸较小，重量较轻，测量者可一手持环，将环水平局部插入环槽，并使环与环槽下端面紧贴，另一手用塞尺测量。可在环与环槽的圆周上对应几处测量,如图7-15所示。

3)活塞环径向厚度测量

活塞环外圆磨损使其径向厚度减小,所以径向厚度也是衡量活塞环磨损的参数。通常采用外径千分尺进行测量。

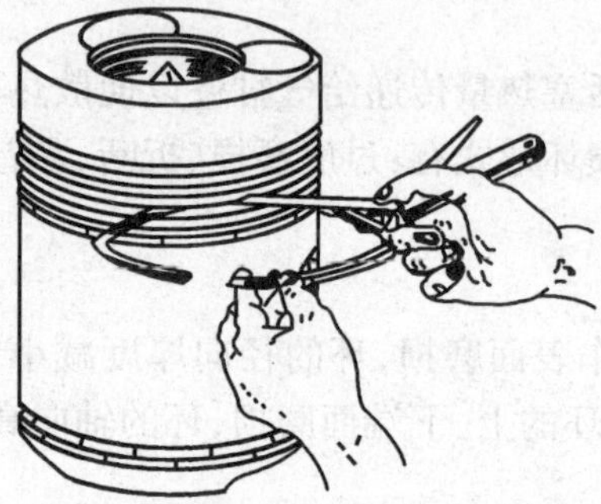

图7-15　活塞环与环槽的平面间隙测量

2.活塞环的折断

活塞环折断是活塞环常见的损坏形式之一。一般多是第一、二道活塞环容易发生折断,断裂部位多在搭口附近。活塞环折断的原因很多,除材料缺陷、加工质量低外,主要有:搭口间隙过小、环槽积炭、缸套磨台冲击折断、环槽过度磨损、活塞环挂住气口、活塞环径向胀缩疲劳等。

3.活塞环黏着

活塞环黏着(或称固着),是环槽内油污和积炭堆积使活塞环不能自由运动的现象。它会导致密封性能下降,气缸窜气,功率下降,活塞环折断和缸套磨损加剧等故障。

活塞环黏着的原因大多是由于活塞和气缸套过热、滑油过多和燃烧不良造成。过热的活塞、缸套使滑油氧化或烧焦,燃烧不良使缸内积炭严重,以致较多的积炭油污填满环槽,使活塞环黏固在环槽内。通常第一、二道环易黏着。

活塞环黏着可以从扫气口观察和用木棒触动检查。此外环黏着引起燃气下窜使环表面变黑,也易识别。活塞环黏着在环槽中一般不易取出。取环时切勿用扁铲、凿子等工具,以免损坏环槽。可用木棒轻轻敲击使之松动,或先用煤油浸泡使积炭等变软,再用木棒敲击,松动后用专用工具将环取出。

防止活塞环黏着的方法是防止气缸过热和滑油过多,尤其防止多余滑油进入气缸上部。

4.活塞环弹力丧失

活塞环经过长期使用产生不均匀磨损或由于过热、黏着和疲劳等使其弹力部分或全部丧失,也就是径向压力降低或消失,造成活塞环的密封作用下降或消失。

检查活塞环弹力的方法有以下几种:

(1)测量环的自由开口。活塞环自活塞上取下后测量活塞环在自由状态下的开口大小。通常新造活塞环在自由状态下的开口尺寸为$(0.10\sim0.13)D$(D为缸径)。若所测自由开口小于新环的自由开口值,则说明环的弹力下降。若明显减小,表明环的弹力丧失。

(2)将自活塞上取下的活塞环清洁后,人为将其自由开口闭合或将其自由开口扩大一倍后再松开。若永久变形量大于自由开口值的10%时,表明活塞环弹力下降。

(3)将活塞环和气缸清洁后再将环装入气缸中,使环上下移动。若稍用力推环才能移动,说明环具有足够的弹力,紧贴于气缸壁;若轻轻一碰环就能在气缸内移动,说明活塞环的弹力不足,不能紧贴于气缸壁。当然这只是定性检查方法。

(4)采用对比法将旧环与新环比较来检查旧环的弹力。如图7-16所示,将新、旧环竖立在一起,用手在环上加力使环开口闭合。如果旧环的开口很快闭合,而此时新环的开口还有一定的间隙,则表明旧环的弹力不足。

活塞环的弹力部分或全部丧失时应该换新。但在无备件的应急情况下也可采用应急办法使环的弹力部分恢复。具体作法是:用小锤轻轻敲击活塞环的内圆表面,自搭口对面向两侧逐次敲击,而且搭口对面的环内表面要重敲,以扩大环的搭口。但应注意不要过于用力以免将环敲断。

5. 配换活塞环工艺

活塞环是易损件,损坏后一般采用换新处理。为了保证装配质量,在配换活塞环时应注意以下问题。

1)新环的检查

使用活塞环的备件前,应对其进行必要的检查。

(1)外观检查。首先清洁新环表面的油脂和锈痕,仔细观察活塞环有无变形和表面碰伤、裂纹等损坏。一般新环上有"直径×宽×高"的尺寸标记和上、下端面标记,镀铬端面应为下端面。如果无标记,应测量活塞环尺寸及确定下端面。

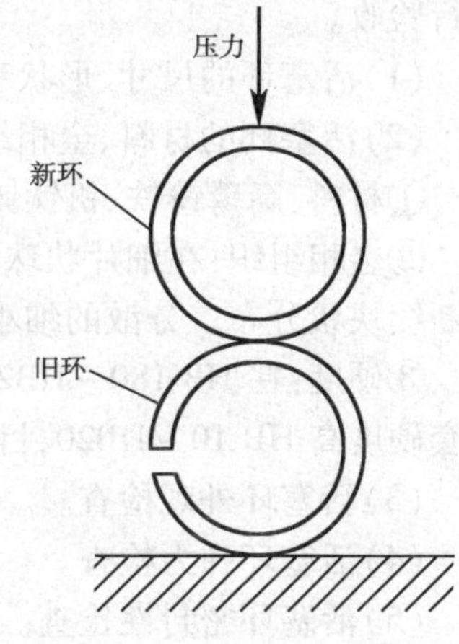

图 7-16　对比法检查活塞环的弹力

(2)测量搭口间隙和平面间隙。间隙过小时应分别修锉搭口两端和环的上端面,切不可修锉下端面,并防止修锉时损伤环表面和产生变形。

(3)测量环的径向厚度和环槽深度。要求环的径向厚度比环槽深度小 0.5 ~ 1.0mm,否则修锉环的内圆表面使符合要求。

(4)检查环的弹力。可采用测量活塞环自由开口来检查。

2)新环的修配

(1)修锉搭口。为了防止活塞环搭口两端锋利棱边刮伤缸壁及挂住气口,应将搭口两端修锉成较大圆角,一般圆角半径为 3 ~ 5mm。目前,有的新环在制造时已将搭口修锉好,故安装前不需修锉。

(2)修锉上、下两端的棱边。为了减少气缸的磨损和擦伤及有利润滑,应修锉活塞环上、下端棱边的尖锋和毛刺。

(3)新环检查后为保证各种间隙值而提出的修配工作。

3)新环的安装

(1)活塞环安装在活塞环槽中应采用随机专用工具将环的开口扩大,如无专用工具,可用结实的绳子套在环开口两端,手拉扩大开口,切勿使开口过分开大,以免使环变形或折断。

(2)应把新环装在第一、二道环槽中,旧环装在其他环槽中。既便于新环磨合又能发挥旧环的密封作用。一般情况下,不应一次更换所有旧环,更不可因一环损坏更换所有旧环。

(3)装到活塞上的各道环的开口位置应错开,切勿使开口在同一位置,以免燃气下窜。

(4)装好环的活塞在未吊入缸中之前,应放于木板上妥善保管,以免损伤活塞和活塞环的工作表面,小型柴油机尤为重要。

4)新环的磨合运转

活塞环换新后必须经磨合运转才能投入使用工况运转,一般需经 20 ~ 24h 磨合运转。例如 MAN-B&WS/L60MC/MCE 型柴油机换新环后的磨合运转为:在 2 ~ 4h 内转速逐渐增加至最大转速的 80 %;保持 80% 最大转速运转 6 h;在 12 ~ 14h 内转速继续增加至全速,并且逐渐增加负荷,总计磨合 20 ~24h。在磨合期间应使气缸油供油量达最大值。

5)验收活塞环

当活塞环备件难于订购而需要活塞环制造厂或修船厂制造时,对其生产的活塞环产品应进行验收。

(1)活塞环的尺寸、形状和位置精度及表面粗糙度应符合图纸要求。

(2)活塞环的材料、金相组织和硬度等机械性能应符合以下要求:

①材料:高磷铸铁、钒钛铸铁;

②金相组织:在细片状珠光体基体上均匀分布着细直片状或蜷曲状的小片石墨,磷共晶体呈断续块状分布。分散的细小铁素体晶粒不超过试片总面积的5%;

③硬度:在HB 180~HB250之间,同一活塞环上硬度差不超过HB20;要求活塞环硬度比缸套硬度高HB 10~HB20,目的是既保护缸套不被很快磨损又有较长的活塞环寿命。

(3)活塞环外观检查。

(4)活塞环弹力检查。

(5)活塞环密封性检查。采用漏光法检查:将环装入气缸中未磨损部位,在环下面用强灯光照光,要求一处漏光弧度不超过30°,几处漏光弧度总和不超过90°,且搭口附近30°范围内不允许漏光,以保证活塞环工作表面与缸套工作表面紧密贴合,从而使汽缸燃烧室有较高的密封性。

六、活塞销检修

活塞销是筒状活塞与连杆的连接件,其作用是把活塞所承受的气体压力和活塞的往复运动惯性力传递给连杆。活塞销在连杆小端轴承中做摆动运动,在工作中承受周期冲击性的弯曲作用力,其表面受到摩擦与磨损。活塞销的主要损坏形式是磨损和裂纹。

1.活塞销的检测

(1)活塞销的磨损测量。活塞销磨损测量采用外径千分尺沿活塞销轴线方向Ⅰ、Ⅱ、Ⅲ三个部位进行测量,如果活塞销与连杆小端轴承配合面较长,可增加二个测量部位Ⅳ、Ⅴ,如图7-17所示。测量每一部位横截面上两个相互垂直的直径D_1、D_2,并计算出圆度误差和圆柱度误差,要求其最大圆度误差和最大圆柱度误差符合规定。

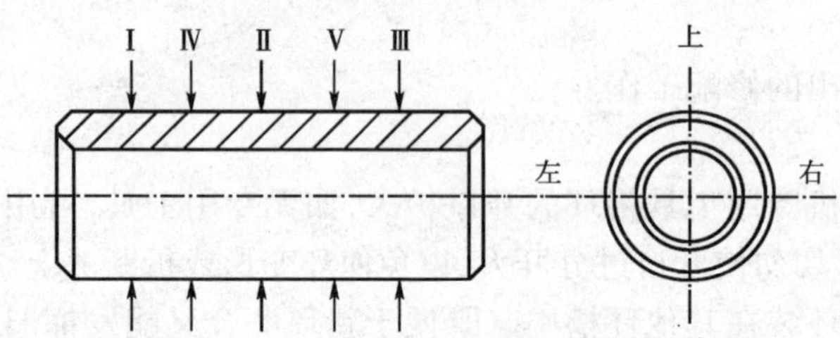

图7-17　活塞销及其磨损测量部位

(2)活塞销裂纹检测。活塞销是一个极为重要的零件,其上微小的裂纹可引起活塞销断裂,进而引起活塞运动部件损坏机体的严重事故(俗称连杆伸腿的波及性事故),为此对活塞销应进行:

①外观检查:通过观察活塞销表面发现有无擦伤、过热氧化变色、渗碳层剥落和表面裂纹等缺陷。

②磁粉探伤:对活塞销进行磁粉探伤,检查表面有无裂纹。在工作表面上不允许有裂纹。

2.活塞销的修理

活塞销外圆表面过度磨损可采用镀铬、镀铁或其他方法修复,镀后再进行机械加工。如发现活塞销表面出现裂纹或渗碳层剥落时应报废换新。

任务四　曲轴的检修

● 学习目标

一、柴油机曲轴检修知识目标

1. 了解柴油机曲轴的工作条件和结构特点;
2. 了解柴油机曲轴的损伤形式;
3. 了解柴油机曲轴臂距差的基本概念;
4. 了解柴油机曲轴红套技术;
5. 了解柴油机曲轴的修理工艺。

二、柴油机曲轴检修能力目标

1. 能够分析柴油机曲轴损伤产生的原因;
2. 掌握柴油机曲轴臂距差测量和分析方法;
3. 能够根据不同的损伤形式选择曲轴修理工艺。

● 任务引入

柴油机曲轴有哪些结构特点？为什么曲轴轴颈表面会产生不均匀的磨损？测量曲轴臂距差的目的是什么？如何选择柴油机曲轴损伤后的修理工艺？

● 任务分析

曲轴是柴油机的主要旋转机件,曲轴的旋转是整个柴油机系统的原动力。曲轴形状复杂、刚性差,装上连杆后,可将活塞的上下(往复)运动变成循环(旋转)运动。其重量占整台柴油机重量的7% ~15%,造价占柴油机造价的10% ~30%。曲轴的技术状态直接影响柴油机的正常运转、船舶的安全航行和经济性。

曲轴轴颈表面的磨损是不均匀的,主轴颈与曲柄销的径向磨损主要呈椭圆形,正常磨损情况取决于曲轴的结构和受力情况,由于中间轴颈往往受力较大,其磨损量往往较两端的大。主轴颈上由于各点的载荷不均匀以及载荷持续的时间不同,其径向的磨损量是不均匀的,会出现轻微的锥度。由于大型二冲程柴油机连杆始终受压力作用,且在活塞处于上止点附近时连杆受到压力最大,所以主轴颈的最大磨损处于远离曲柄销一侧;而曲柄销的最大磨损处于远离主轴颈一侧。

曲轴的主要损伤形式有:轴颈磨损、腐蚀、裂纹和断裂、红套滑移等。

● 任务实施

一、轴颈磨损的检修

柴油机长期运转使曲轴主轴颈和曲柄销颈产生不均匀磨损,尺寸减小、几何形状精度降低,产生圆度和圆柱度误差。

当出现圆度误差时会使轴与轴瓦的配合间隙变化,影响油膜的建立。

圆柱度误差会使轴承负荷纵向分布不均,引起活塞运动部件的失中。对经探伤检查而允许修复的曲轴,必须再进行轴颈磨损量的检查。一般先检查轴颈有无磨痕和损伤,再测量主轴颈和曲柄销颈的圆度误差和圆柱度误差。对曲轴短轴颈的磨损以检验圆度误差为主,对长轴颈则必须检验圆度和圆柱度误差。

1. 曲轴磨损的测量

采用外径千分尺或游标卡测量主轴颈和曲柄销颈的直径,分别计算它们的圆度误差、圆柱度误差并与说明书或标准中规定的极限值比较,判断磨损程度。

(1)测量曲柄销直径。测量曲柄销直径步骤如下:

①将待测曲柄销转至上止点或下止点位置并进行清洁。

②按图 7-18a)所示的三个截面位置,即曲柄销颈两端分别距曲柄臂 10 ~ 30 mm 的两个截面及其中央截面,测量每个截面内的垂直与水平方向的直径,并记录读数。

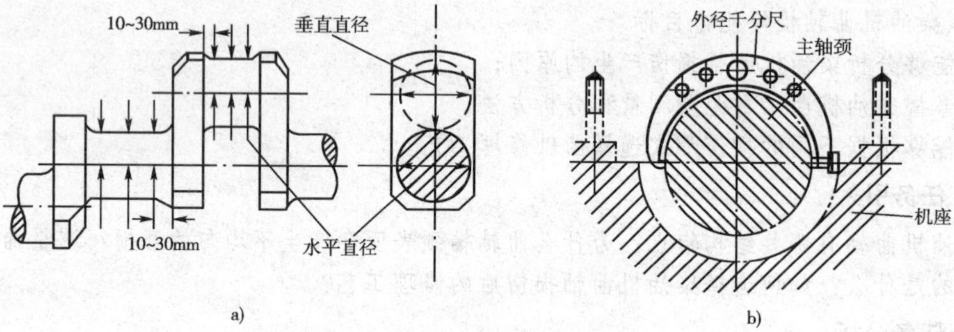

图 7-18 曲轴轴颈的测量

a)测量部位;b)在船上测量主轴直径

③计算每个截面的圆度误差和两个纵截面内的圆柱度误差,取其中最大值。

④查出标准值并与误差的最大值比较,作出磨损程度的判断。

(2)测量主轴直径。测量主、副柴油机各道主轴直径需拆去主轴承螺栓、上盖、上瓦和盘出下瓦,然后清洁主轴颈。测量步骤如下:

①将1号缸曲柄销或待测主轴颈相邻任一曲柄销转至上止点位置。

②按图 7-18a)所示的三个截面位置,测量每个截面内垂直和水平方向的直径。可采用图 7-18b)的随机专用外径千分尺或通用外径千分尺测量,并记录读数。

③计算各横截面的圆度误差和各纵截面的圆柱度误差。

④查出标准。

⑤取圆度误差和圆柱度误差的最大值与标准比较,作出磨损程度的判断。

2. 曲轴磨损的修复

一般来说,对于中小型柴油机,当曲轴磨损超出规定范围后,均应按规定尺寸进行修磨,或进行振动堆焊、镀铬、镀铁后再磨削至规定购尺寸或修理尺寸。

对于大型船舶柴油机,通常采用修理尺寸法或恢复尺寸法进行修复。

(1)修理尺寸法 。在保证曲轴强度和几何形状精度、位置精度的前提下,选用最小的加工余量进行车削或磨削曲轴轴径。轴径减少量大于 $0.01d$(轴径)时进行强度校核。依修理尺寸配制轴瓦，保证配合间隙恢复原值。

①曲轴的磨削。曲轴轴颈的磨削是在曲轴校正的基础上进行的。曲轴的磨削除了轴颈表面尺寸精度和表面粗糙度符合技术要求外，还必须达到形位公差的要求：磨削曲轴时，必须保证主轴颈和曲柄销各轴心线的同轴度及两轴心线间的平行度，限制曲柄半径误差，并保证连杆轴颈相互位置夹角的精度。曲轴的磨削通常是在专用的曲轴磨床上进行的。

②曲柄销的磨削。由于曲柄销磨损不均匀，由此产生两种磨削方法：偏心磨削法和同心磨削法。

同心磨削法就是磨削后保持连杆轴颈的轴线位置不变，即曲柄半径和分配角不变。柴油机曲轴磨削时，常采用同心法，保持曲柄半径不变，柴油机的压缩比不变，但每次的磨削量大。

偏心磨削法是按磨损后的曲柄销表面来定位磨削的，这时轴颈的中心线位置和曲柄半径均发生了变化。一般磨削后曲柄半径大于原曲柄半径，使压缩比增大，而且各缸变化不均匀，同时使整个曲轴的质量中心不处于曲轴主轴颈中心线上，引起曲轴不平衡，造成运转时的附加动载荷。因此，在连杆轴颈磨削时，应尽量减少曲柄半径的增加量，保证同位连杆轴颈轴心线的同轴度误差不大于 ±0.10mm，这样才能保证曲轴运转中的平衡。

③原地修磨。原地修磨指在船上直接进行的修理方法。在船上可采用专用装配机原地车削或磨削，也可人工锉削。无论哪种加工方法均应保证轴颈的圆度、圆柱度、粗糙度符合要求，尤其是手工锉削更要严格检测，否则容易损坏轴瓦和引起轴颈更大的磨损。

(2)恢复尺寸法。如果发动机曲轴磨损严重，磨削法无法修复或效果较差，可采用先表面光车，再进行等离子喷涂法来修复。目前通常采用采用镀铬、镀铁等工艺恢复曲轴轴颈尺寸。

船舶柴油机在大修中必须对曲轴进行检验，查明磨损情况，并进行正确的修理，保证曲轴所要求的疲劳强度和耐磨性。

二、轴颈擦伤与腐蚀的检修

曲轴轴颈表面的划痕、拉毛和擦伤等主要是润滑油中的机械杂质或磨损产物引起的。轴颈表面的腐蚀凹坑、锈斑、烧伤等是润滑油中含水、酸过多产生的电化学腐蚀和静电腐蚀。

当擦伤、腐蚀不重，尚未影响轴颈尺寸和几何精度时，一般可采用人工原地修磨方法消除：

(1)轻微擦伤：采用麻绳或布条敷上细砂纸（0 号或 00 号）缠于轴颈，人工往复拉动磨去伤痕，如图 7-19c）所示。

(2)较浅伤痕：采用油石打磨消除伤痕后、再用砂纸打光，如图 7-19a）所示。

(3)较深伤痕：采用油光锉轻轻修锉，消除伤痕后再用砂纸打磨光，如图 7-19b）所示。

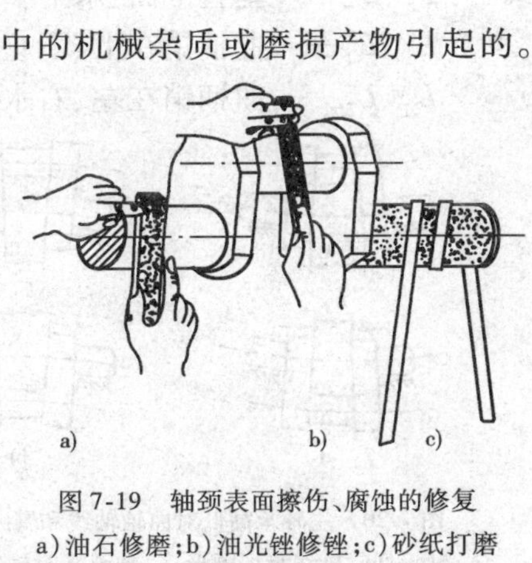

图 7-19　轴颈表面擦伤、腐蚀的修复
a）油石修磨；b）油光锉修锉；c）砂纸打磨

当轴颈表面有轻微擦伤和几何形状误差时，可采用专用磨光夹具进行修磨。

修磨加工前,应用黄油将轴颈上的油孔堵塞住,以免落入赃物。修磨时注意不要破坏轴颈的几何形状精度,由于修磨量很小不会影响轴承间隙。

三、曲轴裂纹的修理

通常,曲轴清洗后,首先应检查有无裂纹。可采用磁力探伤器或着色渗透剂进行裂纹的检验。若曲轴检验出裂纹,一般应报废更换新曲轴。

对一些维持性使用的船舶,当条件允许时可采用下列方法进行修理:

1. 较小裂纹修理

当曲轴出现较小裂纹时,通常采用修磨方法除去裂纹,并将裂纹部位修整光洁,使其与其他表面之间圆滑过渡,以减少应力集中,最后经着色探伤或磁粉探伤确认裂纹消失,否则应继续打磨和探伤。当打磨至规定深度仍有裂纹时,则停止打磨,依具体情况改用其他办法处理。此项工作应有验船师的监督和认可。

2. 较长裂纹或重要部位裂纹修理

当曲轴出现较长裂纹或重要部位裂纹时,应采取全部或局部换新曲轴的办法。组合式和半组合式曲轴可采用局部换新办法处理。

四、曲轴红套滑移的修理

1. 曲轴臂距差的概念

曲柄的两个曲柄臂之间的距离大小称为臂距值,用 Δ 表示,俗称拐档值。曲轴回转一周中,曲柄销分别在上、下止点位置或左、右水平位置时,曲柄的臂距值之差称为臂距差,俗称拐档差,用符号 Δ 表示:

$$\Delta_{\perp} = L_{\text{上}} - L_{\text{下}} \qquad \Delta_{-} = L_{\text{左}} - L_{\text{右}}$$

式中:$\Delta_{\perp}$、Δ_{-}——垂直平面、水平平面内的臂距值,mm;

$L_{\text{上}}$、$L_{\text{下}}$——曲柄销在上、下止点位置时的臂距值,mm;

$L_{\text{左}}$、$L_{\text{右}}$——曲柄销在左、右水平位置时的臂距值,mm。

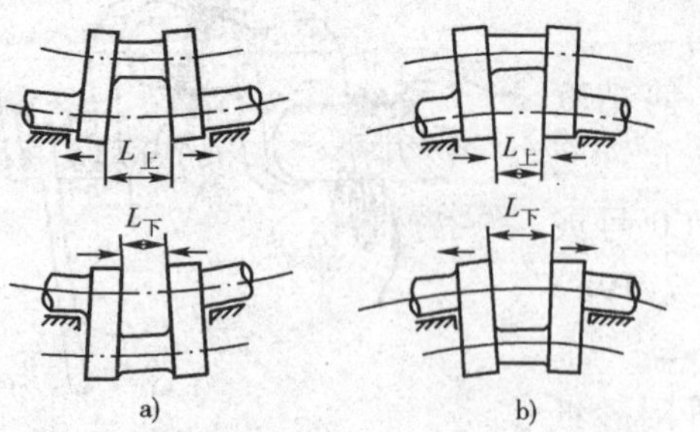

图 7-20　主轴承高低对曲轴轴线和臂距的影响

a)轴承低时轴线呈塌腰形;b)轴承高时轴线呈拱腰形

根据图 7-20 可以得出:

$$\Delta_{\perp} = L_{\text{上}} - L_{\text{下}} > 0,\text{即 } \Delta_{\perp} = (+)$$

$$\Delta_{\perp} = L_{\text{上}} - L_{\text{下}} < 0,\text{即 } \Delta_{\perp} = (-)$$

结论:在垂直平面内,当曲柄的两个主轴承较低,曲柄轴线呈塌腰形或下弧线弯曲,即呈"∪"形时,该曲柄的臂距差 $\Delta_{\perp}$ 为正值;当曲柄的两个主轴承较高,曲柄轴线呈拱腰形或上弧线弯曲,即呈"∩"形时,该曲柄的臂距差 $\Delta_{\perp}$ 为负值。这种关系从表 7-2 中可清楚地看出。

臂距差、轴线状态与主轴承位置的关系　　表 7-2

图　形	臂距差 $\Delta_{\perp}$	$\Delta_{\perp}$ 与轴线状态和轴承位置的关系
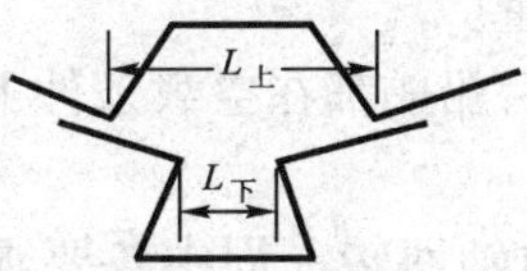	+	
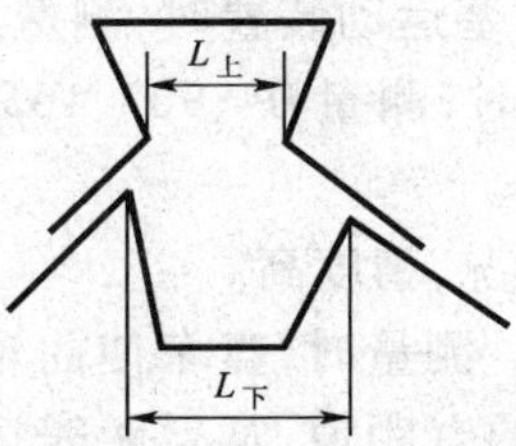	—	

同样，在水平平面内亦可得出：

$$\Delta_{-} = L_{左} - L_{右} > 0，即\ \Delta_{-} = (+)$$

$$\Delta_{-} = L_{左} - L_{右} < 0，即\ \Delta_{-} = (-)$$

结论：在水平平面内，当曲柄的两个主轴承位置偏右，曲柄轴线呈右弧线弯曲或称右拱形，即呈“）”形时，该曲柄的臂距差值 Δ_{-} 为正值；当曲柄的两个主轴承偏左，曲柄轴线呈左弧线弯曲或称左拱形，即呈“（”形时，该曲柄的臂距差值 Δ_{-} 为负值。

曲轴臂距差值的大小表明曲轴弯曲变形的程度，臂距差值的符号表明曲轴轴线弯曲变形的方向。

2. 曲轴臂距差的测量

测量臂距差的目的在于了解和控制曲轴的变形和主轴承的磨损状况，防止曲轴的疲劳破坏。因为柴油机在运转过程中，各道主轴承产生不均匀磨损，会引起曲轴的整体与微量变形。曲轴回转一周中，曲柄臂的时张时合变形会使曲柄销颈与曲柄臂连接处的过渡圆角部位产生时拉时压的交变应力。因此曲柄长期运转往往会产生疲劳裂纹或断裂。微量变形越大，臂距差值越大，表明曲轴的弯曲变形越严重，附加弯曲应力也越大，当超过材料的许用值时，就会使曲轴断裂，因此曲轴臂距差值关系到曲轴的使用寿命。

（1）测量点。臂距值与测量位置有关。规定的测量点是：距离曲柄销中心线 $(S+D)/2$ 处（S 为活塞行程，mm；D 为主轴直径，mm）。大型柴油机为了测量方便，测量点选在靠近曲柄臂底部的 B 点，如图 7-21 所示。为了便于与标准比较，应进行换算。可按下式换算：

$$\Delta_A = \Delta_B \cdot \frac{OA}{OB}$$

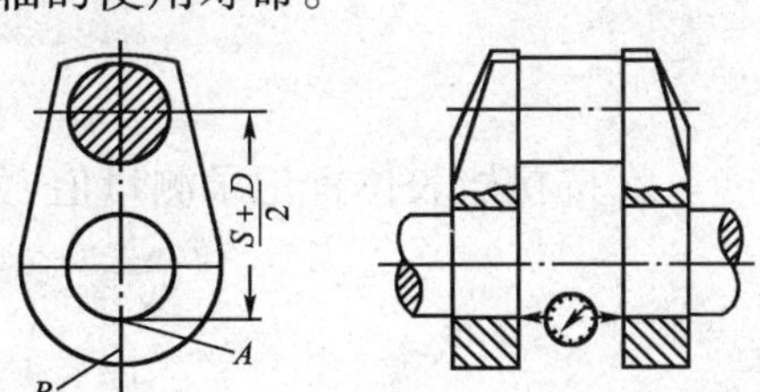

图 7-21　拐档表安装位置

式中：OA——测量点 A 至曲柄销中心线的距离，mm；

OB——测量点 B 至曲柄销中心线的距离，mm。

（2）测量工具。专用的测量工具，即拐档表。拐挡表是一种特殊的百分表。

（3）测量条件与要求。测量中应尽量消除影响测量精度的因素，准确地反映曲轴轴线

状态,因此要求在以下条件下进行测量:

①柴油机处于冷态进行测量,测量值准确、稳定,也便于操作。

②在夜间、清晨或阴雨天气时测量,避免船舶在暴晒下测量。

③船舶装载条件相同的情况下测量。通常新造船和修理后船舶都在空载条件下测量。

对测量的要求如下:

①一次装表完成全部测量。拐档表安装后,应完成测量曲轴回转一周中各要求位置的臂距值,测量过程中不允许改动拐档表的位置。当曲轴末装活塞运动装置时,测量 0°、90°、180°、270°四个位置的臂距值;当曲轴上安装活塞运动装置时,测量 0°、90°、165°、195°、270°五个位置的臂距值。

②按柴油机正车回转方向进行测量,使测量值符合实际情况,精度高。

(4)测量与记录。臂距表在曲柄臂冲孔装妥后即可测量。测量时,盘车使曲轴正车回转一周,分别测量曲柄销在上、下止点位置和左、右水平位置的臂距值,从臂距表读出测量值,并记录在专门表格中。

①曲轴未装活塞运动装置。曲轴回转一周,测量曲柄销转至 0°、90°、180°、270°4 个位置的臂距值和记录读数。

②曲轴已装活塞运动装置。用曲柄销位于下止点前后各 15°(以表不碰连杆为准)位置,即 165°和 195°位置的臂距值 $L'_下$ 和 $L''_下$ 的平均值$(L'_下 + L''_下)/2$ 代替下止点(180°)位置的臂距值 $L_下$,所以 $L_下 = (L'_下 + L''_下)/2$。盘车至 195°处装表,并将表的指针调至零值后依次测量 195°、270°、0°、90°、165°五个位置的臂距值和记录读数。

现场记录测量读数依所选用的基准不同有两种方式:

①按曲柄位置记录测量值,如图 7-22 所示。

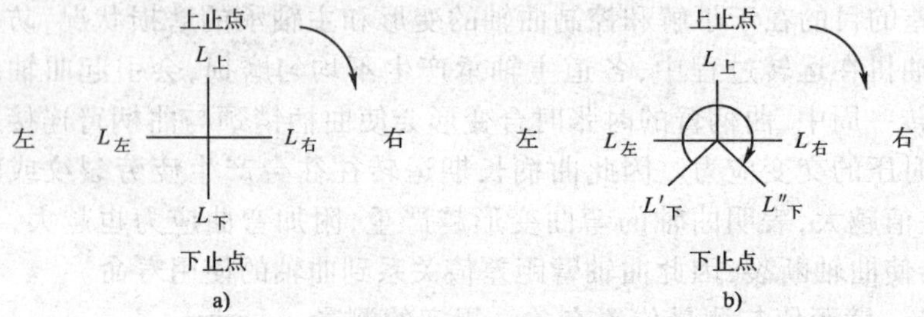

图 7-22　按曲柄位置记录

②按拐档表位置记录测量值,如图 7-23 所示。

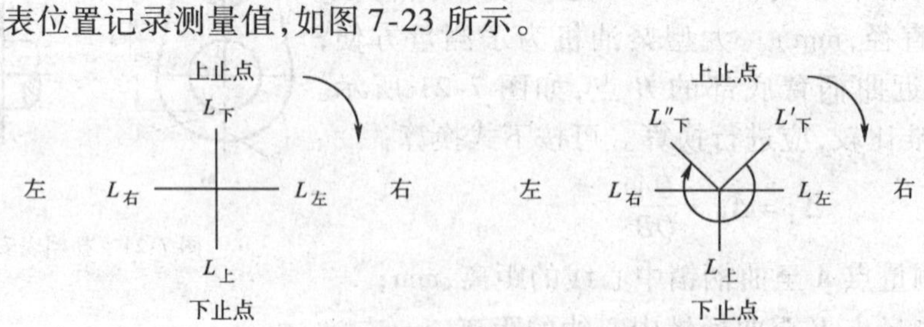

图 7-23　按拐档表位置记录

以上两种记录方式不同，但基本概念不变，均按公式 $\Delta_{\perp}=L_{上}-L_{下}$、$\Delta_{-}=L_{左}-L_{右}$ 计算，结果相同。

曲轴臂距差的精度与臂距表的精度、表的安装精度、读数误差和测量技术等有关。可用以下方法检验测量精度：

将测得的上、下止点臂距值之和与左、右水平臂距值之和比较，二者差值在 ±0.03mm 内，即 $(L_{上}+L_{下})-(L_{左}+L_{右})<\pm0.03$mm，表明测量基本准确。如果几次测量结果均超过 ±0.03mm，表明曲轴存在严重变形。

3. 曲轴红套滑移

(1)曲轴红套。红套又称热套，是将过盈配合的轴和孔装配在一起的一种工艺。利用金属材料的热胀冷缩的特性把轴和孔牢固地连接在一起。孔的加热温度是根据材料和过盈量来确定的。大型柴油机的曲轴为全组合式或半组合式，采用红套工艺把主轴颈和曲柄销颈分别与曲柄臂连接成一体。曲轴红套工艺是把曲柄臂上小于轴颈直径的孔加热，使孔胀大超过轴的直径，将轴顺利地插入孔中，待冷却后孔径收缩恢复原值而与轴颈牢固地连接在一起。

红套时必须有一定的过盈量，使曲柄臂孔对主轴颈或曲柄销颈产生足够的紧固力。过盈量过小，曲轴传递转矩时轴与孔就会松动，原有套合位置发生变化，即发生红套滑移；过盈量过大，过大的紧固力使轴孔配合面产生塑性变形甚至裂纹，降低传递转矩的能力。

(2)曲轴红套滑移。组合式或半组合式曲轴的主轴颈与曲柄臂套合处相对位置发生错动的现象称为曲轴红套滑移。曲轴红套滑移将直接影响滑移曲柄以后的各缸的正时、燃烧和功率。滑移方向即滑移曲柄相对主轴颈转动的方向不同将使曲柄夹角增大或减小。

曲轴红套滑移主要由于曲轴受到过大的冲击扭转作用。过大的转矩超过了曲柄臂对主轴颈的紧固力，就会产生松动和相对转动。曲轴红套质量不佳，如过盈量太小、加热温度不足、配合表面太粗糙或不清洁等均会使紧固力不足，即便正常运转也会产生滑移。

4. 曲轴红套滑移的修理

(1)曲轴发生红套滑移的征兆。当出现曲轴红套滑移时，会出现的征兆是：柴油机气缸正时不正，严重时有后燃、冒黑烟现象；柴油机剧烈振动；停车后再不能起动等。

(2)红套滑移的检查。检查曲轴红套滑移时，可把红套时所划的曲柄臂中心线（即曲柄对称线）或曲柄臂上的安装拐挡表的冲孔作为检查红套滑移的标志，检查它们相对主轴颈纵向垂直平面位置的变化便可确定滑移的方向和角度。

(3)曲轴红套滑移的修理。当柴油机出现曲轴红套滑移时，曲轴强度和位置精度会受到较大影响，通常修理都是临时恢复性修理。

①当滑移不严重时在港进行原地修理。采用加热曲柄臂（如用氧乙炔焰）或用冷却主轴颈（如用液氮、液氢）的方法，并同时对曲柄臂施加扭矩使之反向转动滑移角度后复位。

②采用更换主轴颈或重新进行红套修复，使柴油机主轴颈与曲柄臂套合处恢复原先设计要求。

任务五　滑动轴承的检修

● 学习目标

一、柴油机滑动轴承的检修知识目标

1. 了解柴油机滑动轴承结构特点;
2. 了解柴油机滑动轴承的损伤形式;
3. 了解柴油机滑动轴承间隙测量方法;
4. 了解柴油机滑动轴承的修理工艺。

二、柴油机滑动轴承的检修能力目标

1. 能够分析柴油机滑动轴承损伤产生的原因;
2. 掌握柴油机滑动轴承间隙测量和分析方法;
3. 能够根据不同的损伤形式选择轴承修理工艺。

● 任务引入

柴油机滑动轴承有哪些结构特点？滑动轴承主要损伤形式有哪些？滑动轴承为什么要留有足够的轴承间隙？如何选择柴油机轴承损伤后的修理工艺？

● 任务分析

滑动轴承是柴油机轴系的重要部件,现代大型柴油机动力轴系使用的支持轴承大多都是滑动轴承,轴承设计的是否合理,安装质量的好坏,对柴油机的安全稳定运行起着十分重要的作用。

船用柴油机曲轴的主轴承、曲柄销轴承、十字头销轴承和活塞销轴承等均为滑动轴承。滑动轴承是由轴承座、轴承盖和上、下轴瓦等构成的,轴瓦由瓦壳和瓦衬(耐磨合金层)组成。常见滑动轴承轴瓦的结构形式有:两半式厚壁轴瓦、两半式薄壁轴瓦、整体衬套式轴瓦。

轴承主要损坏形式有:过度磨损、裂纹和剥落、腐蚀和烧熔。

1. 轴瓦的过度磨损

柴油机运转一段时间后,主轴承下瓦、十字头轴承下瓦和曲柄销轴承上瓦会产生一定量的磨损。如果轴瓦过度磨损将会使轴承间隙增大,引起冲击和加剧磨损。造成轴瓦过度磨损的原因主要有:

(1)润滑油状态不佳。如滑油供应不足、油质不佳、净化不良,含有较多的机械杂质和水分及油温不当等;

(2)安装调整不当。如轴承间隙过大或过小等;

(3)轴颈表面的粗糙度等级太低、几何形状误差过大和曲轴变形等;

(4)柴油机起、停频繁和长时间超速、超负荷运转。

上述原因使得轴承润滑油膜不能建立,或者由于磨粒、轴颈表面状态不良或过大的轴承负荷等破坏已形成的油膜,造成轴瓦的异常磨损。

2. 轴承合金的裂纹和剥落

裂纹和剥落主要发生在白合金厚壁轴瓦上。造成轴瓦裂纹和剥落的原因主要与轴承受力、轴承合金性能及维护管理等因素有关。

3. 轴瓦腐蚀与穴蚀

滑油中含有有机酸和强酸(烧重油)时,轴承中会产生化学腐蚀和电化学腐蚀。化学腐蚀常发生在薄壁铜铅轴承和铅基合金轴承上。优质锡基合金不受有机酸的侵蚀。在滑油中含水或滑油氧化、燃气或燃油的混入使滑油变质都会导致轴瓦工作面产生电化学腐蚀,使轴承、轴瓦和轴颈遭到严重损坏,产生麻点。

轴承中也会产生穴蚀,因为在液体动力润滑轴承中的油槽和油孔处,在最小油膜厚度点之后,都会产生油膜压力突然下降而引起滑油中的空气气化。当负荷有冲击性质时气泡会迅速破裂或爆炸,在局部区域产生空泡效应,使轴承表面产生麻点。

4. 轴瓦烧熔

轴瓦合金烧熔是滑动轴承常见的严重损坏。轴承合金的烧熔多为润滑不良、滑油变质、轴承间隙过小、轴颈失圆或表面有划痕等造成油膜破坏,发生轴与瓦的金属直接接触,干摩擦产生高温使合金熔化。运转中滑油系统供油不足或中断,超负荷运行,都可能发生轴瓦烧熔事故。

● 任务实施

虽然在设计制造轴承时已计算好轴承的承载能力和轴承的温度,但考虑到加工精确度,轴承瓦套铸造后风化时间是否足够或者气候的变化而造成瓦套变形,就有可能产生轴颈与轴承表面合金接触不够均匀,在以后运转过程中就会造成轴承表面合金温度局部偏高,因此在安装检修过程中必须对轴颈与轴瓦表面合金接触进行检查。

一、轴承的检测

1. 轴承间隙测量

(1)塞尺法。用长塞尺自轴承端面直接插入轴颈与轴瓦之间进行测量。因塞尺平直,而轴承间隙为弧形,使测量值小于实际间隙,所以轴承间隙应为测量值加上 0.05mm 的修正值。此法精度不高且使用受轴承结构限制,可作为轴承间隙的粗检。

(2)压铅法。压铅法是利用置于轴承间隙处的铅丝在轴承螺栓上紧后被压扁的厚度来反映轴承间隙实际大小的测量方法。具体测量步骤如下:

①拆下主轴承上盖和上瓦或拆下连杆大端轴承的下盖和下瓦。

②选直径为$(1.5 \sim 2.0)\Delta$(Δ 为轴承安装间隙),长度为 120° ~ 150°轴颈弧长的铅丝 2 ~ 3 条,沿轴颈首、中、尾轴向位置周向安放铅丝,并用牛油黏住,如图 7-24 所示。

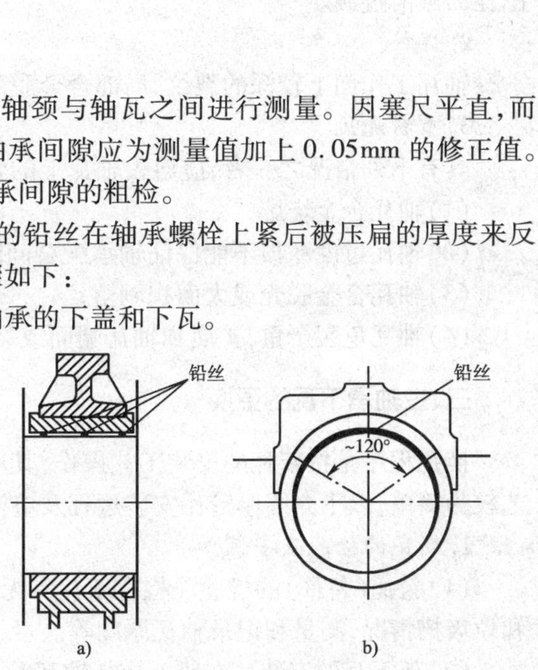

图 7-24 压铅法测量主轴承间隙

铅丝的塑性和直径对测量精度影响很大。如铅丝直径小于轴承间隙,铅丝未被压扁,轴承间隙不能测出;铅丝直径过大,上紧螺栓后铅丝被压产生硬化可能被压入白合金层内,亦不能准确测量。例如,主轴承装配间隙为 0.2 ~

0.25mm，可选用直径为0.3～0.5mm范围内的铅丝。

③装复主轴承上盖及上瓦，按要求上紧螺栓至规定位置，此时切勿盘车。

④打开轴承，取出铅丝，妥善保管并记下铅丝对应轴承的位置。

⑤用外径千分尺测量铅丝两端和中间的厚度值并做记录。中间厚度值即为轴承间隙的实际大小，两端厚度值为轴承两侧间隙，应小于轴承间隙，且两侧间隙差应不超过0.05 mm。

(3)比较法。中、高速柴油机主轴承和连杆大端轴承多采用薄壁轴瓦。通常采用内、外径千分尺分别测量轴、孔的对应部位直径，这两个直径之差即为轴承间隙。一般应测量对应于曲柄销在上、下止点位置时的轴、孔直径，且沿轴向首、中、尾三处测量求其平均值进行比较。

2. 轴瓦磨损量检测

主轴承厚壁瓦下瓦磨损量可用桥规测量主轴颈下沉量的方法或直接测量下瓦厚度与新瓦厚度比较来确定。连杆大端轴承上瓦的磨损量可用直接测量的方法。

3. 轴瓦合金层脱壳检查

对厚壁轴瓦备件可采用听响法或渗透探伤法进行检测。轴瓦工作表面可用放大镜或渗透探伤法检验有无裂纹。

二、轴瓦的修理

轴瓦的修理主要是针对厚壁轴瓦，依损坏形式和程度不同采用局部修刮、焊补和重浇合金等方法。薄壁轴瓦损坏只能换新。

1. 局部修刮

轴瓦工作表面上的小面积擦伤、腐蚀或早期裂纹可用刮刀进行局部修刮，并使修刮面与周围瓦面圆滑过渡。

2. 焊补

轴瓦工作面上较深的裂纹、局部合金脱落或腐蚀等可采用焊补方法修理。

3. 重新浇瓦

具有下列情况之一者，应熔去轴瓦上的合金，重新浇铸相同牌号的白合金。

(1)轴瓦合金烧熔；

(2)轴瓦过度磨损不能保证轴承配合间隙的要求；

(3)轴瓦合金脱壳或大面积剥落；

(4)轴瓦龟裂严重，扩展到轴瓦端面或裂纹深及瓦壳。

三、主轴承下瓦的更换

换瓦程序是按新瓦的安装工艺操作，其质量是保证安全可靠运转的关键。薄壁瓦安装工艺较为简单，以下介绍厚壁瓦安装过程及应注意的问题。

1. 新瓦的检验及安装

(1)新瓦(备件)的检验。检查新瓦有无变形和其他缺陷，如合金层与瓦壳黏结情况、油槽和垃圾槽情况，测量和记录轴瓦厚度等。

(2)新下瓦的安装。在船上换新轴瓦时不需将曲轴吊起，只需将旧瓦自瓦座内盘出，并以同样方法将新瓦盘入瓦座。旧瓦盘出应从瓦口较厚的一端或有定位唇(轴瓦轴向定位的凸起)的一端盘出。下瓦自主轴颈的下方瓦座盘出的方法很多,随机型而异。例如小型柴油机利用主轴颈上的润滑油孔,在孔内插入销钉,盘车时销钉随轴转动将下瓦拨出。还可以利用专用工具固定在曲柄臂上,盆车将下瓦拔出。

例如:大型低速 Sulzer RD、RND 柴油机采用液压千斤顶将曲轴抬高 0.10 ~ 0.15mm 后转出主轴承下瓦。

通常在新瓦背上镀 0.002 ~ 0.003mm 的锡或铜,镀层均匀光滑,瓦背最外层涂以均匀的润滑剂,以便于盘瓦。

(3)新瓦安装质量的检验。由于备件在放置过程中可能产生变形,所以新下瓦装入瓦座后应检查下瓦背面与瓦座孔的贴合情况。目前船舶上大多采用色油检查,具体检查方法如下。

①若下瓦背两侧面沾点而瓦底背面无沾点,说明新下瓦瓦口产生向外张开的变形,在底部产生间隙,此时新下瓦卡在瓦座瓦口处,没有"落底"。

②若下瓦背两侧面无沾点而瓦底背面沾点,说明新下瓦瓦口产生向内收拢的变形,使在瓦口两侧产生间隙,此时新下瓦在瓦座内"晃荡"。

以上两种情况在柴油机运转中均会因轴瓦与瓦座贴合不良造成合金碎裂等事故。为使新下瓦与瓦座配合面贴合良好,应修锉瓦背或用木褪敲击瓦口内侧使向外张开,或用铜锤敲击瓦口外侧使之向内收拢,保证下瓦与瓦座配合面贴合符合要求。

2. 主轴颈与主轴承下瓦接触检验

新的主轴承下瓦安装合格后,主轴颈与之接触情况也应符合要求。检验时,在轴上均匀涂上色油,使轴回转观察下瓦色油沾点的多少和分布。如不合格,用刮刀拂刮下瓦,再次使轴回转,再次检查沾点和拂刮,直到符合要求为止。

通常采用的拂刮轴瓦方法有以下几种:

(1)样轴拂刮轴瓦。样轴又称假轴,使其代替曲轴,轻便,容易操作,效率高。假轴采用钢管或铸铁管制成,外径 $D = d + \Delta$(d 为主轴直径,Δ 为轴承间隙),长度等于机座全长或为 3 ~ 4 个主轴承座的长度。此种刮瓦方法容易建立油膜,但必须制作专用样轴,适用于船厂小批修理或船上小型柴油机。

(2)曲轴拂刮轴瓦。船厂和船上均可使用。依主轴颈与主轴承下瓦研配的沾点拂刮主轴下瓦,直到符合接触角内均匀接触为止。此法方便,不需制作样轴,但下瓦盘出、盘入较麻烦。

(3)根据臂距差拂刮轴瓦。此法利用臂距差和色油沾点拂刮主轴承下瓦。首先在换新轴的主轴承两侧曲柄上安装拐挡表,并在主轴颈上涂色油。然后盘车测量两个曲柄的臂距差值。根据臂距差值和主轴承下瓦的沾点情况进行下瓦的拂刮。垂直平面内的臂距差值检查瓦底,水平平面的臂距差值检查瓦口。拂刮轴瓦时不可一次刮削很多,应小刮削量多次拂刮多次研配,逐渐达到要求,否则会造成难以合格的局面。注意下瓦两侧垃圾槽附近瓦口部位的拂刮。拂刮过量,造成漏油,影响油膜建立;拂刮不足,瓦口与轴颈接触引起轴承发热,甚至在瓦口处咬死。一般瓦口处要有 0.05mm 的间隙。主轴承上瓦先开油线然后进行拂刮。

3. 轴承间隙的测量与调节

以上检验合格后应检测主轴颈与主轴承装配后的配合间隙,即轴承间隙。当所测轴承间隙与说明书或标准不符合时,采用抽减或增加上下瓦配合面处的垫片进行调节。厚壁轴瓦上下瓦结合面处有一组黄铜或紫铜垫片,其形状与结合面形状相同,并且不会妨碍轴的回转及瓦口处的垃圾槽。垫片的厚度为0.05mm的整倍数，如0.10mm、0.15mm等，便于间隙调节。垫片数目尽量少，两边的垫片数量和厚度相同。调节轴承间隙时，轴瓦两边要同时抽减或增加厚度和数目相同的垫片，以免使轴承上盖上瓦歪斜和轴承间隙变化。

任务六　精密偶件的检修

● 学习目标

一、柴油机精密偶件的检修知识目标

1. 了解柴油机燃油系统精密偶件结构特点；
2. 了解柴油机精密偶件的损伤形式；
3. 了解柴油机精密偶件的检验方法；
4. 了解柴油机精密偶件的修理工艺。

二、柴油机精密偶件的检修能力目标

1. 能够分析柴油机精密偶件损伤产生的原因；
2. 掌握柴油机精密偶件检验的基本方法；
3. 能够根据精密偶件不同的损伤形式选择合适修理工艺。

● 任务引入

柴油机燃油系统精密偶件有哪些？精密偶件主要损伤形式有哪些？如何进行精密偶件的检验？如何选择柴油机精密偶件损伤后的修理工艺？

● 任务分析

柴油机燃油系统主要零件均在很高的供油压力下工作，这不仅要求它们具有很高的加工精度和很低的粗糙度，使零件有足够的密封性，以保证供油压力的形成，同时要求这些零件有足够的耐磨性。高压油泵中的柱塞—套筒偶件、出油阀—阀座偶件，喷油器中的针阀—针阀体偶件，是三对极为精密的零件，称为精密偶件。它们都是经过极精细的机械加工，尺寸和形位精度高、表面粗糙度等级低、偶件的配合精度高。

1. 柱塞—套筒偶件损坏形式

(1)圆柱配合面的过度磨损。高压油泵工作一般时间后，在柱塞和套筒的工作表面产生磨损，特别是回油孔式油泵的柱塞螺旋槽附近的工作表面磨损最为严重，如图7-25a)所示。

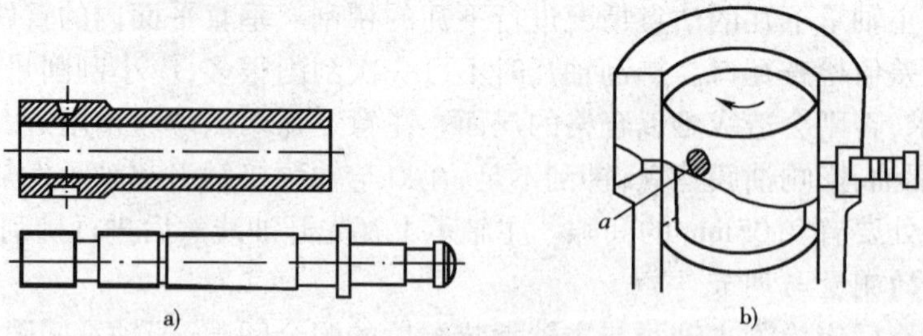

7-25　柱塞与套筒的磨损

a)圆柱配合面的磨损；b)柱塞螺旋槽处的穴蚀

(2)柱塞工作表面的穴蚀。柱塞螺旋槽附近的工作表面上产生穴蚀，如图7-25b)所示。穴蚀是由于燃油喷射终了时，螺旋槽的边缘将回油孔打开的瞬间，套筒内的高压油急速冲出，使套筒内压力骤然降低。螺旋槽边缘的油压低到该处温度对应的燃油蒸发压力时燃油汽化形成气泡。随后的高压燃油或其压力波使气泡溃灭，强大的冲击波作用使该处金属剥蚀，即产生穴蚀。

(3)圆柱配合面上的拉痕及偶件咬死。柱塞和套筒工作表面上还会产生纵向拉痕、磨损，柱塞与套筒卡紧甚至咬死，这种损坏主要是燃油净化不良，含有较多坚硬的机械杂质、配合间隙过小和零件材料热处理不当等引起。

2. 出油阀—阀座偶件损坏形式

出油阀—阀座是高压油泵中的另一对精密偶件，在高压油泵中起着蓄压、止回和减压的作用。等容卸载式出油阀偶件的结构如图7-26所示。出油阀—阀座偶件的主要损坏形式有：

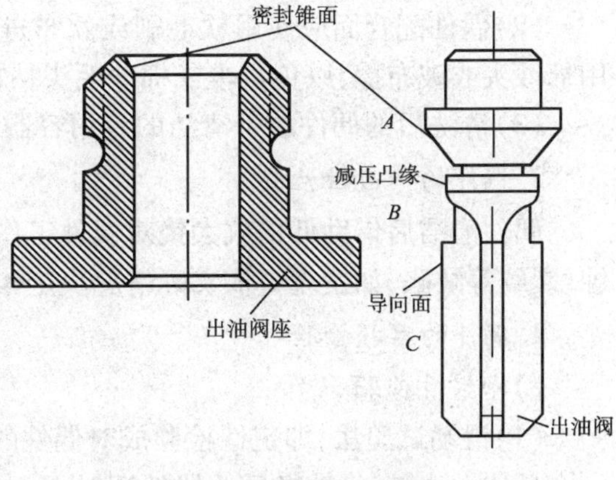

图7-26　出油阀偶件

出油阀在导向面C、减压凸缘B、密封锥面A处产生磨损；出油阀座的锥面和内孔产生磨损。出油阀的C、B面和阀座的内孔磨损会使配合间隙增大、泵油量增多，造成不完全燃烧。A面和座面的磨损导致密封性下降，高压油回流，泵油压力下降。此外，还会产生阀与座的卡紧、咬死或阀关闭不严而处于“常开”的故障。

3. 针阀—针阀体偶件损伤形式

(1)圆柱配合面和锥面配合面的过度磨损。磨损是针阀偶件的损坏形式，主要发生在针阀外圆表面和针阀体的内孔，针阀锥面和针阀体的座面。

(2)针阀体端面腐蚀。针阀体端面长期使用后会因燃油、冷却水使其发生微观电化学腐蚀，从而使与喷油器本体或喷油嘴结合面处的密封性下降，产生燃油漏泄、油压降低和雾化不良等现象。

(3)喷孔磨损与堵塞。针阀体或喷油嘴上分布着细小的喷油孔，孔径一般在0.12～1.0mm范围之内，喷孔数目在1～12个。喷油器上的喷孔直径、数目和分布随机型而异。喷孔直径和喷孔的长径比对燃油的雾化影响很大。

高速高压燃油的冲刷使喷孔磨损，孔径变大；燃烧不良，积炭严重时又会使喷孔堵塞，孔径变小。所以，不论喷孔的磨损或堵塞都破坏了燃油雾化与燃烧室的配合，不利于燃油与空气的混合。

● **任务实施**

一、精密偶件的检验

偶件配合面磨损使其配合精度下降，燃油漏泄，压力降低。一般可通过检查偶件的密封性和燃油雾化质量来了解配合面的磨损部位与磨损程度。检验前，偶件应仔细拆卸和清洗，偶件不具有互换性不能分开乱放。

1. 偶件的清洗

采用轻柴油或煤油清洗偶件，并注意以下几点：

(1)针阀体或喷油嘴等外表面积炭采用钢丝刷清除。清除喷孔周围积炭时切勿损伤喷孔，如喷孔被积炭堵塞应采用专用通孔工具或钻头疏通喷孔。通孔时，切勿用力过猛，以免通针或钻头断在喷孔内。

(2)偶件配合面应使用软毛刷或软布进行擦洗。清洗干净后用清洁纸或丝绸擦干，不可用棉纱头或破布擦，以免灰尘或棉纱毛头粘在偶件工作表面上。

(3)清洗后的偶件放于清洁的专用容器中保存。

2. 偶件的一般性检查

偶件清洁后借助低倍放大镜对偶件工作表面进行观察，检查有无明显的和严重的磨损、腐蚀、裂纹等缺陷，如发现应依实际情况决定修复或报废。

3. 偶件的磨损检验

1)密封性检验

(1)滑动试验法，即定性检验成对偶件的密封性。

具体做法是：将洗净后的偶件倾斜45°，抽出柱塞（或针阀）1/3配合长度，放手后，让偶件借助于本身的重量下滑。

其要求是：缓慢自由地下滑，不许有卡滞现象。

若下滑速度缓慢、均匀，表明配合面无明显磨损，密封性较好；若下滑速度较快或很快，表明配合面磨损严重，密封性不良。若将柱塞（或针阀）转动90°再次试验，柱塞（或针阀）下滑缓慢、均匀，表明偶件产生偏磨损。

(2)油液降压试验法。油液降压试验法也称燃油漏损定量法，也是检验偶件密封性的一种方法。此外，还有油液等压试验法等。

油液降压试验法是用通过偶件的油液压力下降一定值时所需要的时间作为检验密封性的标准，或者是用在一定时间内油液漏损量作为检验密封性的标准。

柱塞偶件油液降压试验法要求油泵在相当于额定供油量时，油压从30MPa降低5MPa的时间应不少于20s，表明柱塞偶件圆柱面密封性良好。

①针阀偶件圆柱配合面密封性油液降压试验法：试验前必须进行数次喷油，以排净系统内的空气。试验时燃油进入喷油器，允许将喷油器启阀压力调整到比规定值高2～3MPa。在启阀压力的油压作用下检查针阀偶件的渗油现象，以手背擦拭针阀体头部喷孔周围，手背应无油，表明针阀偶件圆柱面密封良好。

②针阀偶件锥面密封性油液降压试验法：试验时，要求在燃油压力比规定的启阀压力低2MPa的油压作用下，在10s内不得有渗漏，允许针阀体喷孔周围稍微湿润，但不得有油液集聚现象。针阀偶件锥面密封性检验可与其圆柱面密封性检验同时进行。

2)雾化试验

喷油器雾化试验是对其偶件密封性的综合检验，也可与上述密封性检验同时进行。

试验时，将启阀压力调至规定值，然后以40～80次/min的速度进行喷雾试验，根据试验时雾化的形状、数目、分布和油粒的细度等检验喷油器的质量和分析故障原因。

二、精密偶件的修理

1. 柱塞偶件的修复

柱塞偶件圆柱配合面磨损后，可用以下几种方法修理：

1）尺寸选配法

将一批磨损报废的柱塞、套筒分别进行精磨和研磨，消除几何形状误差后按加工后的尺寸重新装配，在保证所要求的配合间隙下互研成一对新偶件。

2）修理尺寸法

此法通常保留套筒，并对套筒进行机械加工修理消除几何形状误差，按修理后的套筒尺寸配制柱塞，互研后达到所要求的配合间隙。

3）镀铬修复

采用镀铬修复工艺可以使偶件恢复到所要求的配合间隙。常采用偶件之一进行镀铬，即将套筒内孔加工到修理尺寸，再使柱塞外圆面镀铬达到修理尺寸，互研成对，保证恢复到要求的配合间隙和性能。此法效率高，可使90%以上的偶件恢复使用。

套筒端面腐蚀密封不良时可在平板上按“8”字形研磨。

2. 针阀偶件的修复

针阀偶件圆柱配合面磨损可采用柱塞偶件的修复方法。锥面配合面磨损后，针阀锥面上的环形密封带出现变宽、中断或模糊不清等现象，可采用研磨膏进行偶件的互研或不加研磨膏的互研，使环形密封带恢复正常为止。清洗后，进行密封性检验。

任务七　船舶设备重要螺栓的检修

● 学习目标

一、船舶设备重要螺栓的检修知识目标

1. 了解船舶设备重要螺栓的基本作用；
2. 了解船舶设备重要螺栓的损伤形式；
3. 了解船舶设备重要螺栓的修理工艺。

二、船舶设备重要螺栓的检修能力目标

1. 能够分析船舶设备重要螺栓损伤产生的原因；
2. 掌握船舶设备重要螺栓检测方法；
3. 能够根据重要螺栓不同的损伤形式选择合适修理工艺。

● 任务引入

船舶设备重要螺栓主要有哪些？重要螺栓主要损伤形式有哪些？如何进行重要螺栓的检测？如何选择船舶设备重要螺栓损伤后的修理工艺？

● 任务分析

船舶设备上的重要螺栓主要包括：大型船舶设备的固定螺栓、连杆螺栓、主轴承螺栓、贯穿螺栓和底脚螺栓、气缸盖螺栓、组合式活塞的连接螺栓等。这些螺栓均各自具有不同的重要作用，不仅要保证连接强度，而且还要承受安装和船舶设备运转时的各种力和力矩的作用。

● 任务实施

一、大型船舶设备底脚螺栓的检修

大型船舶设备底脚螺栓的作用是将设备机座固定在底座上，以抵抗设备运转中的剧烈振动、船舶航行中的猛烈摇摆和防止设备位移。

例如：主柴油机的机座在机舱中的位置经校中定位后，用底脚螺栓将机座、底座和它们之间的固定垫块、活动垫块连接在一起，牢牢地固定在船体双层底上。这种刚性连接方式结构简单、安装方便、工作可靠，但是劳动强度大、效率低。

固定机座的底脚螺栓的数量和分布取决于大型设备机座上的底脚螺栓孔的数量和布置。为了防止紧固的设备在运转时产生位移，要求全部底脚螺栓中的15%以上的螺栓采用紧配(定位)螺栓。如果采用环氧垫块时，可不用紧配螺栓。对于安装紧配螺栓的底脚螺栓孔应进行铰孔，根据铰孔后的直径，按一定配合配制紧配螺栓。

底脚螺栓(包括紧固螺栓和紧配螺栓)全部装好后，检查螺母和螺栓头的接合平面处有无间隙，用0.05mm塞尺应插不进。全部螺栓上紧是采用手动工具或液压拉伸器，按照说明书规定的预紧力要求和上紧顺序进行操作。上紧后，用小锤敲击螺栓，以检查底脚螺栓的上紧程度，以声音清脆为合格。

底脚螺栓松动将会使机座下面的垫铁磨损，从而使机座局部下沉，导致曲轴臂距差的变化，影响曲轴的受力状态，当松动的螺栓数量增多时，还会引起设备的振动、位置变化等。所以应加强对底脚螺栓的维护管理，及时发现松动的螺栓和损坏的螺栓。松动的底脚螺栓应按要求上紧，损坏的螺栓应予以更换。

二、连杆螺栓的检修

连杆螺栓是连接柴油机连杆大端轴承座与轴承盖使之成为一体的重要螺栓。连杆螺栓受到装配时的预紧力的作用，四冲程柴油机运转时连杆螺栓还受到往复惯性力的作用。因受到曲柄销直径和连杆大端外廓尺寸的限制，所以连杆螺栓的直径相对较小。

连杆螺栓常见的损坏形式：螺纹的变形与损坏、螺栓拉长或形成颈缩、螺栓弯曲变形、裂纹、螺栓与螺母配合松动等。连杆螺栓或螺母损坏后应成对换新。

检修过程中，通常对连杆螺栓进行以下方面的检测：

1. 外观检查

检查螺栓表面有无肉眼可见缺陷，不允许有碰伤、拉毛、变形、裂纹、螺纹损坏和配合松动等缺陷。

2. 裂纹检验

采用放大镜、着色探伤或磁粉探伤等方法检查螺栓的各圆角、螺纹之间的过渡处有无裂纹。

3. 测量螺栓长度

测量螺栓长度可以发现螺栓的永久变形情况。四冲程柴油机连杆螺栓伸长量超过原设计长度的2%时即应报废换新。

三、贯穿螺栓的检修

贯穿螺栓将柴油机的机座、机架、气缸体紧固地连接成一体，构成柴油机的固定件，图7-27所示为 Sulzer RTA48 型柴油机的贯穿螺栓。

柴油机运转中容易发生贯穿螺栓松动、螺母锈死和螺栓伸长变形等缺陷。

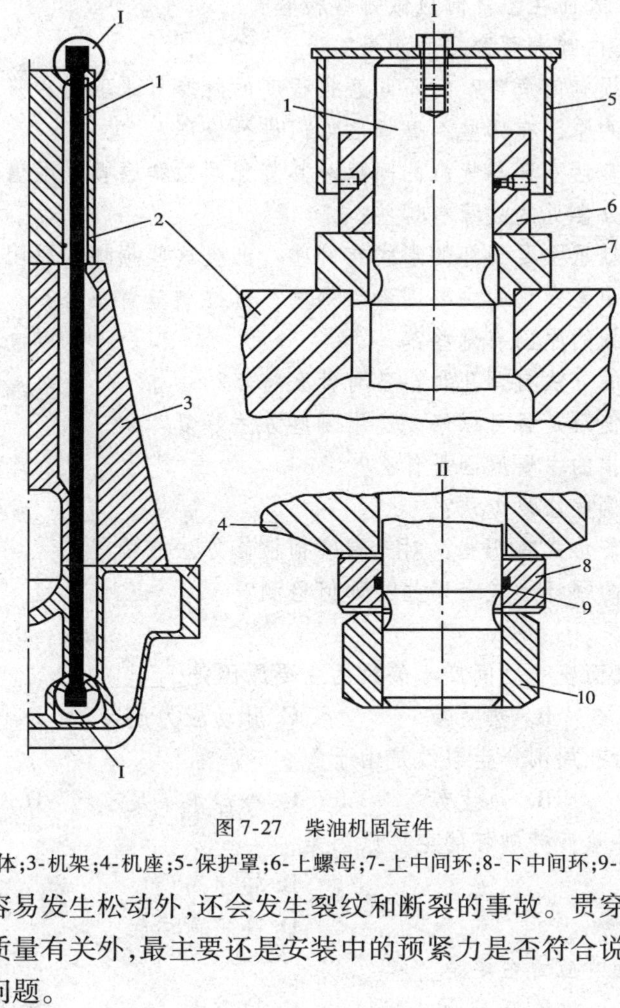

图 7-27　柴油机固定件

1-贯穿螺栓；2-气缸体；3-机架；4-机座；5-保护罩；6-上螺母；7-上中间环；8-下中间环；9-O 形密封圈；10-下螺母

贯穿螺栓除了容易发生松动外，还会发生裂纹和断裂的事故。贯穿螺栓产生裂纹和断裂除了与材质和制造质量有关外，最主要还是安装中的预紧力是否符合说明书规定及各螺栓的预紧力是否均匀的问题。

思考与练习 SIKAOYULIANXI

一、简答题

1. 气缸盖常发生哪些损伤？产生这些损伤的主要原因是什么？

2. 气缸盖产生裂纹后，可采用哪些方法进行修理？

3. 气阀座损坏后,经常采用的修理方法有哪些?
4. 气缸套磨损的原因是什么?有无规律?
5. 某柴油机的气缸套下部发生严重磨损,试分析造成这种情况的原因。
6. 什么是拉缸?试分析早期拉缸的原因,并由此提出防护措施。
7. 怎样辨认缸套是否发生穴蚀?并说明其发生机理。
8. 气缸套内圆工作表面在检修时应做哪些检查?
9. 如何进行气缸套内圆表面磨损的测量?
10. 缸套的过度磨损有何危害?对不同磨损程度的缸套可采取何种修理措施?
11. 活塞环槽磨损的原因有哪些?磨损后如何进行修理?
12. 怎样测量和检查活塞环与气缸的间隙?其装配间隙和磨损极限值是多少?
13. 活塞组件各部分常见的故障有哪些?
14. 柴油机十字头轴承主要损坏的形式有哪些?产生这些损坏的原因是什么?
15. 影响柴油机臂距差变化的主要因素有哪些?怎样测量臂距差?
16. 造成主轴承磨损的原因有哪些?
17. 测量轴承间隙的方法有哪几种?各有什么特点?
18. 白合金轴承损伤后是否可以修复?用哪些方法修复?
19. 喷油器针阀磨损的主要原因是什么?
20. 对柱塞偶件有哪些修复方法?
21. 常见的气阀损伤形式有哪些?对气阀磨损检修方法有哪些?
22. 连杆螺栓常见的损坏形式有哪些?如何检测?

二、选择题

1. 柴油机气缸盖底面座孔之间产生裂纹的主要原因是______。
   A. 热应力过大　B. 热疲劳　C. 脉动应力疲劳　D. 机械应力过大
2. 气缸盖底面喷油孔周围产生裂纹是由于______。
   A. 热应力过大　B. 热疲劳　C. 冷却水不足　D. 机械疲劳
3. 引起燃烧室部件热疲劳破坏的主要原因是______。
   A. 温差大　B. 转速高
   C. 启动,停车频繁　D. 高负荷运转
4. 气缸盖螺栓所受的应力主要是______。
   A. 热应力　B. 压应力　C. 拉应力　D. 弯曲
5. 气缸盖、机身和气缸套之间的气缸垫,其作用______。
   A. 防止漏气　B. 防止漏水　C. 防止漏润滑油　D. A + B
6. 气缸套磨损后产生的圆柱度,是指______。
   A. 上止点最大直径与下止点最小直径之差
   B. 上止点平均直径与下止点平均直径之差
   C. 不同截面上最大直径与最小直径之差
   D. 不同截面上最大与下最小直径上的半径之差
7. 活塞顶面出现龟裂网纹,产生这种缺陷的原因是由于______。

A. 活塞顶面受切向机械应力而产生纵向裂纹造成的

B. 活塞顶面受径向热应力而产生周向裂纹造成的

C. 由于冷却效果不良造成的

D. A + B

8. 在燃烧室部件的水冷面产生两条以上裂纹且无分支,其形成原因可能是______。

A. 高频应力　B. 机械应力　C. 应力腐蚀　D. 腐蚀疲劳

9. 活塞常见的裂纹及裂缝缺陷,多数出现在______。

A. 活塞顶部　B. 活塞裙部　C. 销孔及环槽　D. A + C

10. 筒形活塞式柴油机的活塞最大磨损部位通常发生在______。

A. 活塞头部前后方向　B. 活塞头部左右方向

C. 裙部前后方向　D. 裙部左右方向

11. 活塞销孔的磨损规律一般是______。

A. 上下方向直径增大　B. 左右方向直径增大

C. 上下、左右直径都要增大　D. 销孔磨损但中心线不变

12. 对活塞环进行测量时发现搭口间隙大则说明______。

A. 活塞环槽平面磨损　B. 缸套磨损

C. 活塞环上端面磨损　D. 活塞环下端面磨损

13. 在正常情况下曲柄销与主轴颈磨损量的比较为______。

A. 曲柄销与主轴颈的磨损量相同　B. 曲柄销比主轴颈的磨损慢

C. 曲柄销比主轴颈的磨损快　D. 随机型不同而异

14. 对四冲程柴油机,在正常情况下,其曲柄销颈的磨损规律是______。

A. 曲柄销内侧(离曲轴轴线较近的一侧)磨损较大

B. 曲柄销外侧,磨损较大

C. 曲柄销内、外侧磨损均相同

D. A 或 B 情况之一都有可能

15. 曲轴发生红套滑移,其主要原因是______。

A. 曲轴承受巨大冲击扭矩　B. 柴油机轴系中心线变形

C. 转速变化　D. 柴油机操作顺序不符

16. 用桥规可测量______。

A. 主轴颈的磨损　B. 主轴承的间隙

C. 主轴承下瓦的磨损　D. 机座的变形

17. 若测量曲轴臂距差 Δ 为正值,下述说法不正确的是______。

A. 两曲柄臂为下叉口　B. 两轴承较低

C. 轴线呈塌腰形　D. 轴线呈上拱形

18. 用塞尺法测量主轴承的间隙时,其间隙值应为______。

A. 塞尺厚度加 0.05mm　B. 塞尺厚度加 0.10mm

C. 塞尺厚度加 0.03mm　D. 塞尺厚度加 0.02mm

19. 薄壁轴承合金出现裂纹及剥落的主要原因是______。

A. 轴承过热　　　　　　　　　　B. 腐蚀磨损

C. 磨料磨损　　　　　　　　　　D. 交变负荷引起疲劳

20. 下列关于连杆螺栓的裂纹和断裂说法中哪一项是错误的______。

A. 四冲程柴油机的连杆螺栓因受到过大的交变拉伸应力引起

B. 二冲程柴油机的连杆螺栓因受到过大的交变拉伸应力引起

C. 螺纹配合过紧和过松引起

D. 螺栓材料有缺陷引起

项目八　船舶主要设备的检修

任务一　废气涡轮增压器的检修

● 学习目标

一、柴油机废气涡轮增压器的检修知识目标

1. 了解柴油机废气涡轮增压器的工作条件和结构特点；
2. 了解柴油机废气涡轮增压器的损伤形式；
3. 了解柴油机废气涡轮增压器损伤的修理工艺。

二、柴油机废气涡轮增压器的检修能力目标

1. 能够分析柴油机废气涡轮增压器损伤产生的原因；
2. 掌握柴油机废气涡轮增压器转子动平衡的检查方法；
3. 能够根据不同的损伤形式选择柴油机废气涡轮增压器的修理工艺。

● 任务引入

柴油机废气涡轮增压器工作条件如何？柴油机废气涡轮增压器损伤主要产生在哪些部位？如何检查柴油机废气涡轮增压器动平衡？如何选择柴油机废气涡轮增压器的修理工艺？

● 任务分析

废气涡轮增压器(exhaust-gas turbocharger)是柴油机增压系统中的主要设备,由废气涡轮和离心式压气机两部分组成,两者同轴安装,组成废气涡轮增压器的运动件——转子。

废气涡轮增压器是一个高速回转的机械,通常每分钟转数可高达10000r/min以上,最高转速可达40000~50000r/min。废气涡轮增压器中废气涡轮端有一定压力和温度的废气(废气温度达500~600℃);压气机端有一定压力的新鲜空气,还有不断循环的润滑油。因此,对废气涡轮增压器的平衡性、对中性、气密性和清洁程度都有比较严格的要求。

随着柴油机功率的不断增加,增压器的增压比和废气涡轮的温度都在升高,使其工作环境更加恶劣,还会经常引发一些故障。其损坏形式主要有:外壳腐蚀穿孔、叶轮发生裂纹、叶片和喷嘴损坏、轴承和轴封损坏等。

● 任务实施

一、废气涡轮增压器壳体腐蚀及修理

废气涡轮增压器涡轮壳体由废气进气壳与排气壳两部分组成。进气壳与排气壳通常采用合金铸铁制成,分为冷却式和非冷却式。冷却式壳体为双层,形成水夹层。进气壳与排气壳内表面经常与有腐蚀性的高温废气和水接触。壳体内部水夹层——冷却水腔的冷却水自底部引

入，经上部排出。为了防止电化学腐蚀，除用淡水冷却外，还在淡水中加防锈剂和在壳体上安装防腐锌块等。

1. 涡轮壳体腐蚀部位

涡轮壳体内表面与废气直接接触而发生腐蚀，特别是在排气壳的底部常发生腐蚀性烂穿。对涡轮壳体腐蚀应有足够的认识和重视，否则如果不能及时发现腐蚀，以致故障突然发生，将有可能造成增压器不能继续运转而停航。

2. 壳体腐蚀原因

(1)硫酸腐蚀。柴油机燃用的重油中都含有一定数量的硫，其燃烧后产生含有 SO_2、SO_3和水蒸气的废气。废气进入涡轮端进气壳的温度可达 500 ~ 600℃，自排气箱壳排出的温度为300℃左右。排气壳体内壁面温度为150℃左右，低于硫酸的露点(170℃)。所以，当废气与排气壳内壁面接触时，在壁面上生成亚硫酸或硫酸，并顺壁面流至底部，聚集在排气壳底部的硫酸溶液使铸铁壳体受到强烈的化学腐蚀，甚至腐蚀烂穿。

废气涡轮增压器压气机端，受到空气灰尘等污染，涡轮端喷嘴、叶片及通道受到废气的严重污染和积炭堵塞通道，不仅使增压器工作性能受到影响，而且影响转子动平衡性。为此两端采用喷水清除污垢。涡轮端是在低负荷下喷水清洗，一般每周一次，约 10min，喷水量随机型而异。低负荷下废气温度较低，会产生更多的酸附在壁面上，同时喷水后若未彻底清除排气壳底部积水，使腐蚀更加严重。

(2)高速气流引起的腐蚀。柴油机排气以高速流入增压器进气壳。排气中含有未燃尽的炭粒与壳体壁面接触造成对壁面的侵蚀，特别是在气流方向改变处，离心力使炭粒冲击壁面。受到侵蚀的壁面裸露在气流中受到更大的腐蚀作用。涡轮端进气壳进气道附近壁面的穿孔大多属于这种腐蚀。

(3)冷却水腔腐蚀。增压器采用海水冷却时，冷却水腔壳体壁面受到电化学腐蚀。

3. 壳体腐蚀的防止与修理

(1)防止腐蚀的方法。防止涡轮端壳体腐蚀的方法主要采用提高冷却水进口温度防止硫酸腐蚀；彻底清除涡轮端喷水清洗后的残水；选用非冷却式增压器等。在进、排气壳内表面容易腐蚀部位焊一层耐热耐蚀合金的非冷却式增压器可使其壳体寿命从 3 ~ 6 年延长至 10 年以上。

(2)修理：

①壳体腐蚀后，其最小壁厚小于设计壁厚的 50%，壳体冷却腔经 1.5 倍工作压力(不少于 0.4MPa)的水压试验，合格后可继续使用。

②壳体腐蚀后，局部最小壁厚大于设计壁厚的 50% 或破损时，允许焊补或用无机胶黏剂修补，经 1.5 倍工作压力的水压试验合格后可继续使用。

③在海上航行时可采用螺钉固定薄铁板，并配合合成粘接剂进行应急处理。

二、气封装置的检修

气封的作用是防止压气机端的压缩空气和涡轮端废气的泄漏。

在废气涡轮增压器中，为了阻止压气机端的压缩空气和涡轮端的废气的泄漏，在转子轴上嵌入气封片，在压气机叶轮背面的涡壳上设置气封圈，图 8-1 所示为大型增压器的轴向和径向迷宫式气封装置。气封片之间的间隙越小,则密封效果越好。这些气封装置的密封作用是否正常,可以从增压压力的高低以及润滑油的污染变质程度加以判断。

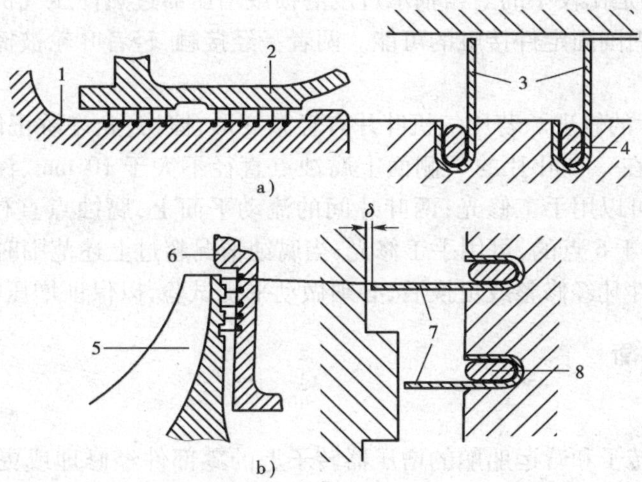

图 8-1　迷宫式气封装置

a)轴向密封;b)径向密封

1-转子轴;2-废气进口壳体;3、7-密封带;4、8-压紧丝;5-压气机叶轮;6-隔热墙

气封装置的损坏原因多为拆装转子时不注意而碰坏,或增压器运转中振动以及零部件间隙不符合要求所致。

在检修中如果发现气封装置仅是顶部有波浪形变形的轻微缺陷,可用平嘴钳非常小心而仔细地将其矫正。如果有比较严重的损伤,则必须换新密封带和压紧丝。

三、叶片的检修

涡轮叶片和压气机叶片的损伤形式主要是叶片变形、裂纹、断裂和腐蚀等。

1. 涡轮叶片的损伤和检修

(1)涡轮叶片损伤原因。涡轮叶片发生损伤除与设计、加工或运转时振动等因素有关外,主要是由于外来异物撞击引起的。例如吊缸时遗留在气缸内的金属碎片或工具;柴油机运行中活塞环断裂的碎块等。虽然涡轮在燃气入口处设有金属滤网,但往往仍不能阻止硬质颗粒进入涡轮中。这些硬质颗粒进入涡轮与高速回转的叶片相撞后,轻则使叶片弯曲变形,重则使叶片断裂。

(2)涡轮叶片的修理。检修中若没有发现裂纹,对于变形较为轻微的叶片可用一般钳工工具将弯曲部分矫正后继续使用;如果发现叶片已产生裂纹或断裂时,只能换新;若在海上更换叶片不便时,可将断裂叶片取下,同时取下断叶对称位置的叶片,以保持增压器转子的平衡,减少振动;当叶片上的腐蚀深度小于 0.2mm 时,可用砂轮、砂布等修整打磨;若腐蚀深度大于 0.2mm 时,则应报废换新。

2. 压气机叶片的损伤和检修

(1)压气机叶片损伤原因。压气机叶片损伤除与设计、加工有关外,主要是由于轴承磨损、吸气侧进入硬质脏物或增压器振动等原因的影响破坏了转子与壳体之间的正常间隙，引起擦伤或撞击，使叶片擦伤、变形或裂纹。增压器转子上各零部件和周围固定件之间的轴向间隙，在压气机叶轮处是比较小的。当轴承过度磨损或增压器过热使压气机和壳体过度膨胀时，压气机叶轮就有和周围固定件接触的可能。两者一经接触，轻者叶轮被擦伤，重者会使叶轮完全破坏。

(2)压气机叶片的修理。若压气机叶片有轻微变形、擦伤，允许矫正修光。但有裂纹或断裂时，必须换新；当在一个叶片的一侧面上腐蚀点直径不大于 10 mm、深度在壁厚的 10% 以内，并少于 3 点时，可以用手工修光；两叶片间的流动平面上，腐蚀点直径不大于 10mm、深度在 0.5mm 以内并少于 6 点的，可用手工修光；当腐蚀情况超过上述范围时，则应换新叶轮。

转子上的零部件凡经修整或更换后，必须做动平衡试验，以保证增压器运转平稳。

四、转子的动平衡

1. 动平衡试验

新造增压器的转子和营运船舶的增压器转子上的零部件经修理或更换后，必须进行动平衡试验。因为修理或更换零部件，就可能破坏转子原有的平衡。而转子旋转时的不平衡力，不仅会增加轴承的负荷，而且会引起增压器机组的振动。对转子做动平衡，就是通过试验调整使其不平衡度控制在允许的范围内。如果在船上进行修理或更换转子上的零件一时无法做动平衡试验，则当船舶进港后或下次厂修时应当补做。具体来说增压器转子在下列情况应进行动平衡试验：

(1)转子部件受机械损伤时；

(2)转子轴及涡轮叶片经修理后；

(3)涡轮叶片部分或全部更换后；

(4)压气机叶轮及导风轮经修理或更换后。

生产中使用的动平衡试验机种类较多。有机械式的动平衡试验机、电子式的动平衡试验机和激光动平衡试验机等。

2. 动平衡指标

平衡精度是用来度量转子不平衡的程度。例如增压器转子，假定是一重心与回转轴中心重合的薄圆盘，当距回转轴半径 R 处有一不平衡重量 F(或不平衡力 F)时，则转子的不平衡度为 FR(N·m)，又称为重径积，它反映了不平衡力的大小和方向。

用重径积表示转子的不平衡度，有时难以说明平衡精度的概念。因为同一不平衡度值相对于不同质量的转子来说，其精度就不相同。例如，重径积为 0.5N·m 的不平衡度，对于 500kg 的转子来说平衡精度则是相当高的；而对于 5kg 的转子来说平衡精度则是相当低的。因此，采用转子的不平衡度(重径积)与其质量中心上的重力之比 e 来表示转子的平衡精度，即

$$e = FR/G$$

式中：e——平衡精度或偏心距(偏移量)，mm；

G——转子重力，N。

平衡精度 e 就是转子重心相对于回转中心的距离，即偏心距或偏移量。例如，当转子的

FR/G 为 $10^{-6}\mathrm{N\cdot m/N}$ 时，相当于转子重心相对于转子的回转中心偏移 10^{-6} m，即偏移量

$$e = 10^{-6}\mathrm{m} = 1\mu\mathrm{m}$$

对于做动平衡实验的回转件其质量分布不在同一回转面内，则应以两个选定平面上的代替重量和平衡重量的总重心的偏心距 e 和回转件角速度 ω 的乘积表示惯性力的不良影响，即平衡精度。

目前，我国尚未定出平衡精度的标准，一般均是以回转件的许用偏心距 $[e]$ 与回转件的角速度的乘积 $[e]\cdot\omega$ 表示回转件的平衡精度，并按 $[e]\cdot\omega$ 分级。

任务二　船舶轴系的检修

● 学习目标

一、船舶轴系的检修知识目标

1. 了解船舶轴系的工作条件和结构特点；
2. 了解船舶轴系的损伤形式；
3. 了解船舶轴系损伤的修理工艺。

二、船舶轴系的检修能力目标

1. 能够分析船舶轴系损伤产生的原因；
2. 掌握船舶轴系的校中检查方法；
3. 能够根据不同的损伤形式选择船舶轴系的修理工艺。

● 任务引入

船舶轴系的主要作用是什么？船舶轴系有哪些结构特点？船舶轴系损伤主要产生在哪些部位？如何进行船舶轴系的校中检查？如何选择船舶轴系的修理工艺？

● 任务分析

船舶轴系(shafting)是从主机输出端法兰到螺旋桨间的轴和轴承等零部件的统称。轴系连接主机和螺旋桨。承担着将主机发出的功率传递给螺旋桨，再将螺旋桨产生的轴向推力传递给船体，推动船舶前进。

对于直接传动的推进系统的船舶轴系主要包括；推力轴(thrust shaft)和推力轴承、中间轴和中间轴承、尾轴和尾轴承、螺旋桨以及其他附件等；对于间接传动的推进系统的船舶轴系，除有上述传动轴和轴承外，还有离合器、弹性联轴器和减速齿轮箱等部件。

通常船舶轴系的数目、布置和结构形式是根据船舶的类型、用途和动力装置等要求而设置的。对于民用商船来说，主要有单轴系和双轴系之分；对于军用舰船来说，除单、双轴系外，还有采用多轴系的。

单轴系的结构如图 8-2 所示。单轴系轴线布置于船体的中纵剖面上，并平行于船体基线，单轴系的长度主要取决于机舱位置，轴系越长，其中间轴数目就越多。凡具有两节或两节以上中间轴的轴系称为长轴系，长轴系属于柔性轴系。中机型船的轴系多为长轴系。凡具有一节中间轴或无中间轴的轴系称为短轴系，短轴系属于刚性轴系。尾机型船的轴系则为短轴系，其中间轴数量少，甚至没有中间轴，轴系一般较短。轴系短不仅便于船舱布置、节省船舶建造费

用，而且便于维护管理。所以目前造船趋势都是采用尾机舱的船舶结构。

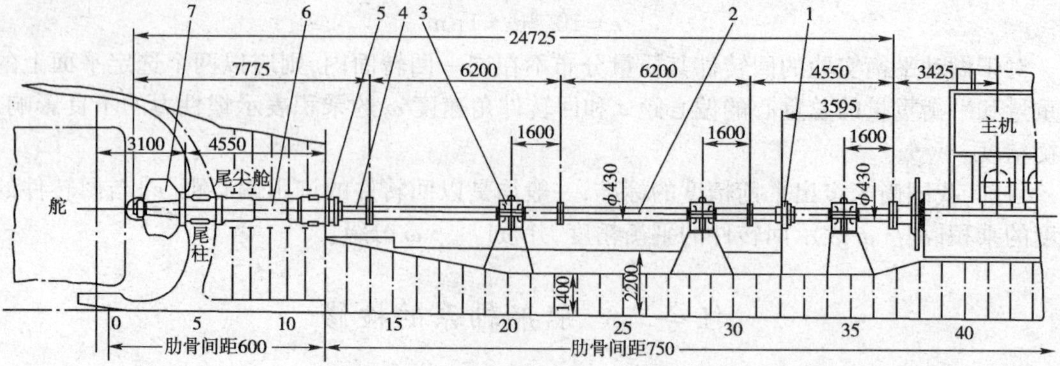

图 8-2　单轴系结构示意图（尺寸单位：mm）

1-机舱后隔舱壁填料函；2-中间轴；3-中间轴承；4-尾轴；5-尾隔舱壁填料函；6-尾轴管；7-螺旋桨

单轴系船舶的特点是：采用直接传动、传动损失小、结构简单可靠、便于操纵。单轴系多用于远洋及大型海船、拖船和内河中的一些小船，如油船、集装箱船及散货船等。

双桨轴系的布置，如图 8-3 所示。两个轴系分别平行对称布置在船体中纵剖面的两侧，相对船体基线略有倾斜，以保证螺旋桨充分没入水中。由于船体结构的限制，螺旋桨轴从尾轴管中伸出船体外的长度比较长，需在船体外部设置人字架托住悬伸于船外的尾轴。为了便于拆装，尾轴通常采用两段制造，中间再用联轴器连接。在船体尾轴管内的轴段仍称为尾轴；而悬伸在船外的轴段与螺旋桨连接，并由人字架支承的这段轴称为螺旋桨轴。

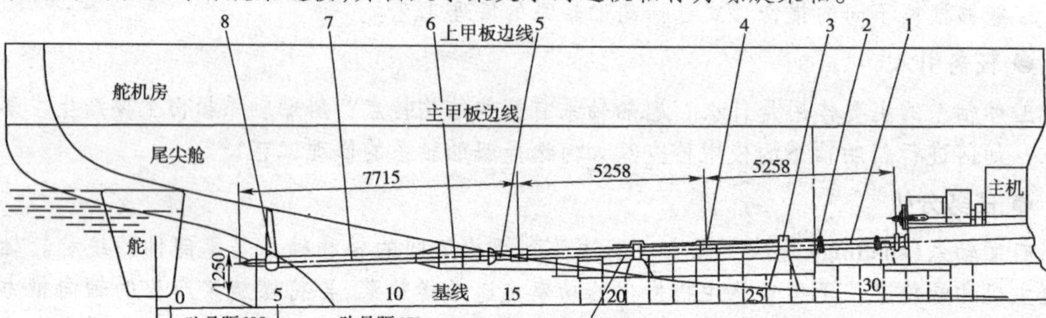

图 8-3　双桨轴系的布置（尺寸单位：mm）

1-中间轴；2-机舱后隔舱壁填料函；3-滚动式中间轴承；4-液压联轴节；5-尾轴；6-尾轴管；7-螺旋桨轴；8-人字架

双轴系船舶的特点是：高速、机动性好和生命力强。但双轴系的结构复杂、配套设备多、修理工作量大。双轴系一般多用于客船和军用舰船。

轴系虽然结构简单，但重量大、尺寸长，容易产生变形。同时轴系位于船体水线以下部位，承受着繁重的负荷，运转时不仅受到主机传递的扭矩作用、轴系自重引起的弯曲变形，而且还受到螺旋桨产生的阻力矩和推力作用而产生多种应力。此外，由于轴系校中、安装、船体变形、船舶振动及螺旋桨水动力等引起的附加应力的周期作用，会在轴系内出现附加应力。在船舶大浪中剧烈摇摆、轴系过度磨损和螺旋桨腐蚀时航行，上述情况就更加严重。导致轴系会出现异常声响、振动、轴承过热、密封装置泄露等现象，甚至螺旋桨断裂，尾轴折断，并影响船舶安全航行。

● 任务实施

一、螺旋桨的检修

1. 螺旋桨的修理

螺旋桨的缺陷主要发生在桨叶上，常见的缺陷形式有：桨叶的腐蚀、弯曲、裂纹、断裂和轴配合松动等，此外还会因一些缺陷而引起船舶在航行中出现异常现象。

(1)桨叶表面缺陷的检修。桨叶表面的缺陷主要有裂纹、断裂、腐蚀和穴蚀等。根据缺陷在桨叶不同部位所造成的危害程度不同，通常将桨叶表面(压力面和吸力面)分为A、B、C三个区域，如图8-4所示。

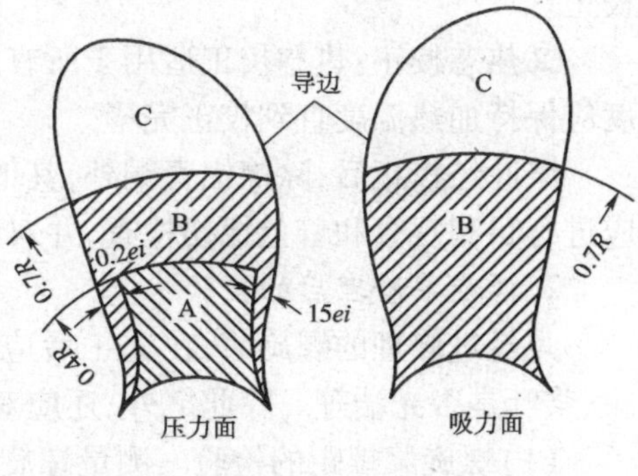

图8-4　桨叶表面缺陷分布区域

A区——位于桨叶压力面0.4R以内范围；

B区——位于桨叶压力面0.4R～0.7R的范围和A区两侧边缘，吸力面0.7R以内范围；

C区——位于桨叶压力面和吸力面0.7R以外的部分。

桨叶表面缺陷按其位置不同，所采用的修理工艺也不同，具体应遵循下列修理原则：

①A区内的缺陷一般不允许焊补修理。缺陷深度不超过$t/40$(t为局部叶厚，mm)或4mm，允许磨去两值中较大的缺陷。特殊情况下必须焊补时，应采用特殊工艺措施。

②B区外观小缺陷应避免焊补。缺陷深度不超过$t/30$或3mm，允许磨去两值中较大缺陷；需焊补时，应采用完善的工艺措施。

③C区的缺陷通常允许焊补修理，焊补工艺应符合规定。桨叶边缘和表面的微小缺陷允许磨去修光。

④不严重的穴蚀小孔及凹陷，在不便焊补时允许采用环氧树脂等胶黏剂涂补或采用金属喷涂，使桨叶表面平整光顺。

⑤一般裂纹在限定条件下允许采用钻止裂孔作为临时处理措施。裂纹严重时，如经多次大面积焊补修理后，因材料性能发生变化，再修补也难保质量时，则应采取换新办法。

螺旋桨在经过焊补修理后，还应进行焊后的处理：

①焊补后如有明显的金属堆高处，则应进行磨光处理，采用目测观察和着色探伤检验焊补质量。

②如有呈线状分布和长度或深度大于3mm的缺陷应再次焊补修理。

③焊补后，除镍铝青铜材料外，其他材料的螺旋桨均应进行消除应力的退火处理。

(2)螺旋桨鸣音的检修。有些船舶在航行时，螺旋桨会发出有节奏的“嗡嗡”或“吭吭”的声音，这种现象称为螺旋桨鸣音。

这是由于螺旋桨回转时，在桨叶随边0.4R(R为螺旋桨半径)以外的部位产生有规律的涡流。在某几个转速下，涡流所引起的振动频率恰好与桨叶固有频率接近而产生共振，使螺旋桨发出鸣音。

消除螺旋桨鸣音的办法是通过改变随边0.4R以外的涡流，使其引起的振动频率远离(大于或小于)桨叶固有频率,避免产生共振。具体方法是将桨叶随边 0.4R 以外的 A、B 部分加厚、减薄或制成抗鸣边缘。改变桨叶固有频率,避免共振,就可有效地消除了鸣音。

(3)桨叶变形的校正。螺旋桨转动过程中碰到硬物时,常常会造成桨叶弯曲。对弯曲桨叶的修理要按具体情况采取不同的方法。

①冷态校正:加热温度在250℃以下的校正为冷态校正。冷态校正适用于叶尖和桨叶边缘厚度小于 30mm 处。在弯曲较小、截面厚度较薄处可采用动载荷校正,否则应采用静载荷校正。

②热态校正:热态校正适用于所有的情况,可用动载荷或静载荷。桨叶校正处整个截面厚度应保持加热温度直到校正完毕。

桨叶经校正后,除镍铝青铜外,其他材料的螺旋桨均应进行消除应力退火处理。校正后均应进行目测观察和着色探伤检查,并对缺陷进行修整。

2. 螺旋桨修理后的检验

凡经过修理的螺旋桨,在完工后应仔细检查其修理质量,如修补处附近是否产生新的裂纹、桨叶是否光洁等。除此之外,还应对螺旋桨的螺距和静平衡性进行检验。

(1)螺旋桨螺距的检验。测量螺旋桨螺距时使用的量具是螺距规和直尺。

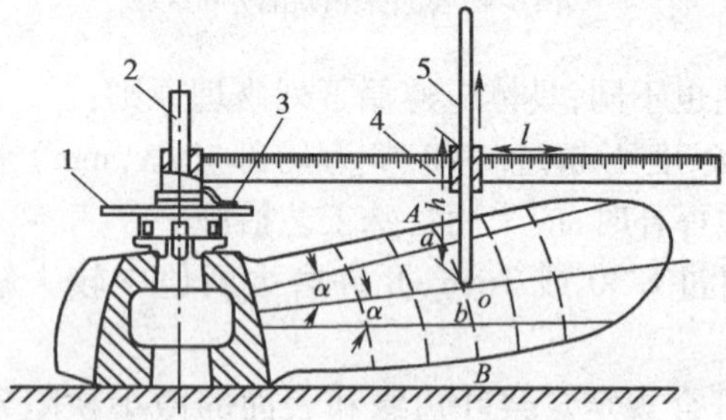

图 8-5　螺旋桨螺距的测量

1-刻度盘;2-心轴;3-指针;4-水平尺;5-量杆

测量螺旋桨螺距时,把桨平放在平整的地面上,桨叶叶面朝上。随后将螺距规安装在桨毂的锥孔中,调整螺距规的中心线使其垂直于桨毂端面,如图 8-5 所示。

首先将螺距规水平移至桨叶的最外边缘,测取螺旋桨的半径 R。测量桨叶螺距时,一般要划分 0.3R、0.4R、0.5R、0.6R、0.8R、0.9R 等 5 ~ 6 个截面分别测量,而且每一叶片在同一截面的测量应不少于三点。当测量圆弧$\widehat{AB}$上的螺距时,先将量杆 5 与叶面 o 点接触,记下量杆的读数 l_0,然后将转臂转过一个角度 α,使量杆 5 与叶面上 a 点接触,并记下量杆的读数 l_1,则 $\Delta L = l_0 - l_1$ 为螺距规量杆的升程。该半径处相邻两点 o、a 的局部螺距 h 为:

$$h = \frac{360°}{\alpha} \cdot (l_0 - l_1) = \frac{360°}{\alpha} \cdot \Delta L$$

同理,可以测量和计算出该截面处其他各相邻两点的局部螺距。

将该桨叶上同一半径截面上的局部螺距的算术平均值称为该半径截面的截面螺距 h_i。用同样方法可以测量并计算出该桨叶上各半径截面处的截面螺距 h_i。

计算出桨叶上各半径截面处的截面螺距 h_i 的算术平均值则得到该桨叶的平均螺距 H_i。再测量并计算出螺旋桨各桨叶的平均螺距 H_i。

计算螺旋桨各桨叶平均螺距 H_i 的算术平均值,即得该螺旋桨的总平均螺距 H。

螺旋桨螺距的正确性是保证螺旋桨质量的主要因素之一。修理后的螺旋桨半径和各种螺距的偏差应不超过规定数值。

(2)螺旋桨静平衡试验。螺旋桨经长时间的运转后,由于各桨叶腐蚀、磨损和变形情况不同,或修理后的几何尺寸误差较大等原因均会使桨叶质量发生变化,使螺旋桨的几何中心与回转中心产生不重合现象。在这种情况下,螺旋桨回转时会产生离心力和不平衡力矩,使螺旋桨失去平衡。为了检查螺旋桨的几何中心与回转中心的重合程度,应采用静平衡试验方法。螺旋桨静平衡试验时,用手转动螺旋桨,待其自行停止后总是某一桨叶停在下方,说明该桨叶较重。通常采取在较轻的桨叶叶尖处附加重物,使其回转,直至各桨叶质量均衡出现随遇平衡为止。取下加在叶尖的重物,称其质量为 P,要求 P 不超过规定值[P]。

桨叶叶尖处允许的不平衡质量[P]由下式定出:

$$[P] \leqslant K \cdot G/D(\mathrm{kg})$$

式中:G——螺旋桨质量,t;

D——螺旋桨直径,mm;

K——系数,按表 8-1 选取。

系　数　K　值　　表 8-1

螺旋桨级别和转速(r/min)直径 D(m)	Ⅰ			Ⅱ			Ⅲ		
	<150	150~350	350~700	<150	150~350	350~700	<150	150~350	350~700
D<1.5	2.0	1.5	1.0	3.0	2.5	1.5	4.0	3.0	2.0
1.5<D<3.5	1.5	1.0	0.3	2.0	1.5	0.6	3.0	2.0	1.0
3.5<D<6.0	1.0	0.3	0.1	1.5	0.5	0.2	2.0	0.8	0.3

当桨叶上不平衡 P 超过允许值[P]时,通常对质量较大的桨叶进行修整。在该桨叶叶背距边缘不少于 1/10 叶宽处铲削桨叶金属表面,但铲削后桨叶截面厚度应在允许范围之内,静平衡试验应符合规范要求。

二、尾轴的检修

钢质船舶的船轴(或称传动轴)包括:尾轴(螺旋桨轴)、中间轴和推力轴。其中尾轴一方面承受着螺旋桨的扭矩、振动、推力和重力的作用,另一方面又受到海水的腐蚀(尾轴后端浸入海水中,中部在尾轴管中)。船舶营运过程中,一般对尾轴的技术状态无法进行有效的监督,通常只能在坞修中检查。

尾轴常见的损伤形式有:轴颈过度磨损、裂纹、腐蚀、轴套松动和键槽损坏等。

1.尾轴轴颈磨损的修理

尾轴颈磨损后使轴颈上产生过大的椭圆度和圆柱度。轴颈转动时也会产生比较大的径向跳动。

检修时一般采用外径千分尺检测尾轴颈的椭圆度和圆柱度;用百分表测量轴颈和法兰的径向圆跳动量。如果实际测量值超过说明书所规定的极限值时,则应对尾轴颈进行修复。

尾轴轴颈磨损后可以采取光车修复,其最小工作轴颈可光车至非工作轴颈。光车修复后轴颈的圆度、圆柱度应符合表 8-2(CB/T 3417—92)规定;径向圆跳动应符合表 8-3 规定。

也可采用热喷涂金属层、镀铬、镀铁等工艺恢复尾轴轴颈尺寸。对于小船或内河船舶可采用堆焊金属和镶钢套恢复轴颈尺寸。

对磨损超差严重的船轴应更换新轴。

船轴磨损极限(单位:mm) 表 8-2

轴径 d	中间轴、推力轴磨损极限		尾轴磨损极限				光车修理后
	圆度误差	圆柱度误差	圆度误差		圆柱度误差		圆度圆柱度误差
			油润滑	开式水润滑	油润滑	开式水润滑	
≤80	0.08	0.09	0.10	0.13	0.13	0.15	0.010
>80 ~ 120	0.09	0.10	0.12	0.15	0.15	0.18	0.010
>120 ~ 180	0.10	0.12	0.14	0.17	0.17	0.22	0.015
>180 ~ 260	0.12	0.14	0.16	0.20	0.20	0.28	0.015
>260 ~ 360	0.14	0.16	0.18	0.23	0.23	0.36	0.020
>360 ~ 500	0.16	0.19	0.20	0.27	0.26	0.45	0.020
>500 ~ 700	0.18	0.23	0.23	0.32	0.29	0.55	0.025

尾轴轴颈径向圆跳动(单位:mm) 表 8-3

轴长与工作轴颈之比 L/d	工作轴颈及锥体部分		非工作轴颈	
	极限跳动	光车修理后	极限跳动	光车修理后
<20	0.12	0.03	0.36	0.12
>20 ~ 35	0.16	0.04	0.48	0.16
>35 ~ 50	0.20	0.05	0.65	0.20
>50 ~ 65	0.24	0.07	0.72	0.24
>65 ~ 80	0.28	0.09	0.84	0.28
>80 ~ 95	0.32	0.12	0.96	0.32

2. 尾轴裂纹的修理

尾轴锥体大端处容易产生裂纹,这是由于尾轴锥体大端断面突变并开有键槽,是交变应力和扭转应力集中的部位。在轴套缺陷处的尾轴表面上也容易出现裂纹。如轴套上有裂纹,或轴套端部和尾轴配合处松动、轴套和轴套接缝处有松动时,表明尾轴已受到海水腐蚀。当柴油机在运转中产生扭转振动时,还会导致轴套有缺陷处的尾轴上产生十字形裂纹,严重时可在1 ~2年内发生尾轴断裂。因此在发现轴套有缺陷时,必须拆去轴套,以检查在尾轴相应部位是否有腐蚀和裂纹。

尾轴上一般不允许有裂纹,发现尾轴裂纹应换新。对于局部的短小裂纹,可在两端钻止裂孔,当中挖去一部分,修光后可继续使用。尾轴上的裂纹不允许焊补修复,只有在验船师审查许可后方可使用。尾轴轴套上的裂纹不允许焊补只能换新,以免轴套因受热不均匀而发生变形,影响与尾轴的配合。

3. 尾轴腐蚀的修理

船轴中以尾轴的工作条件最为恶劣。油润滑的尾轴有部分尾轴是在海水中工作,大部分在油中工作;水润滑的尾轴则全部在海水中工作。因此,尾轴在工作时会受到海水严重的腐蚀。尾轴又以尾轴锥部腐蚀最为严重,铜套接缝不良处海水渗入可引起电化学腐蚀和裂纹,使尾轴产生严重的腐蚀。

对于腐蚀轻微的尾轴,经清理检查后可继续使用;尾轴锈蚀呈尖角状,应在仔细检查其深度和圆周后采取修锉或光车修复，经探伤检验合格后可继续使用；尾轴锥部车削使其尺寸变化较大时，可进行堆焊修复。

三、尾轴管装置的检修

尾轴管（stern tube）装置是支承尾轴和螺旋桨、密封船体不使海水进入尾轴承和防止润滑油自尾轴承溢出的设备。一般由尾轴管本体、尾轴管衬套、尾轴承、密封装置及冷却、润滑系统等组成。根据尾轴承润滑剂的不同，分为水润滑尾轴管和油润滑尾轴管装置，如图 8-6 所示。

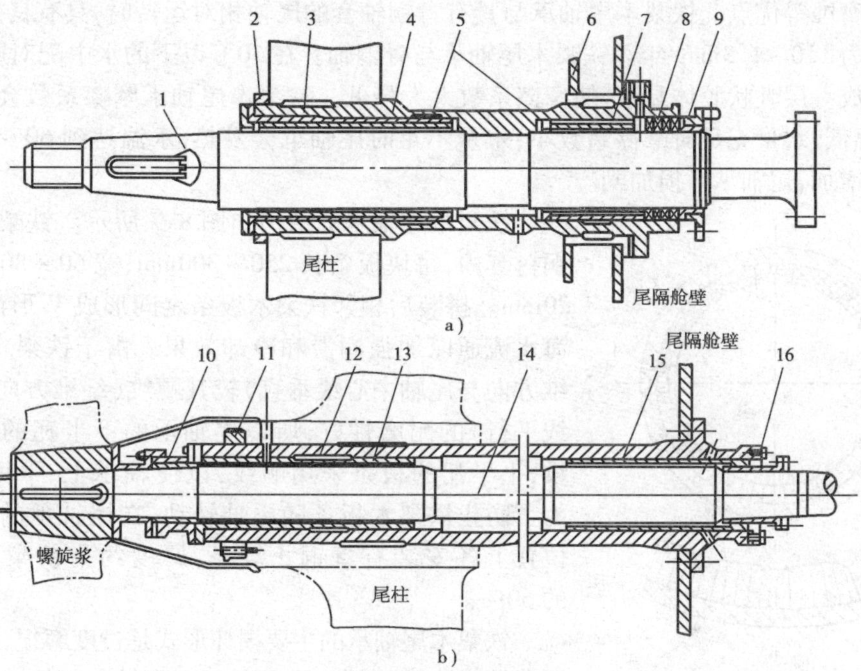

图 8-6　尾轴管装置

a）水润滑尾轴管；b）油润滑尾轴管

1、14-尾轴；2、11-锁紧螺母；3、13-尾后轴承；4、12-尾轴管；5-尾轴铜套；6-轴承支座；7、15-尾前轴承；8-填料；9-压盖；10-尾轴密封装置；16-首端密封装置

尾轴管本体是用铸钢（ZG230—450）、铸铁（HT250、QT450—10）、20 钢管或船用钢板等材料焊接制成。

单轴系船舶上，尾轴管内一般都有首、尾端两个轴承。首端轴承较短，尾端轴承较长。有的大型船舶尾轴管比较短，因此只设一个尾轴承。这时，尾轴首端往往设置一个中间轴承式的前轴承。双轴系船舶，除尾轴管内装两个轴承外，在人字架毂内也装有轴承。目前尾轴承绝大多数采用滑动轴承。由于尾轴承使用的轴承材料不同，它所采用的冷却润滑剂也不同。

用海水作冷却润滑剂的尾轴承采用铁梨木、桦木层压板、橡胶和尼龙等材料制成。其首端轴承用压力水进行润滑和冷却，尾端轴承可利用舷外海水自然流入尾轴承内进行润滑和冷却。为了避免海水在润滑的同时流进船舱内，通常在尾轴管前端装有填料密封装置。该填料密封装置在航行时，允许少量漏泄，以便使舷外海水进入尾轴承内，防止尾轴承内的海水形成“死水”。停航时再使之严格密封。

用润滑油作润滑冷却剂的尾轴承采用白合金、青铜和铸铁等材料制成。为了防止舷外海水流入和润滑油的流出，在尾轴管的首、尾端都设有密封装置。尾轴承的润滑系统是一个封闭系统，它利用高置重力油柜供油对尾轴承进行润滑。目前这种形式的油润滑尾轴承越来越为各类大型船舶所采用。

1. 水润滑尾轴管装置的检修

用水润滑的尾轴承，其轴承材料主要有铁梨木、桦木层压板、橡胶和尼龙和赛龙等。

铁梨木尾轴承是海船传统使用的轴承材料。这种轴承材料具有材质细密、坚硬，耐水浸、耐磨和耐腐蚀等优点。铁梨木尾轴承与具有青铜轴套的尾轴相对运转时，具有良好的耐磨性，其磨耗率为1.0～1.3mm/年。铁梨木尾轴承与青铜轴套在50℃以下的水中配对摩擦时，铁梨木上可形成一层乳状胶体黏液，使摩擦系数大大降低。铁梨木尾轴承摩擦系数会随水温而变化，当水温低、水量充足时摩擦系数小；水量不足时尾轴承会发热，水温达到60～70℃时摩擦系数急剧增加，尾轴承磨损加剧。

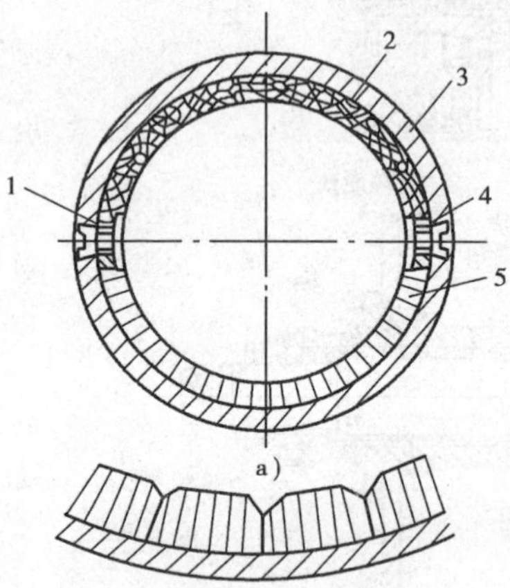

图 8-7　铁梨木尾轴承

1、4-止动条；2-上瓦；3-衬套；5-下瓦

铁梨木尾轴承的结构如图 8-7 所示。铁梨木板条镶在铜衬套内，每块板条长 250～300mm，宽 60～80mm，厚 15～20mm。拼装后相邻铁梨木板条之间形成 V 形流水槽，用于海水流通以加强润滑和冷却效果。由于铁梨木的立纹（纤维方向与尾轴中心线垂直）较其顺纹（纤维方向与尾轴中心线平行）的耐磨性好，所以尾轴承的下半瓦的板条采用立纹，上半瓦的板条采用顺纹，以使轴承上、下面磨损均匀。为了防止铁梨木板条随尾轴转动，在尾轴承的衬套内左右位置上各安装有青铜止动条，厚度约为铁梨木板条厚度的 60%。

铁梨木尾轴承的主要损坏形式是过度磨损、裂纹和开裂。铁梨木尾轴承过度磨损、尾轴承和尾轴之间的间隙过大、铁梨木板条厚度减薄太多，这都会使尾轴运转时产生振动，船舶倒、顺车时冲击负荷加大，使铁梨木板条产生裂纹或裂开。在坞修中，应测量尾轴承和尾轴之间的间隙，测量尾轴承孔径，确定铁梨木板条的磨损程度。其极限间隙与板条厚度可查阅说明书和相关规定。无表可查时，可参考下列计算式选取。

安装间隙：

$$\Delta = 0.003d + (0.50 \sim 0.75)\ (\text{mm})$$

$$\Delta_{max} \approx 4\Delta\ (\text{mm})$$

式中：d——轴颈直径，mm。

当铁梨木尾轴承间隙超过极限间隙，而铁梨木板条厚度在允许范围内时，可按以下方法进行修理：

（1）更换尾轴承铜套不调整尾轴承间隙。新制铜套厚度允许加大到原设计厚度的 1.25 倍。

（2）在尾轴承下半瓦的板条与铜衬套之间垫入整张铜皮，以减少尾轴和尾轴承的间隙。

（3）当板条磨损到极限厚度时，铁梨木板条应全部换新。

铁梨木板条产生裂纹和开裂时，应依具体情况进行局部换新。由于铁梨木的特点是干燥后易开裂,因此在船舶进坞修理过程中要保持铁梨木尾轴承处于湿润状态。

桦木层压板尾轴承是将层压板制成板条状装于尾轴管铜衬套构成。与铁梨木相比,其特点是材质硬而脆,与其匹配的尾轴套磨损较小。但是层压板的耐磨性要低于铁梨木。层压板条水胀性比铁梨木小,装船前后均不需浸泡在水中。干态层压板尾轴承的安装间隙、极限间隙和修理技术要求,可参照铁梨木尾轴承的规定。

橡胶尾轴承有板条式和整体式。其特点是非常耐磨,在冷却水充分的条件下,一般认为其使用期限为铁梨木尾轴承的2~4倍,减振特性、消声效果也比铁梨木好。但价格比较高。小轴颈的橡胶尾轴承可用整体式,把橡胶浇注成整体圆筒,再嵌到轴承壳内。尾轴承直径在300mm以上且轴承负荷高时采用板条式,把板条橡胶镶进轴承衬套的沟槽里。

近年来,船舶尾轴承采用尼龙、赛龙等合成材料,其中,应用赛龙尾轴承材料日益增多。赛龙是由高性能热固性树脂合成的均质聚合物。具有弹性好、耐磨性好、耐腐蚀和不会剥落的特点,但其导热性差,且不耐高温。

赛龙尾轴承材料的性能优于铁梨木、尼龙和桦木层压板等尾轴承材料,使用寿命约是其他尾轴承材料的4倍。工作温度在-65~107℃范围之内,赛龙轴承浸入水或水溶液的温度不得超过60℃,否则会产生水解作用使轴承变软,因此赛龙尾轴承冷却水温度在50℃以下。

赛龙尾轴承结构有圆筒形和板条形。圆筒形适用于200~1000mm的尾轴,板条形适用于270~749mm的尾轴。圆筒形尾轴承内孔铸有水槽,板条形尾轴承可手工或采用锯、刨削和铣削等加工出水槽。

水润滑尾轴管装置中只设置首部密封装置。它是采用传统的填料函式密封装置,如图8-8所示。它由填料、压盖、衬套、进水旋塞等组成。

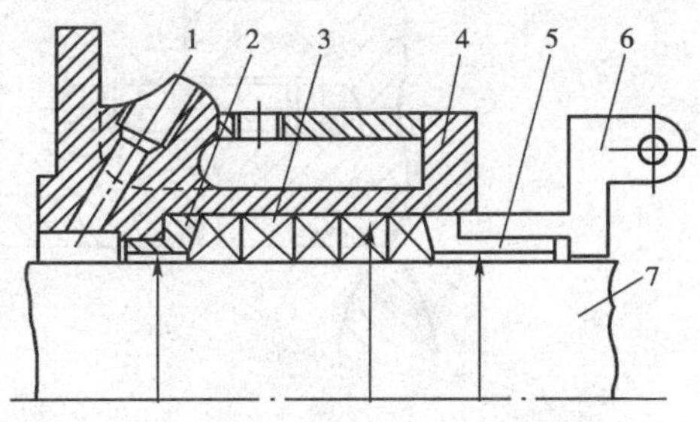

图8-8　首端尾轴承填料函式密封装置

1-进水管;2-衬环;3-填料;4-尾轴管;5-压盖衬套;6-压盖;7-尾轴

填料一般多采用浸油脂的棉、麻或尼龙绳。填料在压盖的预紧力作用下与尾轴紧密接触达到阻水密封的目的。填料函式密封装置具有结构简单、工作较可靠、维护管理方便等优点,但摩擦损失大、容易损伤尾轴或铜套。

如果填料函安装不良使尾轴发生磨损或填料长期使用磨烂造成大量海水进入机舱,则应进坞检修更换填料。如不能进坞可采用压载方式使船尾翘起尾轴露出水面更换填料,但应注意安全。更换填料的安装要点:

(1)为了提高密封效果,每圈填料的长度应恰好两端接拢。相邻各圈填料的接口应相互错开。

(2)压盖安装过程中应移动灵活、无卡阻。

(3)按一定对角顺序上紧压盖螺母,使之均匀压紧填料。

(4)填料函装妥后,压盖法兰与尾轴管端面间的各点距离应保持相等。

(5)压盖衬套内圆面不得与尾轴接触,上、下、左、右间隙应相等。

2. 油润滑尾轴管装置的检修

近年来,因尾轴管首、尾端密封装置结构的改进,大中型船舶广泛采用白合金尾轴承。

白合金尾轴承是采用润滑油进行润滑和冷却，与尾轴配对摩擦，耐磨性能好，不伤轴颈，磨损较少，使用期限一般都在10年以上，而且白合金还具有散热快、抗压强度高的优点。

白合金尾轴承的损伤形式有：过度磨损、擦伤、裂纹、剥落和烧熔等。

白合金尾轴承的损伤后，会使尾轴承间隙增大。当其磨损超过极限值时，应重新浇铸白合金。对白合金尾轴承表面的轻微的擦痕，允许就地修光继续使用。

油润滑的尾轴承首、尾端都设有一个密封装置。首端密封装置是防止尾轴管内的润滑油漏出；尾端密封装置则一方面防止尾轴管内润滑油向外漏出造成浪费和污染，另一方面要防止舷外海水流入尾轴管内。

油润滑式尾轴承的密封装置主要有金属环式和橡胶环式两种。目前大中型船舶广泛采用辛泼莱克斯（Simplex）式密封装置，它是一种橡胶环式密封，具有结构简单、密封性能好、摩擦损失小、寿命长、安装和修理方便等优点。

图8-9a）、图8-9b）分别为辛泼莱克斯式尾轴承密封装置中的尾端和首端装置的结构。从图中可见尾端装置的橡胶环座体内有三道橡胶密封环；而首端装置中只有两道橡胶密封环。首、尾密封装置的损坏主要发生在防蚀衬套与橡胶环上。防蚀衬套与橡胶环相对运动使它们产生磨损、磨痕；橡胶环老化，唇部产生裂纹、缺口、毛边等缺陷。

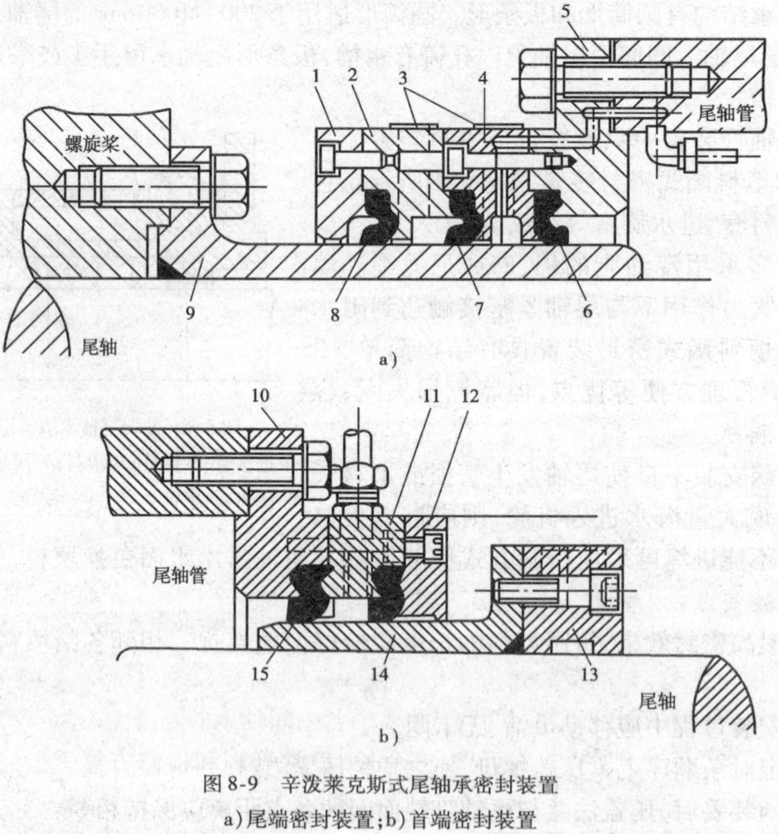

图8-9　辛泼莱克斯式尾轴承密封装置

a）尾端密封装置；b）首端密封装置

1-压盖；2、4、11-中间环；3-注油孔旋塞；5、10-凸缘；6、7、8、15-橡胶环；9、14-钢衬套；12-压盖；13-压紧环

防蚀衬套一般选用不锈钢、钢套镀铬或青铜，加工后经0.2MPa水压试验检验，不得有渗漏，其内孔与尾轴之间有一定的配合间隙。防蚀衬套的磨损、磨痕可采用光车消除；如防蚀衬

套与桨毂连接凸缘较厚可光车使之减薄，衬套轴向移位使磨痕部位与橡胶环位置错开；也可在桨毂与凸缘之间加厚垫片使衬套向首端轴向位移或在橡胶环座凸缘处加厚垫片使之向尾端轴向位移，改变衬套与橡胶环的相对位置，以保持良好的接触。

防蚀衬套在光车后若外径过小时，可以采用喷涂金属或镀铬等方法来恢复原设计尺寸。

橡胶环一般采用丁腈橡胶或氰橡胶。橡胶环的碎裂、唇边硬化和过度磨损、老化以及在防蚀衬套光车之后均应换新。

尾轴密封装置检修后应进行油压试验，试验时不允许滑油有任何渗漏，但在试验时允许微动尾轴。采用重力油柜润滑的尾轴密封装置在油压试验时，从泵油至回油起，3min 之内不允许漏油。

四、中间轴和中间轴承的检修

1. 中间轴和中间轴承

中间轴（intermediate shaft）位于主机曲轴（或推力轴）与尾轴之间，担负着传递主机动力的作用。

大中型船舶中间轴通常采用轴与连接法兰整体锻造，或分开锻造后再焊接成一体。中间轴的工作轴颈比非工作轴颈一般大 5 ~ 20mm。轴与轴之间用法兰和螺栓连接。中小型船舶普遍采用加工制造方便的圆柱形螺栓进行连接；大中型船舶一般采用圆锥形螺栓，其对中性较好，不易松动，但加工制造困难。为了使螺栓连接后法兰处不会松动，一般要求紧配螺栓的数目不少于 50%。

中间轴承的作用是用来支承中间轴和使轴系绕固定的轴线回转。每根中间轴都安装在一个中间轴承上。中间轴承主要承受中间轴的重量和轴系安装时引起的附加负荷，以及中间轴在回转时与中间轴承出现的摩擦热和磨损。

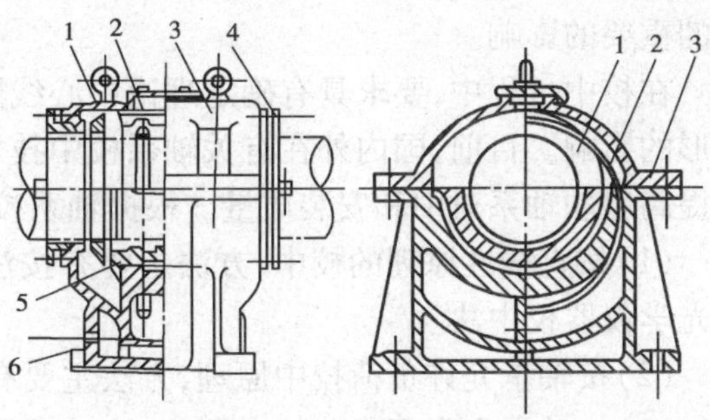

图 8-10　滑动式中间轴承

1-挡油环；2-油环；3-轴承盖；4-端盖；5-轴承下瓦；6-轴承座

目前绝大多数中间轴承都采用白合金滑动轴承。滑动式中间轴承如图 8-10 所示。轴承盖 3 和轴承座 6 是由灰铸铁（HT200、HT250）或铸钢（ZG230—450）制成的。轴承下瓦 5 装于轴承座 6 上，下瓦是在铸钢瓦背上浇铸巴氏合金而成，一般情况不设上瓦。油环 2 套于中间轴上，其下部浸于轴承座底部的油槽中，油环随中间轴转动将润滑油带到轴颈和轴瓦上，润滑和冷却后自轴承两端流回油槽。为防止润滑油外流，在轴承两端安装挡油环 1，随轴转动时将油甩入油槽。白合金轴承温度不超过 70℃，并要求各中间轴承的温度差不大于 15℃。

滑动式中间轴承结构简单，工作可靠，寿命长，日常管理和检修方便。但当船舶机动航行尤其是轴系转速低时油环带油润滑不良。

2. 中间轴和中间轴承的检修

检修中间轴和中间轴承时，先检查磨损情况，检查中间轴工作轴颈及法兰圆角处有无裂纹、损伤和腐蚀等缺陷，然后检查中间轴工作轴颈及中间轴承的磨损。用塞尺测量靠尾轴端的中间轴承前后的上、下、左、右四个位置的间隙。中间轴工作轴颈和轴承底部应接触良好，插不进0.05 mm塞尺；左右间隙应基本相同，不允许轴颈与轴承单边靠死。其他中间轴承一般无上轴瓦，只检查下轴瓦的间隙。其次测量中间轴承孔径，确定白合金厚度和磨损程度。

如果中间轴承间隙超过极限值，或白合金厚度小于极限值时，应当重新浇铸白合金。中间轴承白合金层工作表面上不允许有裂纹、擦痕及剥落等缺陷。当发现上述缺陷时，应修复或重新浇铸白合金。

检查中间轴工作轴颈的磨损、工作轴颈的圆度和圆柱度误差，均不应超过规定的范围。如果超过规定值时必须光车轴颈工作表面。工作轴颈的最小直径允许与非工作轴颈相等。海船中间轴轴颈允许采用堆焊的办法加大轴颈，内河船舶允许用包钢套的办法加大轴颈。中间轴不允许有裂纹，如轴的表面上出现裂纹，修理时应征求验船部门的同意方可采用电焊修理。

五、轴系的校中

轴系校中又称为轴系的对中或轴系找正。轴系校中实质上就是准确地确定船轴及其轴承的位置。船舶轴系能否可靠地运转，不仅取决于轴系的结构设计、材料和制造，而且更重要的是取决于轴系的安装质量。轴系校中、安装质量不佳，会造成轴承发热、尾轴承过度磨损、密封装置破坏和轴系振动等。

轴系校中就是按照一定的要求和方法把轴系安装成一定的状态，此种状态下的轴系其各轴段内的应力和所有轴承上的负荷都在允许范围之内或具有合理数值，从而使轴系能可靠地运转。它是船舶轴系安装和检修工作中一项重要工序。校中质量好坏直接对轴系运转有着直接的重要的影响。

在校中过程中，要求具有确定理论中心线同样的施工条件，要避免大的撞击、敲打与船体变形的影响。目前，国内外在有关轴系校中技术方面有很大发展，这些技术的应用无疑会大大地提高船舶轴系对中和安装质量。根据轴系校中方法依其原理，可分以下三种。

(1)按直线性原理的校中，方法主要有按法兰上严格规定的偏中值校中法（平轴校中法）和光学仪器校中法。

(2)按轴承允许负荷校中原理，方法主要有计算法、测力校中法。

(3)按轴承上合理负荷校中原理，方法主要有按轴承合理位置校中法和按法兰上合理偏中值校中法。

过去人们曾认为轴系安装成直线状为最合理，在这种思想指导下将轴系安装和对中时，力求将尾轴、中间轴、推力轴和主机曲轴排成一条直线，以使轴系在基本无弯曲状态下进行运转。因此，生产中出现以下几种校中方法。

1. 平轴校中法

为了实现轴系成一直线状态，轴系校中时使其每对法兰上的偏中值为零，即偏移值$\delta=0$，曲折值$\psi=0$。生产中使各对法兰上的偏中值为零是非常困难的。为此允许法兰上有很小的差值，一般规定$\delta\leqslant0.10$mm，$\psi\leqslant0.15$mm/m。

采用直尺和塞尺法或指针法测量各对法兰上的偏移和曲折。校中时通常是先将尾轴按轴系理论中心线安装好，然后以尾轴首端法兰为基准，自船尾向船首方向逐段调整每个中间轴承上的每节中间轴的位置，使各对法兰上的偏中值小于规定的偏中值。最后依第一节中间轴或推力轴首端法兰进行主机的定位。

按法兰严格规定的偏中值校中轴系，虽然长期使用，校中方法也简便、易于操作，但它是一种既不科学也不合理的轴系校中方法。主要是没有考虑各轴段内的应力和各轴承上负荷。

2. 光学仪器校中法

采用光学准直仪或投射仪进行轴系校中。利用光的直线传播的特性，以仪器的主光轴作为轴系理论中心线来校准人字架、尾轴管、中间轴承等轴系部件的位置，使这些部件上孔的中心与仪器光轴重合。轴系的各支承部件的位置确定后，用垫片和底脚螺栓将各道中间轴承固定，并用法兰连接螺栓将轴系中各轴段连接起来。

以上两种校中法，均按直线性原理来校中轴系的。都未考虑轴系尾端悬臂安装的重大螺旋桨的影响，因而不能保证大型低速柴油机动力装置的轴系安装质量。随着船舶大型化和主柴油机功率的增加，螺旋桨的质量和尺寸，轴系各轴直径的相应增大，都有可能使尾轴管承受的实际负荷大大增加，以致超过许用范围。

为了改进轴系校中工作，特别是提高大型单桨尾机型船舶轴系的校中安装质量，国外自20世纪60年代中期开始研究轴系校中的新技术。在众多的研究中，轴系合理校中（或称最佳校中）技术已有效地应用于造船生产中。目前国内外广泛采用此技术。

轴系合理校中的实质是按照规定的轴承负荷、应力和转角等要求，通过校中计算确定出轴系各轴承的合理位置，将轴系安装成规定的曲线状态，使各轴承负荷符合要求，分配合理支承截面上的弯矩和转角在允许范围内。轴系合理校中具有使轴系各轴承负荷合理分布和安装工艺简便的优点，尤其是在船舶设计阶段就可进行轴系校中计算、有利于改善轴承负荷状况，提高轴系质量。

六、轴系修理后验收

1. 轴系安装验收

（1）当轴与轴系经换新或加工，其装配间隙应符合规范要求；轴与轴系下部紧密贴合，左右两间隙应各自为装配间隙的40% ~60%。

（2）当尾轴经换新或修理后，应检查尾轴与相邻中间轴法兰上的偏中值，应符合规范要求。

（3）尾轴填料函和密封装置，在轴系安装后进行油压试验，并符合规范要求，一般不允许漏泄。

2. 试航验收

（1）试航试验中，水润滑尾轴管首端填料函允许有少量海水流出；油润滑尾轴密封装置应满足规范要求。

（2）试航中，整个轴系及轴承工作应平稳，无特殊敲击，摩擦声和振动。

（3）推力轴承，中间轴承和尾轴管首端密封或填料函装置应无过热现象，其稳定温度应符合规范要求，某部位温度超过规定，但不高于其原始使用温度时，经验船师等同意，可以使用。

3. 轴系修理后船厂应提交的数据记录

（1）轴承间隙原始测量记录和换修后的安装记录。

（2）轴的校调和加工后的测量记录。

（3）轴系中心线的原始记录和修理测量记录。

(4)船轴更换后的材料牌号,化学成分和机械性能等合格证明。

(5)进出厂试航轴系温度记录。

任务三　船舶舵系的检修

● 学习目标

一、船舶舵系的检修知识目标

1. 了解船舶舵系的工作条件和结构特点;
2. 了解船舶舵系的损伤形式;
3. 了解船舶舵系损伤的修理工艺。

二、船舶舵系的检修能力目标

1. 能够分析船舶舵系损伤产生的原因;
2. 掌握船舶舵系中心线的检验与调整方法;
3. 能够根据不同的损伤形式选择船舶舵系的修理工艺。

● 任务引入

船舶舵系的主要作用是什么? 船舶舵系有哪些结构特点? 船舶舵系损伤主要产生在哪些部位? 如何进行船舶舵系中心线的检验与调整? 如何选择船舶舵系的修理工艺?

● 任务分析

船舶舵系是实现船舶转向、掉头、直航等操纵的船舶航向控制装置。

舵系组成主要包括:运动部件——舵叶、舵杆和舵销等;固定件——舵杆轴承(上、下舵承)、舵销轴承、舵轴等。

舵系又分单舵系和双舵系两种。远洋与近海商船上多采用单舵系,通常安置在船尾的船中纵剖面的位置上;客船、军舰及有的内河船舶采用双桨、双舵。

舵的种类很多,主要有以下几种分类方法:

(1)按照舵的旋转轴线位置分:有平衡舵、半平衡舵和不平衡舵。

①平衡舵:转动轴线在舵叶的中间,把舵叶分为两部分。舵叶转动时两部分均承受水压产生力矩。此二力矩方向相反,使转舵力矩降低,在某一舵角时为零,达到完全平衡。平衡舵所需舵机功率较小。如图 8-11a)所示。

②半平衡舵:这种舵仅下半部起平衡作用,如图 8-11b)所示。

③不平衡舵:舵的旋转轴线在舵叶的一边,即舵杆一侧有舵叶,对转舵力矩不起平衡作用,如图 8-11c)所示。

(2)按舵叶截面形状分:有平板型舵和流线型舵。

(3)按舵与船体的连接方式分:有悬挂舵、半悬挂舵、多支承舵、双支承舵和穿心舵轴平衡舵。

舵的结构形式有很多种,目前在有尾柱的大型船舶上较为广泛采用的是穿心舵轴平衡舵。其结构如图 8-12 所示。穿心舵轴平衡舵的结构虽然与普通平衡舵有所不同,但仍属于三支点

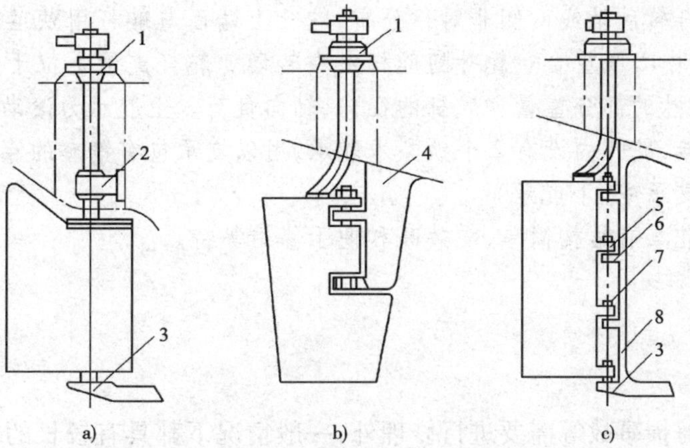

图 8-11　旋转轴线位置不同的舵

a）平衡舵；b）半平衡舵；c）不平衡舵

1-上舵承；2-下舵承；3-舵底托；4-舵座；5-舵叶舵钮；6-尾柱舵钮；7-舵梢；8-尾柱

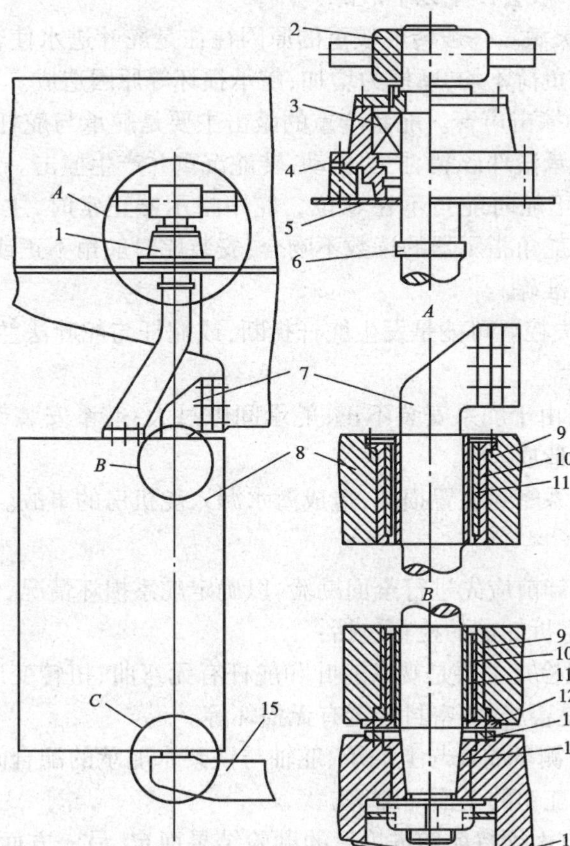

图 8-12　穿心舵轴平衡舵

1-上舵承；2-舵柄；3-滚动轴承；4-上舵承座；5-密封圈；6-舵杆；7-穿心舵轴；8-舵叶；9-外衬套；10-铁梨木；11-内衬套；12、13-上、下摩擦片；14-下舵承衬套；15-舵托

舵类型。舵叶在舵杆转动轴线两侧非对称分布，舵叶上端面与舵杆用法兰连接。舵轴穿过舵叶，其中心线与舵杆中心线重合。舵叶随舵杆左右转动。舵杆支承是位于船体内部舵机房的上舵承，使其承受舵叶的部分重量和舵杆的径向、轴向负荷。上舵承为滚动止推轴承。舵轴上端与尾柱用法兰连接，舵叶内设有2个铁梨木舵承，用以支承包有铜套的穿心舵轴。舵轴的下端锥体置于舵底托支承中（下舵承）。

穿心舵轴平衡舵具有结构简单、舵效高和便于修造等特点。

● 任务实施

一、舵系的检修

舵系除因发生海损事故等需要进行修理外，一般情况下都具有较长的使用期。舵系的检修可随同轴系检修进行。

1. 舵系故障类型

舵系在实际运转中一般会产生以下故障：

（1）舵沉重，转舵不灵敏。一般转舵较重的原因往往是舵叶进水使转舵负荷增加；舵杆弯曲或扭曲变形，使各舵承负荷不均，摩擦力增加；舵承损坏等原因造成。

（2）转舵时有异常的撞击声音。舵系严重的敲击主要是舵承与舵杆、舵轴、舵销等的配合间隙过大造成的，或上舵承滚珠碎裂、护圈松动，转舵沉重并产生撞击。

（3）转舵舵角不准，正舵时舵角不在零位。舵角指示器正常时，主要原因是舵杆扭曲变形，使舵叶的实际位置与舵角指示器的读数不吻合；安装舵时舵角不正或当舵角指示器发生故障指示错误时，转舵也不准确。

（4）操舵轻松，航向失控。可能是发生舵杆折断，或舵杆与舵叶法兰连接螺栓脱落造成舵叶丢失等导致。

（5）舵系振动。主要由于舵系安装不正；舵承间隙过大；舵系安装部位的船体刚度、强度不足，上舵承座强度差等造成。

此外，还可能产生舵系密封装置损坏，造成海水漏入舵机房的事故。

2. 舵系勘验

船舶进坞后，舵系拆卸前应先进行全面勘验，以确定舵系损坏情况、修理内容和范围，并作为修后验收的依据。通常拆卸前的检查包括：

（1）外观检查。外观检查主要是观察舵叶和舵杆有无弯曲、扭转变形；自船尾面向船头目测舵角指在零位时舵叶是否居中；密封装置有无损坏等。

（2）间隙测量。主要测量舵杆与上舵承、舵轴与铁梨木舵承的配合间隙；舵销轴与舵销承的间隙；舵叶舵钮与尾柱舵钮的平面间隙等。

舵系的修理范围一方面须待船舶进坞后的勘验结果而定，另一方面根据舵系的实际运转情况而定。

3. 舵承的检修

为了保证舵杆与上舵承、穿心舵轴与轴承、舵销与舵销承在使用中工作正常，其配合间隙不应超过表8-4的规定值。

穿心舵轴与舵承的装配间隙与极限间隙(单位:mm)　　表8-4

舵杆直径 d \ 标准值	铜舵承		铁梨木、层压胶木舵承	
	装配间隙	极限间隙	装配间隙	极限间隙
120～180	0.75～0.85	5.00	0.85～1.10	6.00
180～260	0.85～1.00	6.50	1.10～1.35	7.20
260～360	1.00～1.20	8.00	1.35～1.60	8.50
360～500	1.20～1.50	9.50	1.60～2.00	10.00
近似计算公式	$0.002d+0.40$	$0.03d$	$0.003d+0.40$	$0.035d$

当舵杆(舵轴或舵销)与舵承的配合间隙超过极限值时,要检查舵杆(或舵轴、舵销)的磨损情况和舵承的磨损情况,必要时应换新舵承。

上舵承一般为双列向心球面滚动轴承或平面止推滚动轴承。当轴承发生锈蚀、剥蚀、护圈破裂;滚珠(滚柱)严重磨损或破碎、转动不灵活时,均应予以换新。

衬套式中间舵承常常由于轴承工作表面严重磨损使衬套厚度过分减薄,或者使舵承配合间隙过大。当衬套厚度或间隙超过极限值时应换新衬套或光车衬套并在内表面拉槽浇铸白合金后继续使用。

当中间舵承衬套与本体配合松动时,应进行修理或换新衬套。在修理时可采用涂黏结剂的办法进行黏结装配。

4. 舵杆的检修

(1)舵杆的磨损检修。舵杆在转舵时,借助来自舵机的扭矩带动舵叶转动。由于舵杆在航行时承受巨大扭矩和弯矩作用以及偶然的外力作用,舵杆与舵承有相对运动,承受摩擦磨损。

舵杆工作轴颈磨损后,其圆度与圆柱度误差应不超过允许值。表8-5为舵杆工作轴颈圆度和圆柱度误差允许值。此时只要消除舵杆工作轴颈表面的不均匀磨损、腐蚀等缺陷,并能保证配合间隙合格即可。

舵杆在经多次光车修理后,直径仍应大于非工作轴颈,否则要换新或采用不锈钢焊条进行堆焊修理。但大面积堆焊修补时应注意退火以消除内应力。舵杆(舵轴或舵销)工作轴颈有铜保护套时,如铜套磨损后其厚度超过表8-6的规定极限厚度时,也应予以换新。

舵杆工作轴颈圆度和圆柱度误差允许值(单位:mm)　　表8-5

舵杆直径 d	120～180	180～260	260～360	360～500
配滑动轴承	0.23	0.28	0.32	0.36
配滚动轴承	0.02	0.025	0.03	0.035

舵杆、穿心舵轴铜套厚度(单位:mm)　　表8-6

舵杆(轴、销)直径	新制最小厚度	极限厚度
120～180	12	6
180～260	14	7
260～360	16	8
360～500	18	9

(2)舵杆弯曲和扭转的检修。舵杆的弯曲变形是用弯曲处的径向圆跳动量误差来衡量的。舵杆转动一周时千分表指针读数的变化量不得大于0.50mm/m,当舵杆的直线度不大于2.00 mm/m时允许采用冷校直;大于2.00mm/m时须进行热校直,加热温度不应超过650℃。

舵杆产生扭转变形后必须仔细检查发生扭转变形的部位有无裂纹损伤和弯曲。在确认无裂纹和无弯曲变形后,应检查舵杆的扭转程度。

当所测量的舵杆扭转角度值 φ 小于以下公式计算值时,该舵杆可以继续使用:

$$\varphi \leqslant L/2d$$

式中:φ——扭转角,(°);

L——舵杆长度,自舵杆的上舵承点至下端连接法兰上表面间的距离,mm;

d——舵杆最小直径,mm。

当舵杆扭转角小于10°时,应堆没旧键槽,在舵杆上重开新键槽并将旧键槽加宽后继续使用:当舵杆扭转角大于10°时,除堆没旧键槽外,还应进行退火处理以消除内应力;当舵杆扭转角大于30°时,应换新舵杆。

(3)舵杆裂纹的检修。在修理舵杆时应仔细检查舵杆扭转变形部位或应力集中处有无裂纹存在。舵杆上有2~3条细小纵向裂纹时,可用手工修理继续使用;纵向裂纹长度不超过轴颈1/4公称直径,数量不超过3条且不在同一母线上,裂纹深度不超过5%公称直径时,可经焊补修理后使用。在舵杆轴颈上不允许有任何横向裂纹存在。对于大面积堆焊,修复前、后应进行预热和退火处理。

修理后的舵在安装时须进行舵系同轴度和中心线位置的检查,以确定轴系的中心线状态。

二、舵系中心线的检验与调整

新造船舶安装舵系前应先确定舵系中心线,通常舵系中心线与轴系理论中心线同时确定。在拉好轴系理论中心线和舵系中心线后,按校中技术要求进行校中测量和安装舵系。

营运船舶由于海损事故或其他原因造成舵系失中时,应检查舵系中心线的状态。与新造船舶一样,采用拉线法进行校中测量。分别检查舵系固定件,检查舵系中心线与轴系中心线的垂直度和相对位置偏差。

1.舵系固定件同轴度的检验

例如三支点舵系固定件的同轴度检验,拉线时是以上下舵承为基准,拉出舵系中心线,以检查上中下舵承孔的同轴度。钢丝以上下两道舵承孔为基准,用内卡钳或内径测微计测孔壁至钢丝前后,左右的距离并使之相等。钢丝拉好后检查中间舵承孔的上、下部位的前、后、左、右4个位置数值,舵承孔中心与钢丝线的最大偏差值不得超过中间舵承的装配间隙。

当舵系固定件同轴度误差超过规定时,可采用偏心镗削舵承衬套的方法。镗削后衬套最小厚度应满足新制衬套最小厚度的75%,且必须防止衬套转动。

2.舵系运动部件同轴度检查

舵杆与舵叶组装后,应检查舵杆与各道舵销(或舵叶内的轴承)的同轴度。将此运动部件置于平台上,用螺栓固定好。以舵杆工作轴颈和下部舵销工作轴颈外圆为基准拉一根钢丝线,来检查中间舵销工作轴颈或舵叶的轴承相对于钢丝线偏差。然后将舵杆与舵叶一起绕转90°,再测量舵销工作轴颈相对于钢丝线的偏差。最大偏差值应小于规定的安装间隙。

舵系运动部件同轴度误差不符合要求时，可采用舵销衬套偏心镗削的办法来纠正。偏心镗削衬套最薄部位的厚度应满足新制舵销衬套最小厚度的75%。偏心衬套必须有可靠的定位措施，以防止衬套转动，或修磨舵杆与舵叶连接法兰端面来纠正。

3. 舵系中心线位置的检查

舵系中心线是以上舵承和舵底承为基准用0.3～0.5mm的钢丝线拉出，并保持钢丝的直线状态。检查舵系中心线与轴系中心线的相对位置偏差δ。其偏差值δ不得超过下式计算值

$$\delta \leqslant 0.001 \times \frac{L}{3}$$

式中：L——船长，m。

检查舵系中心线与船舶基线的垂直度，偏差不得大于1mm/m。

三、舵系修理验收要求与提交文件

船舶舵系在船厂修理后应进行舵系性能试验，检验舵系修理质量，而且船厂应提交船东修理技术文件作为验收的依据。

1. 舵系修理验收要求

(1)舵系修理后，在全舵角范围内转动应灵活、平稳、可靠，无卡阻与振动现象。

(2)舵叶的实际位置与舵角指示器位置应一致，0位置无偏差，其他位置偏差不得超过0.5°。

(3)舵系与舵机脱开时，若舵杆直径小于360mm，可用人力推动舵叶转动进行转舵试验；若舵杆直径大于360mm，用辅助操舵装置推动舵叶转动进行转舵试验，转舵试验时，如发现转舵较重，依具体情况允许通过系泊或航行试验检查。

(4)舵系填料箱不允许漏水。

2. 舵系修后应提交文件

舵系检修后，根据要求应进行相关检验，并提交检修文件。其中包括：

(1)舵杆、舵承、舵销修换前、后的安装间隙等测量记录；

(2)舵系固定件和运动件校中修理前后校中安装记录；

(3)换新舵杆等主要零件的化学成分与机械性能报告及加工尺寸检验合格证明文件；

(4)舵杆校调记录；

(5)舵系性能试验记录；

(6)舵叶等密封试验和测厚检验报告。

任务四　知识链接与技能拓展

一、常见轴类零件的检修

1. 轴的常见失效形式

1)轴的类型和功用

轴是机器中重要的零件之一，是用来支持旋转运动的机械零件，如齿轮、叶轮等。根据承受载荷的不同，轴可分为转轴、传动轴和心轴三种。转动轴既传递转矩又承受弯矩，如变速箱

中的轴；传动轴只传递转矩而不承受弯矩或弯矩很小，如中间轴；心轴则只承受弯矩而不传递转矩，如铁路车辆的轴。

按轴线的形状还可分为：直轴、曲轴和挠性钢丝轴等。本节只讨论泵轴、增压器轴等直轴。

2）轴常见的失效形式

轴是较容易磨损或损坏的零件，常见的失效形式有：

（1）磨损。

①黏着磨损：由于低速重载或高速运转以及润滑不良造成轴与轴承两表面的微凸体接触，引起局部黏着、撕裂，有明显的黏着痕迹。

②磨粒磨损：当轴表面有较硬杂质落入时，容易引起轴表面产生条形沟槽刮痕。

③疲劳磨损：轴承受交变应力作用以及润滑不良时造成表面疲劳、剥落、压碎、凹坑。

④腐蚀磨损：轴面受氧化性、腐蚀性较强的气、液体作用、外载荷或振动作用下引起接触表面产生微小滑动，滑动方向呈均细磨痕，或有小凹坑、伴有黑灰色、红褐色氧化物细颗粒、丝状磨损物产生。

（2）断裂。由于过载、交变应力、局部应力集中以及轴材料强度不够等引起轴疲劳断裂、脆性断裂或韧性断裂。

（3）弯曲变形。由于轴刚度不够、过载过量、轴系结构不合理、高温等原因，使材料强度降低，甚至发生蠕变而导致轴弹性或塑性变形。

2. 轴的检修

1）轴颈磨损的修复

（1）镶套法。当轴颈磨损量小于0.5mm时，可用机械加工方法使轴颈恢复正确的几何形状，然后按轴颈的实际尺寸选配新轴衬。这种方法进行修复可避免变形，是一种经常使用的轴颈修复工艺。

（2）堆焊法。几乎所有的堆焊工艺都能用于轴颈的修复。如堆焊后不进行机械加工，堆焊层厚度应保持在1.5～2.0mm；若堆焊后仍需进行机械加工，堆焊层厚度应比轴颈名义尺寸大2～3mm，堆焊后应进行热处理退火。

（3）电镀或热喷涂。当轴颈磨损量在0.4mm以下时，可用镀铬修复，但这种工艺成本较高，只适用于重要的轴。对于非重要的轴应用镀铁修复，用低温镀铁效果较好，原材料便宜、成本低、污染小，镀层厚度可达1.5mm，硬度较高。磨损量不大时也可用热喷涂修复。

（4）粘接修复。把磨损的轴颈车小1mm，然后用玻璃纤维蘸上环氧树脂胶，一层一层地缠在轴颈上，待固化后加工到规定的尺寸。

2）轴裂纹和断裂的修复

轴出现裂纹后如不及时修复，就有折断的危险。对承受载荷不大或不重要的轴，当径向裂纹不超过轴颈的10%时，可用焊补修复。焊补前，必须认真作好清洁，并在裂纹处开坡口。焊补时，先在坡口周围加热，然后再进行焊补。为消除内应力，焊后需进行回火处理，最后通过机械加工满足尺寸要求。

对于轻微裂纹还可用粘接修复，先在裂纹处开槽，然后用环氧树脂填补和粘接，待固化后进行机械加工。

对轴上有深度超过轴直径10%的裂纹或角度超过10°的扭转变形，且是受载很大或重要的轴，应予以调换。

当载荷大或重要的轴出现折断时，应及时调换。一般受力不大或不重要的轴，可用图8-13所示的方法进行修复。

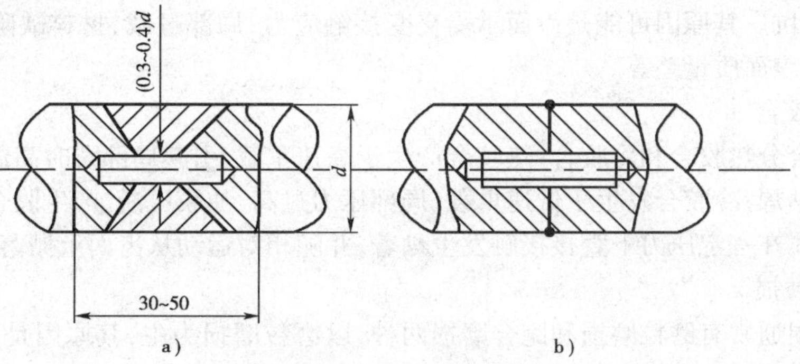

图 8-13　断轴的修复(尺寸单位：mm)

图 8-13a)是焊接法把断轴两端对接起来。焊接前，先将两轴端面钻好圆柱销孔、插入圆柱销、然后开坡口进行对接。圆柱销直径一般为(0.3～0.4)d，d 为断面外径。图 8-13b)是用双头螺柱代替前面的圆柱销。

3)轴弯曲的修复

当轴出现弯曲时，可将轴放在车床上用千分表检查其弯曲量，并记下弯曲部位。对弯曲量小于 8/1000 的轴，可用冷校法进行校正。如图 8-14 用手动螺杆校正机进行校直，校直时，弯曲部位的凸面应该朝上。

当轴较粗而弯曲度较小时，也可用铜质捻棒冷打轴的凹部，使其表面延伸而校直。

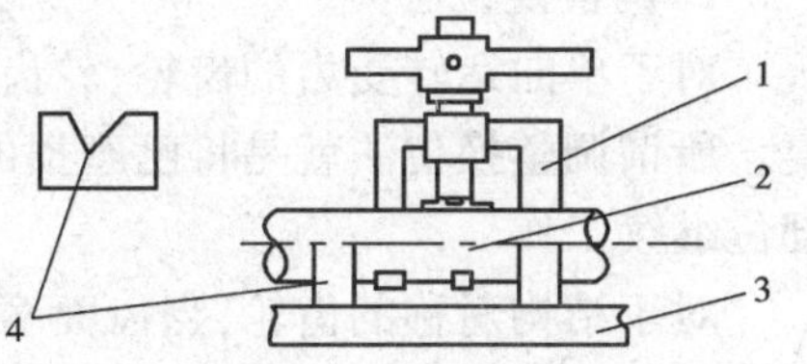

图 8-14　用手动螺杆校正机校直泵轴

1-手动螺杆校正机；2-泵轴；3-平台；4-V 形铁

对弯曲度较大的轴，则采用热校法进行校正。通过加热，使温度达到 500～550℃，然后待冷却进行校正。加热时间根据轴的直径大小、弯曲量和加热设备确定。注意热校后应使轴的加热处退火，达到原来的力学性能和技术要求。

二、齿轮的检修

齿轮可以用来传递两平行轴、相交轴和相错轴之间的动力和运动，因此，齿轮传动除需运转平稳外，还必须具有足够的承载能力。

1. 齿轮的失效形式

齿轮常见的失效形式主要有以下 6 种：

1)齿轮折断

齿轮折断一般发生在齿根部分，其原因是轮齿受力时齿根处弯曲应力最大且集中，载荷过于集中、短期严重过载、多次重复作用等就会造成齿轮折断。

2)疲劳点蚀

其表现为在节线附近的下齿面上出现疲劳点蚀坑并扩展，呈贝壳状，甚至遍及整个齿面，会造成齿轮的噪声、磨损、动载增大。这种现象在闭式齿轮中经常发生，其原因可能是长期受交变接触应力作用,齿面接触强度和硬度不高、表面粗糙度大、润滑不良等。

3)齿面剥落

其表现为脆性材料、硬齿面齿轮在表层或次表层内产生裂纹,并扩展,材料成片状剥离齿面,形成剥落坑。其原因可能是齿面承受交变接触应力、局部过载、材料缺陷、热处理不当、黏度过低、齿轮表面质量差等。

4)齿面胶合

齿面胶合分热胶合和冷胶合,热胶合产生于高速重载,引起局部瞬时高温、导致油膜破裂、使齿面局部粘焊;冷胶合发生于低速重载、局部压力过高、油膜压溃、产生胶合。其损伤主要表现为齿面金属在一定压力下直接接触发生黏着,并随相对运动从齿面上撕落。

5)齿面磨损

齿面磨损通常有磨粒磨损和跑合磨损两种,以磨粒磨损为主,其原因是由于灰尘、铁屑等进入齿面而引起的,会导致齿轮失去齿形,产生振动和噪声。

6)齿面塑性变形

在重载下,较软的齿面上可能产生局部的塑性变形,使齿廓失去原有的齿形。

2.齿轮的检修方法

1)调整换位法

对于单向运转受力的齿轮,轮齿常为单面损坏,只要结构允许,可以直接用调整换位法修复。所谓调整换位法就是将已磨损的齿轮变换一个方位,利用齿轮未磨损的部位或磨损轻的部位继续工作。

对于结构对称的齿轮,当齿面磨损后可直接翻转180°。重新安装使用,这是齿轮修复的通用办法。但是,对圆锥齿轮或具有正反转的齿轮不能采用这种方法。

若齿轮精度不高,并由齿轮和轮毂组合的结构(铆合和压合)其齿轮单面磨损时,可先除去铆钉,拉出齿圈,翻转180°换位后再进行铆合和压合,既可使用。

结构左右不对称的齿轮,可将影响安装的不对称部分去掉,并在另一端用焊铆或其他方法添加相应结构后,再翻转180°安装使用;也可在另一端加调整垫片,把齿轮调整到正确位置。

对于单面进入啮合位置的变速齿轮,若发生齿端碰缺,可将原有的换档拔叉槽车削去掉,然后,新制的拔叉槽用铆或焊接方法装到齿轮反面。

2)栽齿修复法

对于低速、平稳载荷且精度要求不高的较大齿轮,单个齿折断后可将断齿根部挫平,根据齿根厚度及齿宽情况,在其上面栽上一排与齿轮材质相似的螺钉,包括钻孔、攻螺纹、拧螺钉,然后再按齿形样板加工出齿形。

3)镶齿修复法

对于受载不大,但精度要求较高的齿轮单个齿折断,可用镶单个齿的方法修复。如果齿轮有几个齿连续损坏,可用镶齿轮块的方法修复。若多联齿轮、塔形齿轮中有个别齿轮损坏,用齿圈替代法修复。重型机械的齿轮通常把齿圈以过赢配合装在轮芯上,成为组合式结构。当这种齿轮的轮齿磨损超限时,可把坏齿圈拆下,而换新的齿圈。

4)堆焊修复法

当齿轮的轮齿崩坏,齿端、齿面磨损超限,或存在严重表层剥落时,都可以使用堆焊法进行修复。齿轮堆焊的一般工艺为:焊前退火;焊前清洗;施焊;焊缝检查;焊后机械加工与热处理;精加工;最终检查及修整。

(1)齿轮局部堆焊。当齿轮的个别齿断齿、崩牙,遭到严重损坏时,可以用电弧堆焊法进行局部堆焊。为防止齿轮过热、避免热影响,可把齿轮浸入水中,只将被焊齿露于水面,在水中进行堆焊。

(2)齿面多层堆焊。当齿轮少数齿面磨损严重时,可采用齿面多层堆焊。施焊时,从齿根逐步焊到齿顶,每层重叠量为2/5~1/2,焊一层经稍冷后再焊下一层。如果有几个齿面需堆焊,应间隔进行。

对于堆焊后的齿轮,要经过加工处理以后才能使用。最常用的加工方法有两种:

①磨合法:按应有的齿形进行堆焊,以齿形样板随时检验堆焊层厚度,基本上不堆焊出加工余量,然后通过手工修磨处理,除去大的凸出点,最后在运转中依靠磨合磨出光洁表面。这种方法工艺简单、维修成本低,但配对齿轮磨损较大、精度低。它适用于转速很低的开式齿轮修复。

②切削加工法:齿轮在堆焊时留有一定的加工余量,然后在机床上进行切削加工。这种方法能获得较高的精度,生产效率也较高。

5)热锻堆焊结合修复法

磨损严重的大型钢齿轮,用热锻堆焊相结合的方法进行修复比较适宜。其工艺过程如下:

(1)将齿轮外圆车掉1~1.5mm,除去渗碳层;

(2)将齿轮加热至800~900℃,置于压模进行锻压墩粗,用热锻将齿顶非工作部分金属挤压到工作部分,恢复轮齿齿厚;

(3)在轮齿顶部进行堆焊,满足齿高要求;

(4)对修理部位进行重新机械加工和热处理工艺;

(5)采用适当的方式进行检验,以确保修复质量。

这种修复工艺与不经过热锻的堆焊修复工艺相比,其金属融合性好,能充分保证质量。

6)金属涂敷法

对于模数较小的齿轮面磨损后,不使用堆焊等工艺修复,可采用金属涂敷法。

这种方法的实质是在齿面上涂以金属粉或合金粉层,然后进行热处理或机械加工,从而恢复零件的原来尺寸,并可获得耐磨及其他特性覆盖层。

涂敷时所用的粉末材料,主要有铁粉、铜粉、钴粉、钼粉、镍粉、堆焊合金粉和镍一硼合金粉等,修复时根据齿轮的工作条件及性能要求选择确定。涂敷的方法主要有热喷涂压制沉积和复合等,溶结加热的方法可选用电炉、感应炉、燃料炉、气焊炬和超声波等。

此外,齿轮检修时还可以采用塑性变形法、真空扩散焊等工艺方法进行修复。

三、壳体的检修

壳体零件是机械设备的基础件之一,其作用是将一些轴、套、齿轮等零件组装在一起,使其保持相对的正确位置,彼此能按一定的传动关系协调地运动,构成机械设备的一个重要部件。壳体零件的修复对机械设备的精度、性能和寿命都有直接的影响。壳体零件的结构形状一般都比较复杂,壁薄且不均匀,内部呈腔形,在壁上有许多精度较高的孔和平面,也有许多精度较低的紧固孔。下面简介几种壳体的修复工艺要点：

1. 泵壳和端盖的检修

船用泵是用来输送水、油等液体的一种机械。泵壳内部既有液体的流动，又有泵轴的转动，因此壳体容易发生腐蚀和出现裂纹。

(1)泵壳体腐蚀。造成泵壳体腐蚀的主要原因有：

①泵在工作时，所输送液体工质具有腐蚀性；

②泵内液体压力变化容易引起“汽蚀”现象；

③液体高速流动对壳体进行冲刷，以及液体中的酸、氧等介质引起氧化反应或电化学腐蚀。

泵壳发生腐蚀时，能使其内部出现深浅不一的麻点、凹坑，甚至穿孔，影响泵的正常工作压力。通常泵壳腐蚀可采取堆焊等方法进行修补。

(2)裂纹。泵壳出现裂纹主要是因其受机械应力和热应力的作用而产生的。检查裂纹时可用手锤轻敲泵壳，用听响法来检查是否有异响出现并加以判断，也可用放大镜寻找，或在可疑处浇上煤油，并涂以白粉进行渗透探伤，以便使裂纹清晰显露。

为了防止裂纹扩大，可在裂纹两端点上各钻一直径约3mm的孔，作为暂时性的处理；如裂纹出现在承压处，则应焊补或用塑料、环氧树脂修补。

泵体修理后应进行水压试验，试验压力应为工作压力的1.5倍，5min内不得出现渗漏。

2. 变速箱体的检修

变速箱体的主要会出现的缺陷是箱体变形、裂纹、轴承孔磨损等。造成这些缺陷的原因可能是箱体在制造加工中出现的内应力和外载荷；装配不好、间隙调整没按规定执行；使用过程中的超载、超速、润滑不良等。

当箱体上平面翘曲较小时，可将箱体倒置于研磨平台上进行修平；若翘曲较大，应用磨削或铣削加工修平，此时以孔的轴心线为基准找平，保证加工后的平面与轴心线的平行度。

当孔心距的平行度误差超差时，可用镗孔镶套的方法修复，以恢复各轴孔之间的相互位置精度。

若箱体有裂纹时，应进行焊补，但要尽量减少箱体的变形和产生白口组织。

箱体的轴承孔磨损可用修理尺寸法和镶套法修复。当套筒壁厚为7～8mm时，压入镶套后应再次镗孔，直至符合规定的标准和要求。此外，也可采用电镀、热喷涂或刷镀工艺进行修复。

思考与练习 SIKAOYULIANXI

一、简答题

1. 增压器涡轮壳体发生腐蚀的原因有哪些？主要腐蚀发生在壳体的什么部位？

2. 叶片的损伤形式有哪些？如何对叶片进行修理？

3. 引起增压器振动的原因有哪些？如何进行检修？

4. 对增压器进行校中时要测量哪些间隙？如何测量？
5. 对回转件进行平衡试验的目的是什么？有哪些类型？怎样进行实验？
6. 涡轮增压器轴承烧蚀的原因是什么。
7. 简述船舶轴系的工作条件，容易发生哪些方面的故障。
8. 如何对船轴进行裂纹和磨损检修？
9. 尾轴承的类型有哪些？各有何特点？
10. 铁梨木尾轴承的损坏形式有哪些？如何测量轴承间隙和检修？
11. 轴发生磨损的类型有哪些？是什么原因造成的？
12. 如何对磨损的轴进行修复？
13. 对轴进行冷校正的方法有哪些？如何进行？
14. 齿轮的失效形式有哪些？各自是什么原因引起的？
15. 齿轮的检修方法有哪些？各自适用什么场合？
16. 简述齿轮进行热锻堆焊结合修复法的工艺过程。
17. 简述齿轮调整换位法的工艺过程。
18. 造成泵壳体腐蚀和裂纹的原因有哪些？如何修复？
19. 变速箱体的主要缺陷有哪些？是什么原因引起的？

二、选择题

1. 由于增压器______，所以它属于精密机械。

A. 结构复杂　　B. 高速运转　　C. 温度高　　D. 配合间隙小

2. 涡轮壳体内表面与废气接触发生腐蚀，特别是在______处易腐蚀烂穿。

A. 进气壳体内表　　B. 排气壳体内壁面　　C. 排气壳底部　　D. 进气壳气道

3. 涡轮壳体腐蚀后，其最小壁厚______设计壁厚的______，壳体冷却水腔经水压试验合格后方可继续使用。

A. 大于/50%　　B. 小于/50%　　C. 等于/50%　　D. 等于/40%

4. 增压器的转子或叶片经修理或更换后均应进行______并合格。

A. 安装间隙检测　　B. 静平衡试验
C. 动平衡试验　　D. 转子轴线平台检验

5. 下列现象中______会使增压器产生振动。

A. 叶片裂　　B. 转子变形　　C. 气封损坏　　D. 壳体腐蚀

6. 回转件经平衡后的不平衡程度称为______。

A. 偏心矩　　B. 平衡度　　C. 平衡精度　　D. 不平衡度

7. 压气机叶轮背部的气封作用是______。

A. 防止压缩空气泄漏　　B. 防止废气进入压气机端
C. 防止压气机受热　　D. 防止空气漏入涡轮端

8. 涡轮端气封的作用是______。

A. 防止燃气漏泄　　B. 防止滑油进入涡轮壳体内
C. 防止轴承箱滑油被污染　　D. 防止废气进入压气机端

9. 船舶轴系是从______起至______止。

A. 曲轴尾法兰/尾轴　　B. 曲轴尾法兰/螺旋桨
C. 推力轴尾法兰/尾轴　　D. 推力轴尾法兰/螺旋桨

10. 短轴系是指具有______或______中间轴的轴系。
A. 一节/两节　　B. 一节/无　　C. 两节/三节　　D. 10m/小于 10m

11. 相邻轴同轴,其连接法兰处偏中值为______。
A. $\delta=0$、$\psi=0$　　B. $\delta\neq0$、$\psi\neq0$　　C. $\delta=0$、$\psi\neq0$　　D. $\delta\neq0$、$\psi=0$

12. 相邻轴轴心线平行,其连接法兰处偏中值为______。
A. $\delta=0$、$\psi=0$　　B. $\delta\neq0$、$\psi\neq0$　　C. $\delta=0$、$\psi\neq0$　　D. $\delta\neq0$、$\psi=0$

13. 大、中型船舶的轴系各中间轴法兰采用圆柱形螺栓连接时,其中紧配螺栓数应不少于螺栓总数的______。
A. 20%　　B. 30%　　C. 40%　　D. 50%

14. 目前国内外新造船舶的螺旋桨与尾轴普遍采用______方式连接。
A. 机械连接　　B. 无键环氧树脂
C. 有键环氧树脂　　D. 油压套合无键连接

15. 螺旋桨的缺陷主要发生在______上。
A. 桨毂　　B. 桨叶　　C. 与尾轴的连接　　D. 锥孔

16. 航行中螺旋桨产生鸣音是由于在桨叶______以外的部位产生有规律的涡流,在某些转速下涡流引起的振动频率与桨叶固有频率接近而产生共振所致。
A. 随边 $0.4R$　　B. 随边 $0.7R$　　C. 导边 $0.4R$　　D. 导边 $0.7R$

17. 螺旋桨桨叶变形较小时采用______法校正。
A. 冷态校　　B. 热态校正　　C. 机械校正　　D. 加热—机械校正

18. 螺旋桨桨叶上的缺陷采用焊补修理后应进行______和______处理。
A. 正火/质量检验　　B. 质量检验/退火　　C. 探伤/静平衡　　D. 探伤/测螺距

19. 舵系振动的原因可能是______。
A. 舵承间隙过小　　B. 舵承间隙过大　　C. 舵杆变形　　D. 舵杆折断

20. 舵杆常见的失效形式中不包括______。
A. 轴颈磨损　　B. 表面腐蚀与裂纹　　C. 变形　　D. 折断

参考文献

[1] 杨国安. 机械设备故障诊断实用技术丛书[M]. 北京:中国石化出版社,2012.

[2] 汉斯海因里希,迈尔彼得. 船舶工程技术手册[M]. 上海:上海交通大学出版社,2009.

[3] 夏虹,等. 设备故障诊断技术[M]. 哈尔滨:哈尔滨工业大学出版社,2010.

[4] 詹玉龙. 轮机长业务[M]. 北京:人民交通出版社,2007.

[5] 杨国平. 现代工程机械故障诊断与排除大全[M]. 北京:机械工业出版社,2007.

[6] 王鸿斌. 船体修造工艺[M]. 北京:人民交通出版社,2006.

[7] 曹龙汉. 柴油机智能化故障诊断技术[M]. 北京:国防工业出版社,2005.

[8] 周卫杰. 轮机维护与修理[M]. 北京:人民交通出版社,2002.

[9] 许安. 工程机械维修[M]. 北京:人民交通出版社,2004.

[10] 盛兆顺. 设备状态监测与故障诊断技术及应用[M]. 北京:化学工业出版社,2003.